新世纪研究生教学用书·会计系列

U0648608

财务管理
理论与实务

FINANCIAL MANAGEMENT
THEORY AND PRACTICE

（第五版）

刘淑莲 编著

东北财经大学出版社
Dongbei University of Finance & Economics Press
大 连

图书在版编目（CIP）数据

财务管理理论与实务 / 刘淑莲编著 . —5 版 . —大连 ： 东北财经大学出版社，2024.8

（新世纪研究生教学用书·会计系列）

ISBN 978-7-5654-5199-7

Ⅰ.财… Ⅱ.刘… Ⅲ.财务管理-研究生-教材 Ⅳ.F275

中国国家版本馆 CIP 数据核字（2024）第 060672 号

东北财经大学出版社出版

（大连市黑石礁尖山街 217 号 邮政编码 116025）

网 址：http://www.dufep.cn

读者信箱：dufep@dufe.edu.cn

大连天骄彩色印刷有限公司印刷 东北财经大学出版社发行

幅面尺寸：185mm×260mm 字数：492千字 印张：21

2024 年 8 月第 5 版 2024 年 8 月第 1 次印刷

责任编辑：王 莹 刘晓彤 责任校对：赵 楠

封面设计：张智波 版式设计：原 皓

定价：52.00元

教学支持 售后服务 联系电话：（0411）84710309

版权所有 侵权必究 举报电话：（0411）84710523

如有印装质量问题，请联系营销部：（0411）84710711

第五版前言

2001年美国安然公司的倒闭和2002年美国世通公司的会计丑闻催生了美国的《萨班斯-奥克斯利法案》（Sarbanes-Oxley Act），该法案要求所有在美国上市的公司，其财务报表都要由CEO和CFO共同签字确认。这是否意味着CFO与CEO有同等重要的责任和定位？责任同等是否意味着定位同等？事实上，目前大多数CFO仍然扮演着会计主管的角色，有些CFO并未进入核心决策层，有的仅仅是称谓上的变化。普华永道联合专业机构对亚太地区400名CFO调查后认为，"在中国，除了一些著名的跨国公司外，大多数中国企业的财务职能仍然停留在传统的记账阶段，CFO更像账房先生"。产生这种现象的原因有很多，除了制度、环境因素外，CFO大多数出身会计专业，谙熟会计，在会计业务上有很深的造诣，但对公司业务流程并不熟悉，很难参与公司生产经营等方面的战略决策。

1998年6月，美国咨询机构海德思哲（Heidrick & Struggles）对美国财富1 000强企业的CEO进行了一项问卷调查，他们将CFO定位于战略合作伙伴。CEO认为，一名合格的CFO应具备系统思维能力、战略规划能力、领导能力、创造力、沟通能力、人力资源开发能力、合作精神、完整的知识体系（公司理财、公司治理、资本预算、风险管理、会计程序）。需要注意的是，在这些能力中，CEO将"会计程序"排在所有能力之后。德国传媒公司贝塔斯曼集团（Bertelsmann AG）的前CFO西格费里德·路德（Siegfried Luther）认为，CFO"应该一半是会计师，一半是战略家，并且在这两个角色中，他都越来越有必要成为有效的沟通者"。从某种程度上说，CFO的战略视野和沟通能力被视为其重要技能，甚至超过会计专业技能。

从传统的"数豆者""预算编制者""数据提供者"转变为CEO的战略合作伙伴，从记录价值的会计主管转变为创造价值的业务伙伴，这不仅是时代赋予CFO的角色变化，也是CFO职业生涯的重造。完成这次变革的前提之一就是扩展CFO的战略视野和提高其综合素质。这种提高一方面来自实践经验的积累，另一方面来自不断学习与新知识的积累。本书作为研究生教学用书，是一本将财务理论带出课堂的教科书，旨在通过财务知识的介绍、传播，帮助读者将财务概念用于解决现实问题，为现在的CFO和未来的CFO提供一种新的、简单而实用的理财技术。

CFO作为战略合作伙伴，是公司价值管理的中枢，主要通过投资决策和融资决策为公司创造价值：一方面通过资源的流动和重组实现资源的优化配置和价值增值，为公司的未来创造价值；另一方面通过金融工具的创新和资本结构的调整实现资本的扩张和增值，为投资者创造价值。本书正是根据价值创造与价值管理这一技术路线，针对研究生教学要求设计各章内容，本着"一切以使用和实用为原则"，从实战出发，将理论与真实案例相结合，帮助读者理解公司理财的理论与技术。

为实施科教兴国战略，强化现代化建设人才支撑，党的二十大报告要求：坚持以人民为中心发展教育。加强基础学科、新兴学科、交叉学科建设，加快建设中国特色、世界一流的大学和优势学科。深化教育领域综合改革，加强教材建设和管理，完善学校管理和教育评价体系，健全学校家庭社会育人机制。推进教育数字化，建设全民终身学习的学习型社会、学习型大国。根据党的二十大报告提出的人才培养要求，教材建设是专业人才培养的基础。为培养一批既懂财务技术又具全球视野的复合型、创新型财务管理专业人才，本次教材修订侧重更新与补充培养学生财务思维的内容和方法，帮助学生提升专业素养。

本书在第四版的基础上，重新撰写了第1章的内容，并对其他章节的主体内容、相关数据、案例进行了更新、调整和增删，同时增加了"课堂拓展"栏目，将教学内容与思政教育相结合。"课堂拓展"栏目的主要内容如下：第1章 "知识资产账户与复利效应""跟着NASA学决策"；第2章 "不要把鸡蛋放在一个篮子里吗""如何增加你的知识资产账户"；第3章 "M-M理论类比法"；第4章 "期权定价模型的灵感"；第5章 "我持有了亚马逊公司的100股，这说明我拥有什么呢"；第6章 "经济增加值动量分析"；第7章 "扩展（战略）净现值模型"；第8章 "世界上第一笔货币互换交易"；第9章 "并购价值创造的经验证据"。

本书特点

第一，注重价值评估与价值创造。本书以公司理财为主体，以价值评估、价值创造为主线，系统地介绍公司财务的基本理论和实用技术。全书共分9章：第1章至第4章可以视为理论篇，在描述财务决策框架、财务决策系统、财务决策思维、财务决策原则的基础上，系统介绍了资本资产定价模型、资本结构理论、期权定价理论；第5章至第9章可以视为应用篇，先后介绍了融资产品与公司价值评估、经济增加值及价值创造动因、公司战略与实物期权、衍生工具与风险管理、公司并购与资产剥离等理财技术。书中内容设置积木化，各章既相互联系又独立成章，便于根据实际需要组织教学与学生自主学习。

第二，注重理财技术的应用性。本书力求突破传统模式与写作方法，将求"实"与求"新"、求"深"相结合，将现代公司财务模式与我国公司理财现实情况相结合，尽量为读者提供一种理财的思路或导向。书中许多章节以我国上市公司的财务数据为基础，通过大量的实例将各章的前后概念和财务术语联系起来，运用价值评估模型将公司投资决策、资本结构、风险管理有机地结合在一起。通过反复讨论和提示给予读者更多的启发，可以帮助读者理解书中内容，掌握财务理论与应用技术。

第三，注重理财技能的演练性。与一般教材不同的是，本书不仅将财务学研究的最新成果融入教材内容，使读者通过本书的学习获得完整的财务知识，而且提供了使用Excel财务函数解决一般财务问题的具体操作过程，通过模拟增强了读者对财务模型的理解和应用能力，学会利用Excel工具进行财务建模、财务决策和价值评估。读者在学习相关的财务理论后，只需具备Excel的基础知识，根据各种财务变量关系，导入真实数据，即可进行实际演练。书中主要例题、基本训练、案例分析的运算过程及参考答案，将以Excel的形式通过二维码提供给读者。

教学方式

本书各章节顺序体现了这门课程的授课过程，教师也可根据需要变更次序或放弃部分内容。在教和学的过程中，应注意以下几个问题：

第一，处理好全面和重点的关系。在教学过程中，教师要根据学生的特点和要求，精心组织教学内容，力求突出重点，讲清难点，解答疑点，使学生在全面理解的基础上，尽快掌握必要的理论、方法和技能。为了体现本课程的实务特色，课堂教学可采取问题导向的教学方式。学生应在每次上课之前仔细阅读教材，各章后面的小结、训练与案例可作为预习的线索。

第二，处理好理论教学与实务操作之间的关系。在教学方法上，以基本理论为基点，强调案例教学（真实案例和虚拟案例），坚持"理论-方法-案例"并行，以便使学生循序渐进，有所借鉴。为了培养学生的合作能力、沟通能力和实践能力，本课程宜采取研究训练计划（students research training，SRT）。例如，各章后面的训练与案例分析适合小组作业和现场报告，即由5～7名学生组成小组，在主讲教师的指导下，学生按特定题目各抒己见，然后展开讨论，互相切磋，这样学生就获得了在课堂中难以得到的自我表现的机会。书后列示的主要参考文献有利于开阔学生眼界，引发学生深入思考和研究。事实上，教师讲课并不是学生获取知识的唯一来源，图书馆、网络资源、实验室也应当被充分利用。

第三，处理好课堂讨论与案例分析的关系。为了在进行专业基础理论学习的同时，增强对财务管理方法应用的感性认识，充分提升分析能力和应用能力，学生需要上网收集上市公司的相关资料，随着课程的进度进行相关的案例分析，使其成为课堂教学和习题测试的一个必要环节。本书各章后面的案例分析（虚拟案例和真实案例）通常是运用财务管理的理论或方法，对某一事项进行计算或分析。与一般练习题不同，案例向读者提供的资料、信息往往不全或较为复杂，反映的情节具有一定的拟真性或真实性，提出的问题带有较多的思考性和启发性。为帮助理解章后设置的相关题目，学生可以扫描二维码，查询讨论与案例分析指引。在案例分析中，学生首先需要认真阅读案例的内容，掌握其中的要点和重点，如公司名称、事件背景、数据资料、问题症结以及各要素之间的相互关系；其次从教材中找出用来解释相关问题的理论、方法或模型，确定思考问题和分析问题的角度；最后根据这些理论或模型的要求，整理、加工和筛选案例提供的数据，找出解决问题的方法，并以自己的观点进行阐述。需要特别注意的是，案例分析通常没有绝对的标准答案（也可能会有多种正确答案）。

第四，处理好课堂教学与网络教学平台的关系。作为研究生教学用书，本书的内容特别是第2章、第3章、第4章中对各种财务理论的内在逻辑和相互印证关系的描述，与会计学和财务管理专业系列教材《财务管理》既相互独立又相互联系。感兴趣的学生也可以将《财务管理》作为一本参考用书，以便更好地理解本书内容。与财务管理学习相关的网络资源（国家精品课程资源共享系统 http://www.icourses.cn/coursestatic/course_6585.html 或 https://www.bilibili.com/video/BV1BJ411R78Z/? spm_id_from=333.337.search-card.all.click&vd_source=e7ce6bb6ca2b9d505c4405390ed95201）提供了一整套网络教学整合资源包，主要有：教学录像；传统教学资源包（如教学大纲、教学日历、教案、综合练习题、模拟试题、参考文献）；多媒体教学资源包（如教学课件、网络辅助教学软件、网络视频教学课件）；实践教学资源包（如学生上机实验和实验数据库）。这些教学资源对于读者学习与自我测试、尽快掌握理财技术，都是非常好的辅助资源。教师可以通过网络教学平台的讨论区定期设定有关的题目或进行网上答疑，让学生主动参与讨论，并及时得到反馈。教师根据学生参加讨论的活动记录和所发表见解及意见的内容给予评价。这种教学模式不仅提高了学生的积极性和学习效果，而且在潜移默化中培养了学生的合作能力、表达沟通能力和实践能力。

目标读者群

本书假设学生已经学习了经济学、管理学、会计学、概率论与统计学，这些先修课程有助于学生加深对本书内容的理解。但是，先修课程并非至关重要，为学习方便，本书对先修课程中的有关概念进行了必要的铺垫性说明。书中许多内容曾作为高等院校经济与管理类专业主要教材中的重点内容，并在使用过程中不断进行修订和补充。这次再版不仅可以满足 MPAcc、MBA 的课程学习，也可以满足中高级管理人员的培训需求。无论是渴望得到财务管理知识的学生，还是追求公司价值最大化的财务决策者，都可以从中找到值得学习和借鉴的地方。书中有关财务管理案例的讨论与分析，既可应用在学校的教室，也可应用在公司董事会的办公室和投资银行的会议室。书中所提供的财务知识和管理工具，可使财务经理将其来自市场的知识转化为可在公司中运用的知识。因此，本书可以成为财务管理从业人员书架上十分有用的参考书。

2023 年，OpenAI 语言生成人工智能工具的出现，送给人类一个巨大的工具或杠杆。ChatGPT 的运用，使"一对一"提问式学习成为可能。得到创始人罗振宇认为，人类的学习将进入一个全新的"轴心时代"。从某种角度上，人工智能或将重现"孔子-苏格拉底-佛陀"时代的知识状态：个体知识在对话的过程中不断扩展，人类的学习状态向"轴心时代"回归。ChatGPT 作为一个工具，能为你产生多大的价值，其关键在于你提问的质量。有句话说得好，"有多少好答案，在等待一个好问题"。现在对 AI 提问，或者说提示词，即生成"提示工程（prompt engineering）"已经是一个正式工作。本书的目的就是为你提供一个底层的知识结构，为你学习财务知识提供一个"prompt"，让你知道向 ChatGPT 问什么，才能得到所要的答案。借助 ChatGPT 这个学习杠杆，不断放大学习效应，使你的财务知识储备得越来越多。

任何一本教材的架构和写作不仅源于作者的知识积累和创造，更来自前人的研究成果和贡献。本书在写作过程中，参阅了国内外许多财务专家、学者的最新研究成果，他们的思想和观点对本书的完成极为重要。为了反映这些专家和学者的贡献，作者对书中引用的观点或案例尽可能标注了相应的出处。对这些专家和学者，我再次表示诚挚的谢意！感谢东北财经大学出版社的支持，感谢诸位责任编辑在本书出版过程中所付出的辛勤劳动，他们的支持和帮助使本书顺利出版并增色许多。

本书写作的目的不仅是通过财务知识的介绍、传播帮助读者将财务概念用于解决现实问题，而且是将我从财务管理学科中获得的兴奋与快乐传递给读者。虽然主讲财务管理课程已经 40 多年，多次主编不同层次的财务管理教材，但每次撰写教材都是我重新学习的过程。在本书的写作过程中，虽然穷尽了自己在这一领域教学与实践的积累，许多地方反复推敲，几易其稿，但限于水平和时间，书中难免有许多疏漏和不当之处。谨以此书献给理论界与实务界的理财专家，献给在这一领域进行学习与探索的未来的理财专家，你们的批评和建议将是本书日后修订的重要依据。

刘淑莲

2024 年 6 月

目　录

第 1 章

财务决策

耶鲁大学教授威廉·戈兹曼认为，金融技术就是一个我们建造的时间机器。它不能在时间的轨道上移动我们的身体，但是可以移动我们的金钱。[①]例如，银行存款是将现在的金钱挪到未来使用；房屋按揭贷款是将未来的金钱挪到当下使用。金钱在时空中的"自由流动"，改变了人们现在或将来的经济地位，也改变了人们的思维方式。金融技术不但可以让金钱跨越时间，而且可以让其跨越空间，并且让金钱流向效率最高的地方。

金钱在时空中的流动，是通过金融工具或金融契约来完成的。金融契约类似一个"中介"，并在两类人中寻找平衡：一类是期望将未来价值折算成现在价值的人；另一类是期望将现在价值转换成未来价值的人。契约采用一种使双方互惠的方式，将现在与未来联结在一起，通过时间重新配置资源价值。

借助威廉·戈兹曼的观点，作为一种跨期管理活动，财务管理具有两个特点：时间性和不确定性；存在三个关键行为：在时间上重新配置资源、重新配置风险、重新配置资本。

在时间上重新配置资源：将资源投入到具有增长价值的项目上，本质上是购买时间不同的未来价值。因此，投资收益率可以被看作时间的价格，其不仅均衡跨期财富的供给和需求，而且平衡投资者和消费者、生产者之间的需求。

在时间上重新配置风险：风险和不确定性与财务活动相伴而生。财务管理中的各种工具都是用来为风险定价的，以便在财务决策中进行风险规避、风险转移、风险承担。重新配置风险的目的是管理风险，并应对不确定性。

在时间上重新配置资本：企业发展不仅需要依靠内部积累的资本，还需要在金融市场上发售股票和债券，或从银行取得贷款，重新配置投资所需的资本。

作为一种跨期管理活动，财务管理一方面通过资源的流动和重组实现资源的优化配置，为企业的未来创造价值；另一方面通过金融工具的创新和资本来源的调整实现资本的扩张和增值，实现从资源到价值的转化。

本章以财务决策为主线，阐述财务管理的目标、研究内容、工具。其包括：分析财务系统的要素、连接、目标的关系，运用系统思维探求驱动系统变化背后的"因果关系"；

---

① 戈兹曼. 千年金融史［M］. 张亚光，熊金武，译. 北京：中信出版集团，2017：10.

利用概率思维处理风险和不确定性；采用杠杆思维，利用小成本撬动大资源；利用杠铃思维，通过不确定性获利。同时，遵循数据化原则、多模型原则、工程师思维原则、利益相关原则进行财务决策，实现企业长期可持续发展。①

通过本章的学习，你可以熟悉系统的要素、连接、目标的关系，以及系统思维的本质和作用；了解概率思维、杠杆思维、杠铃思维在财务决策中的作用；熟悉数据化分析方法，采用多模型和认知工具进行决策；掌握解决问题的"七步成诗法"的基本内容和注意事项；了解企业利益相关者的思想，了解利益相关者权力以及利益分析法。

● 1.1　财务决策框架

1.1.1　财务管理的定义

财务管理是从资源到价值转化，并实现目标的行为。这一定义隐含了两层内容：一是财务管理的内容，即通过资源的取得、使用和分配，实现价值创造和价值分享；二是实现企业目标。图1-1描述了财务管理的研究内容、工具和目标。

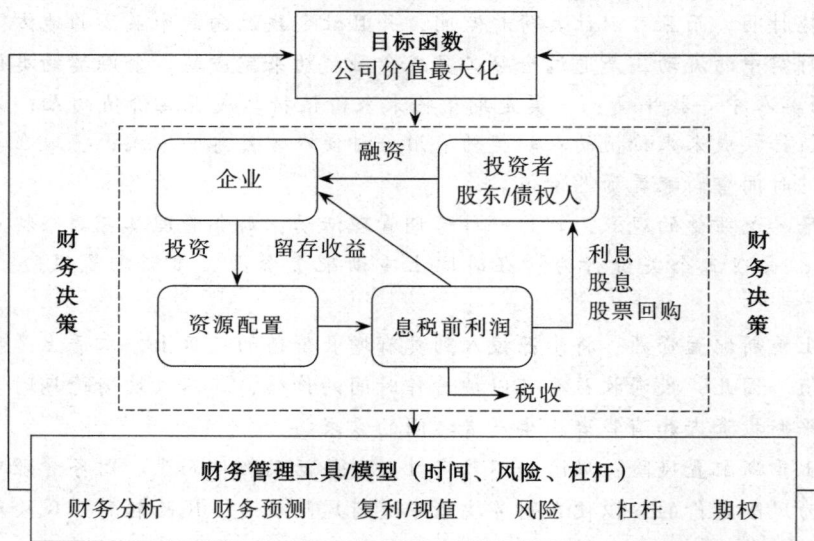

图1-1　财务管理框架

1.1.2　企业目标与财务决策类型

关于企业的目标，学术界和实务界众说纷纭，莫衷一是。从传统的利润最大化、股东财富最大化，到企业价值最大化、利益相关者价值最大化，争论的边界不断扩大。本章采用主流观点，将企业价值最大化作为企业的目标函数。

根据财务管理的定义，财务决策主要包括投资决策、融资决策和股利分配决策。

投资决策是帮助企业进行稀缺资源配置。其主要表现为：一是创造增量价值的战略决

---

① 本章是对财务管理内容的一次梳理，增加了财务决策的思维方式和决策原则，目的是对财务决策有一个总体框架和决策要求。如果你希望进一步了解有关内容或术语，可以参阅财务管理专业系列教材《公司理财》的有关章节，或阅读本章提供的延伸阅读文献。

策，如引进一条新的生产线；二是营运资本的经营决策，如建立一套新型的、高效的营销体系，是否向客户提供信用，维持多少库存量等，这些营运资本决策最终属于投资决策；三是并购与资产剥离的扩张性决策。投资决策的基本准则是：为企业创造增量价值，即投资于净现值大于零的项目。

融资决策是帮助企业筹措投资所需要的资金。其主要表现为：一是平衡内部资本和外部资本；二是平衡股权资本与债务资本；三是平衡风险规避与风险承担。融资决策的基本准则是：降低融资成本与风险，保持合理的财务弹性。

股利分配决策是帮助企业决定是否向股东派发股利。其主要表现为：一是如果企业拥有净现值大于零的投资项目，则应少发放或不发放现金股利；二是如果企业缺少投资机会，则应将企业创造的价值返还给投资者。股利分配决策的基本准则是：平衡股利支付与再投资、再融资、预期增长之间的关系。

1.1.3 财务决策工具

财务决策作为跨期管理活动，历史数据是预测未来商业世界的基本依据，这就要求财务管理者必须具备量化过去、计算未来、构建决策模型的能力。图1-1列示了六种主要的财务管理工具/模型。

财务分析是最常用的业绩评价工具。通过财务数据和相关信息的汇总、计算、对比说明，分析企业的经营成果和财务状况，揭示财务数据的相互关系，为财务预测提供信息。

财务预测是企业价值评估的基础数据。根据历史信息、财务分析、基本假设、预期增长率等参数预测未来，并将财务预测信息转化为企业价值信息，为企业决策提供依据。

现值模型是资产定价的评估模型。财务估值的本质是为时间定价，即将未来不同时点的价值或现金流量，按风险、折现率调整为现在价值。从某种意义上说，财务决策就是投资（或购买）时间不同的未来价值。

风险与收益模型是风险评估工具。风险与商业世界如影随形，财务决策就是利用风险评估工具衡量风险与收益，衡量融资风险与成本，衡量当前与未来的风险与机会。

杠杆模型是寻找价值增长的驱动因素的工具，利用小成本撬动大资源。例如，通过经营杠杆放大息税前利润，通过财务杠杆放大净利润。当然，杠杆具有双刃性，既能放大收益，也能放大损失。

期权定价模型是灵活性、对冲性决策工具。企业的投资活动、融资活动隐含着一系列的选择权或期权。在投资决策中，根据新的信息选择扩大投资、缩减投资、延期投资或放弃投资项目；在融资决策中，可以设计和评价具有不同选择权的证券（认股权证、可转换债券、可赎回债券）；在风险管理中，规避利率风险和外汇风险的衍生品等均表现为一系列的期权。

● 1.2 财务决策系统

1.2.1 系统的定义

根据德内拉·梅多斯的观点，系统并不仅仅是一些事物的简单集合，而是一个由一组相互连接的要素构成的、能够实现某个目标的整体。这一定义表明了任何一个系统都包括三个要件：要素、连接、功能或目标。[①]

例如，对于一只机械手表来说，表盘、表针、背后的几百个零件、齿轮，就是这个系统的"要素"；这几百个零件和齿轮是如何衔接、咬合的，就是"连接"；机械手表的基本"功能"是计时。企业作为一个系统，它的要素是各种资源（人、财、物）组成的部门，这些部门自身也可视为一个独立的子系统；各部门或子系统之间通过企业的使命和远景、作业流程、规章制度等产生连接；各部门或子系统相互作用，共同实现企业的目标。

一个系统可以分为三层：底层是各种要素，是系统中可观察的部分；中间层是要素和要素之间的连接或关系网络，是系统中无法观察的部分；顶层是系统的目标和功能，是系统存在的使命或理由。这里的"功能"是指非人类系统，比如一栋大厦是一个系统，其功能是提供给人类居住和使用；"目标"是指和人类相关的系统，比如一个球队是一个系统，其目标是赢得比赛等。

在系统中，要素是显性的，而关系和目标却并不明显，但它们是至关重要的，甚至是决定性的。例如，一辆经出厂检测合格的汽车，如果将其零件拆解并堆放在一起，那么就是一堆废铁。这是因为，零件虽然存在，但是零件之间的连接和关系不存在了，而由这些连接和关系构成的一辆汽车的功能和价值，也不复存在了。又如，石墨和金刚石，两者的组成要素完全一致，但由于连接方式的不同，呈现了完全不同的属性。因此，连接是系统的核心，改变要素未必能够改变系统性能，改变连接往往更为有效。

财务决策可以看作是一个资源相互连接、相互作用，且能够实现目标的系统。在这一系统中，系统的要素主要指投资决策、融资决策、股利决策；系统中的各要素通过财务模型或决策工具连接，各决策系统之间既相对独立又相互作用；财务决策的目标是为企业创造增量价值。企业财务决策各要素之间的连接关系，如图1-2所示。

财务决策系统中要素或变量之间的关系，是通过不同的财务模型，并运用加、减、乘、除等符号将变量连接起来的。

例如，资产=负债+股东权益；利润=收入-成本；所得税=税前利润×所得税税率；股利支付率=每股股利÷每股收益等。

又如，净现值公式至少包含了三种关系：除法、加法、指数；同时，至少涉及了三个变量：现金净流量、资本成本、项目期限。

从图1-2中可以看出，企业通过投资和经营活动创造的利润，扣除利息、所得税、股利后，剩余部分转为企业的留存收益，用于未来投资机会的储备资金，同时也增加了股东的权益，提高了企业的外部融资能力。同样，利息的多少取决于企业的债务总额和利率的高低。根据未来的投资机会，不仅要确定融资总额，还要根据信用评级等确定资本结构或负债率，根据投资者要求的必要收益率确定资本成本。投资、融资、股利决策的最终目的是创造增量价值。

在财务决策系统中，投资决策、融资决策、股利决策之间既相互独立又相互联系。在投资决策中，筹措项目的资本是项目实施的重要条件。在融资决策中，满足投资需求的资本，既要保持总额平衡，又要保证期限匹配。如果企业存在较多的投资机会，其经营现

---

① 梅多斯. 系统之美 [M]. 邱昭良，译. 杭州：浙江人民出版社，2012.

投资决策：权衡收益与成本

股利决策：
权衡再投资与派发投利

融资决策：权衡风险与成本

初始投资营运资本

股利　　税后经营利润　　利息

留存收益

股东权益　　长期债务

融资潜力

融资需求　　资本结构　　资本成本

经济环境
•GDP/税收/通货膨胀
•增长率
•产业政策/规制
资源
•不动产/设备
•劳动力/管理能力
•产品/服务

经济因素
•利率/汇率/通货膨胀
资本市场
•债券/股票/衍生品
•信用评级机构
投资者必要收益率

财务决策法则：
净现值>0

现金流量（市场预期）
投入资本+经营现金流量

$$NPV = \sum_{t=0}^{n} \frac{现金净流量}{(1+资本成本)^{t}}$$

风险收益（市场预期）
无风险收益+β（风险溢价）

项目净现值（公司增量价值）

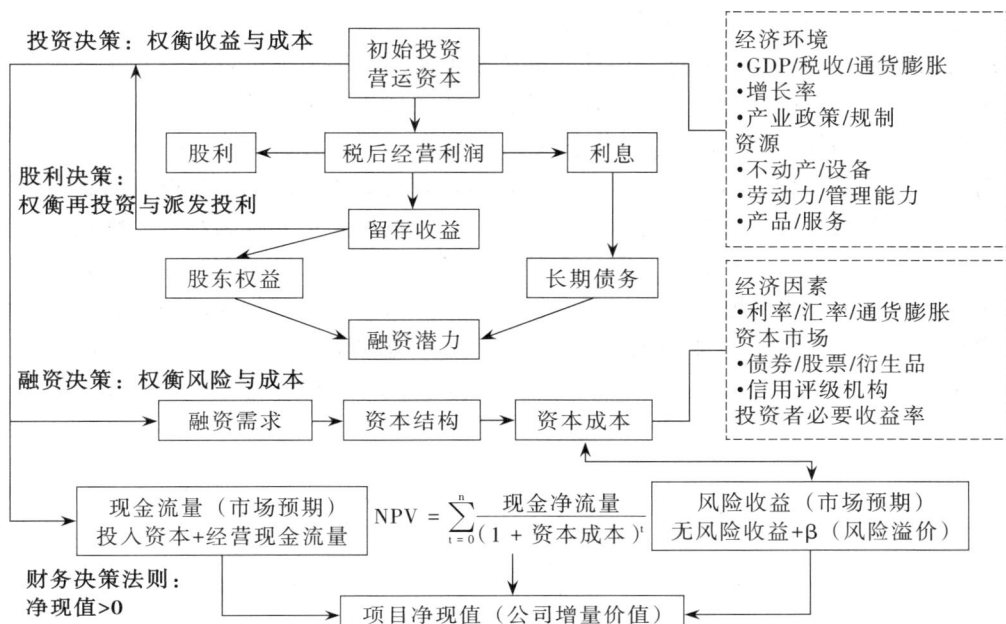

图 1-2 财务决策系统框架

金不足以满足投资需要，或者减少股东支付，增加留存收益；或者从外部筹措资本（发行债券、优先股、普通股）。因此，在投资既定的情况下，企业的股利决策可以看作是融资决策的一个组成部分。如果企业已经确定了投资方案和目标资本结构，这就意味着企业资本需要量和负债比率是确定的，这时，企业需要改变股利决策，或者增发新股，或者减少资本支出。

1.2.2 系统反馈回路

系统的运行通常是从外部环境获得输入，然后对输入进行转换，再以某种产出的形式反作用于环境。一个系统的运行模式主要包括输入、处理过程、输出、反馈等，如图 1-3 所示。

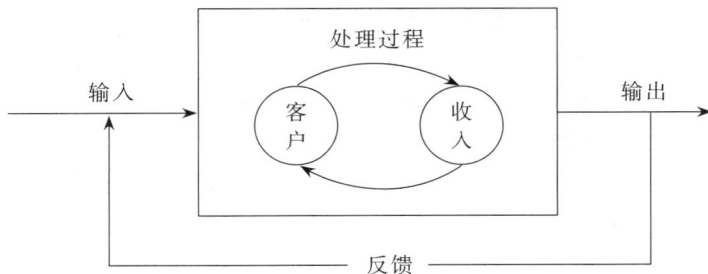

处理过程

输入　　　　客户　　收入　　　　输出

反馈

图 1-3 简化的系统运行模式

大多数的系统都需要来自外部的各种输入（如数据、信息等），以维持系统的运作。然后，系统需要对输入的数据、信息等进行处理（如分类、组合、加工等）。图 1-3 中有客户和收入两个变量。客户越多，收入就越多，而收入越多，企业对客户提供的产品或服务就越好，客户也就越多，如此良性循环。将处理的结果通过图表等方式输出，为财务决策提供依据。由于构成系统的各子系统之间存在很多关联，它们往往会形成许多反馈，促使系统行为发生各种变化或演进。因此，需要根据不同反馈回路进行调节。从某种程度上可以说，正是由于系统反馈回路的存在，系统才能表现为一个有效运作的整体。

这里的"反馈回路"，是指系统中各要素的变化引起的信息流动，如各种要素或变量随着时间的变化而变化。当某一个存量的变化影响到与其相关的流入量或流出量时，就形成了一个反馈回路。假设你在银行有一笔定期存款，按复利定期收到利息，则利息的多少取决于账户中的存款余额和利率。账户余额（存量）会影响利息的多少，而利息作为一个流入量，又会使下一年的账户余额增加。按照这种算法，你每年收到的利息并不是一个固定的数值，而是随着上一年账户余额的增减而变动（假设利率不变）。存款金额（因）→利息（果）→存款金额（因），就形成了一个简单的反馈回路（如图1-4所示）。

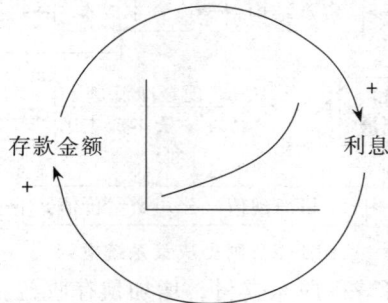

图1-4 银行存款的因果回路

反馈回路是系统运行方式的核心。一个要素或关系的变化经常会改变其他要素或关系，并反过来影响到自身。因此，这一系统中的关系是相互的或循环的，而不是单向的。一个系统的反馈回路有增强型、调节型和滞后效应。

1）增强型反馈回路

增强型反馈回路是指对系统中的要素有增强其原始态势的作用。根据方向的不同，增强型反馈回路表现为正增强型反馈回路和负增强型反馈回路两种方式。如果某一方向上的变化所导致的作用力增强，产生了同一方向的进一步变化，那么反馈回路就是自我放大的正增强型反馈。这种反馈回路一般称为越来越好的"良性循环"，如复利效应、指数性增长等。如果变化激发的作用力抵消了最初的变化，并将系统推回到类似于原初位置的某种状态，那么反馈回路就是抑制性的负增强型反馈。这种反馈回路一般称为越来越差的"恶性循环"。例如，1929—1933年，美国经济危机的成因是市场信心崩塌形成的连锁反应：信心崩塌→银行挤兑→银行倒闭→流动性全面紧缩→资金链断裂→破产倒闭→市场更加恐慌，从而形成了一个不断恶化的状态。

2）调节型反馈回路

在不同的时间或条件下，增强型反馈回路会受到一些限制因素的影响，使其成长趋势受到限制或逆转。在这种情况下，通过调节型反馈回路，可以消除这些变化对系统的影响，使系统的行为趋向于一个目标值或维持在某个稳定的状态。从某种程度上讲，正是调节型反馈回路的存在，使系统具有自我纠错和稳定的适应力。

调节型反馈回路需要具备三个要素：预期目标、检测机制以及一系列校正机制。例如，如果通货膨胀率偏离目标值（约为 3%），中国人民银行就会利用利率等工具进行调节。又如，企业的负债管理、现金管理、存货管理都可以看作是一个系统，在不同的情况下，都存在向目标负债率、目标现金持有量、目标存货调节的趋势，使这些变量达到相对稳定、平衡的状态。所以，调节型反馈回路通常被当作解决问题的机制。例如，项目管理中的"监控环节"，利率、汇率风险管理中的对冲交易、防止恶意收购的"毒丸计划"等，都可以看作是一个调节型反馈机制。

调节型反馈回路使系统具有了容错性和稳定性。运用反馈，通常不需要精确事先设计，只需要随时观察实际情况，并不断根据实际情况与目标的差距进行调整，就能够达成目标。

3）滞后效应

系统中要素之间的调节不是瞬间完成的，任何的调节行为都有一定的时间差，即滞后效应。例如，企业通常将负债率保持在一定的范围之内，当实际负债率偏离目标值的上下限时，就会采取一定的调整方式。实证研究表明，目标负债率调整有 1 至 2 年的时滞，因为股价的波动性和交易成本会使即时调整无法现实且成本高昂。[①] 又如，一个汽车经销商的仓库，其有一定的库存量，流入量是从各家工厂订货交付的汽车，流出量是销售给客户并被提走的汽车。由于每天到货交付的数量和销售量不可能完全匹配，而且每天客户的购买量也较难预测，因此，汽车经销商需要保持一定的库存量。为预防供应商偶尔出现交货延迟或其他意外情况的发生，经销商还需要保持一些额外的库存作为缓冲。

【课堂拓展】知识资产账户与复利效应

知识资产账户相当于一个系统，知识点就是系统中的要素，随着"要素"数量的增加，新知识点与存量知识相互"连接"。知识资产账户可按下式加以描述：

知识资产账户 = 知识点（要素）+ 连接

根据这一公式，知识资产账户就像是一个偌大的网络图，每个知识点之间都有关联，每新增一个知识点，就像是在这个网络图中增加一个新节点。这个新节点又和其他节点相连，关联的数量越多，这个网络的总信息量增加得也就越多，知识资产账户的数量就会按复利的方式形成指数增长。知识资产账户的网络连接，如图 1-5 所示。

图 1-5　知识资产账户网络连接

① MARTYNOVA M，RENNEBOOG L. What determines the financing decision in corporate takeovers：Cost of capital，agency problems，or the means of payment？［J］. Journal of Corporate Finance，2009，15（3）：290-315.

知识资产账户模型本身是没有复利效应的，但是由于其中某个环节的数值增长到一定程度之后，这个模型就拥有了复利效应，即当前增加的能力可以叠加到下次使用，如金钱、知识、能力等。这时，知识资产账户就从"加法运算"转为"幂律运算"，公式如下：

$$Y=c(1+x)^t$$

假设当前的知识资产为1，每天增长1%，1年后的知识资产账户就是初始账户的37.78倍。复利效应的本质是裂变，而非线性成长，当规模积累到一定程度时，就会出现完全超乎想象的情况。那么，如何利用系统思维使你的知识资产账户呈现复利增长？

第一，增加"要素"。复利效应依赖于规模，如银行存款的初始存款，以及知识资产账户原有的知识存量。随着时间（t）的推移，账户中的存款或知识就会呈现指数增长。

AI时代，面对新知识、新信息的涌现与恐慌，许多人每天孜孜不倦地粘贴、收藏。事实上，大多数都是收藏即封藏，粘贴即冷冻。结果收获的是一堆完全经不起审计的知识和信息，而自己的知识资产账户上靠谱的"净资产"越来越少。[①]

AI时代，学习平台和工具等资源快速迭代，机器学习和人类学习也以前所未有的速度发展。知识的获取从传统的学校教育到借助ChatGPT提问式自学成为可能，至少对于一部分具体知识，它可以做学习时的1对1教师。ChatGPT能够产生多大的价值，关键在于你提问的质量。事实上，"有多少好答案，在等待一个好问题"，能够问出好问题其实是一种稀有能力，不仅需要非常高超的主动思考能力，也需要积蓄更厚的底层知识。

第二，建立"连接"。为了使知识资产账户产生复利效应，可以采用脑图工具或读书笔记，建立"第二脑"，将你新学到的知识和你原有的知识存量发生一次关联。这样，这个新学到的知识就不是孤立存在的，而是在你的知识存量中"长"出来一个新概念，或将新知识"缝"到存量知识上，下一个新知识又会被"缝"到存量知识上，如此循环往复。新知识与知识存量的关联，如图1-6所示。

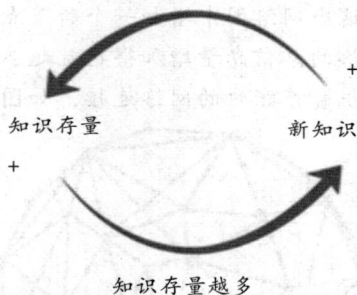

图1-6　新知识与知识存量关联

让知识建立连接，不仅可以找出知识与知识之间的关系，还可以找出关系背后的规律。假设你想知道影响产品毛利的因素，一种方法是根据毛利的计算公式找出变量之间的关系：

毛利=销售量×单价–销售量×单位成本

上述公式用"乘号"和"减号"反映了销售量、单价、单位成本之间的关系，同时还隐含了企业不同的战略。在销售量一定的情况下，提高产品毛利：要么提高产品价格，要

---

① 吴伯凡. 提高你的知识账户的"净资产"［EB/OL］.［2016-10-21］. https://www.dedao.cn/course/detail? id=v12pOMZN7mbJwgMsN3JDrjxdYaGkoE.

么降低产品成本。从战略上说，如果产品价格高于竞争对手，可能缘于差异化战略；如果产品成本低于竞争对手，可能缘于成本领先战略。这样就至少记住了有关毛利的三个方面的内容：一是影响毛利的三因素；二是提高价格或降低成本（这是一个提高效率的战术问题，属于正确地做事）；三是差异化策略或成本领先策略（这是一个提高效益的战略问题，属于做正确的事）。

让知识建立连接的另一种方式就是经常"调用"账户中的知识资产，解释现实问题。

你可能听过：一阵风吹过，寺庙中悬挂的幡就飘动起来。两个僧人争论，一个说是"风在动"，一个说是"幡在动"。这话被经过的惠能禅师听到了，惠能说："不是风动，不是幡动，仁者心动。"事实上，风在动，幡在动，心也在动，三者都在动。这里"都在动"的说法是从整体上对一个事物不同角度的一种判断，只有将它们放在相互关联、互为因果的整体视域中，才能表现出事物存在的整体风貌和本质特征。也就是说，是风在"使动"，幡在"被动"，心在"意动"；三者的动与不动不是孤立的、静止的，而是相互关联、互为因果的。"风动、幡动、心动"也可用以解释股市。在股票市场中，商业世界的繁荣和萧条（风动），引起股价的涨跌（幡动），导致投资者的买卖行为（心动）。如果你是一个投资者，"风动""幡动""心动"哪一个最重要？

在知识系统中，知识点是显性的，而连接不明显，却是至关重要的。在知识学习中，让知识建立连接就是用新知识激活存量知识，通过关联将相对碎片化的知识连接起来，用存量知识理解新知识，用新知识记住存量知识。这就是所谓的"一生二、二生三、三生万物"之意。日积月累，知识资产账户就会变成每天可以获得红利的知识资产银行。

● 1.3　财务决策思维

1.3.1　系统思维

系统思维本质上是一种整体性的思维方式，即从整体的观点发现系统中关键影响因素，探究它们之间的相互连接和动态的反馈，找到驱动系统行为变化背后的相互依存关系，使系统整体与部分更好地和谐相处、共同发展。

1）系统总体大于部分之和

如果将构成系统的各要素的特性看成是"1"，那么：1+1+1>3。其原因是构成系统的各要素不是相互独立的，而是相互关联、相互作用的。一部分要素及其相互关系的变化，会导致系统的其他部分发生变化，使系统的整体具有大于部分的特性和行为状态。

美国波士顿的中央隧道工程是一条穿过市中心的长达5 000米的隧道，该项目花费了140亿美元（相当于最初预算的3倍多），成为美国有史以来最昂贵的公路项目。[①]

中央隧道工程包括许多子项目：挖掘深沟、浇筑混凝土隧道、设计排水系统、建造墙壁和顶盖。如何预测工程项目的成本？如果将各子项目成本简单相加构成总成本，存在什么问题？这种预测方法，假设隧道工程遵循正态分布，即各个项目之间相互独立，不会彼此影响，像挖掘地沟、设计墙壁、建造顶盖等，各自完工，互不影响。初期规划时，每个

---

① 佩奇. 模型思维［M］. 贾拥民，译. 杭州：浙江人民出版社，2019.

步骤的成本都是固定的，并未留出太多的余地。但是，在施工现场，一个环节出现问题就会影响另一个环节。例如，顶盖出了一些问题，就得拆除原有的顶盖。这就意味着需要破坏墙壁，而墙壁里的线管也得重新铺设。每个环节都是相扣的，最终，一个小问题就演变成了一组相互制约的大问题。事实上，隧道工程项目的各子项目是相互影响、相互制约的，项目总成本大于各子项目成本之和，即整体大于部分之和。根据系统思维，应在项目前期分析各子项目成本之间的相互影响、动态作用，为项目成本、风险控制等留出更多的余地。

2）系统思维工具：因果关系

在系统结构中，几乎任何两个要素之间的连接都隐藏着一定的规则，其中最重要的规则就是客观存在的因果关系。借助要素的信息与线索，找出事情发生的原因，使深藏于要素之间的"因果"关系浮现出来，从而有助于对系统运行进行干预或调节，实现一些根本性的创新与变革。

日本丰田公司在遇到一个问题时，让基层员工连续问了5个为什么，又称5Why分析法，以挖掘这个问题的根本原因。例如，如果发现工厂车间的地上漏了一大片油，常规的处理方式就是先清理地上的油，最多再检查一下机器哪个部位漏油，并换掉有问题的零件。但是，按照丰田公司的思路，会引导员工继续追问：为什么地上会有油？因为机器漏油了；为什么机器会漏油？因为垫圈裂化了；为什么垫圈会裂化？因为垫圈质量不好；为什么要用质量不好的零件？因为价格比较低；为什么要采购价格低的零件？因为节省采购成本，是采购部门的绩效考核标准。问了5个为什么之后，漏油的根本原因就找到了（如图1-7所示）。

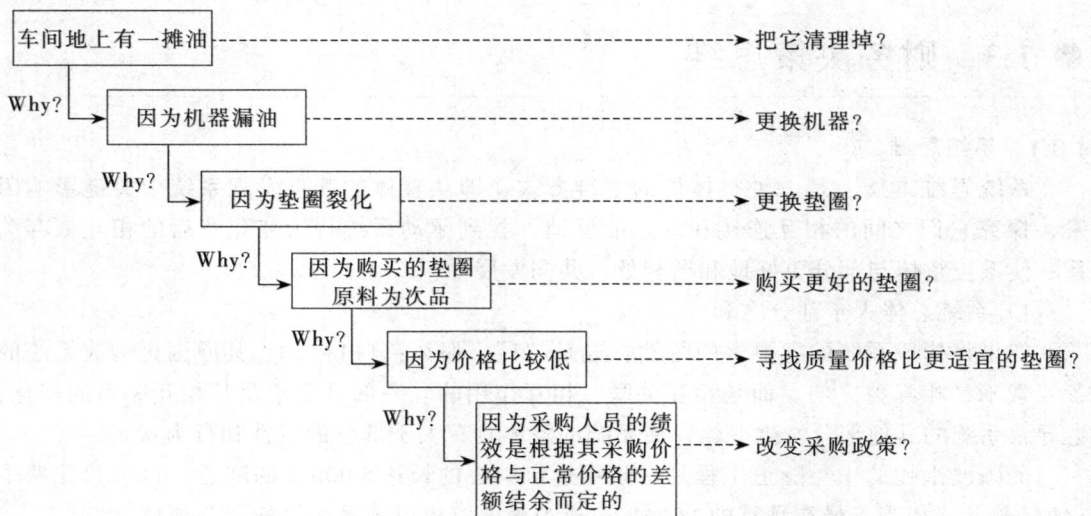

图1-7 5Why分析法

5Why分析法从结果着手，沿着因果关系链条，顺藤摸瓜，直至找出原有问题的根本原因。前4个为什么之后，都可以找到相应的解决方案，如更换有问题的零件等，这些方案是典型的从要素层面解决问题，并没有找到系统的深层次问题。经过5个为什么后，才发现车间油渍问题的最终原因竟然是风马牛不相及的采购绩效考核政策。解决问题的方案就是改变对采购部门的绩效考核标准。

上述分析表明：当系统出现了某种状况，从表面的要素问题可以找出更深层的连接和功能问题。解决系统中的问题，通常不是改变要素（因为要素常常在变），而是改变它们之间的连接关系或规则。

3）某一部分最优对整体不一定有利

在一个系统中，部分是为整体服务的。对某一部分的优化，必须注意部分优化是否实现了整体优化。有时，将某一部分最优化了，对整体不一定有利。有位管理学家举出了这样一个例子，比如设计汽车，如果将现代汽车的发动机换成劳斯莱斯的发动机，未必是最好的，甚至这台现代汽车可能根本就发动不起来。同理，企业招聘时，不同的岗位应当匹配不同的人才。只有将最合适的人放在最合适的位置上，才能人尽其用。如果低岗高配，虽然提高了某一岗位人员的资质水平，但同时提高了人工成本，从整体上看，可能有损于企业的经营业绩。现在，有些企业将一些事务性工作外包给其他企业，这样，企业员工只需要专注在能够创造价值的工作上。虽然业务外包会产生一定的费用，但从企业的整体价值考虑，这样做要划算得多。

运用系统思维方式看待和分析问题及其成因，需要注意以下三个方面：一是系统总体大于部分之和，要从整体理解部分，既见树木，又见森林；二是注重探求驱动系统变化背后的"因果关系"，也就是关键驱动力及其相互依存关系；三是某一部分最优对整体不一定有利。

1.3.2　概率思维

概率思维是一种数据管理思维，被管理的对象不是数据，而是各种随机事件和不确定性因素。概率思维作为一种决策工具，可以帮助人们处理风险和不确定性。巴菲特就是采用简单的概率算法而获得收益的。他说过："用亏损的概率乘以可能亏损的金额，再用赢利的概率乘以可能赢利的金额，最后用赢利的结果减去亏损的结果。"以概率计算为基础的决策远胜于人的直觉，甚至专家在其专业领域的直觉也比不上一个简单的概率计算。

1）概率分析

采用概率分析可以更好地理解数据之间的关系和规律，进行有效的预测和决策。概率分析在财务决策中的应用主要有以下四个方面：

（1）概率分布信息库。许多企业在制定发展战略时，不仅对历史数据进行回顾性分析，还通过建立概率分布信息库，对未来进行模拟分析。例如，某咨询公司合伙人史蒂夫·塔尼为一家医药企业开发了一个复杂的仿真模型，这个模型不仅能够针对每一种药物模拟出其不确定的市场需求的概率分布，还能够进一步揭示出不同需求之间的相互关系。[①]塔尼认为，对所面临的风险进行模拟，能够带来越来越多的利益。

建立概率分布信息库，可以为企业提供更准确的预测和决策。例如，利用历史数据和市场趋势来预测销售额的概率分布，从而制定合理的库存策略；利用供应商的交货时间和质量记录来计算延误和退货的概率分布，从而评估供应商的风险和可靠性；利用客户满意度调查结果和投诉记录来估计顾客流失的概率分布，从而制定提高服务质量的措施等。

（2）决策树分析。决策树是一种可视化工具，可以帮助企业确定各种情况下的最佳行

---

① 萨维奇. 被平均的风险：如何应对未来的不确定性［M］. 刘伟，译. 北京：中信出版集团，2019：411.

动方案。在决策树中，每个节点代表一个决策或结果，每个分支代表一个可能的选项或结果。通过概率计算每个结果的预期值，企业可以更好地了解可能的结果及其可能性，并做出更明智的决策。例如，在项目投资决策中，首先模拟影响净现值的各因素的概率分布，然后通过对投资项目中关键决策因素进行多次随机抽样，得到多种可能的预测结果，进而评估项目的风险和收益概率。

（3）风险管理。即利用概率模型估算各种风险事件的可能性和损失程度，制定相应的风险管理策略。例如，对于企业的利率风险、汇率风险、商品价格风险等，可以通过概率分析，评估风险大小，确定风险对冲和规避等管理策略。

假设企业面临美元升值、人民币贬值的汇率风险，企业承受的损失设为L，人民币贬值发生的概率设为p；如果采取风险对冲预防汇率风险，风险对冲支付的成本设为c。那么，企业是否应该提前采取风险对冲策略？一个简单的答案是：

当 $c < p \times L$ 时，应该采取风险对冲策略，为风险做好准备。

$p \times L$，也就是损失乘以发生损失的概率，是这一风险带给企业的“预期损失”。只要预期损失大于风险对冲的成本，预防就是值得的；反之，则不值得采取对冲措施。

2）新信息与贝叶斯定理

在不确定的环境下，事件发生的概率会随着新信息的出现而不断变化，这时需要应用贝叶斯模型调整概率和决策思路。贝叶斯模型是指对一个随机事件或需要解决的问题，首先根据已有的知识、决策者的预判或者专家的意见主观估计一个基础概率（先验概率）；然后根据新信息不断调整对一个随机事件发生概率的判断，即运用贝叶斯模型将先验概率转化为后验概率，这个后验概率又可以变成下一次推理的先验概率。这样，经过不断的试错和纠错的迭代循环，就可能得到理想的结果。贝叶斯模型可以总结为：大胆假设、小心求证、不断调整、快速迭代。

贝叶斯定理的价值在于，当观测数据不充分时，其可以将专家意见和原始数据进行综合，以弥补测量中的不足。例如，炮兵在射击时会使用贝叶斯定理进行瞄准。炮弹与子弹不同，其飞行轨迹是抛物线，瞄准的难度更大。因此，炮兵会先根据计算和经验将炮管调整到一个可能命中的瞄准角度（先验概率），再根据炮弹的实际落点进行调整（后验概率），这样，经过2～3次射击和调整后，炮弹就能够命中目标了。

1968年5月，美国海军“天蝎号”核潜艇在大西洋亚速海海域失踪。美国军方通过各种技术手段调查无果，最后不得不求助了数学家John Craven。John Craven提出的方案使用了贝叶斯定理，他召集了数学、潜艇、海事搜救等各个领域的专家，共同研究出了一张海域概率图，一边掷骰子，一边通过贝叶斯定理搜索某个区域，然后根据搜索结果修正概率图，再逐个排除小概率的搜索区域，最终指向一个“最可疑区域”。几个月后，潜艇果然在爆炸点西南方的海底被找到了。[①]

AI的第一课，都是从贝叶斯定理开始的。因为大数据、人工智能和自然语言处理中都大量用到了贝叶斯定理。利用AI进行财务决策可以采用两步法：用AI进行预测，用人的判断进行决策。AI不能超过人的判断，人也不应该专断AI的预测。例如，AI预测的天

---

① 量子学派. 公式之美［M］. 北京：北京大学出版社，2020：239.

气预报告诉你明天下雨的概率是30%，面对这样一个概率，下雨的损失是否可以接受，是否需要带伞，这是人的判断和决策。

贝叶斯定理是一种正式的推理系统，其反映了你在日常生活中所做的事情：利用新的信息来更新你对于一个事件发生概率的推测。假设你拥有关于借款人、抵押物和当地经济条件的大量数据，希望了解一个按揭贷款组合中贷款违约的建模问题，使用贝叶斯定理会帮助你识别每个数据项的信息价值，便于你可以集中精力在最重要的预测因子上。

3）大概率思维

大概率思维本质上是通过观察和分析历史信息，最大化自己在未来成功的概率。这里的"大概率"，未必非常精确，但是在大方向上是正确的。大概率思维遵循的基本原则就是：寻找条件，增大概率，坚持长期做大概率获胜的事情。例如，人工智能阿尔法狗，每一步棋都计算自己赢棋的最大概率，从而战胜了人类。对它而言，每一个决策点都是独立的，其会科学地寻找获胜的最大概率。对于创业来说，成功的平均概率可能只有1%，但如果创造者拥有核心竞争力，如关键技术或专利、稀缺资源、差异化战略等，创业成功的概率就会大大增加。企业创业中的快速试错，一旦发现正期望值的机会，就会努力大规模复制，这其实也是一个贝叶斯模型更新的过程。

大概率思维背后的道理是：如果决策的每一步都按照能够大概率取得成功的策略采取行动，那么从长期来看，就会最大化成为赢家的可能。例如，根据复利公式，如果每天增长1%，365天可以增加37.78倍；如果每天降低1%，365天后则变成0.03倍。

$$1×（1+1\%）^{365}=1.01^{365}=37.78$$

$$1×（1-1\%）^{365}=0.99^{365}=0.03$$

从表面上看，两个"概率"相差无几，但只要加入"时间"这一变量，长期结果就会大不一样——只要有1%的概率优势，从长期来看，势必会造成赢者通吃的局面；而只要有1%的概率劣势，从长期来看，输光就是一个必然的结果。

学会和掌握大概率思维的要领，需要尽量多地收集历史数据，从变化的数据中发现相对不变的规律；利用概率工具处理和分析数据；充分利用优势，将大概率思维转化为行动的关键节点，看淡短期波动，坚持长期视角。

1.3.3　杠杆思维

杠杆思维是指利用现有资源或能力，找到推动事物发展的高效率因素，并将此运用到关键节点，用小成本撬动大资源。杠杆思维是人类文明发展过程中最基本的驱动力之一，大到金融投资、企业顶层设计，小到买房、找工作，都隐含着杠杆思维。

1）支点与杠杆

阿基米德说，"给我一个支点，我就能撬起整个地球"。这句话隐含着两个关键词：支点和杠杆。

对于企业来说，"支点"是企业的核心优势，这些优势具有可复制性、持续性且难以被替代。"杠杆"是实现战略的工具，一旦确定支点，就要找到关键资源，以小力撬动大力，实现企业的战略目标。在实践中，企业需要不断发掘和优化自己的"支点"，并寻找适合的杠杆加以利用。

对于咨询行业来说，培养咨询师的学习能力是咨询行业的最大难题之一。企业咨询师要成为"企业医生",需要在短期内吸收整个行业的知识精华。为解决这一问题,麦肯锡采用了两种方法:从全球顶尖大学招募人才,并通过"知识库+方法论"的方式快速提升员工的咨询能力。"知识库+方法论"就是麦肯锡核心竞争优势的"支点",让学习能力从抽象的能力变为具体、可复制的能力,加速了人才培养,并助力麦肯锡成为成功上市的咨询类企业。又如,海底捞从顾客的好评体验中发现了好味道的内核——"独家秘方"的锅底,实现了可批量生产。这些隐藏在个体中的硬核能力仿佛"成功密码",一经发现,甚至可以助力一家企业的发展,可见其威力。

确定支点后,利用杠杆是企业快速发展的重要手段。常见的杠杆主要有:资本、影响力、人脉资源、时间等。

(1)资本:利用金融工具、合约、制度、市场,将社会上的资金组织和聚集起来,投放到更高效率的项目中,使企业获得了快速增长的机会。企业贷款、个人房屋贷款都具有这种放大效应。资本杠杆是有方向的,可能是收益最大化,也可能是损失最大化。

(2)影响力:互联网杠杆是提升影响力最好的方法。例如,网络直播会加快信息传播的速度,扩大传播的范围,许多直播带货者就是通过网络效应扩大了影响力。同样,一个产品的用户数越多,该产品对用户的价值就越大,反过来又能吸引更多的用户使用该产品。这就是著名的"梅特卡夫定律"(Metcalfe's Law):产品的价值等于用户数量的平方。产品用户数一旦达到临界规模,触发网络效应,企业就能够通过规模经济赢得巨大的成本优势。

(3)人脉资源:作为一种稀缺的社会资源,人脉资源是撬动大资源的核心力量。如果你想进入一个新领域,最快的办法就是结识一位该领域最有名气的人,这样可以迅速认识这个领域更多的人。又如,大企业招聘常用的方式就是内推,通过朋友或内部人推荐,获得这个机会的概率就会增大。人与人之间的关系,是一个不断连接、不断网络化的过程。处于人际网络中的关键节点,既可以获得更多的资源,又能够发挥最大的影响力。在互惠互利的世界里,获得更多人脉资源最好的方法就是你能够匹配你想要的资源。

(4)时间:巴菲特说,人生就像滚雪球,最重要的是发现湿雪和长长的山坡。这个观点就很好地诠释了应该如何用好时间这个杠杆。一是要发现自己的能力圈,找到可以实现复利的事情,将目标放在这件事情上。二是坚持下去,时间就会带来巨大的回报。从时间的角度看,企业产品的复利效应,就是"你上一次投入的产出,会在下一次投入中被使用并放大"。例如,古登堡的印刷技术替代了誊写师,让复刻书籍这项技能,从人力服务变成依靠技术和工具,从而成为较少占用人类时间的"产品"。大名鼎鼎的文艺复兴三杰之一拉斐尔也会使用"小孔成像"技术,实现加速出稿,一天就能画出一批作品。爱迪生发明了"电灯",但真正让其获利的是"电表"的发明。发明是一种技能,但电灯、电表是产品,而且一个比一个使用频率高,有一户用电,就能入一份账。又如,2023年的OpenAI语言生成人工智能工具,2024年的SORO视频自动生成模型,都送给人类一个巨大的工具或杠杆,使学习、科研、创作、编程、数据分析、商业预测变得更快捷、更准确。AI技术摆脱了对时间的依赖,使用这些工具可以将一份份的时间打包,多份卖出,将自己的能力变成可复制的技术、专利、书籍、课程等。

除了上述四个杠杆外,安迪·格鲁夫提出了管理杠杆率这一概念:他认为,经理人的每一项管理活动对整个组织都有或多或少的影响。至于对整体产出的影响有多大，则在于这些活动的杠杆率大小。这个管理杠杆率就是影响力杠杆，安迪·格鲁夫提出了经理人的产出公式：

经理人的产出=他直接管辖部门的产出+他间接影响涉及部门的产出

经理人增加产出的重要方法是进行那些能够带来更多产出的管理活动，即高杠杆率活动。这里的杠杆率是"各单项管理活动所带来的产出"[1]，因此，经理人的产出公式也可写为：

经理人的产出=组织产出的总和=杠杆率 A×管理活动 A+杠杆率 B×管理活动 B……

在这个等式中，经理人所从事的每一项管理活动（管理活动 A、B……）对整个组织都有或多或少的影响。对整个产出的影响有多大，则取决于这项活动的杠杆率大小。一个经理人的产出便是这些乘积的加总。显而易见，为了有较高的产出，经理人应该把精力放在杠杆率较高的活动上。

在财务管理中，其主要指经营杠杆和财务杠杆。前者反映了销售量和息税前利润的关系，后者反映了息税前利润和净利润的关系。在其他因素不变的条件下，息税前利润变动率大于销售量变动率，这一现象称为经营杠杆。在负债比率、利率不变的情况下，净利润变动率大于息税前利润变动率，这一现象称为财务杠杆。事实上，财务杠杆是两步利润放大过程的第二步，第一步是经营杠杆放大了销售量变动对息税前利润的影响，第二步是利用财务杠杆将前一步导致的息税前利润变动对净利润变动的影响进一步放大。经营杠杆和财务杠杆的共同作用，使净利润变动率大于销售量变动率，这一现象称为总杠杆。

杠杆思维可以帮助我们找到推动事物发展的决定性因素。在财务管理中，息税前利润和净利润的关键驱动变量或杠杆是销售量。企业可以通过调整业务战略、产品策略、营销策略等方式，寻找市场机会，只要销售量这个杠杆足够长，就能扩大销售收入，实现利润的放大效应。

2）借力思维

借力思维是杠杆思维的一种表现形式。在商业世界里，一个企业的成功不在于其拥有多少资源，而在于其能调动多少资源为自己所用。资源越充沛，资源利用越有效，企业核心竞争优势的放大效应就越强。

企业的增长方式有两种：一种是依赖自身的积累，通过商品经营创造利润并使之转化为资本，实现内涵式增长。另一种是通过资本经营，利用金融市场发行股票和债券、取得银行借款，为放大竞争优势提供资金保证，或者借助并购重组等外部扩张的方式，实现外延式增长。企业的两种增长方式，如图 1-8 所示。

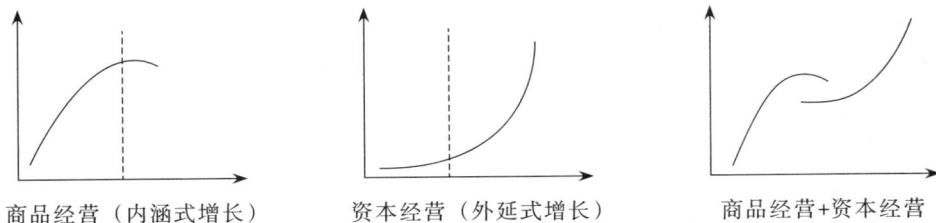

商品经营（内涵式增长）　　资本经营（外延式增长）　　商品经营+资本经营

图 1-8　企业增长模式

---

[1]　格鲁夫. 格鲁夫给经理人的第一课［M］. 巫宗融，译. 北京：中信出版集团，2017：49.

以海信集团为例，该集团1994年的总资产为5.3亿元，到1996年底，资产扩大到15.35亿元。奇迹是怎么创造的？当时的海信集团总裁周厚健说，要用"资本家"的眼光来看待资产和市场。他认为现代市场竞争中，单靠商品经营的集约化只能带来企业规模缓慢的增长，只有当企业跳出商品经营的圈子，从商品市场转向产权市场，把眼界从本企业的有限资产扩展到社会上丰富的存量资产时，企业才会进入一个更广阔的发展天地，才会产生质的飞跃和突破。

借力就是要利用一切资源（人才/团队、资本、品牌/影响力等）放大竞争优势。这里的资源，不仅指企业现有的资源，还包括借用社会上的资源。例如，苹果等企业没有完全属于自己的工厂，但是它们整合了世界各地的生产商为其生产产品，然后贴上自己的品牌出售，获得高额收益。又如，网络平台的出现，借助虚拟经济这一杠杆，推动实体经济的发展，使借用他人的资源赚钱成为可能。滴滴并没有自己的车，但是它可以让全世界的许多车为其赚钱。Airbnb并没有自己的房间，但是它可以让家家户户把房间贡献出来，这就是杠杆资产。任何一个指数型组织所运营的最重要的东西都不是资产，而是数据。例如，某些网络平台不是出售货品，而是匹配这些货品的数据和信息。事实上，人类生存的最大杠杆就是科技进步。蒸汽机、电脑、通信技术的发明，让人类获得了更大的能力。

3）硬核思维

杠杆的核心是放大效用，但杠杆效用是双向的，不仅可以放大收益，也可能放大损失或风险。发挥杠杆效用要有一个支点，即企业核心竞争力。如果缺少了这个支点，多长的杠杆都不能发挥作用。如果这个支点是虚的，甚至会导致短期内一个虚幻的放大效应。也就是说，杠杆效应要在正确的方向上起作用，企业的核心竞争力是一个必要的条件。以企业负债经营为例，如果投资项目的收益率大于负债成本，负债越多，财务杠杆作用越大，归属于股东的收益就越多；反之，就有可能拖累企业，甚至走向破产。

2021年1月，海航集团发布公告，法院对海航集团破产重整。自1993年创立以来，海航集团经历28年的发展，从单一的地方航空运输企业发展成为跨国企业集团。海航集团秉承着一种"用别人的钱来办自己的事"的投资精神，进行了40宗跨境并购，交易总金额超400亿美元，其并购的领域主要涉及航空、物流、餐饮、酒店、租赁、办公楼等。企业"买买买"的资金主要来自银行贷款发行债券和配套的融资，而结果是陷入债务危机，导致"自救"无果。

又如，创业企业通过出让股份获得私募股权投资，希望借助资本杠杆获取资本，解决了企业创业发展阶段的融资难题。但是私募资本的投资者，不仅要求更高的溢价，而且还会提出各种限制性条款，可能会使企业被迫放弃一些有利的投资机会，甚至导致创业者完全放弃其股权，退出自己创办的企业。

1.3.4   杠铃思维

杠铃两头重、中间轻，举重运动员除了要有力量，还要掌握好平衡才能将杠铃举起来。杠铃思维是一种将注意力集中在两个截然不同的事物上的思考方式，其可以被用于不同的领域，如投资、生活和工作等。

1）杠铃策略：押注两端、抛弃中间

杠铃策略是塔勒布在《反脆弱：从不确定性中获益》[①]中提出的一种投资组合的方法。塔勒布认为，未来是不确定的，很难通过金融模型进行预测和估值，为防止意外事件导致投资亏损，可以采用分散的杠铃式投资组合，以平衡投资组合的风险与收益。这一投资组合可以表示为：

杠铃投资组合=极度安全的资产+高风险高收益的资产

式中，极度安全的资产（如政府债券等）占总资产比重为90%左右，而高风险资产（如股票、房地产、比特币等）占比为10%左右。这一组合的目的是在保证安全的前提下，用很少的资金去博取更大的收益，如进行期权、期货等金融衍生品交易。这个策略的中间部分是空的，换句话说，杠铃投资组合中没有所谓的中等风险或"平均"投资，仅仅采取的是大部位的稳健投资以及小部位的激进投资。塔勒布提出的杠铃投资组合，如图1-9所示。

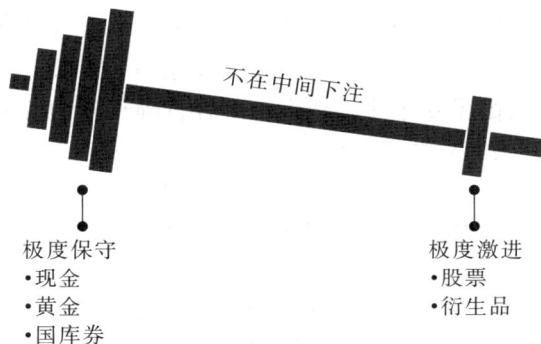

不在中间下注

极度保守
•现金
•黄金
•国库券

极度激进
•股票
•衍生品

图 1-9　杠铃投资组合

采用杠铃策略进行资产配置，其方法是：押注两端，抛弃中间。这里的两端，一端是极端的风险厌恶，一端是极端的风险偏好。为什么要在两端下注，而放弃中等风险和中等收益的资产？这是因为，大多数人认为中等风险的投资品虽然不能获得最大收益，但也不会损失本金。事实上，中等风险投资品的收益是固定的，但风险是不确定的。如信托、非保本理财、主体信用不保证的债券等，这类资产的收益有限，风险敞口，有可能损失全部的本金。假设某种信托的年化收益率为8%～10%，有些投资者既不知道信托的底层资产是什么，也没有仔细阅读合同的规定（合同中从来没有说过保本）。当经济环境较好时，这类投资品会刚性兑付；当环境发生较大变化时，这类资产的信用风险就会完全暴露，导致投资亏损。因为大多数信托的本质是债权，债权的最大问题在于完全依赖债务人的信用。投资经营得好，投资者的收益就是当时承诺的8%～10%；一旦债务人投资的项目失败，投资者就可能面对100%本金的亏损。

事实上，追求稳定的中等收益潜藏着极大的风险。因为每个当下的决策都是建立在一定的假设条件下的，即使当下的假设是合理的，也会被随机性所打破。此外，即使预测是正确的，如果时机不对，结果也是错的。这不仅是因为未来事件的不确定性，而且要想知道它们发生的时间也是非常困难的。

杠铃策略可以看似一个保本策略。假设投资者利用90%的资金投资于无风险资产，

---

①　塔勒布. 反脆弱：从不确定性中获益［M］. 雨珂，译. 北京：中信出版集团，2014：3.

年化收益率为 3%～4%，每年获得一个固定的收益，剩下 10% 的资金购买期权，由于期权费或权利金是固定的，只要付出的期权费等于无风险资产投资或固收上收到的固定收益，那么期权费就是投资的最大亏损额，即投资者亏损的仅是无风险资产投资（90%）的固定利息，但投资获利在理论上是无限的，这就是利用了杠杆策略的原理，形成了变相保本策略。这种投资组合的一个类比说法是，用银行存款的利息购买双色球。当然，也可以将剩余的资金（10%）进行某项风险投资，投资的最大损失仅是投资者资产总额的 10%。

2）杠铃策略：利用不确定性获利

杠铃策略的目的是利用不确定性获利。这里的不确定性与风险不同，风险是可以用概率描述的已知的未知，如掷骰子；而不确定性是不能用概率描述的未知，如"黑天鹅"事件。风险和不确定性都具有随机性，但其特点不同，掷骰子的概率是已知的，而"黑天鹅"事件出现的概率是未知的。风险可以通过展示所有结果的概率分布来表达（比如转动一次轮盘的结果）不确定性。"黑天鹅"事件是无法描述的极端不确定性，因为我们不知道接下来会发生什么，不清楚什么时候发生。即使根据历史数据建立的各种模型，也很难预测未来。2008 年金融危机爆发之前，许多金融分析师构建的各种模型，几乎没有预测出潜在的危机。塔勒布认为，这些模型假设投资收益呈正态分布。事实上，投资收益的概率分布具有"肥尾"特征。或者说，极端事件（如 2008 年的经济衰退）的可能性比我们假设收益率呈正态分布所预期的可能性要大得多。这些极端事件一旦发生，投资者措手不及，并遭受重大损失。

出于人性特点和认知偏差，人们无法预测和避免"黑天鹅"事件的发生，而杠铃策略是所有不确定性问题的解决方案。在"黑天鹅"事件面前，杠铃策略最吸引人的一点是，其弥补了罕见事件的风险无法计算和评估的问题，从建立杠铃的那一刻开始，投资的最大损失就已经确定，但高风险投资很可能会带来超出期望的收益。

对于投资者来说，与其学习如何预测未来，不如学习如何平衡投资组合。塔勒布建议把钱分为两部分：将其中的大部分投入非常安全的领域，而将剩下的资金投入高风险的投机性业务，如期权产品，放大杠杆效应。这样，既可以保证大部分资金的安全，同时又有投机性资金来应对"黑天鹅"事件的出现。相比一般的中等风险的投资策略，杠铃策略的平均风险差不多，但其可以从"黑天鹅"事件中获益。

事实上，塔勒布一直采用这样的投资策略。他认定股市一定会因为某个"黑天鹅"事件而崩盘，只不过他不知道具体时间，所以，他几十年如一日地坚持买入价格很低的认沽权证，也就是看空市场的操作。在漫长的市场平稳期，这一操作会让他持续不断地亏点小钱，他称之为"流血策略"；一旦"黑天鹅"事件发生，股市崩盘，他就可以获得极高的收益，这个收益足以弥补之前几年、几十年甚至几百年的小额损失。塔勒布指出，随着全球化的深入，全球金融机构不断合并，连为一体，由此导致的连锁反应将大大增加金融体系的脆弱性。这就意味着，"黑天鹅"事件一旦发生，造成的后果会比以往更为严重。当然，对于掌握杠铃策略的人来说，也意味着更大的机会。2008 年美国次贷危机的发生，对于很多人来说可能都是毁灭性的风险，但是，塔勒布大量做空了次贷危机的衍生品，其收获颇丰。

3）杠铃思维的应用

在商业世界里，杠铃思维可以帮助企业在风险和收益之间取得平衡，在短期投资和长期投资之间取得平衡，在稳定性和创新性之间取得平衡。企业可以将经营战略分为两个部分：一部分是稳定性策略，如提供稳定的产品和服务，以保持现有客户的满意度和忠诚度；另一部分是创新性策略，如推出新产品和服务，以吸引新客户和扩大市场份额。这样，企业可以在保持稳定性的同时，不断寻求新的增长机会。杠铃思维就是在做好主业的基础上，安排一些资源去试错，这样才能找到新机会。

杠铃思维也可以被用来处理不同的问题。如果你是一个创业者，收入波动很大，风险较高，这个时候需要想办法给自己建立一个稳定的保底收入来源。此时，不要将所有储蓄全部投入到创业项目中，而要留出一些以备极端情况的产生，或者在其他企业担任职业顾问。采用这种杠铃策略，不会因为创业失败而一无所有。

同样，在工作中，你可以将注意力集中在日常任务和长期计划上，以确保既能够完成当前的任务，又能够实现长期的职业发展。在时间管理方面，可以拿出80%的时间先去处理"紧急重要的事情"；剩下的20%去处理其他的事情。这样，不至于让自己一旦遇到突发情况和变化而措手不及。

总之，在稳定的、变化缓慢的环境中，追求中间策略是一个不错的选择，但在快速变化、"黑天鹅"事件频出的不确定性环境中，中间策略反而是最危险的，而杠铃策略通过平衡两个极端反脆弱，让你从不确定性中获益。

● 1.4　财务决策原则

1.4.1　数据化原则

美国麻省理工学院的一项研究表明，相比依靠直觉来实现决策的企业，那些通过数据驱动实现决策的企业拥有更高的生产效率和利润。这类企业的生产效率和利润普遍高于竞争对手5%～6%。显然，未来是否拥有数据分析能力，将决定一家企业是成功，还是逐渐销声匿迹。[1] 2006年，英国数学家和数据科学家克莱夫·汉姆比（Clive Humby）提出了"数据就是新石油"。[2] 如果石油一直被埋藏在地下，那么石油并无价值。它的价值在于应用，石油开采需要一个"生态系统"：炼油厂、加油站、汽车、规则、道路等。数据也是如此，仅仅收集数据并无价值，而要通过提取、清洗、分析，让分析结果得以执行与运用，并反馈到"生态系统"中。

数据化原则就是以数据驱动决策的方式，是指通过数据收集、数据分析、数据建模等工具，发现问题、挖掘原因、建立模型，将模型转化为科学决策依据。

1）数据收集

数据并不局限于狭义上的"原始数字"，一切可以分析的信息都可称为数据，包括文字、代码、图形等。

（1）数据来源

传统上，数据主要来源于调研、实验、文献检索、组织实体（如政府、证券交易所、监管机构和私营企业等）保存的记录。随着网络化的发展，基于大数据方法的数据来源和

① 桑文锋. 数据驱动：从方法到实践 [M]. 北京：电子工业出版社，2018：6.
② 米尔斯. 云端革命：新技术融合引爆未来经济繁荣 [M]. 丁林棚，等译. 北京：中译出版社，2022：77.

渠道增多，网络交易数据、网上信息发布、社交媒体数据、智能设备使用产生的数据如位置信息、交通流量监控、卫星灯光数据等，有主动产生的数据，也有被动留下的痕迹。这些在一定程度上对依靠政府、组织、企业等机构发布数据、设计调查问卷获取数据的传统方法做出了有力补充，极大地拓展和方便了数据使用者的数据来源。

财务决策的数据来源主要有：反映经营成果和财务状况的财务报表及相关数据；企业所在行业的经济特性、竞争状况、关键成功因素；从金融市场中获取的股票价格变动数据和交易（买卖价差和交易量）数据；从国家角度发布的经济发展数据，如GDP、通货膨胀率、利率、汇率、就业率、经济景气指数等。此外，还有管理者年度报告、董事长信函、工作报告、财经新闻、新闻发布、网站等，以及其他专业性机构，如投资咨询服务机构、行业性协会、证券交易所等提供的有关数据。

（2）数据收集误差

当获得的数据值不等于真实值或实际值时，就意味着所收集的数据发生了误差。在这种情景下，使用错误的数据可能比根本不用任何数据更糟。这类错误主要发生在以下几个方面：

①调研和问卷中的偏差。在调研中，访谈者可能会发生记录错误，或者受访者回答问题时可能曲解了问题，从而做出了错误的回答。在问卷调查时，有可能是问卷设计模糊或存在理解歧义，使问卷结果难以反映问答的目的。

②样本选择偏差。在数据收集时，一般是从总体中抽取样本来获得对总体的认识。样本选择必须遵循随机取样的原则。但是，在某些情况下，为了得到某种预期结果，研究者对样本的观测数据进行有意的挑选，导致样本选择偏差。

③幸存者偏差。这一偏差是指当研究者出于某种原因忽略被排除在外的那部分数据时所带入的偏差。假设根据过去10年上市公司的财务数据研究企业破产风险。这种做法忽略了一个残酷现实，即那些破产或被收购的上市公司都被挤出了市场。由于没有将此类公司的财务数据计算在内，因此，样本的统计结果被显著拉高了。

④噪声和错误。在计算机数据时代，随着人们越来越少地采用手动输入数据的方式，即使在管理最为严格的数据库中，也依然存在数据输入错误，其中有些错误的严重程度足以影响研究结论。

⑤数据缺失。造成数据缺失的原因可能是数据不可得，或数据未被录入到数据库中。解决这个问题的办法是删除与缺失数据相关的观察结果，但这样不仅会缩小样本量，还可能会引入偏差（比如当一部分样本子集中的数据缺失情况比另一部分样本子集的缺失情况更多时）。

在数据分析中，如果数据失真，使用错误的数据可能比根本不用任何数据更糟。因此，在收集数据过程中要注意各渠道数据的交叉验证，实施多方向的假设并进行验证。为了提高数据收集和分析的效率和准确性，可以利用一些先进的技术和工具。例如，利用数据挖掘和抓取工具，自动从网站和数据库中获取大量财务数据；运用数据分析软件（如Excel、R、Python等），进行数据清洗、统计分析和可视化等操作，以提高分析效率；利用人工智能和机器学习技术，自动识别和纠正数据收集中的问题，提高数据质量。

2）数据分析

在财务决策中，面对一个大样本数据的时候，通常从问题描述开始，对数据进行理解，再进行模型构建，并根据结果采取相应行动。分析不仅仅是简单地计数或使用基本的数学，而是利用我们对过去的了解来预测和优化未来。分析是将数据转化为切实可行的措施的艺术和科学。

（1）描述分析：平均值和标准差

通过图表或数学方法，对数据资料进行整理、分析，并对数据的分布状态、数字特征进行估计和描述，反映数据的集中趋势和离中趋势。其中：均值、中位数、众数体现了数据的集中趋势；极差、方差、标准差体现了数据的离散程度；偏度、峰度体现了数据的分布形状。

在财务分析中，最常使用的指标是平均值和标准差。平均值是指所有数据点的平均值，标准差是指随机数偏离平均值的程度。如果数据并不是均匀地围绕平均值分布，则该平均值不是最能代表该样本的统计量，这种情况下可以估计样本的中位数（样本中按数值大小排列位于正中间的数据点）或者众数（样本中出现最频繁的数据点）。此外，还有一些概括统计量可以体现样本的数据分布情况，包括衡量样本数据分布对称性的偏度和衡量样本数据偏离均值频度的峰度。

如果数据是连续型数据，即数值可以是最小值和最大值之间的任何值，那么可以对这些数据进行分组，并计算每组中的数据量，然后将结果用直方图表示。如果直方图呈现标准化概率分布（正态分布、对数正态分布、指数分布等），就可以根据标准化分布的特征对数据做出统计学评价。

（2）相关分析/回归分析：探究关系

相关关系是客观现象存在的一种非确定的相互依存关系，即自变量的每一个取值，因变量由于受随机因素影响，与其所对应的数值是非确定性的。相关分析中的自变量和因变量没有严格的区别，可以互换。因果关系（causality或causation）是第一个事件（"因"）和第二个事件（"果"）之间的作用关系，其中，后一事件被认为是前一事件的结果。一般来说，一个事件是很多原因综合产生的结果，而且原因都发生在较早时间点，而该事件又可以成为其他事件的原因。

相关关系和因果关系都是客观存在的，相关关系是通过变量统计分析确定其相关程度，因果关系的确定性主要依靠人的主观判断和验证。相关关系不一定存在因果关系，如信用等级较高的人发生交通事故的概率会较低；网络用户对上市公司股票的日常搜索查询语句的数量与该股票的交易量有关。因果关系肯定存在相关关系，如价格会影响销量，价格与销量有因果关系，从数据上一定会判断出价格和销量呈现相关性。

回归分析是利用一个变量来预测另一个变量的变化。回归分析主要有线性回归和逻辑回归两种。例如，采用线性回归分析股票价格与市场因素（如市场利率、国内生产总值、通货膨胀率等）之间的关系，预测未来的股票价格等。逻辑回归分析主要处理二元因变量的关系。例如，采用逻辑回归进行信用评分、破产预测、股票市场的涨跌趋势分析。

回归分析最大的优点是其可用于多个变量，即分析一个因变量与多个自变量之间的关系。如果研究企业的市盈率与风险性、增长率和利润率之间的关系，就可以进行多元回归分析，将市盈率作为因变量，将风险性、增长率和利润率作为自变量。

需要注意的是，回归分析的结果受数据质量、模型假设等多种因素影响，因此，在应用时需要谨慎处理。

（3）决策分析：风险评估

决策分析主要有概率分析、贝叶斯分析、模拟分析（蒙特卡罗法）等。其中，概率分析主要应用在风险评估和决策分析中；贝叶斯分析是根据已知信息来更新未知事件的概率，主要用于处理不确定性和风险，提高决策准确性。蒙特卡罗法是一种基于随机抽样的计算方法，其可以用来模拟复杂问题的概率分布，适用于多个领域，如金融、工程、物理等。

数据分析的本质是透过数据寻找其背后隐含的信息和规律，构筑或解释模型，并利用验证后的模型进行现时预测。最后，根据数据分析得出的结论，采用图表等方式呈现结果。

3）数据分析中的问题

数据分析工具可以帮助我们实现多种分析，但其是一把"双刃剑"，有可能会出现"输入的是垃圾，输出的也是垃圾"的情况。根据商业和金融领域的数据分析状况，主要存在以下三个问题：

（1）算术平均值的局限性

尽管目前已经开发出了多种数据分析工具，但是，大部分的商业和投资决策依然建立在简单的算术平均值的基础上。很多投资者认为，某公司的股票价格低是因为该公司的市盈率低于行业平均值，或者某公司的债务过高是因为该公司的负债率高于市场平均值。

算术平均值是一个简单的统计量，并不能涵盖数据分布的全部信息，采用平均值有时不能展示数据的分布情况。过度依赖平均值，有可能做出错误的判断。假设有两家企业 A 和 B，它们的市盈率均为 15。然而，经进一步的观察发现，企业 A 的市盈率分布在 10～20 之间，而企业 B 的市盈率分布在 1～29 之间。尽管两者的平均值相同，但企业 B 的风险明显更高，因为其市盈率波动更大。

假设有两个基金经理，初始投资为 100 万元，连续 4 年的投资业绩，如表 1-1 和图 1-10 所示。

表 1-1　　　　　　　　　　　　两种投资风格的收益率与账户余额

经理	第 0 年	第 1 年	第 2 年	第 3 年	第 4 年	算术平均
明星经理收益率		100%	−50%	100%	−50%	25%
普通经理收益率		10%	10%	10%	10%	10%
明星经理账户余额（万元）	100.00	200.00	100.00	200.00	100.00	
普通经理账户余额（万元）	100.00	110.00	121.00	133.10	146.41	

从表 1-1 中可以看出，明星经理的平均收益率（25%），大于普通经理的平均收益率（10%）。但从 4 年后的账户余额分析，明星经理的账户余额为 100 万元，实际收益率为 0；普通经理的账户余额为 146.41 万元，实际收益率为 46.41%。

从明星经理的业绩来看，第 1 年翻了一番，第 2 年赔了一半，第 3 年又翻一番，第 4 年又赔一半，经历 4 年以后，又回到了原点，账户还是 100 万元。这意味着，明星经理并

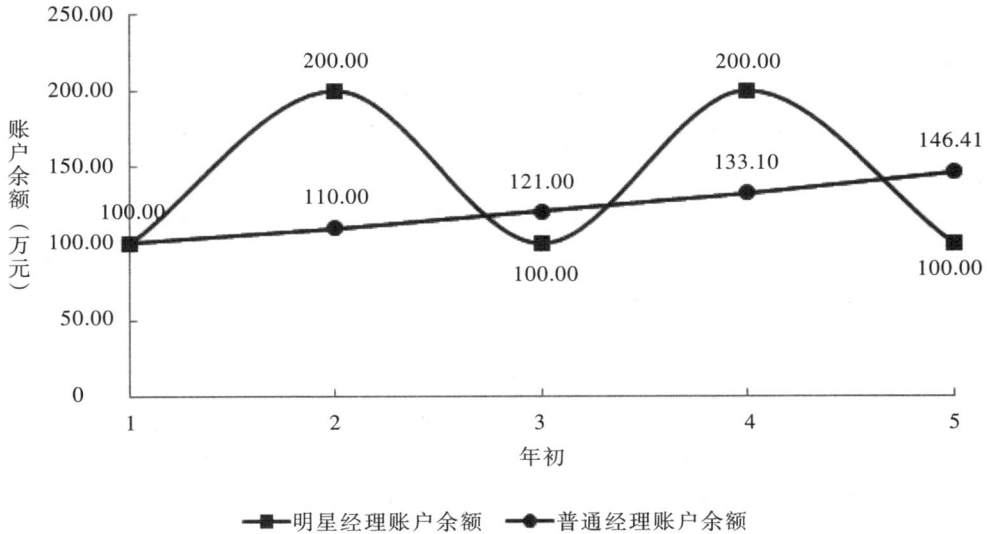

图 1-10 两种投资风险的账户余额

没有给投资者带来真正的投资收益，第 1、3 年赚的钱，第 2、4 年又赔回去了。考虑到投资者还要支付的基金管理费，其实是赔钱了。

从普通经理的业绩来看，虽然每年的投资收益率只有 10%，但 4 年之后投资者的 100 万元涨到了 146.41 万元，投资收益率为 46.41%。

为什么采用算术平均值评估与采用投资者的账户余额评估的结论相反？从计算公式看，算术平均值主要采用的是加法运算：

$$\bar{r}_{AM} = \frac{100\% - 50\% + 100\% - 50\%}{4} = 25\%$$

这个计算公式本身没有错误，其错在不应采用算术均值来考虑投资收益，而应采用几何均值。因为投资收益是需要一年年累积的，累积的时候采用的是乘法，对应的是几何均值：

$$\bar{r}_{GM} = [(1 + 100\%) \times (1 - 50\%) \times (1 + 100\%) \times (1 - 50\%)]^{1/4} - 1 = 0$$

仍以明星经理为例，第 1 年赚了 100%，第 2 年赔了 50%。如果采用算术均值，平均收益率是 25%，看起来是赚钱了。实际上，第 1 年赚的钱，第 2 年全部赔回去了。如果采用几何均值，算出来是第 1 年的 200%，乘以第 2 年的 50%，结果得到了 1，就是不赚不赔。这样就避免了算术均值的误导。所以，计算多年投资收益率时，一定要用几何均值，而不要用算术均值。日后挑选基金时，基金的历史收益，是看几何均值，而不是看算术均值。

为什么明星经理最后并不赚钱？因为赚的钱都赔回去了。这个例子意味着，在投资中不赔钱非常重要。巴菲特有两个投资原则：第一，不要亏损；第二，不要忘记第一个原则。

假设上例中的明星经理各年投资收益率分别为 50%、-50%、50%、-50%，4 年后，按照算术平均和几何平均计算的明星经理的投资收益率分别为多少？

（2）并非所有的数据都是正态分布

正态分布是一种简单的分布形式，只需平均值和标准差这两个参数就可以概括其全部特征。但是，现实中的大部分数据并非呈现正态分布，特别是商业和金融领域的数据。股票价格、市场波动等通常是偏态分布，即极值（正的或负的）出现的频率较高。只考虑正态分布的情况，会低估极值发生的概率，从而导致在风险管理和投资决策上出现错误。基于正态分布的模型容易低估这些尾部风险，从而导致投资者和管理者在面对突发风险时准备不足。

为了避免决策错误，在进行数据分析之前，通过可视化数据来观察数据的分布形态。直方图、箱线图等图表可以帮助我们发现数据的偏态、离群点和尾部特征，从而更好地选择适合的分布模型。

图 1-11 描述了正态分布的基本特征。正态分布的中心轴是模型的均值 μ，而标准差 σ 则体现为曲线下方的面积。图 1-11 中，随机变量出现在平均值左右一个标准差的概率为 68.28%；随机事件出现在平均值左右二个标准差的概率为 95.44%；随机事件出现在平均值左右三个标准差的概率为 99.74%。也就是说，越远离均值 μ，越无限趋近于 x 轴。根据高盛的风险模型（风险价值法），超过 3σ 的事件每两年会发生一次；5σ 的事件自冰河时期以来仅发生过一次；7σ 或 8σ 的事件从宇宙大爆炸以来仅发生过一次；25σ 的事件则根本无法想象。

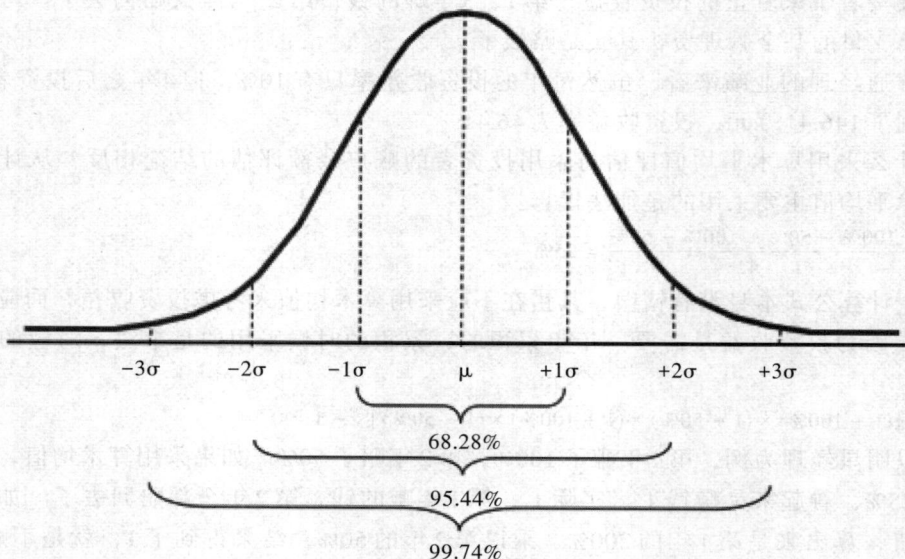

图 1-11 正态分布

如果某种分布下发生超过 3σ 的概率比正态分布大，则称为"厚尾分布"。图 1-12 中，当随机变量远离均值 μ 时，厚尾分布趋近于 x 轴的速度显著慢于正态分布。

例如，1987 年美国股市的崩盘，耶鲁大学的计算表明这是一个偏离均值 25 个标准偏差的事件，很难想象这个小概率事件竟然发生了。又如，1998 年美国长期资本管理公司（LTCM）的破产，就是 1998 年俄罗斯金融风暴这样的小概率事件导致的。依据 LTCM 的测算，这种事情的发生，相当于"六到七个标准差之外的事件"。

（3）异常值问题

影响数据分布的重要原因是数据中的异常值问题。数据大小的中心就是均值，数据位

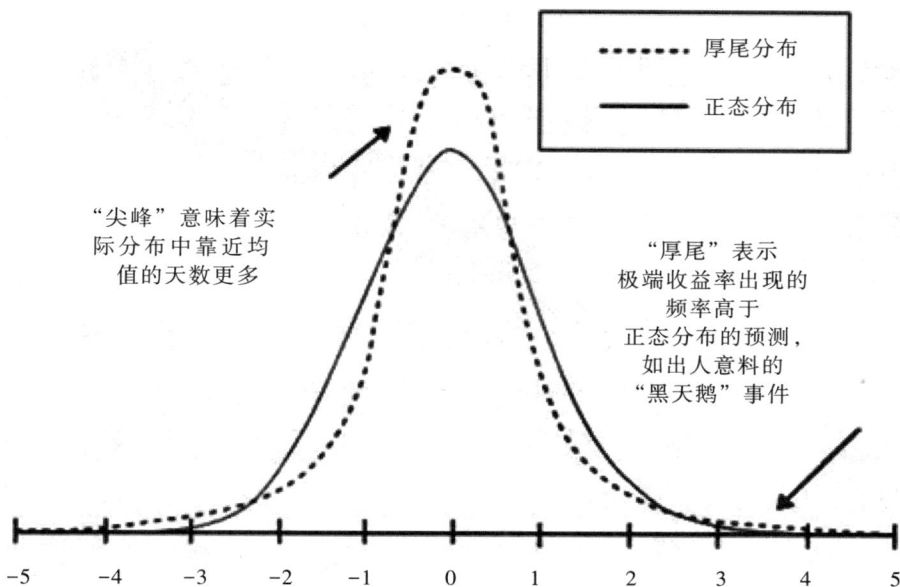

图 1-12　正态分布和厚尾分布

置的中心就是中位数。这两个最常用的平均数，最理想的状况是均值和中位数差不多，最好相等。异常值或极端值会导致数据大小的中心到位置的中心距离增加，从而数据使用者会产生误解或者错误判断。假设一家公司的股票价格在过去 1 年中的平均价格为 100 元，但在某个月份中，该公司的股票价格突然飙升到 1 000 元。如果这个价格是由于某个异常事件引起的，如公司发布了一份虚假的财务报告，导致投资者对公司的前景产生了错误的判断，那么这个价格就是一个异常值。在财务预测和决策中，异常值可能会导致数据分析结果出现偏差，从而误导决策。

因此，在进行数据分析之前，应该对数据源进行检查，确保数据的准确性和完整性。采用多种统计方法来分析数据，如中位数、众数、标准差等。这些方法可以帮助识别异常值，并提供更准确的数据分析结果。如果异常值对数据分析产生了负面影响，可以考虑将其剔除。但剔除异常值很可能会导致偏差，因为与事先假设不符的异常值会被率先删除，而与事先假设相符的异常值则保留了下来。

4）数据分析能力

陈道斌在《数据分析即未来：企业全生命周期数据分析应用之道》[①]一书的译者序中指出，全球著名的数据分析软件服务商 SAS 企业发布的"企业分析能力进阶图"，从数据分析方法复杂度和对企业核心竞争优势支持能力两个维度，将企业数据分析能力分为支持被动决策和支持主动决策两大类共八个等级，如图 1-13 所示。

为了实现"通过数据分析建立竞争优势"的目标，企业要求数据分析师具备"熟悉业务、了解数据、精通工具"的精湛能力，希望数据分析模型具有"源于业务、服务业务、高于业务"的应用价值。

---

① 纳尔逊. 数据分析即未来：企业全生命周期数据分析应用之道 [M]. 陈道斌，万芊，等译. 北京：机械工业出版社，2020：11.

企业分析能力进阶图

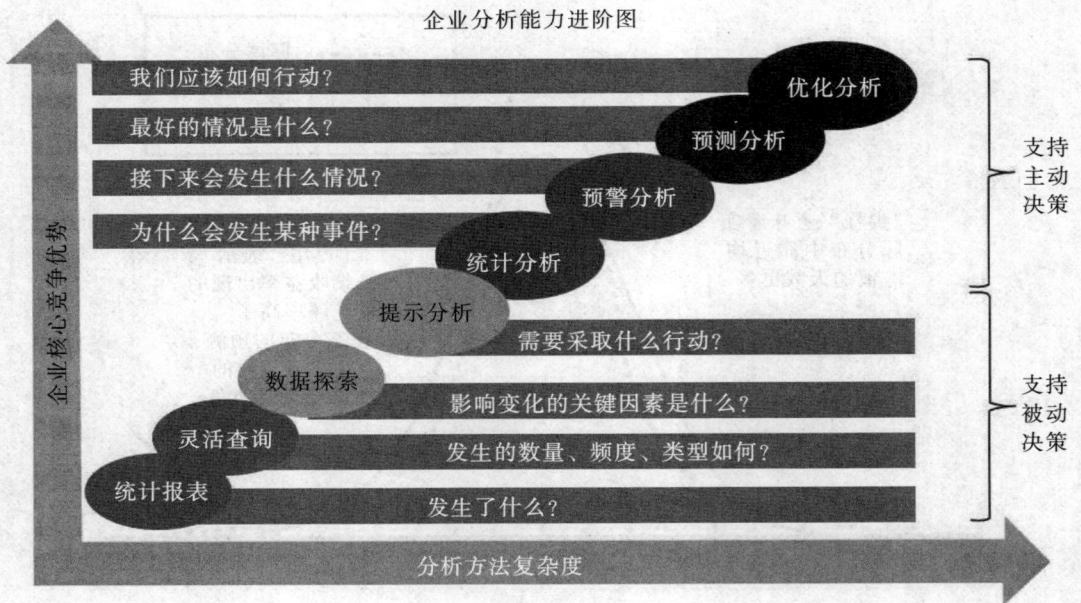

图1-13 数据分析能力进阶：从支持被动决策到支持主动决策

1.4.2 多模型原则

模型是经验的抽象集合，是认知复杂世界的一种简化方式。模型通常表现为公式、定律、图表、结构化语言等形式。掌握模型，可以快速提高人们对复杂世界的理解、解释、推理和预测的能力。

1）认知结构

认知结构包括四个层次：数据、信息、知识、智慧。从层次结构看，智慧高于知识，知识高于信息，信息高于数据，如图1-14所示。

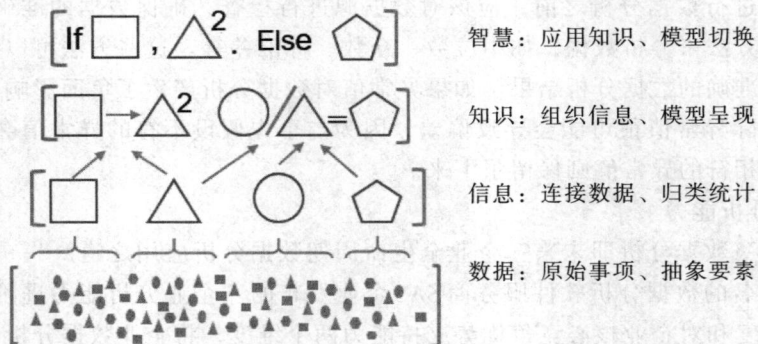

图1-14 认知层次结构

资料来源：佩奇. 模型思维［M］. 贾拥民，译. 杭州：浙江人民出版社，2019.

凯莱赫，蒂尔尼. 人人可懂的数据科学［M］. 张世武，黄元勋，译. 北京：机械工业出版社，2019.

认知层次结构的最底部是数据，其是原始的、未编码的事件、经历和现象。数据既可以是一长串的0和1，也可以是时间戳，或者是页面之间的链接等。

信息是经过处理、归类、分析后的数据。例如，单项财务指标是数据，财务报表是将资产、负债、股东权益、收入、成本、利润、现金等数据"连接"起来的信息。

知识是已被验证的、正确的信息。利用知识组织信息，呈现为模型的形式，表现信息之间的相关关系、因果关系和逻辑关系。例如，市场竞争的经济学模型、网络的社会学模型、资本资产定价模型、价值评估模型等都是知识的体现。

智慧是认知层次结构的顶层，其是识别和应用相关知识的能力。利用模型组织和解释数据，已经成为经济学家、财务分析师、精算师等专业人士的"核心竞争力"。例如，分析商业数据、评估股票价值、投资融资策略、风险管理等都需要应用模型进行推理、解释、预测和决策等。

2）多模型、跨学科

统计学大师乔治·博克斯曾经说过，所有的模型都是错的。它们只在特定的尺度上成立。假如只用一个模型观察世界，就会让真理成为公式的牺牲品。所以，要想理解真实世界，我们需要的不是模型，而是多模型。因为每一种模型都有各自的假设或前提，如果假设与现实有差异，解释力度就会发生偏差。如果采用多个模型，使不同模型提供的观点和含义相互交织，让模型之间相互"对话"，探索不同模型之间的重叠和差异。例如，在股票价值评估时，可采用折现现金流量法、市盈率法、剩余价值法等多个模型，各种模型计算的结果相互印证，以便寻找最可能的价值区间，提高模型预测和决策的能力。

2008 年 10 月 9 日，冰岛的货币冰岛克朗（króna）急剧贬值。当时的软件巨头甲骨文公司（Oracle）的财务主管埃里克·鲍尔（Eric Ball），刚刚处理完国内住房抵押贷款危机带来的冲击。由于甲骨文公司持有数十亿美元的海外资产，冰岛的危机引起了鲍尔的关注。鲍尔先后考虑了两种模型：金融崩溃的网络传染模型与供给和需求的经济学模型（价格变化的幅度与市场冲击的大小相关）。2008 年，冰岛的国内生产总值仅为 120 亿美元，仅相当于麦当劳 6 个月的销售收入。事后，鲍尔回忆当时的思考过程：冰岛的经济规模比美国的弗雷斯诺市还要小，不需要采取什么措施。在这个例子中，鲍尔评估了两个可能有用的模型，然后选择了一个更好的模型。鲍尔拥有正确的信息（冰岛很小），选择了正确的模型（供需模型），并做出了一个明智的选择。

查理·芒格认为，每个学科都是从一个独特的角度去切入了解这个世界的，都是一个摸象的盲人。要对世界有真实的了解，就必须掌握多个学科的核心思维方式。将多种学科的知识结合起来成为复式框架，有了这个框架，就可以更好地认清事物，分析问题，解决问题。

常言道：三个臭皮匠顶个诸葛亮。为什么三个臭皮匠能够比肩诸葛亮？其关键是这三个臭皮匠可能具备多样性，具有互补的认知方式与思维模式，可以不断进行头脑风暴、沟通交流、组织协调，最终的结局可能会优于诸葛亮这一级别的人物能够达到的做事效果。斯科特·佩奇（Scott Page）在其著作《多样性红利》中，举出了很多这样的例子。例如，你要解决一个公共政策问题，而你的团队中已经有三位顶级的统计学家，那么你现在就不需要再增加一位统计学家，而是需要一位经济学家或社会学家。如果你是一个网球运动员，那么与其请三位网球教练，不如请一位网球教练、一位健身教练和一位营养师。

在美国新墨西哥州圣菲研究所，生物学家、经济学家、股票市场分析师一起探讨有关市场行为的新理论。从数学角度看，用来解释金融政策发展演变的模型，与生物学家使用的模型是类似的。生物学家也会用到相似的模型计算捕猎系统、竞争系统，以及共生系统中生物种群数量变化。

3）模型复用

一般来说，模型是用一系列运算符号连接的。基本的数学运算都可以简化为做加法，乘法不过是重复地做加法，减法就是加上一个负数，除法就是重复地做减法，以此类推。不过，采用加法进行复杂的运算会很慢，这就是为什么要学习乘法。

查理·芒格说："商界中有一个非常古老的准则，分成两步。第一步，找到一个最基本的简单道理；第二步，严格地按照这个道理去行事。"这个"最基本的简单道理"，就是从理论和经验提取的模型。

萨姆·塔塔姆在《演化想法》一书中，通过大量事例表明，如果你有一个好眼光，你会在日常的各种经济行为中发现处处都是套路。例如，讲故事、写文章都有一个"英雄之旅"的模板。即使撰写实证研究论文，可遵循的"套路"是：导言（研究问题）、文献回顾、理论与假说、研究设计（模型、变量、样本、数据、模型检验）、检验方法与结果、结论与建议、研究局限等。1999年，以色列有一个印刷广告大赛，有200个广告得奖。研究者发现，这200个成功的广告中，有89%都可以用六个创意模板来解释：它们都有意无意地使用了六个固定广告套路中的某一个。研究者也考察了那些不成功的广告，结果发现，不成功的广告中只有2.5%符合了某一个模板中的套路。这个发现非常重要，成功者是相似的，都有章法可循；失败者却是没有章法的，各有各的失败。创造也许可以超越章法，但是不能脱离章法，这说明成功是可以学习的。[①]

在财务决策中，模型或模板主要分为两大类：

第一类是根据数理分析和经验研究构建的模型。例如，投资组合模型、资本资产定价模型、资本结构模型、期权定价模型、Z-Score模型等。采用这类模型解决问题，可追溯到财务学科的基础理论，模型具有较强的逻辑性。

第二类是认知工具箱。它可以给出可复用的工具模板，这些模板更具规律性和框架性，使常见问题的解决方案简化化、标准化、流程化。在商业世界里，已被验证有效的工具模板或模型主要有：

战略分析工具模板：SWOT分析（优势、劣势、机会、威胁）、PESTEL分析（政治、经济、社会文化、技术、环境、法律）、波特五力模型、波士顿矩阵、商业模式画布、财务战略矩阵、价值成长型矩阵等。

财务分析、业绩评价工具模板：杜邦财务分析模型、平衡记分卡、KPI（关键绩效指标）、OKR（目标与关键成果法）等。

思维能力工具模板：金字塔原理、MECE法则（相互独立、完全穷尽的归类方法）、5W2H（what, when, who, why, where, how, how much）、SCQA（情景、冲突、疑问、回答）等。

项目管理工具模板：投资选择漏斗模型、七步成诗法、决策树法、蒙特卡罗法等。

认知工具箱中的每一种工具都有自身的特性，能够提供一种解决现实问题的思路或框

---

① 万维钢. 精英日课［EB/OL］.［2023-06-27］. https://www.dedao.cn/course/detail? id=YE36g8pDr7WJoQas82KP4Z5Rlwjy0z.

架。有了工具箱，人们便可以从容应对各种新情况，而不必凡事从头开始。也就是说，面对新问题，人们要做的不是重新发明轮子，而是从认知工具箱中寻找合适的工具，通过可复用的工具解决新问题。利用熟悉的工具解决陌生的问题，不仅可以简化工作流程，更重要的是可以保持管理的一致性。例如，采用同一模板分析不同时期的企业经营业绩和财务状况，可以更好地进行差异分析和动态分析。采用认知工具箱解决新问题，如果原有的工具不能满足要求，可以根据问题的底层逻辑、影响因素之间的相互关系或因果关系构建一个全新的管理工具。通过这种不断地迭代，不断地格物致知，人们的认知能力将会越来越强。

在现代社会，一个人掌握科学模型的数量，将直接决定他的认知和行动水平。如果只掌握一种工具，遇到不同的问题，只会用同一种方式处理，就如同一个手里拿着锤子的人，看到所有的东西都像钉子，尽管眼前这个对象根本不是钉子。造成这种现象的原因很简单：你的工具太少，遇到问题你会不由自主地使用这个单一的工具，以固化、老化的知识去应对一个复杂的、实时变化的世界。针对这一现象，查理·芒格给出的建议是，"往头脑当中输入各种认知模型和思维方法"。当你的工具箱中有足够多的工具的时候，你总能够找到恰当的工具来应对突然出现的新情况。不断地往自己的工具箱中加入工具，除了从别人的书中或经验中借鉴之外，还要通过自己跟世界不断地接触和博弈、冲突，逐渐演化出各种各样的工具，并努力使自己的工具呈现多样化的态势，避免"钉锤式"解决问题的方法。拥有多样性组合工具箱，能够让我们更清晰地思考，更准确地决策，更有效地行动。

1.4.3　工程师思维原则

古鲁·马达范在《转向：用工程师思维解决商业难题》[①]一书中提出，工程师思维的核心就是模块化的系统思维。通过解构，将一个较大的系统，分解成一个个模块，然后将这些模块按照功能性重新组合（重构）。这种思维的重点在于，找出哪些是必须理清、解决的事，哪些是可以忽略或舍弃的事，分析各种约束条件，测试各种方案，直到实现最终的目标。

借助工程师思维解决财务问题，首先从界定问题开始，然后拆分问题并找出关键问题，通过一系列的财务分析方法，发现问题、挖掘原因，提出解决问题的可行方案。事实上，麦肯锡"七步成诗法"的项目管理法，与古鲁·马达范提出的"用工程师思维解决商业难题"异曲同工。图 1-15 列示了解决财务问题的过程与方法。

1）界定问题

根据系统化思维，财务决策的起点是界定问题，其终点是提出解决问题的方案。所谓"问题"，就是必须被解决的议题。例如，如何提高销售毛利率，如何降低产品成本等。问题的本质是期望与现实的落差，这种落差分为两种：一是与过去业绩的落差。例如，企业年末实际收入与年初计划收入的差额。二是与未来增长机会的落差。由于新市场、新技术的出现，给企业带来了更多的增长机会，但企业现有业务模式或资源不能满足未来新业务模式或资源的需求，这之间的差距称为机会落差。需要说明的是，落差不只是收入、成本、利润、投资收益率、资产负债率等财务表现，市场份额、销量、客户满意度等市场表现，以及产品创新能力、质量事故、客户响应速度等内部运营能力都有可能成为落差。

① 马达范. 转向：用工程师思维解决商业难题 [M]. 凌复华，戴慧君，凌真雁，译. 北京：中信出版集团，2016.

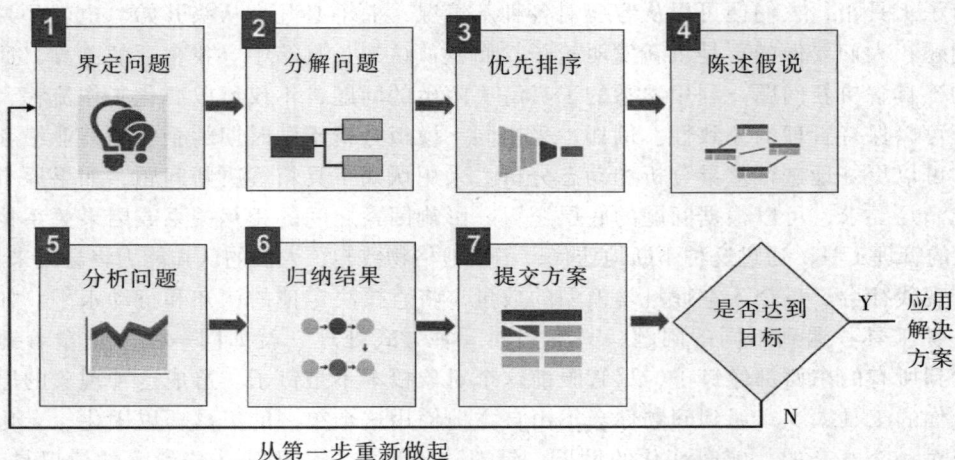

图 1-15　解决问题"七步成诗法"

界定的问题主要回答：待解决的问题是什么？谁是"问题"的利益相关者？谁是决策者或执行者？决策者需求或关切的重点是什么？解决这一问题是否存在特殊限制？决策者会以什么样的标准来评量问题解决的成败？

在界定问题时，许多显而易见的问题往往不能透露出任何重要的线索。例如，企业利润降低，从表面上看是生产成本过高，于是大力削减成本，但实际问题可能出在工程设计或销售规划不佳上。又如，机器漏洞，从表面上看是机器零件质量低，而实际问题可能源于采购部门绩效评价的设计问题等。

要找到关键问题，需要时刻反问："如果……会怎样？""为什么？""为什么不？""是否遗漏了什么？"或根据 5Why 分析法，也就是对一个问题连续发问 5 个"为什么"，追究其根本原因，寻找真正的问题。

界定问题是一个循环往复的过程，一个良好的问题要符合 SMART 原则：specific（具体而不空泛）、measurable（可以衡量的，研究变量之间的关系）、attainable（可以实现的，资源/数据、方法、自身能力）、relevant（相关的，与管理领域/社会更广泛相关）、time-bound（有时限性的）。

2）分解问题

分解问题就是将界定的问题层层分解为有内在逻辑关系的一系列的小问题，以便寻找解决问题的关键因素。

假设要解决的问题是"将净资产收益率提高 X%"，这一问题有多种分解方式。根据杜邦财务分析公式，至少可以列出三个子问题：销售净利率、总资产周转率、权益乘数。这三个子问题都是针对净资产收益率这个大问题提出的解决方案：提高盈利能力（销售净利率）、提高营运能力（加速资产周转）、合理利用财务杠杆（权益乘数）。这三个方案之间具有并列的逻辑关系，在此基础上还可以进一步分解。图 1-16 中，首先根据净资产收益率公式进行第一层分解，然后根据影响因素进行第二层分解，再次进行第三层分解，逐层递进。例如，在"销售量"项下，对于一个电商来说，可以进一步分解为提高自营平台高收入的商品品类、增加第三方商家的数量、提高云服务、采用会员制等。

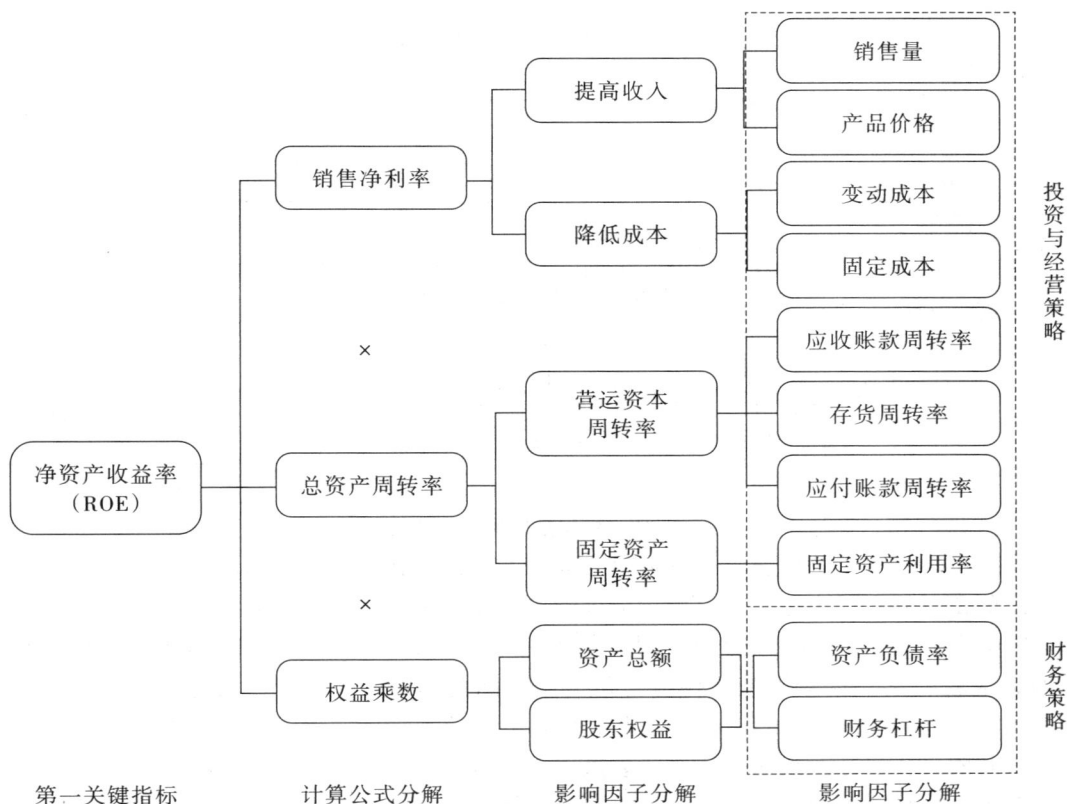

图 1-16　陈述型逻辑树分解问题

分解问题的方法有很多，图 1-16 是采用陈述型逻辑树方法进行问题分解。在构建逻辑树时，通常遵循的是 MECE 原则（mutually exclusive collectively exhaustive），直译为"相互独立，完全穷尽"。这一原则要求，对所要解决的问题进行分类时，要做到不重叠、不遗漏。MECE 原则有助于管理者进行问题或解决方案的排序、分析，并从中找到令人满意的解决方案。

根据陈述型逻辑树，将大的问题分成小的部分，每个小的部分都会影响整体。当问题分解得足够细小时，问题就转化为一系列"是"或"否"的问题。当答案明确在"是"或"否"以后，陈述型的问题又能重新开始循环。图 1-17 中，定位到"资产负债率"这个问题后，采用"是"或"否"提问型逻辑树分解问题。这时，新的问题就是：如果资产负债率偏离目标负债率，如何调整资产负债率？

运用逻辑树分析法，可以避免信息上的重叠和工作中的重复。逻辑树中的每一项都遵循了麦肯锡的 MECE 原则，即"相互独立，完全穷尽"。逻辑树的每一条分枝都有其独特性，没有哪两条分枝之间，既有所属关系，又有并列关系。这就使得逻辑树中的每一条信息都是清晰的，不会出现逻辑混乱的情况，也就使得过程中遇到的任何情况都有其相应的解决方案。

3）优先排序

由于资源限制，在问题分解的基础上，还要遵循"20/80"原则，按照重要性进行排序，将一些不重要的问题舍弃。即找到那些数量上只占 20%，影响力却是 80% 的重点问题。

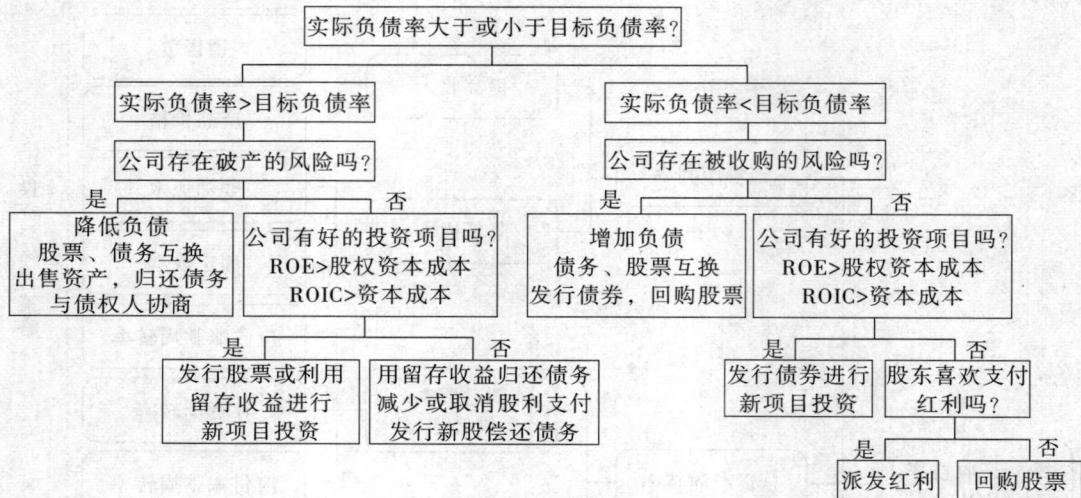

图 1-17 提问型逻辑树分解问题

将精力集中在最重要的问题上，掌握整个问题的关键，找出最适合的解决问题的方法。需要注意的是，问题界定过程中要侧重关键问题，不要试图解决所有的问题。

2008 年，作为《问题资产救助计划》的一部分，美国联邦储备银行提供了 1 820 亿美元的金融救助款，拯救了跨国保险公司美国国际集团（AIG），而放弃了雷曼兄弟公司，任其破产。为什么？图 1-18 是国际货币基金组织给出的一个金融机构网络模型。其中，节点（圆圈）代表金融机构，边线代表这些金融机构持有资产价值之间的相互关系，连接的颜色和宽度代表相关性的强弱，更深和更粗的线条意味着更大的相关性。

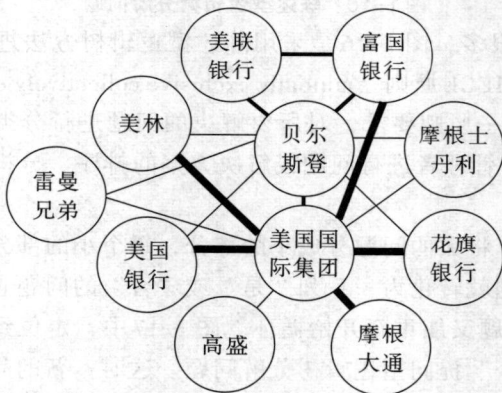

图 1-18 金融机构网络模型

从图 1-18 中可以发现，雷曼兄弟公司处于金融机构网络的边缘区，美国国际集团则占据了中心的位置。这意味着，如果美国国际集团破产，那么与其相关的企业也会破产，从而很可能会引发一连串的破产。这表明，美国政府救助的目的不是为了拯救 AIG 本身，而是为了支持整个金融体系。[1]

---

[1] 佩奇. 模型思维 [M]. 贾拥民，译. 杭州：浙江人民出版社，2019：43.

4）陈述假说

假设是对现实世界进行的简化，是描述、分析、解释、预测现实世界的首要步骤。假设是对变量之间关系的猜测性的陈述，也就是说，根据拟解决的问题，明确变量之间的关系，如相等关系、正的或负的关系。需要注意的是，假设必须是可检验的（testable）；假设所涉及的变量必须是可度量的（measurable）；假说应该是基于特定的理论，或者是基于严谨的逻辑演绎。

假说与问题不同，假说可以直接检验，但问题不能；如果一个问题不能转化为一个假说，其就不是一个有价值的经验问题。问题不需要理论基础，但假说通常需要基于某种理论。

如果界定的问题是：企业应该如何提高在行业中的地位？这是一个与竞争战略有关的问题，其代表性理论主要有两种：市场定位理论和资源基础理论。市场定位理论是从客户需要出发，通过对现有产品进行创造性试验，在客户心中建立一个新品类，然后成为这个品类的第一。资源基础理论认为，企业的竞争优势主要来源于其异质性资源，主要指有价值（valuable）、稀缺（rare）、难以模仿（difficult-to-imitate）、不可取代（non-substituable）。满足的条件越多，则越有可能实现竞争优势。这四项条件全部满足时，才可能实现持续的竞争优势。针对提高企业行业地位这个不确定性问题，企业选择哪种理论进行假设，决定了企业考虑解决方案时更重视哪些随机现象、选择什么变量和模型、制订什么样的解决方案等。

事实上，有的研究假设没有理论基础，如盈余的时间序列特征、破产预测，这些研究一般具有数据挖掘性质，其结论可能依赖所选择的样本和数据，从而缺乏稳健性和一般性。

5）分析问题

在界定问题、分解问题的基础上，以假设为前提，以事实为依据，采用相关分析、回归分析、决策分析等方法，进行数据分析、论证和建模。基于不同的问题，也可以采用一些常见的研究工具或理论模型，如前述的"认知工具箱"中的工具或模型等。此外，在大数据经济时代，利用大数据挖掘隐藏在数据背后的变量关系，发现变量之间的内在关系和发展规律，在建立预测模型、预警经济、分析政策影响等方面发挥了越来越重要的作用。

6）归纳结果

在界定问题、分解问题、形成假说、分析问题、构建模型的基础上，采用这一模型做出一个预测，利用实验来验证预测是否成真，并分析你得到的结果，以便挖掘数据背后的关联和因果关系，发现潜在的洞察和机会。对数据分析结果是否有效的检验，主要有四个方面：（1）经济学检验，即参数符号和大致取值；（2）统计学检验，即拟合优度检验、模型的显著性检验、参数的显著性检验；（3）计量经济学检验，即序列相关性检验、异方差检验、多重共线性检验；（4）模型的预测检验，即扩大样本容量或变换样本重新估计模型、利用模型对样本期以外的某一期进行预测。

在此基础上，将数据分析的结果归纳成一个主要的结论或观点。在检验结果和归纳结论时，应当基于原始数据库，结合问题拆解、重要议题分析的成果，集思广益，归纳成主要观点。主要观点应当有论据支持，明确并且具体。需要注意的是，归纳观点，不是概括观点。概括侧重对事实的浓缩及重复，而归纳侧重事实与研究成果说明了什么。

最后，采用表和图两种形式呈现结果。采用表呈现数据时，需要提供备查表和演示表，前者包含大量的数据，可供查看某个部分的具体数据；后者是一种概括性的表格，旨在显示不同子数据集之间的差异（或无差异）。此外，还可以使用图来展示数据。图的类型有很多种，可以根据需要采用折线图、柱状图、条形图等不同的图来呈现研究结果。

7）提交方案

在选择决策模型时，需要注意区分"精确"和"准确"的差异：一个模型的精确度，可通过对于同一组输入数据该模型每次得到的预测结果之间的接近程度来衡量；而一个模型的准确度，则是通过比较模型结果与实际数据之间的接近程度来衡量的。在数据分析中，创建准确但不精确的模型比精确但不准确的模型更重要。这是因为，大多数决策的基础都是不完整的信息，其原因可能是无法获得所需要的信息，或要掌握完整信息需要花费过多的时间和过高的成本。数据分析最大的问题是利用粗糙不足的数据来制定精确的决策，特别是在被用于对未来进行预测的情况下，误判的风险很大。在决策方案选择中，决策者必须知道哪些是迫于信息不足而做出的推测，哪些信息是已知的，哪些信息是未知的，制订出各种可行的替代方案，这是决策的不变原则。

面对不同情境下解决问题的替代方案，决策者选择方案时，还要注意各方案的风险、精力、时机、资源（执行人）等因素。比较每种方案的预期收益和风险；比较每种方案投入的精力与所能达到的经济效益；比较每种方案的紧急性与重要性；比较每种方案执行人的能力。这里的比较，包括两个方面：一是比较实施方案与不实施方案的效果，即实施方案在多大程度上改善了现状；二是比较实施方案与预期目标的结果，即每种方案是否达到了目标要求。

以上七个步骤，从界定问题到提交方案，一环扣一环，层层叠进。如果结果不理想，就需要从第一步重新做起，直到问题圆满解决。在此基础上，将解决方案应用到解决"问题"的业务中。

在这七个步骤中，界定问题是起点，解决问题是终点。事实上，好答案一直在等着好问题，提出好问题是解决问题的关键。德鲁克认为，"管理决策中最常见的错误来源，就是强调发现正确的答案而非正确的问题"。[1]问题界定错了，就好像面对一个财务数据失真的报表，即使财务比率的计算是正确的，正确的计算也不可能得出正确的答案。

【课堂拓展】跟着 NASA 学决策[2]

成立于 1958 年的美国国家航空航天局（NASA），承担的项目都是对世界科技创新的前沿探索。例如，"阿波罗"登月计划、哈勃空间望远镜、"勇气号"火星车、詹姆斯·韦伯空间望远镜等。对充满不确定性的未知领域，NASA 解决这些未知问题的最核心方法就是决策树法。

现以 NASA 向火星发射海盗号着陆器为例，简单说明决策树法的基本思路。

1975 年，NASA 准备向火星发射海盗号着陆器。当时，苏联同美国达成协议，海盗号

---

① 德鲁克. 管理的实践［M］. 齐若兰，译. 北京：机械工业出版社，2009：570.
② 中村慎吾. 高胜算决策：向绝不容出错、极会管理风险的 NASA 学决策［M］. 谷文诗，译. 南昌：江西人民出版社，2019.

着陆器造成微生物污染的概率，必须控制在万分之一以内，否则，这项计划就不能开展。

NASA评估海盗号着陆器微生物污染的概率，主要分为三个阶段：分解流程、情景分析、概率分析（如图1-19所示）。

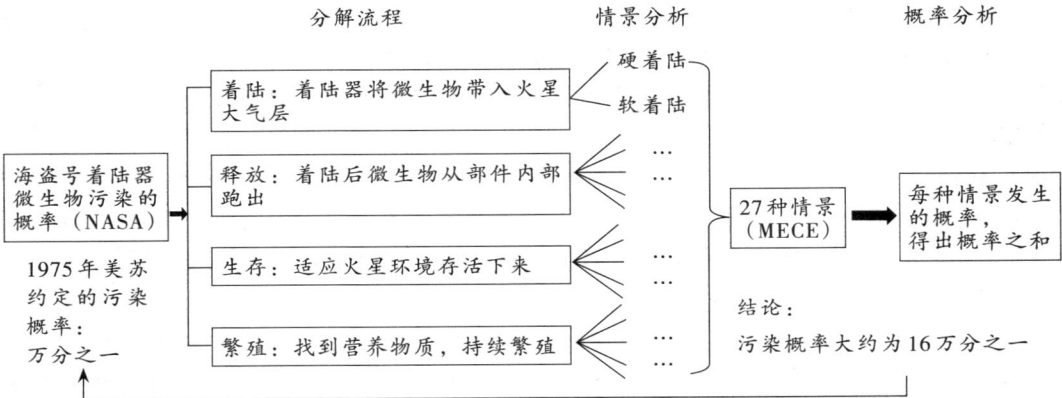

图1-19 海盗号着陆器微生物污染的概率

第一阶段：分解流程。利用假设分解流程，即将大流程分解为一个个小流程。NASA根据污染发生的过程，设想微生物污染火星需要经历四步：着陆、释放、生存、繁殖。

着陆：登陆火星的着陆器被制造时就附着微生物，然后跟着着陆器飞进火星大气层。

释放：着陆器到达火星之后，微生物就会从着陆器释放出来。由于微生物主要集中在每个部件的内部，即使给着陆器的表面灭菌，也不可能将每个部件内部的微生物灭杀干净，微生物还会从部件内部跑出污染火星。

生存：微生物到达水源的过程，以及不被强烈的紫外线杀死。

繁殖：微生物必须在火星找到营养物质，并且完成持续的繁殖，才能真正对火星造成污染。

第二阶段：情景分析。即尽可能列出每一种流程可能出现的情景。情景分析要遵循MECE原则，每个情景相互独立、不重叠、不遗漏。例如，在着陆这一步骤中，存在两个情景：一是硬着陆，也就是直接撞向火星地表；二是软着陆，也就是缓缓降落。这两种落地方式，彼此独立，不可能同时发生；并且着陆只有这两种方式，其穷尽了所有可能。

在每一种流程中，不仅要列出所有可能发生的情景，还要沿着这些情景，进一步延伸出新的情景。例如，在硬着陆时，如果着陆器直接撞向火星表面，外壳很可能破损。这时，假如破损的部件直接插进火星的土壤里，微生物就躲过了紫外线，其存活下来的概率就会增加。如果是软着陆，着陆器外壳完好无损，微生物被困在内部，不会马上释放出来。当然，风沙也可能对外壳造成腐蚀。即使着陆器外壳遭到腐蚀，因为着陆器停留在火星的地表上，微生物也会被直接释放到火星的大气中，在强烈的紫外线照射下，其存活下来的概率就很小。

第三阶段：概率分析。微生物从着陆到繁殖，在这个完整的流程中，NASA列出了27种情景，也就是有27根树杈。在每一种情景下，微生物造成污染的概率都不一样。虽然这个完整的流程没有办法测算，但是，每个具体的情景都可以通过现有的工具计算出来。例如，如果着陆器发生硬着陆，撞向火星地表，着陆器严重破损的概率是多少？微生物死亡的概率是多少？每一种单独情景的数据，NASA 可以委托波音公司在飞机的撞击试验中，顺便获取这个数据。同样，其他情景也可以从其他企业获取数据，或者直接委托专家计算。最后，将 27 种情景的概率相加，得出了微生物造成污染的总体概率大约为 16 万分之一，其远低于和苏联约定的万分之一的标准。

在充满不确定性的未知领域，我们可以借鉴 NASA 决策方法，将一个不可能解决的大问题，拆解成一个个可以计算概率的小问题，从不确定性中寻找相对的确定性，使不可能变成可能。

1.4.4 利益相关原则

与企业价值最大化的目标不同，利益相关者的倡导者认为，在企业决策时，不仅要考虑股东的利益，还要平衡企业利益相关者的利益，以实现企业长期可持续发展。

1）利益相关者概念

利益相关者（stakeholder）的概念来源于"股东""股票持有人""股份持有人""利益攸关者"。这一概念第一次出现在 1963 年美国斯坦福研究中心的一个项目研究报告中。弗里曼（Freeman，1984）提出了一个被广泛接受的定义：利益相关者是能够影响组织行为、决策、政策、活动或目标的人或团体，或受组织行为、决策、政策、活动或目标影响的人或团体。[①]

利益相关者分为直接利益相关者和间接利益相关者。前者主要指股东、债权人、雇员、客户、供应商等，没有他们连续性的参与，企业就不能持续生存。后者主要指社区、政府、社会团体、新闻媒介等，他们虽然并不与企业进行交易，但客观上影响企业或受到企业的影响。

不同利益相关者从市场进入企业，其目标函数各不相同。股东要利润，客户要产品，员工要就业，政府要税收，社区要环保等。各方目标不一致，不可避免地会引起矛盾和冲突，解决的方式就是利益相关者各方形成一定的契约关系。这种契约关系可能是明确的，也可能是模糊的。明确的契约主要有投资关系、借贷关系、纳税关系、消费关系、合作关系、管理与被管理关系等明确可见的利益关系；模糊的契约主要有信用关系、道德关系、品牌关系等实际存在却难以量化的模糊的利益关系。这些关系共同构建了企业与利益相关者的互动机制，使企业与利益相关者成为相互影响、相互依存的契约共同体。

2）利益相关者与企业目标

利益相关者概念从产生之日起，就与企业目标密切相关。主流企业理论认为，股东作为企业所有者，对企业收入的索取权是一种剩余索取权。在企业持续经营的前提下，这种索取收入的权利仅限于企业的利润；在企业清算时，这种索取权位于其他关系人的索取权（工资、利息、税收等）之后。因此，股东成为企业风险的主要承担者。与剩余索取权相对应，股东拥有企业的控制权或管理权。在所有权与控制权两权分离的情况下，企业的所有者将企业的控制权委托给企业的管理者。作为代理人，管理者被要求对委托人（股东）在相关法律框架内负有信托责任，企业的高层管理者所作的一切经营决策都要服从股东财富最大化这一目标，即股东的利益优先于企业其他利益相关者的利益。

---

① FREEMAN R E. Strategic management：A stakeholder approach［M］. Boston：Pitman，1984.

　　20世纪60年代，全球企业普遍遇到了一系列现实问题，如企业伦理、员工纠纷与企业环境管理等问题，使"股东财富最大化"目标在理论和实践中均受到了挑战。利益相关者的倡导者认为，企业不仅是一个追求利润的实体，还是一个社会有机体。股东在追求财富最大化的同时，也可能会给社会带来负面效应。例如，企业为了自身利益生产各种污染环境的产品，或损害公共利益的产品等。如果这些负面效应不能以成本的方式追索到特定的企业，从短期看，虽然可能增加了股东财富，但从长期看，通过损害社会利益增加股东财富方式会阻止股东价值的长期可持续增长。也就是说，如果股东希望从客户、供应商、员工或社会获得不合理的利益，最终都将减少股东或企业的利润。从长远看，股东财富最大化的目标将意味着公平对待社会各个群体，而这些群体的经济状况与企业的经营状况和企业价值是密切相关的。

　　此外，从风险承担看，企业的利益相关者在企业中注入了专用性资源后，他们或是分担了一定的经营风险，或是为经营活动付出了代价。特别是在股份制下，股东只承担有限责任，股东的最大损失是其在企业的投资。这意味着，股东并不是企业风险的最大承担者，其他的利益相关者也承担了一定的风险。特别是当企业发生财务危机或破产清算时，企业的债权人、员工、供应商、客户等都可能承担了一定的风险。

　　3）价值创造与价值分享

　　企业作为价值创造的经营单位，其社会资源不仅有股东、债权人提供的财务资源，还包括人力资源、客户资源以及其他无形资产等。企业价值的创造过程也是社会资源的整合过程，如图1-20所示。

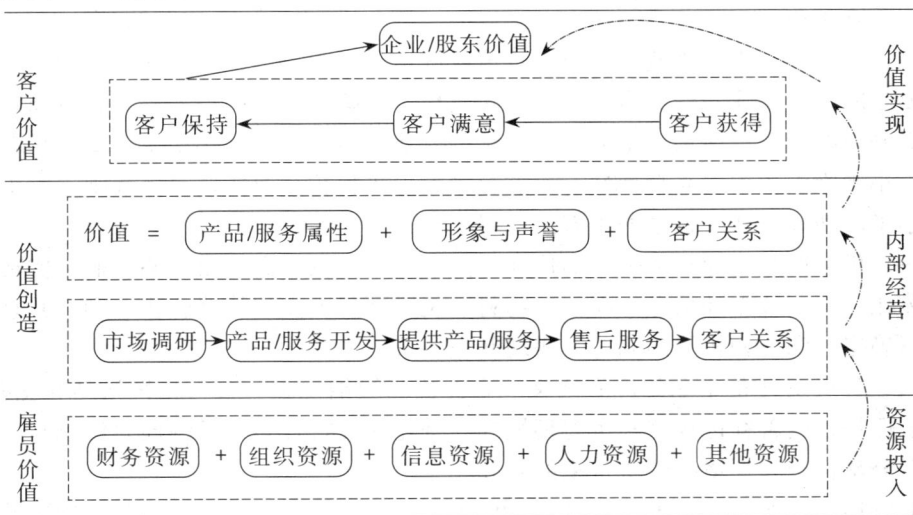

图1-20　企业/股东价值、客户价值、员工价值

　　图1-20中，财务资源主要表现为有形资产；组织资源、信息资源和人力资源主要表现为无形资产。在无形资产中，信息资源主要有信息系统、数据库、网络资源等。组织资源是指为执行创造企业价值战略所要求的组织能力，主要包括：①文化，即执行战略所需要的使命、愿望和核心价值的意识等；②领导力，即管理者动员和领导员工实现企业目标的能力；③协调一致，即个人、团队和部门目标与战略目标的实现相结合；④团队协作及

知识管理，即整个企业共享的具有战略潜力的知识。人力资源主要指员工技能、知识和专利的有效性，这些技能、知识和专利主要用来执行对创造企业价值至关重要的内部经营。其他资源一般指不包含在上述范围内的资源，如政府补贴、政府专项资金等。

资源投入是价值创造的第一步，通过产品/服务开发、生产、销售创造价值；通过为客户提供产品/服务实现价值；在为客户提供超过竞争对手价值的同时，也将创造的价值转化为企业/股东的价值。图1-20中，企业价值或股东价值的实现来源于客户价值，客户价值来源于员工利用资源创造的价值。因此，企业与利益相关者之间实质上是特定资源、能力等属性的组合。根据系统思维，每个利益相关者都是企业系统的一个子系统，通过整合各子系统的资源、能力，实现知识、信息共享，形成更大的协同效应。或者说，企业与利益相关者在价值创造的过程中，不仅可以利用自身原有的资源和能力，还可以根据两者的关系强度整合双方的资源，实现互补互促，从而创造比单个企业或利益相关者所能创造的更多的价值。

企业创造的价值不仅要回报给股东，还要考虑其他利益相关者的利益：

第一，企业价值的实现来自客户价值。企业存在的目的就是创造客户，提供令客户满意的产品和服务，为客户创造价值。为此，企业不仅要在产品属性、服务质量、价格、品牌等方面精耕细作，更要注意影响客户支出成本的因素，设法降低客户购买成本、时间成本、精神成本、体力成本以及风险承担（因信息不对称导致的客户所购与所需产生差异而带来的损失）。通过建立客户信息共享机制和内部沟通机制，实现企业与客户的双向沟通，建立基于共同利益的新型企业-客户关系，通过客户服务（争取客户、满足客户、保持客户）实现价值。

第二，员工的努力和创造力是企业价值持续增长的重要因素。企业要给予员工尊严和尊重，要不断改善工作条件和员工福祉。在这样一个瞬息万变的世界里，企业通过不断提供技能提升与技能重塑培训，培养员工持续的就业能力。例如，小米生态圈就得益于人才的汇聚。小米吸引了很多来自微软、谷歌等国际顶级科技企业的优秀工程师，员工的创造力，使小米成功地打造了自己的生态圈，屡创奇迹。

第三，供应商是企业价值创造的伙伴。企业通过与供应商达成战略联盟，实现业务及流程一体化，共享数据和信息。在关键物料、关键项目上实现战略合作、利润共享，在共同应对不确定性和各种挑战的同时，实现共生共荣。

第四，社会责任是企业的应有之义。企业应当缴纳税款、参与社区活动和慈善捐赠、履行环境保护、改善社区环境和生态环境等。企业在履行社会责任的同时，也与所有的利益相关者分享社会和环境改善所带来的益处。

综上所述，企业价值是由投资者、管理者、员工、供应商、客户等共同创造的。在经营决策中，企业不仅要分析利益相关者对企业价值的影响，考虑他们的贡献，还要制定必要的制衡机制，使每个利益相关者所分得的"蛋糕"与其所做出的贡献相匹配，使每个利益相关者都能从企业创造的价值中获得收益。

4）利益相关者分析

企业利益相关者的目标不同，对企业的战略或经营决策会有不同的意见，并通过各种方式影响企业的决策，以便获得更多的利益。例如，企业希望提高增长率、扩大市场占有率和企业知名度，以谋求长远的发展。但这可能会牺牲短期收益、减少现金流等，可能会引起一些债权人的不满。又如，企业试图通过 AI 投资降本增效，这意味着可能会减少工作机会，使雇员面临失业的威胁，这一策略可能会遭到雇员的反对。企业在进行战略决策之前，必须分析不同利益相关者的期望，判断每个利益相关者对企业战略或经营决策的态度（支持或反对等），明确利益相关者在企业战略中的地位或位置。

进行利益相关者分析，首先要列出所有利益相关者的名单。在讨论谁是企业的利益相关者时，要尽可能列出所有的利益相关者。图 1-21 将利益相关者分为内部利益相关者和外部利益相关者。但是，在具体分析某个项目的利益相关者时，应该列出具体的组织名称，而不是像图 1-21 那样仅列出了模糊的范畴，如供应商、竞争对手等都应该是具体的企业名称。

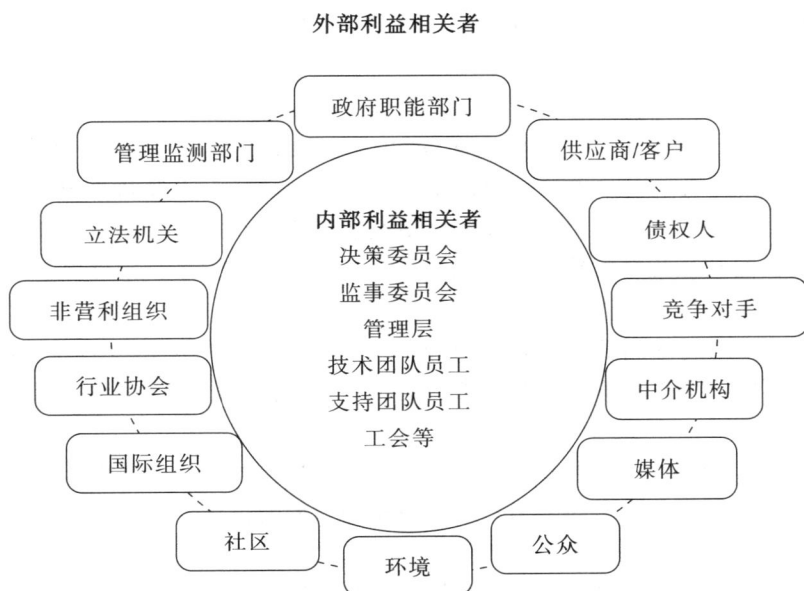

图 1-21 企业利益相关者示意图

明确谁是企业的利益相关者以后，分析每个利益相关者对企业价值的贡献和影响力（包括积极的和负面的影响）。常用的分析工具是"权力/利益矩阵"，用于确定利益相关者在企业关系中的地位或位置。这一矩阵从利益相关者的权力（power/influence）和利益（interest）两个维度对利益相关者进行分类，以便识别不同利益相关者对企业决策的重要程度，为企业平衡利益相关者的利益需求提供参考。权力/利益矩阵，如图 1-22 所示。

图 1-22 中，权力代表利益相关者对企业实现决策目标的影响力，利益代表利益相关者从企业中获得的利益水平。权力/利益矩阵的说明如下：

D 区：落入该区间的利益相关者对企业有着高度的影响力和利益相关度，通常是企业最重要的利益相关者。他们对企业的行为非常关注，并且有能力对企业的决策产生重大影响。如大股东或控股股东、主要客户、掌握企业关键资源的个人或群体等。对这类利益相关者需要高度关注，不仅应该保持长期紧密的关系，更应该和必须满足这些利益相关者的需求。

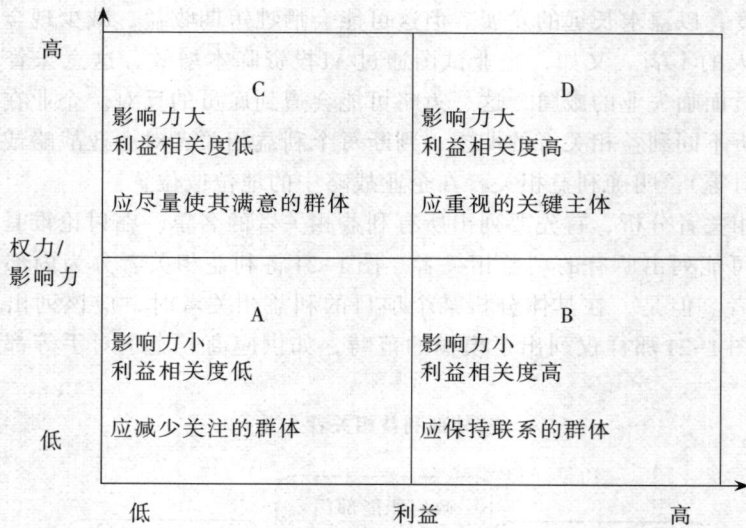

图 1-22 权力/利益矩阵

C区：落入该区间的利益相关者对企业拥有较高的影响力，但利益相关度较低。如政府监管机构、行业协会等。这些利益相关者对企业的规范、政策和社会责任等产生较大的影响。虽然他们的利益相关度较低，但仍需与其建立良好的关系，以确保其对企业的合理期望能够得到满足。

B区：落入该区间的利益相关者对企业的影响力低，但利益相关度高。如一些客户、消费者等。企业需要关注这些利益相关者的需求，与其保持一定的联系，以发展长期的合作伙伴关系。

A区：落入该区间的利益相关者对企业的影响力和利益相关度都很低。这些利益相关者对企业的日常工作没有过多的影响，但仍需理解他们的需求和口碑，以维护企业的形象和声誉。

使用这种分析矩阵，可以帮助企业更好地了解和管理不同类型的利益相关者，了解每个利益相关者在企业中的权力和影响力，以及他们可能采取的行动以支持或干扰决策，为平衡利益相关者的关系提供依据。

以企业发行股票申请上市为例，IPO是一个复杂的过程，涉及的利益相关者主要有：企业大股东或控股股东、高管层、证券监管机构和上市监管机构、证券交易所、投资银行、律师事务所、会计师事务所、资产评估机构、私募股权投资者、公众投资者等。这些利益相关者的作用和目的各不相同。

对于企业来说，通过IPO可以筹集大量资金以支持其业务增长和扩张计划，同时也给企业的大股东和高管层带来获得更高收益（股票、期权等）的机会。证券监管机构（如证监会）主要负责监管和审核IPO过程中各方的行为，保护投资者的权益。证券交易所是公司股票流通和交易的场所，也是投资者进行买卖的平台。投资银行主要担任保荐人和承销商的角色；律师事务所需要出具法律认定书，规避法律风险；注册会计师主要承担审计责任；资产评估师主要进行上市公司的股票估值。这些中介机构能够帮助企业顺利完成IPO，并获得相应的佣金和手续费。私募股权投资者通过IPO获得收益后，将会退出公司。

公众投资者可以在IPO进程中购买公司的股票，并期望通过资本增值或股利分配获得收益。除此之外，新闻媒介、投资分析师等对企业的IPO进程也都有一定的促进作用。

根据权力/利益矩阵，描述企业在IPO进程中主要利益相关者的地位或位置，如图1-23所示。图1-23中，大股东、高管层和私募股权投资者都表现为较高的权力和利益；证券监管机构、证券交易所、中介机构等具有较高的权力和相对较低的利益；公众投资者的权力较低，但利益相对较高。当然，这仅仅是一个简单的描述，实际情况可能会有偏差。

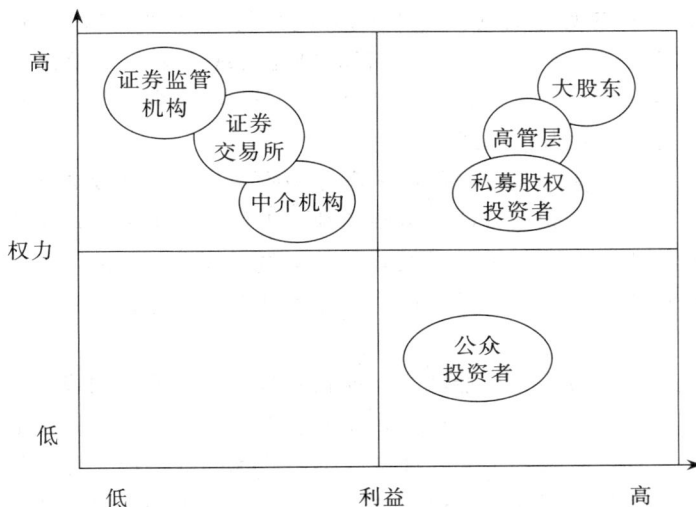

图1-23 IPO进程中的主要利益相关者（权力/利益矩阵）

在权力/利益矩阵中，处于左上方的利益相关者，权力大、利益小，当权力和利益不相匹配时，公司需要非常重视这类利益相关者。实行注册制后，证监会作为证券监管机构对发行公司依法提供的申报文件的全面性、准确性、真实性和及时性进行审查，对公司能否发行股票具有重要的影响力。

假设企业期望推进一个内部项目，处于权力/利益矩阵左上方的是企业的"风控"部门。这个部门对项目的批准具有极大的影响力，但其利益很低，那么，与"风控"部门的沟通就非常重要。

5）利益相关者的不同观点

利益相关者理论认为，企业属于所有的利益相关者，企业在进行决策的时候，需要考虑利益相关者的利益，并承担更多的社会责任。但是，这一理论的主要问题是利益相关者的界定过于宽泛，缺乏可操作性。从涉及的所有利益相关者来看，孰轻孰重，不得而知。截至目前，还没有找到一种理论和方法，能够定量地衡量众多利益相关者的权重。

此外，处于权力/利益矩阵右上方的利益相关者，有可能利用其高决策权损害其他利益相关者的利益。一些研究表明，当代表员工利益相关者的工会力量明显强势时，管理层将会重视劳资关系的和谐与平衡。但是，这样的企业中可能会出现对客户利益相关者的服务水平下降的情况，以至于忽略企业的收益。因此，外部投资者一般不会为员工利益相关者非常强势的企业提供资金支持。

一些商业评论者认为，企业对利益相关者承担了过多的社会责任，有可能导致企业走向衰落，甚至破产。2009年，美国通用汽车公司申请破产保护，其原因之一就是通用汽车曾经想把一些工厂搬到墨西哥和东亚地区，以降低劳动成本。然而，全美汽车工人联合会用一场大罢工迫使管理层改变了主意。另外，通用汽车削减员工福利计划也一直不断地被否决，直至看到通用汽车的经营业绩较差，全美汽车工人联合会才有条件地接受了一部分方案。不过为时已晚，通用汽车只能破产重组，政府不得不付出600亿美元的巨额代价对其进行拯救。

从实证研究看，有的研究发现，企业承担社会责任会增加企业的财务绩效，或者说，对利益相关者好，最终就是对股东好。也有的研究发现，企业承担社会责任不是越多越好，到达一定的临界点后，过多的社会责任会降低企业的财务绩效。所以，社会责任和财务绩效之间的关系是一条倒U形曲线。

管理学大师德鲁克认为，企业不能将盈利作为唯一目标，还要兼顾对环境、员工、消费者和社会公众的责任。但超出其能力范围的社会责任，就会减弱或损害企业的经营业绩和价值创造，而以承担社会责任为名谋取利益，则是对社会最大的不负责任。

根据德鲁克的思想，我国经济学家许小年在中欧企业社会责任圆桌论坛上提出了三层社会责任观：

第一层，企业存在的目的是创造客户。即企业应以尽可能低的成本为公众提供产品和服务。如果做不到这一点，企业无论承担多少社会责任，都是不负责任的企业。

第二层，为员工创造收入和个人发展空间。一些优秀的企业，在对使命价值观的设定上，其实大同小异。例如，华为的企业价值观是以客户为中心，以奋斗者为本，长期坚持艰苦奋斗。华为强调客户和员工，并不是说利润不重要，利润是企业履行社会责任的结果，是经营效率的衡量，而非企业的使命。

第三层，积极参与社区的建设。即企业和社会发生关联时，应该考虑和承担的责任。当第三层社会责任与企业的经营业绩发生矛盾时，如生产过程中产生污染问题，根据德鲁克的观点，最好的方法就是将问题的解决方案变成一项新的企业业务，例如，将污染解决方案变成环保业务。在履行社会责任过程中，企业除了"不作恶"的保守责任和"先赚钱后行善"的积极社会责任之外，还可以"通过行善来赚钱"，在解决社会问题的同时，也创造了一定的商业机会。

总之，企业价值创造是履行社会责任的基础，与其强调如何分割企业价值，满足利益相关者的需求，不如做大企业价值，使与企业接触的每个利益相关者都能分享到企业价值增值带来的益处。

本章小结

1.财务管理是从资源到价值转化，并实现目标的行为。财务决策主要有投资决策、融资决策和股利分配决策。财务决策的工具主要有财务分析与预测、现值、风险、杠杆、期权。

2.运用系统思维方式看待和分析问题及其成因，需要注意三个方面：一是系统总体大于部分之和；二是注重探求驱动系统变化背后的"因果关系"；三是某一部分最优对整体不一定有利。

3. 利用概率思维、杠杆思维、杠铃思维，最大化自己在未来成功的概率；充分利用现有资源或能力，找到推动事物发展的高效率因素，用小成本撬动大资源；采用杠铃策略，从不确定性中获利。

4. 采用数据化原则和结构思维解决财务问题，从问题描述开始，进行问题分解、陈述假设、数据分析与建模、检验结果、归纳结论等，以便发现问题、挖掘原因，提出解决问题的可行性方案。

5. 企业在进行战略决策之前，必须分析不同利益相关者的期望，判断每个利益相关者对企业战略或经营决策的态度（支持或反对等），明确利益相关者在企业战略中的地位或位置，平衡企业利益相关者的利益，实现企业长期可持续发展。

基本训练

1. 管理学大师德鲁克在讨论目标管理时，讲述了一个非常简短的管理案例。有人问三个石匠在做什么，第一个石匠说："我在谋生。"第二个石匠一边打石头一边说："我在做全国最好的雕石工作。"第三个石匠抬起头，带着憧憬的目光回答说："我在建造一座大教堂。"[①]如果你是管理者，请问哪一个石匠最让你放心？哪一个石匠最让你担心？请用系统思维解释你的观点。

讨论指引

（注意：这个案例隐含的假设是三个石匠正在建造一座教堂）

2. 在股神巴菲特的办公室里，贴着一张美国棒球手的海报。海报上的人是对巴菲特投资理念影响极大的一个人——波士顿红袜队的击球手泰德·威廉斯。他在世界上最伟大的100名运动员中排名第八位。人们不解的是，为什么大名鼎鼎的投资界大佬，会悬挂一张与自身领域毫不相关的人物的海报？

在棒球运动员中，有两类击球手：一类是什么球都打，每次击球都全力以赴，力求全垒打；另一类则是聪明的击打者，他们只打高概率的球。世界排名前十位的击球手，都是后面这类人，而泰德·威廉斯就是这类人中的高手。泰德·威廉斯在一本棒球专著《击打的科学》中，提出了自己成功的关键点：只击打甜蜜区的球，忽略掉其他区域。他说，"要成为一个优秀的击球手，你必须等待一个好球。如果，我总是去击打甜蜜区以外的球，那我根本不可能入选棒球名人堂"。[②]

讨论指引

泰德·威廉斯的成功秘诀，得到了巴菲特的青睐。巴菲特说，"我从他的身上学到了专注于自己的甜蜜区"。从这个案例中你学到了什么？巴菲特的甜蜜区是什么？你的甜蜜区是什么？如何找到你的甜蜜区，并不断投入资源，创造更高的价值。

①　德鲁克. 管理：使命、责任、实务（实务篇）[M]. 王永贵，译. 北京：机械工业出版社，2009：95.
　　马利克. 企业策略与企业治理：如何进行自我管理 [M]. 朱健敏，解军，译. 北京：机械工业出版社，2013：74.
　　刘澜. 刘澜极简管理学 [M]. 北京：机械工业出版社，2022：73.
②　交易员联盟. 赚大钱的逻辑：只打那些"甜蜜区"的球 [EB/OL]. [2021-05-30]. https://finance.sina.com.cn/money/future/fmnews/2021-05-30/doc-ikmyaawc8350215.shtml.
　　陈思杰. 系统思考：只打甜蜜区里的球 [EB/OL]. [2020-06-22]. https://blog.51cto.com/u_14684037/2506332.

3.硅谷的天使投资人纳瓦尔在《纳瓦尔宝典》一书中指出，在今天的世界里，存在一个新的影响力和财富杠杆，那就是"复制边际成本为零的产品"。[①]例如，在网络这一基于代码的杠杆面前，你只需要一台计算机，自己编程、录播客、拍视频、写东西，就可以直接连接到受众，零成本地复制、传播内容产品，获取可以无限放大的收益。利用杠杆思维学习、工作，是获得财富（知识、金钱）的最大杠杆。请根据杠杆思维说明如何找到自己的杠杆，并为自己的成长加杠杆。

讨论指引

4.你可能听过一则故事：一个统计学家要穿过一条河流，在过河之前，他仔细地阅读了这条河的相关统计资料，发现其平均深度只有0.9米。于是，这个统计学家开始放心地涉水过河了。结果，他被淹死在了这条河里。

在日常生活中，以平均值，如平均客户需求、平均生产周期、平均利润等为基础制订的计划往往与实际情况相差甚远，从而出现达不到预期目标、落后于预订的计划甚至超出预算等情况。假设企业市场部预测明年芯片市场的需求量为8万件~12万件，这个数据的平均值是10万件，这是一个危险的数据。假设以市场需求的平均值生产10万件芯片，则预期利润为1 000万美元。如果市场需求是唯一的不确定性因素，而且10万件芯片是正确的平均需求（预期需求），那么，企业能够获得1 000万美元的平均利润吗？[②]

讨论指引

5.2019年8月19日，181家美国企业的首席执行官在华盛顿召开的美国商业组织"商业圆桌会议"（Business Roundtable）上联合签署了《公司宗旨宣言书》。该宣言书重新定义了企业运营的宗旨：股东利益不再是一个企业最重要的目标，企业的首要任务是创造一个更美好的社会。其中包括贝佐斯、库克等在内的引领美国商业的CEO强调，作为一个具有社会责任意识的企业，企业领导团队应该致力于达成以下几个目标：向客户传递企业价值；通过雇用不同群体并提供公平的待遇来投资员工；与供应商交易时遵守商业道德；积极投身于社会事业；注重可持续发展，为股东创造长期价值。宣言一出，马上就引起了热烈的讨论，有的人认为这是企业史上里程碑意义的事件，也有的人说这是作秀，没有实际意义。你支持哪种观点？

讨论指引

案例分析

LTCM：华尔街的宠儿与弃儿[③]

1994年，美国长期资本管理公司（long term capital management，LTCM）创立，这是一家主要从事定息债务工具套利活动的对冲基金企业。LTCM的创始人有被誉为能够"点石成金"的华尔街"债券套利之父"梅里韦瑟，前美联储副主席莫林斯、默顿和斯科尔斯等。其中，斯科尔斯和默顿不仅获得了1997年的诺贝尔经济学奖，更是现代金融学的奠基人。

① 乔根森. 纳瓦尔宝典：财富与幸福指南［M］. 赵灿，译. 北京：中信出版集团，2022：150.
② 萨维奇. 被平均的风险：如何应对未来的不确定性［M］. 刘伟，译. 北京：中信出版集团，2019.
③ 资料来源：[i]量子学派. 公式之美［M］. 北京：北京大学出版社，2020：187.[ii]洛温斯坦. 赌金者［M］. 毕崇毅，译. 北京：机械工业出版社，2016：233.[iii]马拉比. 富可敌国：对冲基金与新精英的崛起［M］. 徐煦，译. 北京：中国人民大学出版社，2011：224.[iv]鼎实基金. 长期资本管理公司溃败启示录：杜绝自负，慎用杠杆［EB/OL］.［2019-09-10］. https://xueqiu.com/7876962372/83792873.

这样一支号称"每平方英寸智商密度高于地球上任何其他地方"的梦之队,集结数学、金融、政客、交易员等诸多精英于一体,在成立之初就毫不费力地融资了12.5亿美元。其在1994至1997年间每年的收益率平均超过40%,以异常优异的成绩震撼了整个华尔街,但在1998年突然溃败清盘。

与传统债券交易员依赖经验和直觉不同的是,梅里韦瑟更相信数学天才的头脑和计算机里的模型,他认为数学模型是揭露债券市场秘密的最好利器。他要把"风险"这个难以捉摸的东西测量出来,然后在最合理和安全的范围内投资,这样一定稳赚不亏。

1. LTCM获利的两大法宝:数学模型和杠杆对冲交易

长期资本管理公司最先引入了如今在业界非常主流的风险测量指标VAR,并进行了各种所谓的"压力测试",以测试极端情况下基金的表现,比如日本东京十级地震,或者美国股市一天暴跌30%等。当时他们的算法之严谨和先进,《经济学人》杂志称赞说:长期资本终于将风险控制从拍脑袋发展成了一门科学。

在LTCM,所有的市场数据均被收入计算机数学模型之中,通过精确计算控制风险。一旦市场存在错误定价,其就可以建立起庞大的债券及衍生产品的投资组合,进行套利投机活动。

套利是建立在对冲操作上的,所谓对冲,就是在交易和投资中,同时进行两笔行情相关、方向相反、数量相当、盈亏相抵的交易,采用一定的成本去"冲掉"风险,来获取风险较低或无风险利润。LTCM主要是寻找相对于其他证券价格错配的证券,做多低价的,沽空高价的,并通过加杠杆的方式将小利润变成大收益。

例如,1996年意大利、丹麦、希腊的政府债券价格被低估,而德国债券价格被高估,根据数学模型预测,意大利、丹麦、希腊的政府债券与德国债券的息差会随着欧元的启动而缩小,于是,LTCM大量买入低价的意大利、丹麦、希腊的政府债券,卖空高价的德国债券。只要德国债券与意大利、丹麦、希腊的政府债券价格变化方向相同,当二者息差收窄时,就可以从中得到巨额收益。后来,市场的表现与LTCM的预测一致,在高财务杠杆下,资金收益被无限放大。

这样的对冲组合交易,LTCM在同一时间持有二十多种,每一笔核心交易都有着数以百计的金融衍生合约作为支持。借助于复杂的数学估价模型,LTCM很快就在市场上赚得盆满钵满。

成立短短四年,LTCM战绩赫赫,净资产增长速度极快,如图1-24所示。到了1997年底,资本已经达到了70多亿美元;同时,每年的回报率平均超过40%,1994年收益率达到28%,1995年收益率高达59%,1996年收益率为57%,即使在亚洲金融危机发生的1997年,也依然斩获25%的收益率。

在LTCM的操作中,斯科尔斯等人始终遵循"市场中性"原则,即不从事任何单方面交易,仅以寻找套利空间为主,再通过对冲机制规避风险,使市场风险最小化。借助于数学模型(期权定价模型),以梅里韦瑟为首的"梦幻组合"也成了金融舞台上最耀眼的明星。

2. LTCM倒闭的恶魔:数学模型和杠杆对冲交易

市场从来不是完美的数学模型,风险仍然存在,其引而不发,伺机而动。1997年,亚洲金融危机爆发,风险呼啸而至。国际石油价格下滑,俄罗斯经济不断恶化。1998年8月17日,

净资产（亿美元）

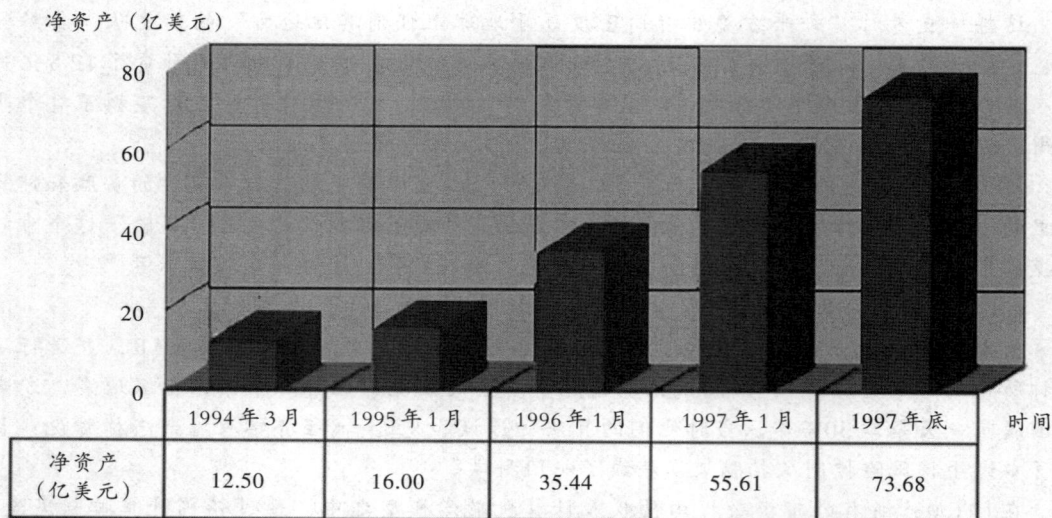

净资产 （亿美元）	1994年3月	1995年1月	1996年1月	1997年1月	1997年底
	12.50	16.00	35.44	55.61	73.68

图1-24　LTCM净资产增长图

资料来源：量子学派. 公式之美［M］. 北京：北京大学出版社，2020：182.

俄罗斯政府突然宣布卢布贬值，停止国债交易。投资者纷纷从亚洲市场退出，转而持有美国、德国等发达国家债券。

1998年上半年，LTCM亏损14%。1998年9月月初，资本金从年初的48亿美元掉落到23亿美元，缩水超过一半。从5月的俄罗斯金融风暴到9月的全面溃败，LTCM资产净值下降90%，出现了43亿美元的巨额亏损，仅余5亿美元，已经走到了破产边缘。

LTCM曾经的获利法宝，这一次却变为了恶魔。LTCM在1998年俄罗斯违约带来的蝴蝶效应中结束了其梦幻之旅。在这个惨淡的市场中，高杠杆比率要求LTCM拥有足够的现金，满足保证金需求。由于LTCM曾经笃信哪怕市场因小概率事件偏离了轨道，也会回归到正常水平，所以，LTCM没有预留足够的现金，流动性的不足将其推向了悬崖边缘。

不仅如此，利用历史数据预测证券价格相关性的数学模型也失灵了。LTCM所沽空的德国债券价格上涨，而其所做多的意大利等的政府债券价格下跌，对冲交易赖以生存的正相关变为负相关，对冲就变成了一种高风险的交易策略，或两头亏损，或盈利甚丰。负相关的小概率事件一旦发生，尾部风险带来的亏损足以让整个LTCM陷入万劫不复的境地，一着不慎，满盘皆输。据LTCM的测算，这种事情的发生，在统计学上称作"六到七个西格玛之外的事件"。历史上，七个西格玛事件从宇宙大爆炸以来仅发生过一次。

1998年9月23日，美联储召集各大金融机构的头目，以美林、摩根大通银行为首的15家国际性金融机构注资37.25亿美元购买了LTCM的90%股权，共同接管了LTCM。2000年，该基金走向了倒闭清算的覆灭之路。

3. 数学模型可定价，却无法预测人性

布莱克-斯科尔斯模型作为投资人的圣杯，开创了衍生工具的新时代，催生了巨大的全球金融产业。衍生工具造就了世界经济的繁荣，也带来了市场动荡、信用紧缩，导致银行体系近于崩溃，经济暴跌。

布莱克–斯科尔斯模型本身没有问题，数学准确并且有用，限制条件也交代得非常清楚。它提供了用于评估金融衍生产品价值的行业标准，让金融衍生产品成为可以独立交易的商品（如果方程得到合理使用）。

但市场中的一些不完美因素，将使权证的价格偏离模型计算的理论值，特别是模型的基本假设与现实世界不相符。

这一模型至少隐含了两个假设：交易是连续不断进行的；市场符合正态分布。交易连续意味着市场不会出现较大的价格和行市跳跃，可以动态调整持仓来控制风险。基于这个假设及大数定律，可以很容易地发现风险因子的变化符合正态分布或类正态分布。但事实并非如此，市场并不是连续的，也根本不存在足够的交易来时刻保持风险动态平衡。历史上出现过很多次的跳变现象，市场跳变显示出市场并不符合正态分布。

在 LTCM 的数学模型中，其假设前提和计算结果都是在历史数据的基础上得出的，但是，历史数据的统计过程往往会忽略一些概率很小的事件。这些事件一旦发生，将会改变整个系统的风险，甚至造成致命打击。1998 年俄罗斯的金融风暴就是这样的小概率事件，而 LTCM 就是被这根稻草压死的。

倘若数学模型的缺陷使其增加了系统风险，那么杠杆对冲交易就隐藏着信用风险和流动风险。LTCM 利用从投资者处筹得的 22 亿美元资本作为抵押，买入价值 1 250 亿美元的证券，然后以证券作为抵押，进行总值 12 500 亿美元的其他金融交易，杠杆比率高达 568 倍。高杠杆比率是一把"双刃剑"。杠杆作用使金融衍生工具过度投机，贪婪使其违背了投资初衷，成了一场不断膨胀的泡沫赌博。

布莱克–斯科尔斯模型能够给期权定价，却无法预测人性，这与牛顿的感慨如此类似。数学可以计算经济运行的轨迹，却没有办法计算人性的疯狂。

长期资本管理公司基金营救行动十年以后，华尔街经历了以下巨变：抵押房贷巨头房利美和房地美被美国政府接管，雷曼兄弟银行倒闭，美联储出手救助美国国际集团，高盛和摩根士丹利被联邦存款保险公司转变为商业银行。2023 年 3 月，美联储暴力加息，导致硅谷银行倒闭。2023 年 5 月 1 日，美国第一共和银行被加利福尼亚州金融保护和创新局关闭，由银行业监管机构美国联邦储蓄保险公司接管。美国联邦储蓄保险公司正式与摩根大通签订相关协议，由后者收购美国第一共和银行的所有存款和几乎所有资产。

案例分析要求

LTCM 曾与量子基金、老虎基金、欧米伽基金一同被称为国际四大对冲基金，为什么在 1998 年突然溃败清盘？从 LTCM 的惨败案例中，我们可以吸取到什么教训？即便拥有最杰出的人才、最新的数据和最佳的投资或商业模型，都不能确保企业获得成功。

请阅读有关图书或上网查询相关资料，对 LTCM 获利的两大法宝——数学模型和杠杆对冲交易——进行讨论。

参阅本章中的相关内容（数据化原则、杠杆思维、概率思维、杠铃思维等），将所学的知识"连接"到真实案例的分析中。通过"调用"知识，提升财务分析和决策的能力。

延伸阅读文献

第 2 章

风险与收益

从欧文·费雪（Irving Fisher）的"时间价值"到威廉姆斯（Williams）的股利估价模型，都推动了资产估价的发展。但同时也给人们提出了一个问题：为什么不同的资产或证券有不同的收益？为什么有的人将钱存入银行或购买政府债券，而有的人却投入股市或进行实业投资？根据威廉姆斯的模型，价值是以资产的未来收益估价的，而未来收益是不确定的，这种不确定性对于投资者来说既可能是机会，也可能是损失。为了获得机会，投资者愿意承担风险，为了规避损失，投资者要求风险补偿，这种体现风险本身的价值称作"风险溢价"。从"时间价值"到"风险溢价"的理论演变，使资产估价理论得到了令人瞩目的发展。

本章根据风险与收益的关系，建立计算资产预期收益率的基本模型，为评价资产价值提供理论依据。根据风险与收益关系建立的资产定价模型，不仅反映了投资者要求的最低收益率，而且为公司进行投资决策、融资决策（融资成本）、业绩评价提供理论依据。

通过本章的学习，你可以掌握历史收益率与风险、预期收益率与风险的衡量方法；熟悉投资组合收益和风险的衡量方法，投资组合风险的分散效应；掌握资本资产定价模型的关键参数与确定方法；掌握资本资产定价模型在证券定价、资本成本等方面的应用。

● 2.1　历史收益与风险的衡量

2.1.1　风险的含义与分类

从财务学的角度来说，风险是指资产未来实际收益相对预期收益变动的可能性和变动幅度。在汉语中，风险可用"危机"一词来描述，风险包含了"危险"和"机会"的双重含义。机会使投资者和公司敢于承担风险，危险要求承担风险必须得到补偿。在风险管理中，风险一般是根据其不同特征进行分类的。风险按能否分散，分为系统风险和非系统风险；按形成的来源，分为经营风险和财务风险。

系统风险（市场风险、不可分散风险）是指由于政治、经济及社会环境等公司外部因素的不确定性产生的风险，如通货膨胀、利率和汇率波动、国家宏观经济政策变化、战争、政权更迭、所有制改造等。系统风险是由综合因素导致的，这些因素是个别公司或投资者无法通过多样化投资予以分散的。

　　非系统风险（公司特有风险、可分散风险）是指受经营失误、劳资纠纷、新产品试制失败等因素影响所产生的个别公司的风险。非系统风险是由单个的特殊因素所引起的，由于这些因素是随机产生的，因此可以通过多样化投资来分散非系统风险。

　　经营风险是指经营行为（生产经营和投资活动）给公司收益带来的不确定性。通常采用息税前利润的变动程度来描述经营风险的大小。这种风险是公司商业活动中固有的风险，主要来自客观经济环境的不确定性，如经济形势和经营环境的变化、市场供求和价格的变化、税收政策和金融政策的调整等外部因素，以及公司自身技术装备、产品结构、成本水平、研发能力等内部因素的变化等。

　　财务风险一般是指举债经营给股东收益带来的不确定性。通常利用净资产收益率（ROE）或每股收益（EPS）的变动来描述财务风险的大小。这种风险主要来源于利率、汇率变化的不确定性以及公司负债比重的大小。如果公司的经营收入不足以偿付到期利息和本金，就会使公司陷入财务危机，甚至导致公司破产。

2.1.2　收益的含义与类型

　　收益一般是指初始投资的价值增量。为便于分析，应当区分三种不同的收益率：必要收益率、预期收益率和实际收益率。

　　必要收益率是指投资者进行投资要求得到的最低收益率，通常由无风险利率和风险溢价两部分构成。前者取决于零息政府债券利率，后者取决于公司经营风险和财务风险。

　　预期收益率是在不确定的条件下，投资者根据现有信息预测的某项资产未来可能实现的收益率。在一个完善的资本市场中，如果证券的价格为公平市价，所有投资的净现值均为零，此时，预期收益率等于必要收益率。

　　必要收益率和预期收益率在时间点上都是面向未来的，都具有不确定性。但必要收益率反映的是投资者主观上对投资项目的风险评价，预期收益率则是由市场交易条件决定的，即在当前市场价格水平下投资者可获得的收益率。如果投资者的主观评价与市场的客观交易不一致，就会形成两个收益率的差异。但在一个完善的市场中，市场套利行为很快会消除这种差异，使两者趋于一致，此时，投资的预期收益率等于必要收益率。

　　假设某公司拟发行面值为100元、息票率为8%、期限为1年的公司债，预计发行价为100元，如果投资者以预定的发行价购买该债券，则1年后的预期收益率为8%。如果投资者认为按100元的发行价购买该债券，所提供的预期收益率（8%）不足以补偿持有该债券要求的收益率（时间价值和风险溢价），他们会要求更高的收益率作为补偿。假设投资者要求的收益率为12%，在这种条件下，该债券的发行价只有低于96.43元（108÷1.12）时，投资者才愿意购买。因为当发行价为96.43元时，该债券所提供的预期收益率刚好等于12%，与投资者要求的收益率相等，而任何高于96.43元的发行价均不能引起投资者的购买意愿。如果该债券的发行价预定为96.43元之下，假设发行价为94元，此时，该债券可以提供14.89%（（108÷94-1）×100%）的预期收益率。这一收益率除了满足投资者要求的收益率12%之外，还提供了2.89%的超额收益率的套利机会，而这必然会引起投资者的抢购和追捧，促使债券价格即刻上涨，直到96.43元的均衡价为止。这意味着公司应将债券发行价预定为96.43元，此时，该债券所提供的预期收益率与投资者要求的收益率正好相等。也就是说，在完善的市场交易条件下，无套利的市场均衡价格使投资者要求的收益率与该投资提供的预期收益率在数值上是相等的。

实际收益率或历史收益率是在特定时期实际获得的收益率，其是已经发生的、不可能通过投资决策改变的收益率。由于存在风险，实际收益率很少与预期收益率相同，两者之间的差异越大，风险就越大，反之亦然。同样的原因，实际收益率与必要收益率之间也没有必然的联系。

2.1.3　历史收益率的衡量

历史收益率或实际收益率是投资者在一定期间内实现的收益率。假设投资者在第 $t-1$ 期期末购买某股票，在第 t 期期末出售该股票，第 t 期支付的股利为 D_t，则第 t 期股票投资收益率可按离散型与连续型两种方法计算：

离散型股票投资收益率可定义为：

$$r_t = \frac{D_t + (P_t - P_{t-1})}{P_{t-1}} = \frac{D_t}{P_{t-1}} + \frac{P_t - P_{t-1}}{P_{t-1}} \tag{2-1}$$

式中：r_t 表示第 t 期股票投资收益率；P_t 和 P_{t-1} 分别表示第 t 期和第 $t-1$ 期股票价格；D_t 表示第 t 期股利。公式（2-1）右侧第一项为股利收益率，第二项为资本利得率。

连续型股票投资收益率可定义为：

$$r_t = \ln\left(\frac{P_t + D_t}{P_{t-1}}\right) \tag{2-2}$$

连续型股票投资收益率[1]比离散型股票投资收益率要小，但一般差别不大。表 2-1 列示了这两种方法计算结果的差别。

公式（2-1）和公式（2-2）用于计算单项投资在单一年份的持有期收益率（holding period return，HPR），在一个多年期的个别投资中，还需要计算一个总体指标，集中反映该项投资的业绩。给定某单项投资各年度的持有期收益率，可以采用两个指标来衡量其收益率：算术平均收益率和几何平均收益率。其计算公式分别为：

$$\bar{r}_{AM} = \sum_{i=1}^{n} \frac{r_i}{n} \tag{2-3}$$

$$\bar{r}_{GM} = [(1 + r_1)(1 + r_2)\cdots(1 + r_n)]^{1/n} - 1 \tag{2-4}$$

式中：$\bar{r}_{AM}$，$\bar{r}_{GM}$ 分别表示算术平均收益率和几何平均收益率；r_i 代表收益率数据系列 r_1，r_2，$\cdots$，r_n（其中 n 是序列观测值的数目）。

假设股票 X 第 1 年至第 4 年的收益率分别为 10%、−5%、20%、15%，持有 4 期的收益率为 40%，按算术平均数计算的收益率为：

$$\bar{r}_{AM} = \frac{10\% - 5\% + 20\% + 15\%}{4} = 10\%$$

几何平均数是指 n 期观察值连乘积的 n 次方根。当比较不同投资工具时，几何平均数是一个相对较好的衡量长期收益率的指标。上例中，按几何平均数计算的持有期收益率和平均收益率如下：

$$\begin{aligned}
HPR &= (1 + r_1) \times (1 + r_2) \times (1 + r_3) \times (1 + r_4) - 1 \\
&= 1.10 \times 0.95 \times 1.20 \times 1.15 - 1 = 44.21\%
\end{aligned}$$

---

　　[1]　一个比率取自然对数，其值近似于分子与分母的百分比差异，因此，公式（2-2）可以用来测试第 $t-1$ 期至第 t 期的股票投资收益率。

$$(1 + \bar{r}_{GM})^4 = (1 + r_1) \times (1 + r_2) \times (1 + r_3) \times (1 + r_4)$$

$$\bar{r}_{GM} = \sqrt[4]{1.10 \times 0.95 \times 1.20 \times 1.15} - 1 = 9.5844\%$$

如果每年投资收益率为9.5844%，则持有期收益率为44.21%：

$$1.4421 = 1.095844^4$$

这一结果表明，如果以9.5844%的复利计算，那么，投资者期初投资的1元在4年后的期末价值为1.4421元。

采用算术平均数衡量一项资产的长期收益，其结果总是高于几何平均数。对于波动性较大的资产，这一点更为明显。

如前所述，算术平均值是一个简单的统计量，不能涵盖数据分布的全部信息，采用平均值有时不能展示数据的分布情况。过度依赖平均值，有可能得出错误的判断。

2.1.4 历史收益率的方差和标准差

收益率的方差和标准差是描述风险或不确定性的两种统计量。方差（variance）是收益率与其均值之差的平方的平均值，标准差（standard deviation）是方差的平方根。方差或标准差越大，表明收益率围绕其均值变化的幅度越大，收益率的风险越大。

如果数据来自总体，则总体收益率方差（Varp）和标准差（Stdp）的计算公式为：

$$\text{Varp}(r_{1,\cdots,}r_N) = \frac{1}{N} \sum_{i=1}^{N} \left[r_i - \bar{r}(r_{1,\cdots,}r_N) \right]^2 \tag{2-5}$$

$$\text{Stdp}(r_{1,\cdots,}r_N) = \sqrt{\text{Varp}(r_{1,\cdots,}r_N)} \tag{2-6}$$

如果数据来自分布中的一个样本，那么，样本收益率方差（Var）和标准差（Std）的计算公式为：

$$\text{Var}(r_{1,\cdots,}r_N) = \frac{1}{N-1} \sum_{i=1}^{N} \left[r_i - \bar{r}(r_{1,\cdots,}r_N) \right]^2 \tag{2-7}$$

$$\text{Std}(r_{1,\cdots,}r_N) = \sqrt{\text{Var}(r_{1,\cdots,}r_N)} \tag{2-8}$$

总体收益率方差和样本收益率方差的区别在于公式中是除以"N"还是除以"N−1"。大多数的教科书认为，除以N−1而非N，可以得到无偏的方差和标准差。但是，如果根据历史数据推测未来收益的方差，历史数据就可以表达总体分布，这样采用公式（2−5）就可以得到该收益分布的统计量。

【例2−1】复星医药（600196.SH）2018年12月至2019年12月各月的股票收盘价、收益率见表2−1，据此计算复星医药在此期间的收益率、方差和标准差。①

表2−1中的数据是根据股票月末收盘价计算的月收益率，其假设投资者在t−1月月末购买了股票，又在下一个月月末出售该股票所获得的收益，为简化计算，月收益率没有考虑在此期间公司派发的股利。

根据表2−1的数据，按离散型计算的收益率大于按连续型计算的收益率。现以连续型为例，计算复星医药在此期间的收益率、方差、标准差如下：

---

① 这里选取了12个月的数据，仅仅是为了计算方便，并不能充分反映该股票的收益和风险，也不能说明这只股票是否值得投资。

表2-1　　　　　复星医药股票收益率和方差（2018年12月至2019年12月）

日期	收盘价（元）	收益率（r_i）		$(r_i - \bar{r}_{AM})^2$
		离散型	连续型	
2018-12-28	23.27			
2019-01-31	23.23	-0.17%	-0.17%	0.02%
2019-02-28	28.78	23.89%	21.42%	2.12%
2019-03-29	29.78	3.47%	3.42%	0.05%
2019-04-30	29.10	-2.28%	-2.31%	0.12%
2019-05-31	22.74	-12.98%	-16.23%	3.01%
2019-06-28	25.30	2.26%	2.24%	0.01%
2019-07-31	26.30	3.95%	3.88%	0.08%
2019-08-30	27.65	5.13%	5.01%	0.15%
2019-09-30	25.27	-8.61%	-9.00%	1.02%
2019-10-31	25.46	0.75%	0.75%	0.00%
2019-11-29	25.15	-1.22%	-1.23%	0.05%
2019-12-31	26.60	5.77%	5.61%	0.20%
合计		17.97%	13.37%	8.84%

$\bar{r}_{AM} = 13.37\% \div 12 = 1.11\%$

$Var(r_月) = 8.84\% \div (12 - 1) = 0.8036\%$

$Var(r_年) = 0.8036\% \times 12 = 9.64\%$

$Std(r_月) = \sqrt{0.8036\%} \times 100\% = 8.96\%$

$Std(r_年) = \sqrt{9.64\%} \times 100\% = 31.05\%$

表2-1中的收益率、方差和标准差可以利用Excel内置函数计算。如果不熟悉，可以查看Excel关于基本统计的内置函数。

分析一家公司的股票收益与风险状况，通常要与市场指数相比较。复星医药于1998年8月7日上市，时隔20多年，股票价格随着股票市场的波动不断变化，2019年12月31日收盘价为26.60元。上证综指是以1990年12月19日为基期，基期指数定为100点，以样本股的发行股本数为权数进行加权计算的，到2019年12月31日为3 050.12点。

图2-1描绘了复星医药与上证综指在1998年8月至2019年8月期间各月收盘价的变化趋势。从中可以看出，复星医药股票价格与上证综指的变化趋势基本一致。从收益率和风险来看，在过去的20年中，不考虑股利收益，仅按月收盘价均值计算，复星医药的月均收益率为0.06%，年均收益率为0.75%；上证综指的月均收益率为0.38%，年均收益率为4.57%。从收益率的离散程度来看，复星医药和上证综指的年标准差分别为44.05%和26.68%。

复星与上证的收益与标准差

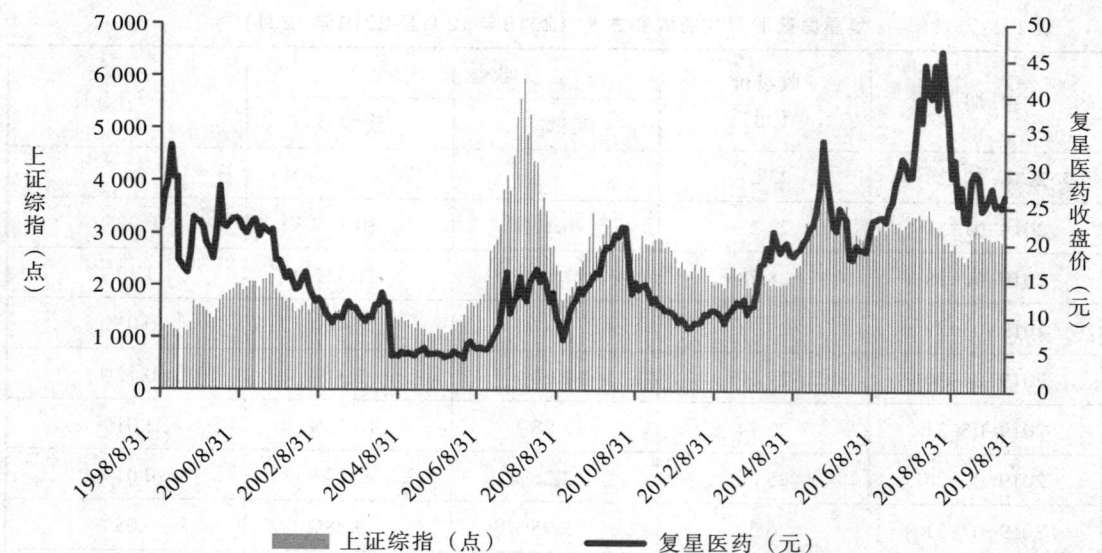

图 2-1 复星医药与上证综指收盘价（1998 年 8 月至 2019 年 8 月）

2.1.5 正态分布和标准差

标准差是度量样本离散程度的标准统计指标，如果考察股票收益率的正态分布，将有助于更好地理解标准差。正态分布的密度函数是对称的，并呈钟形。

图 2-2 展示的是一个均值为 10%、标准差为 20% 的正态分布。这个图形展示了在给定的参数下各种收益水平发生的理论概率。较小的标准差，意味着可能的收益表现更多地聚集在均值附近；较大的标准差，则意味着可能实现的收益水平更加分散。

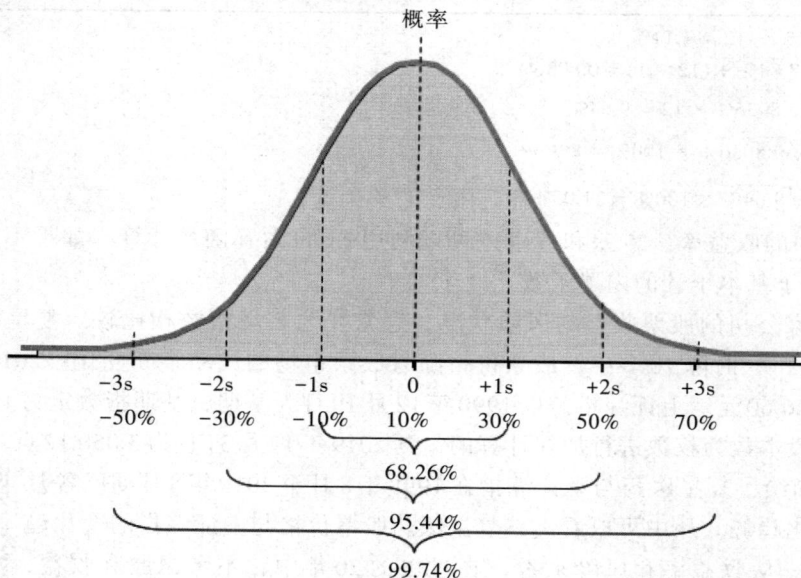

图 2-2 正态分布（均值 10%，标准差 20%）

图 2-2 中，假设某只股票的投资收益率呈正态分布，其投资收益率有 68.26% 的可能性在 10%±20% 之间，或者说收益率位于-10% 与 + 30% 之间的概率是 68.26%；有 95.44%

的可能性在 10%±2×20% 之间，或者说收益率位于 −30% 与 +50% 之间的概率是 95.44%；有 99.74% 的可能性在 10%±3×20% 之间，或者说收益率位于 −50% 与 +70% 之间的概率是 99.74%。

正态分布的一个重要特点是其采用两个参数（均值和标准差）就确定了分布的全部性质，这给利用这一函数分析问题带来了很多的方便。

假设某只股票的收益率近似符合均值为 10%、标准差为 20% 的正态分布，那么，收益率小于零的概率是多少？观察的结果小于临界值的概率可用 Excel 中的 NORMDIST 函数计算，其输入方式为：

=NORMDIST（临界值，均值，标准差，TRUE）

本例中，收益率小于零的概率，可以在 Excel 工作表中输入：

=NORMDIST（0，1，6，TRUE）

即可得到投资收益率小于零的概率为 30.85%。

● 2.2　预期收益与风险的衡量

2.2.1　预期收益率

预期收益率是指某种资产所有可能的未来收益水平的平均值。通常有两种方法估计预期收益率：一种是以某项资产收益率历史数据的样本均值作为估计数，这种方法假设该种资产未来收益的变化服从其历史上实际收益的大致概率分布；另一种是根据未来影响收益的各种可能结果及其概率分布大小估计预期收益率。

表 2−2 上半部分列出了四种概率分布，它们一一对应四种投资方案，其中政府债券的收益是确定的，即不论经济状况如何，其都有 3% 的收益，因此，政府债券具有零风险[①]。与此不同，其他三种投资方案的收益不能在事先确切得知，因而确定为风险投资。

表 2−2　　　　　　　　　　　四种证券收益率均值及标准差

经济环境	发生概率	投资收益率			
		政府债券	公司债券（B）	股票（X）	股票（Y）
萧条	0.20	0.0300	0.0600	0.0700	（0.0200）
一般	0.50	0.0300	0.0800	0.1200	0.1500
繁荣	0.30	0.0300	0.0400	0.0800	0.3000
合计	1.00				
预期收益率		0.0300	0.0640	0.0980	0.1610
方差		0.0000	0.0003	0.0005	0.0124
标准差		0.0000	0.0174	0.0223	0.1114
标准离差率		0.0000	0.2724	0.2273	0.6919

---

① 仅考虑市场风险，也许可以说政府债券零风险。然而，事实上，政府本身也有信用风险。历史上，俄罗斯、希腊政府都曾违约过，一旦政府没有意愿或能力偿付债券，政府债券风险就会很大。因此，没有任何一个投资品种是零风险的。

表 2-2 根据三种不同的经济环境分别假设了四种证券的收益水平，并将影响收益水平变化的其他因素舍弃。采用数学上常用的方式来表达，就是把经济环境看作一个离散型的随机变量，而证券的收益水平则是这一随机变量的函数。在这里，每种证券收益水平的概率分布都是投资者主观评价的产物。根据证券未来收益水平的概率分布确定其预期收益率，是一种最基本的衡量方法。对于单项投资来说，预期收益率就是各种可能情况下收益率的加权平均数，权数为各种可能结果出现的概率。其计算公式为：

$$E(r) = \sum_{i=1}^{n} r_i P_i \tag{2-9}$$

式中：$E(r)$ 表示预期收益率；r_i 表示在第 i 种可能情况下的收益率；P_i 表示第 i 种可能情况出现的概率；n 表示可能情况的个数。

表 2-2 下半部分列示了各种证券预期收益率和标准差等计算结果，以股票 Y 为例，其预期收益率计算如下：

$$E(r) = (-0.02) \times 20\% + 0.15 \times 50\% + 0.30 \times 30\% = 16.10\%$$

2.2.2 预期收益率的方差和标准差

预期收益率的计算过程说明了投资风险的存在，但并没有说明这种风险有多大。从数学的角度分析，投资风险可以用未来可能收益水平的离散程度表示。或者说，风险量的大小可以直接表示为未来可能收益水平围绕预期收益率变化的区间大小，即采用方差和标准差衡量预期收益率的风险，其计算公式分别为：

$$Var(r) = \sum_{i=1}^{n} \left[r_i - E(r) \right]^2 P_i \tag{2-10}$$

$$Std(r) = \sqrt{\sum_{i=1}^{n} \left[r_i - E(r) \right]^2 P_i} \tag{2-11}$$

根据表 2-2 的资料，投资于股票 Y 的预期收益率方差和标准差计算如下：

$$Var(r) = (-0.02 - 0.161)^2 \times 20\% + (0.15 - 0.161)^2 \times 50\% + (0.30 - 0.161)^2 \times 30\% = 0.012409$$

$$Std(r) = \sqrt{0.012409} = 0.1113957$$

为了说明标准差在度量预期收益率不同投资项目风险时的确切含义，应将标准差标准化，以度量单位收益的风险，这一目的可以借助标准离差率（CV）来实现。标准离差率是指标准差与预期收益率之比，其计算公式为：

$$CV = \frac{Std(r)}{E(r)} \tag{2-12}$$

表 2-2 中股票 Y 的标准离差率为：

$$CV = 0.1113957 \div 0.161 = 0.6918988$$

表 2-2 中的四个备选方案，基本上反映了证券投资风险与收益的关系，随着收益率的提高，收益风险的标准差也在提高。在这种情况下，选择何种证券进行投资还取决于投资者对风险的态度。例如，股票 Y 的收益率较高，但其风险大于其他三个方案，并且有发生亏损的可能性，如果投资者不愿出现任何亏损，则股票 Y 就会被淘汰。除此之外，投资决策者还必须考虑收益率估计值的可靠程度，四个方案的概率分布是否都具有同等的可信度等。

● 2.3　投资组合收益与风险的衡量

2.3.1　投资组合预期收益率

在此之前，本章主要讨论了单项资产的投资收益和风险。事实上，投资者很少把所有的资本都投入到一种资产或单一项目中，而是构建一个投资组合或投资于一系列项目，通过资产多样化效应降低投资风险。对于投资组合来说，预期收益率是投资组合中单项资产预期收益率的加权平均数，权数是单项资产在总投资价值中所占的比重。其计算公式为：

$$E(r_p) = \sum_{i=1}^{n} w_i E(r_i) \tag{2-13}$$

式中：$E(r_p)$ 表示投资组合的预期收益率；w_i 表示第 i 种资产在投资组合总价值中所占的比重；$E(r_i)$ 表示第 i 种资产的预期收益率；n 表示投资组合中资产的个数。

2.3.2　两项资产投资组合收益率的方差与标准差

投资组合收益率的方差是各种资产收益率方差的加权平均数，加上各种资产收益率的协方差。两项资产投资组合收益率的方差可按下式计算：

$$Var(r_p) = w_1^2 Var(r_1) + w_2^2 Var(r_2) + 2w_1 w_2 COV(r_1, r_2) \tag{2-14}$$

式中：w_1 和 w_2 分别表示资产 1 和资产 2 在投资组合总体中所占的比重；$Var(r_1)$ 和 $Var(r_2)$ 分别表示组合中两种资产各自的预期收益率的方差；$COV(r_1, r_2)$ 表示两种资产预期收益率的协方差。

协方差是两个变量（资产收益率）离差之积的预期值，资产 1 和资产 2 收益率的协方差 $COV(r_1, r_2)$ 可按下式计算：

$$COV(r_1, r_2) = \sum_{i=1}^{n} [r_{1i} - E(r_1)][r_{2i} - E(r_2)] P_i \tag{2-15}$$

式中：$[r_{1i} - E(r_1)]$ 表示资产 1 的收益率在第 i 种经济状态下对其预期值的离差；$[r_{2i} - E(r_2)]$ 表示资产 2 的收益率在第 i 种经济状态下对其预期值的离差；P_i 表示第 i 种经济状态发生的概率。

公式（2-15）中，如果两个变量（资产 1 收益率和资产 2 收益率）的变化趋势一致，或者说，如果其中一个大于（或小于）自身的期望值，另外一个也大于（或小于）自身的期望值，那么两个变量之间的协方差为正值；如果两个变量的变化趋势相反，即一个大于自身的期望值，另一个却小于自身的期望值，那么两个变量之间的协方差为负值；如果两个变量在统计上是独立的，那么两者之间的协方差等于零。一般来说，两种资产的不确定性越大，其标准差和协方差也越大，反之亦然。

采用历史数据预测两项资产的协方差时，如果按总体计算方差，则协方差可按下式计算：

$$COV(r_1, r_2) = \frac{1}{N} \sum_{i=1}^{n} [r_{1i} - E(r_1)][r_{2i} - E(r_2)] \tag{2-16}$$

如果按样本计算方差，则协方差的计算方式如下：

$$COV(r_1, r_2) = \frac{1}{N-1} \sum_{i=1}^{n} [r_{1i} - E(r_1)][r_{2i} - E(r_2)] \tag{2-17}$$

根据表 2-2 各项资产收益率的数据，计算的四种证券预期收益率的协方差见表 2-3。

表 2-3　　　　　　　　　　　　　　四种证券预期收益率协方差

证券种类	政府债券	公司债券（B）	股票（X）	股票（Y）
政府债券	0	0.0000000	0.0000000	0.0000000
公司债券（B）	0	0.0003040	0.0003280	−0.0009440
股票（X）	0	0.0003280	0.0004960	0.0001420
股票（Y）	0	−0.0009440	0.0001420	0.0124090

表 2-3 中公司债券 B 与股票 X 的协方差计算如下：

$$COV(r_B, r_X) = (0.06-0.064) \times (0.07-0.098) \times 0.2 + (0.08-0.064) \times (0.12-0.098) \times 0.5 +$$
$$(0.04-0.064) \times (0.08-0.098) \times 0.3$$
$$= 0.000328$$

从表 2-2、表 2-3 中的数据可以发现：（1）政府债券的收益率恒为 3%，标准差为 0，则其与其他任何证券之间的协方差必定为 0，这表明无风险证券与风险证券之间的收益不存在线性关系，彼此独立。（2）公司债券 B 与股票 X 的协方差为正数，表示这两种证券的收益率变动方向相同；公司债券 B 与股票 Y 的协方差为负数，表明这两种证券的收益率变动方向相反。（3）股票 X 与股票 Y 的协方差为正数，表明它们之间的收益率变动方向相同。（4）任一证券与自身的协方差，等于这一证券收益率的方差。

衡量资产收益率相关程度的另一个指标是相关系数，通常用 Corr 表示。两项资产（资产 1 和资产 2）收益率的相关系数可按下式计算：

$$Corr(r_1, r_2) = \frac{COV(r_1, r_2)}{Std(r_1) Std(r_2)} \tag{2-18}$$

由此得出，相关系数与协方差之间的关系可用下式描述：

$$COV(r_1, r_2) = Corr(r_1, r_2) \times Std(r_1) \times Std(r_2) \tag{2-19}$$

根据表 2-2 和表 2-3 的资料，公司债券 B 和股票 Y 的相关系数计算如下：

$$Corr(r_B, r_Y) = \frac{-0.0009440}{0.0174356 \times 0.1113957} = -0.4860$$

计算结果表明，公司债券 B 和股票 Y 之间为负相关，其收益回归线斜率为负值。表 2-4 列示了三种风险证券之间的相关系数矩阵。

表 2-4　　　　　　　　　　　　　　风险证券相关系数矩阵

证券种类	公司债券（B）	股票（X）	股票（Y）
公司债券（B）	1.0000000	0.8446878	−0.4860342
股票（X）	0.8446878	1.0000000	0.0572373
股票（Y）	−0.4860342	0.0572373	1.0000000

协方差给出的是两个变量相互关系的绝对值，而相关系数是度量两个变量相互关系的相对数。相关系数是标准化的协方差，其取值范围在 ±1 之间。如果两种资产（如 A 和 B）收益率的相关系数等于 +1，表明它们之间完全正相关，即两种资产收益率的变动方向相同，如图 2-3（a）正斜率直线所示。如果两种资产收益率的相关系数等于 −1，表明它们

之间完全负相关，即两种资产收益率的变动方向相反，如图 2-3（b）负斜率直线所示。如果两种资产收益率的相关系数等于零，表明它们之间线性零相关或相互独立，如图 2-3（c）随机散落的点所示。

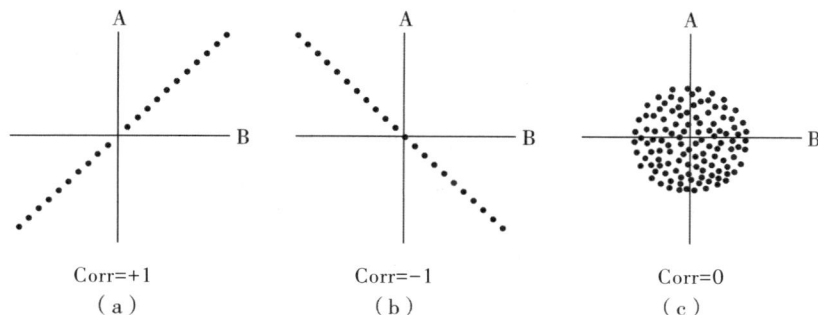

图 2-3 证券 A 和证券 B 收益率的相关性

【例 2-2】已知白云机场和万华化学两家公司股票 2016 年 1 月至 2016 年 12 月的价格，根据各月（12 个月月末）股票价格计算的月平均收益率、收益率均值、标准差见表 2-5。

表 2-5　　　　　　　　　　　白云机场与万华化学收益率、均值及标准差

日期	白云机场（BJ）		万华化学（WH）		乘积* (5)=(2)×(4)
	收益率 (1)	收益率减均值 (2)	收益率 (3)	收益率减均值 (4)	
2016/01/29	−13.17%	−13.21%	−14.35%	−15.67%	2.07%
2016/02/29	0.34%	0.30%	−13.43%	−14.75%	−0.04%
2016/03/31	−3.89%	−3.93%	6.83%	5.50%	−0.22%
2016/04/29	3.13%	3.09%	8.92%	7.59%	0.23%
2016/05/31	−1.77%	−1.82%	−3.82%	−5.15%	0.09%
2016/06/30	−0.22%	−0.26%	11.68%	10.35%	−0.03%
2016/07/29	7.24%	7.20%	5.79%	4.46%	0.32%
2016/08/31	3.83%	3.78%	7.83%	6.50%	0.25%
2016/09/30	3.23%	3.19%	2.18%	0.85%	0.03%
2016/10/31	1.62%	1.57%	5.03%	3.71%	0.06%
2016/11/30	4.77%	4.73%	−1.89%	−3.21%	−0.15%
2016/12/30	−4.59%	−4.63%	1.15%	−0.18%	0.01%
合计					2.62%
收益率均值	0.04%		1.33%		
标准差	5.44%		8.38%		

数据来源：根据 Wind 资讯提供的各月股票价格等数据计算。

表中的收益率标准差是采用 Excel 内置函数按样本标准差（STDEV）计算的。

*乘积是指白云机场收益率减均值与万华化学收益率减均值的乘积。

根据公式（2-17）和公式（2-18），白云机场和万华化学股票协方差、相关系数计算

如下：

$$COV(r_{BJ}, r_{WH}) = \frac{2.62\%}{12 - 1} = 0.00238$$

$$Corr(r_{BJ}, r_{WH}) = \frac{0.00238}{5.44\% \times 8.38\%} = 0.5221$$

相关系数是一个无量纲数，白云机场和万华化学收益率的相关系数为0.5221，表明这两只股票收益率正相关。

两项资产收益率的协方差和相关系数，也可以利用Excel内置数组函数计算。[①]

假设某投资组合是由白云机场和万华化学两只股票构成的，持股权重均为50%，这一组合的收益率和标准差计算如下：

$$E(r_p) = 50\% \times 0.04\% + 50\% \times 1.33\% = 0.69\%$$

$$Var(r_p) = 50\%^2 \times 5.44\%^2 + 50\%^2 \times 8.38\%^2 + 2 \times 50\% \times 50\% \times 0.00238$$

$$= 0.37\%$$

$$Std(r_p) = \sqrt{0.37\%} = 6.07\%$$

投资组合收益与
风险

2.3.3 N项资产投资组合收益率的方差与标准差

N项资产投资组合预期收益率的方差可按下式计算：

$$Var(r_p) = \sum_{i=1}^{n} w_i^2 Var(r_i) + \sum_{i=1}^{n} \sum_{j=1}^{n} w_i w_j COV(r_i, r_j) \quad (i \neq j) \tag{2-20}$$

公式（2-20）中的第一项为各项资产的方差，反映了它们各自的风险状况；第二项为各项资产之间的协方差，反映了任何两项资产收益的风险状况。从公式（2-20）可知，当投资组合由N项资产组成时，组合总体的方差是由N个方差和N（N-1）个协方差组成的。例如，当投资组合包含3项资产时，组合总体的方差由9项构成：3个方差和6个协方差；当投资组合包含100项资产时，组合总体的方差由10 000项组成：100个方差和9 900个协方差。

表2-6列示了南方航空等五只股票的收益率与标准差等指标，表中各年收益率是假设投资者在第t-1年按年末收盘价购买股票，在第t年年末卖出股票获得的收益率。为简化计算，没有考虑投资者在股票持有期间收到的现金股利。表中的收益率标准差、方差是采用Excel内置函数按样本标准差（STDEV.S）和样本方差（VAR.S）计算的。

表2-7列示了五只股票的收益率方差-协方差矩阵，从中可以看出，组合的总体方差由5个方差、20个协方差构成。投资组合的方差或标准差，可以根据每只股票的收益率标准差、投资组合的方差-协方差矩阵、每只股票的投资权重，采用Excel数组函数进行计算。假设投资组合中每只股票的权重均为20%，采用Excel数组函数计算，可以得到投资组合的收益率为7.67%，投资组合的收益率标准差为0.6448。[②]

随着投资组合包含资产个数的增加，单项资产的方差对投资组合总体方差形成的影响会越来越小；而资产与资产之间的协方差形成的影响将越来越大。当投资组合中包含的资产数目非常大时，单项资产的方差对投资组合总体方差造成的影响几乎可以忽略不计。

---

① 需要注意的是，Excel采用VAR.P表示总体方差（除以N），采用VAR.S表示样本方差（除以N-1），以及总体和样本的标准差（分别为STDEV.P和STDEV.S）。

② 投资组合方差、标准差的计算通常需要通过Excel数组函数完成，Excel数组函数并不是本章的主要内容。要了解相关知识，可以参阅任意一本关于Excel财务建模的教材。

表 2-6　　　　　　　　　　　　　五只股票收益率与标准差、方差

日期	南方航空	同仁堂	格力地产	复星医药	青岛啤酒
2007/12/28	192.15%	70.87%	140.91%	87.55%	103.60%
2008/12/31	−217.00%	−104.21%	−132.96%	−33.01%	−67.19%
2009/12/31	64.17%	53.55%	133.27%	61.22%	63.20%
2010/12/31	47.45%	48.86%	−56.58%	−37.35%	−8.11%
2011/12/30	−72.02%	−89.34%	−34.20%	−45.57%	−3.52%
2012/12/31	−19.25%	23.91%	29.15%	20.57%	−1.26%
2013/12/31	−35.19%	18.31%	18.45%	62.46%	39.25%
2014/12/31	62.93%	4.70%	96.64%	7.43%	−15.84%
2015/12/31	50.73%	68.76%	−3.52%	10.73%	−22.99%
2016/12/30	−19.95%	−35.18%	−129.63%	−1.50%	−12.02%
收益率均值	5.40%	6.02%	6.15%	13.25%	7.51%
标准差	1.0740	0.6294	0.9811	0.4560	0.4856
方差	1.1535	0.3961	0.9626	0.2079	0.2358

表 2-7　　　　　　　　　　　　　五只股票方差-协方差矩阵

公司	南方航空	同仁堂	格力地产	复星医药	青岛啤酒
南方航空	1.1535	0.5720	0.7912	0.3017	0.3858
同仁堂	0.5720	0.3961	0.4078	0.1870	0.1850
格力地产	0.7912	0.4078	0.9626	0.3374	0.3652
复星医药	0.3017	0.1870	0.3374	0.2079	0.1856
青岛啤酒	0.3858	0.1850	0.3652	0.1856	0.2358

假设投资组合中包含了 N 项资产，每项资产在投资组合总体中所占的份额均相等（$w_i = 1/N$）。假设每种资产的方差均等于 $Var(r)$，并以 $COV(r_i, r_j)$ 代表平均协方差，则公式（2-20）可用下列简化公式表示：

$$Var(r_p) = \sum_{i=1}^{n} \left(\frac{1}{N}\right)^2 Var(r) + \sum_{i=1}^{n}\sum_{j=1}^{n} \left(\frac{1}{N}\right)^2 COV(r_i, r_j) \quad (i \neq j)$$

$$= \left(\frac{1}{N^2}\right) N \cdot Var(r) + \left(\frac{1}{N^2}\right) N(N-1) COV(r_i, r_j)$$

$$= \frac{1}{N} Var(r) + \left(1 - \frac{1}{N}\right) COV(r_i, r_j)$$

当 $N \to \infty$，$(1/N) Var(r) \to 0$，这表明当投资组合中的资产个数增加时，公式中的第一项将逐渐消失；而 $(1-1/N) COV(r_i, r_j)$ 趋近于 $COV(r_i, r_j)$，协方差在投资资产个数增加时并不完全消失，而是趋于平均值，即投资组合风险将趋于各项资产之间的平均协方差。

这个平均值是所有投资活动的共同运动趋势，反映了系统风险。

假设市场中股票收益率方差平均为50%，任何两项资产的协方差平均为10%，则由n只相等权重的公司股票构成的投资组合的标准差，可以依据下式确定：

$$Var(r_p) = \frac{1}{n} \times 50\% + \left(1 - \frac{1}{n}\right) \times 10\%$$

根据上述公式可以计算不同股票数量组成的投资组合的收益率标准差，随着投资组合数量的增加，组合的标准差逐渐下降，但下降呈递减趋势，如图2-4所示。

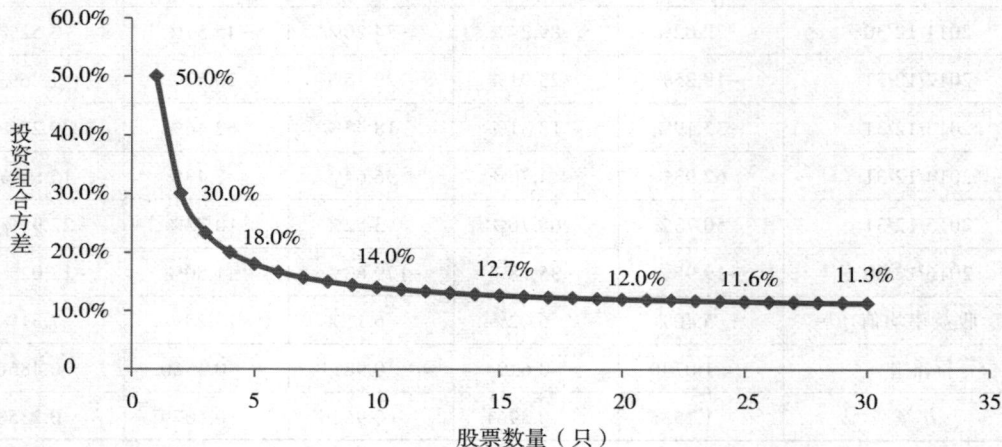

图2-4 投资组合方差和投资组合中样本数的关系

图2-4中，当资产数量从1种增加到2种时，投资组合的方差从50%下降到30%。当资产数量增加到5、10、20和30种时，投资组合的方差分别为18%、14%、12%、11.3%。事实上，当投资组合的数量增加到20种时，投资组合的风险分散效应非常小，或者说，持有大约20种股票就可以获得几乎全部的风险分散效应，进一步增加资产数目只能分散很少的风险。而且，即使对于非常大的投资组合，也无法消除所有的风险。随着投资组合中资产数量的增加，上述投资组合的方差将收敛于平均协方差10%。

2.3.4　风险资产有效边界

如果投资组合由风险资产X和风险资产Y组成，在预期收益率一定的情况下，最小风险的投资组合比例w_x可按下式计算：

$$w_x = \frac{Var(r_y) - COV(r_x, r_y)}{Var(r_x) + Var(r_y) - 2COV(r_x, r_y)} \tag{2-21}$$

公式（2-21）是一个使投资组合风险最小化的通式，公式的分子和分母中均含有协方差，而协方差与相关系数和风险资产的标准差有关。因此，w_x的值会因相关系数的不同而有所不同。

假设有一项由两项风险资产构成的投资组合，资产1的预期收益率为10%，标准差为15%；资产2的预期收益率为18%，标准差为25%；这两项资产收益率的相关系数为0.23。据此计算的最小风险投资组合权重，以及投资组合的收益率、标准差如下：

$$w_1 = \frac{0.25^2 - 0.23 \times 0.15 \times 0.25}{0.15^2 + 0.25^2 - 2 \times 0.23 \times 0.15 \times 0.25} = 79.52\%$$

$w_2 = 1 - 79.52\% = 20.48\%$

$E(r_p) = 79.52\% \times 10\% + 20.48\% \times 18\% = 11.64\%$

$Var(r_p) = 79.52\%^2 \times 15\%^2 + 20.48\%^2 \times 25\%^2 + 2 \times 79.52\% \times 20.48\% \times 0.23 \times 15\% \times 25\%$

$\qquad = 1.9658\%$

$Std(r_p) = \sqrt{1.9658\%} = 14.02\%$

通过改变资产1的投资权重，可以描绘出两种资产不同投资权重的风险收益率曲线。图 2-5 描述了资产1的权重从0到100%时的收益率与标准差。曲线左下端表示投资者将资金全部投资于资产1（资产2权重为0），投资组合的预期收益率为10%，标准差为15%。如果投资者最初将所有资金全部投入资产1，那么其将部分资金转投到资产2时会增加投资组合的收益，投资组合的风险也会因此而减少，直到投资组合的标准差达到最小值，此时，资产1的投资权重为79.52%，资产2的投资权重为20.48%，投资组合的标准差为14.02%，这一风险小于两项风险资产各自的风险。如果继续增加对资产2的投资权重，投资组合的风险和收益都在增加，如果投资者将全部资金转投于资产2，此时，投资组合的预期收益率为18%，标准差为25%。为获得更高的收益，风险偏好的投资者可以减少对资产1的投资，而增加对资产2的投资。

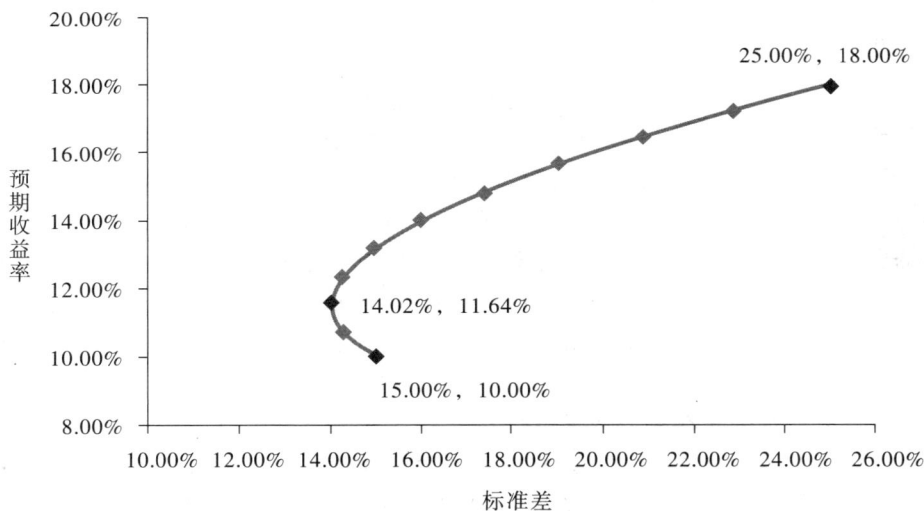

图 2-5 资产1和资产2投资组合可行集合

图 2-5 中，风险资产投资组合的可行集（feasible set）是可行投资组合的均值和标准差的集合。如果考察两个不同的资产组合，并绘出所有可能的权数对应的曲线，就会得到一个类似于图 2-5 的图形。如果一个可行投资组合在给定的收益下有最小的方差，那么，这个可行投资组合则在该可行集合的曲线上。如果一个投资组合在给定的方差（标准差）下有最大收益，那么，该投资组合就是一个有效投资组合。

当资产种类增多时，可行集合在曲线右边的区域内。图 2-6 是根据表 2-6、表 2-7 的数据构造的投资组合可行区域（南方航空等五只股票和一只假想的股票 N），曲线中的 E-F 线的各点为有效投资组合的集合，落于有效边界上的所有资产组合，与该边界下面的资产组合相比，要么在风险水平相同的条件下拥有较高的预期收益率（E2 相对于 N 点），要么在预期收益率相等的条件下具有较低的风险水平（E1相对于N点）。因此，通常将E-F线称为可行投资组合的有效边界，这一有效边界是由资产组合构成的，而不是由单项资产构成的。从中可以看出，南方航空（NH）、同仁堂（TRT）、格力地产（GL）、复兴医药（FX）、青岛啤酒（QP）五项风险资产没有一种落在有效边界上，因此，将所有的资金投资在单一资产上并不是有效的。

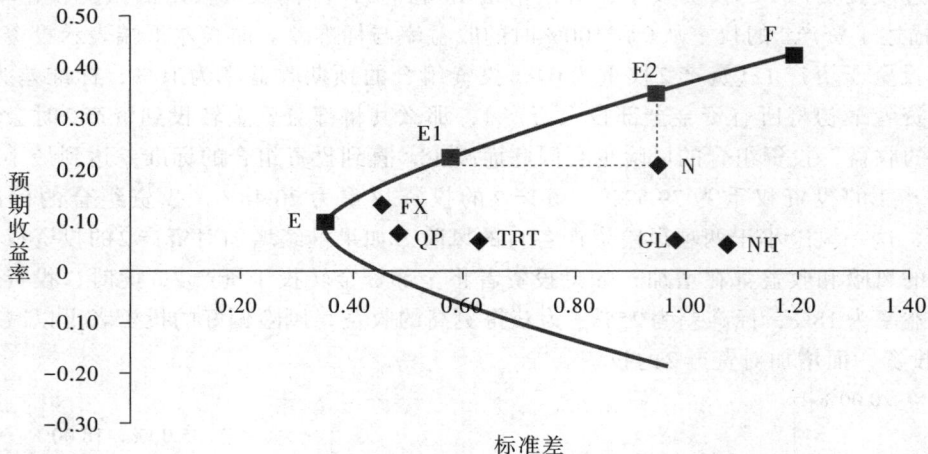

图2-6 风险资产构成的投资组合集

即使在E-F有效边界上，也包括无数个可能的投资组合，其范围从最小风险和最小预期收益的投资组合到最大风险和最大预期收益的投资组合，每一点都代表一种不同的风险与收益的选择：预期收益越高，承担的风险也越大，没有一种投资组合先验地比其他组合优越。选择何种资产进行投资组合，不仅要考虑该项资产组合的预期收益水平、资产组合预期收益率的方差或标准差，还要考虑投资者的风险规避态度，以及其对承担风险而要求获得的收益补偿水平。

【课堂拓展】不要把鸡蛋放在一个篮子里吗？

"不要把鸡蛋放在一个篮子里"是有关投资中流传最久、最著名的格言。分散投资能够对冲互相之间的风险，从而降低风险，这是投资组合理论的基本思想。

分散投资在古代经典《塔木德》中就有记载：把钱平均分作三份，一份买地，一份经商，一份储备。

桥水基金创始人瑞·达利欧说过："在投资中，首先应当做的是为防止未来不可预测的状况，进行战略性资产配置。"分散投资和战略性资产配置被认为是投资中最为重要的原则。瑞·达利欧给普通的个人投资者提供了一个极简配置：股票30%、美国长期国债40%、美国中期国债15%、商品7.5%、黄金7.5%。全天候策略是一种被动投资策略，买入持有，而不进行择时操作，通过合适的资产配置，定期调整持有资产的比例以期达到"全天候适应"的作用。

与传统的投资组合理论不同，巴菲特认为，投资者应该像马克·吐温建议的那样，把所有的鸡蛋放在同一个篮子里，然后小心地看好它。他借用古希腊《伊索寓言》中的谚语

"一鸟在手胜过百鸟在林"阐述了他的投资理念:"少就是多",只重仓持有少量股票。2023 年 5 月 15 日,伯克希尔披露了截至 2023 年第 1 季度末美国市场的持仓信息。前 10 大持仓占比 90.15%,其中苹果是第一大持仓股,占比 46.44%。巴菲特对前 10 大持仓中的 6 只股票进行了交易,考虑到可口可乐、美国运通是常年不动的股票,卡夫亨氏是通过并购买入的,相当于巴菲特对"可调仓"的 7 只股票中的 6 只进行了交易。巴菲特不贪多,只是在自己非常熟悉的公司中再细心地做出调整。长期来看,重要的不是轻仓买入的新公司,而是重仓买入的老公司。

巴菲特的投资不是传统意义上的价值投资,而是高品质投资。巴菲特经常引用传奇棒球击球手泰德·威廉斯的话:要做一个好的击球手,你必须有好球可打。如果没有好的投资对象,那么他宁可持有现金。

与巴菲特的观念相同,美国企业家安德鲁·卡内基认为,那些失败了的企业,往往都是分散了资金和精力的企业,这些企业这也想投资那也想投资,因为想多提几个篮子,结果把鸡蛋打碎了,"有三个篮子的人就得把一个篮子顶在头上,这样很容易摔倒。美国企业家的一个错误就是缺少集中"。[①]

组织学生讨论:

(1)瑞·达利欧的资产配置和巴菲特的集中投资代表了不同的投资风格,你更倾向哪种投资风格?如果你是一个经营者,你认为企业进行多元化并购是否能够降低风险,获得协同效应?如果你是一名学生,如何构建多元化知识体系?你希望做一个广博的狐狸型人才还是专精的刺猬型人才?

(2)党的二十大报告指出,我国发展进入战略机遇和风险挑战并存、不确定难预料因素增多的时期,各种"黑天鹅""灰犀牛"事件随时可能发生。作为一名学生,应当如何增强忧患意识、居安思危、未雨绸缪,在学生时代就构建自己的知识体系和增强各方面的能力,做好准备并拥抱未来的风险和不确定性?

● 2.4　资本资产定价模型

2.4.1　资本市场线

在上述投资组合中,假设所有资产均为风险资产。事实上,市场上可供选择的投资工具,除风险资产外,还有大量的无风险资产,因此不能忽略无风险资产对投资组合收益的影响。

假设将无风险资产 f 与风险资产组合 i 进行组合,无风险资产 f 的预期收益率为 r_f,方差为 $Var(r_f)$;风险资产组合 i 的预期收益率为 r_i,方差为 $Var(r_i)$;投资权重分别为 w_f 和 w_i,且 $w_f + w_i = 1$,则投资组合的预期收益率 $E(r_p)$ 为:

$$E(r_p) = w_f r_f + w_i r_i = (1 - w_i)r_f + w_i r_i$$
$$= r_f + w_i(r_i - r_f) \tag{2-22}$$

根据公式(2-22),投资组合的预期收益率等于无风险收益率与风险资产组合的预期

---

①　得到.巨富之路:卡内基[EB/OL].[2022-02-27].https://www.dedao.cn/course/detail?id=eN7ndm2plo EVb1aHalKA48zLBYG1vq.

收益率的加权平均数；或者说，投资组合的预期收益率等于无风险收益率加上按风险资产投资比重计算的风险溢价$(r_i - r_f)$。投资组合的风险 $\text{Var}(r_p)$ 为：

$$\text{Var}(r_p) = w_f^2\text{Var}(r_f) + w_i^2\text{Var}(r_i) + 2w_f w_i \text{COV}(r_f, r_i)$$

由于证券 f 为无风险资产，所以 $\text{Var}(r_f) = 0$，则 $\text{Var}(r_p) = w_i^2\text{Var}(r_i)$，因此：

$$\text{Std}(r_p) = w_i \text{Std}(r_i) \tag{2-23}$$

公式（2-23）表明，由无风险资产和风险资产组合构成的组合标准差 $\text{Std}(r_p)$ 是风险资产组合 $\text{Std}(r_i)$ 的简单线性函数。因此，无论风险资产组合的风险有多大，由无风险资产和风险资产组合构成的组合，其风险收益对应的集合总会形成一条直线。

现分两种情形加以说明：（1）一种无风险资产和一种风险资产构成的组合；（2）一种无风险资产和一个风险资产组合构成的组合。

情形（1）：投资组合由两项资产构成的组合：资产 0 为无风险资产，预期收益率为 5%，标准差为 0；资产 1 为风险资产，预期收益率为 10%，标准差为 15%。

图 2-7 描述了投资于资产 1 的比例从 0 变化到 100% 所得到的风险收益线。投资者在这条直线上选择哪一点进行投资，取决于其风险偏好。

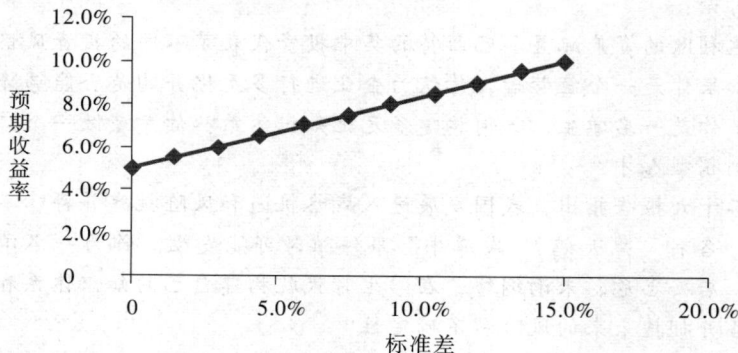

图 2-7　无风险资产和风险资产的投资组合

情形（2）：投资组合由一种无风险资产 0 和一个风险资产组合（资产 1 和资产 2 的组合）构成，有关数据见表 2-8。

表 2-8　　　　　　　　　　一种无风险资产和一个风险资产组合的投资组合

基础数据	预期收益率	标准差	预期收益率-无风险利率
资产 0	5%	0	
资产 1	10%	15%	5%
资产 2	18%	25%	13%
资产 1 与资产 2 的相关系数	0.23		

无风险资产与风险资产组合的有效边界相切时，为最优投资组合。为计算切点处各资产的权重，需要计算超额收益率（风险资产预期收益率超过无风险利率的收益率），分别定义为：$E(R_1) = E(r_1) - r_f$，$E(R_2) = E(r_2) - r_f$，风险最小投资组合权重的计算公式为：

$$w_1 = \frac{\text{Var}(r_2)E(R_1) - \text{COV}(r_1, r_2)E(R_2)}{\text{Var}(r_2)E(R_1) + \text{Var}(r_1)E(R_2) - \text{COV}(r_1, r_2)\left[E(R_1) + E(R_2)\right]}$$

$$w_1 = \frac{25\%^2 \times 5\% - 0.23 \times 15\% \times 25\% \times 13\%}{25\%^2 \times 5\% + 15\%^2 \times 13\% - 0.23 \times 15\% \times 25\% \times (5\% + 13\%)} = 44.55\%$$

图 2-8 描绘了一种无风险资产和一个风险资产组合构成的投资组合的风险收益图，图中边界线上的每个点都代表着资产 1 和资产 2 的某种组合。从无风险资产出发，连接有效边界上的投资组合，当直线与有效边界相切于点 M 时，该切点就是最优投资组合，在这一切点上，无风险资产 0 的权重为 0，风险资产 1 的权重为 44.55%，风险资产 2 的权重为 55.45%。在该切点上，投资组合的收益率为 14.44%，标准差为 16.72%。

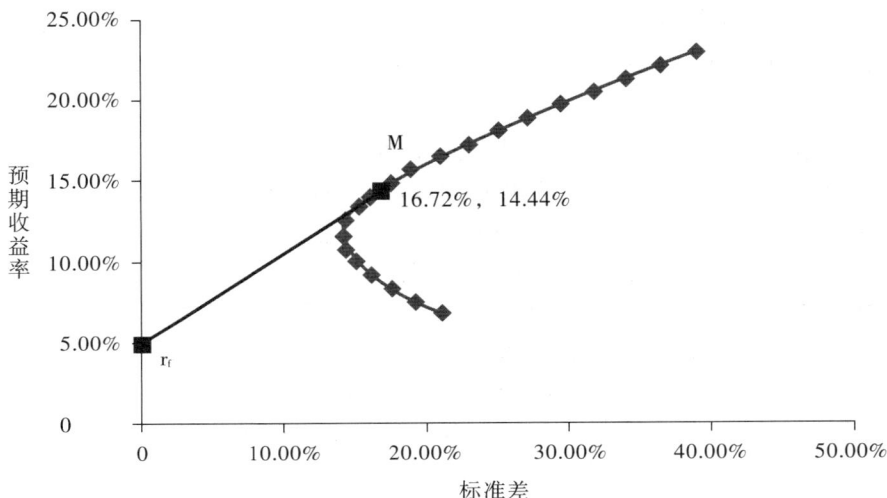

图 2-8　无风险资产与风险资产组合的投资组合

图 2-8 中，假设投资者利用自己的资金进行投资。如果市场是完善的，投资者可以无风险利率自由地借入或贷出资金（不考虑借贷交易成本）。在这种情况下，投资者可以无风险利率借入资金，再加上其自有资金，增加对点 M 这一组合的投资。这时，所有可能的投资组合的连线都会超过点 M，并以相同的斜率继续上升，如图 2-9 所示。

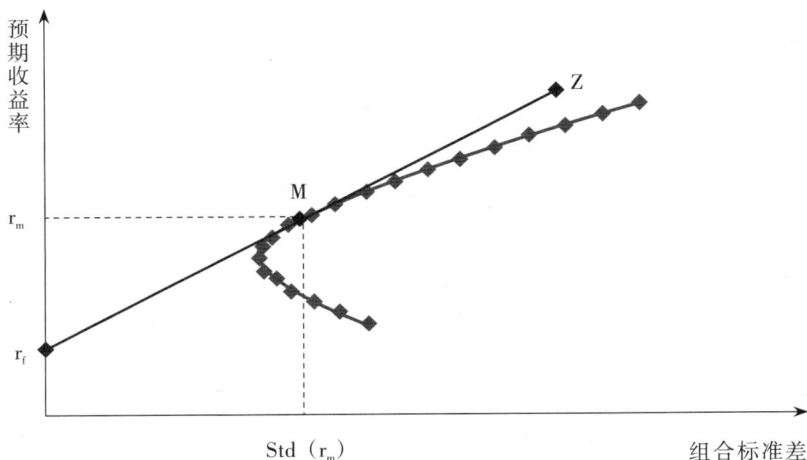

图 2-9　资本市场线

图 2-9 中，r_f 和 r_m 分别代表无风险收益率和市场组合收益率，$Std(r_m)$ 代表市场投资组

合的标准差。由 r_f 和 Z 构成的直线是图 2-8 中 r_f-M 线向上延伸形成的。从左向右看，这条线与有效边界相切的直线，r_f 点表示投资者将全部资本投入无风险资产，在切点 M 处，投资者将全部资金投入风险资产组合 M（44.55% 的资产 1，55.45% 的资产 2）。从图 2-9 中可以看出，直线 r_f-Z 上的任意一点的投资组合都优于风险资产组合形成的曲线。

在直线 r_f-Z 上，通常将点 M 表示为市场投资组合。这一市场组合有两个重要特征：第一，如果市场是有效的，点 M 所代表的投资组合包含了市场上存在的所有资产。第二，当市场均衡时，各种风险资产都不会有过度的需求和过度的供给。因为所有的理性投资者所选择的风险资产的比例都与点 M 所代表的投资组合的权重相同。因此，各种风险资产的市场价值在全部风险资产的市场总价值中的比重，应当与点 M 所代表的投资组合的比重相同。

投资者在直线 r_f-Z 上选择哪一点进行投资，取决于其风险规避的态度。r_f 与 M 之间的组合称为"贷出投资组合"，表示风险规避程度较高的投资者通过资本市场将拥有的部分资金贷给风险规避程度较低者。M 与 Z 之间的组合称为"借入投资组合"，表示风险规避程度较低的投资者除将自己的全部资金投资于点 M 外，还以成本为 r_f 借入一定量的资金再投资于点 M。实际上，直线 r_f-Z 上的任意一点，都可以看成 r_f 与 M 的一种组合。

假设市场有关资料如下：无风险收益率为 10%，市场投资组合的收益率为 14%，市场投资组合的标准差为 20%。投资者 A 拥有的投资额为 1 000 元，假设其以无风险利率借入 200 元，与原有的 1 000 元一起（共计 1 200 元）投入市场投资组合，投资者 A 形成的投资组合的预期收益率和标准差计算如下：

$$E(r_p) = 1.20 \times 0.14 + (-0.20) \times 0.10 = 0.148$$

或　$E(r_p) = 0.10 + 1.20 \times (0.14 - 0.10) = 0.148$

$$Std(r_p) = 1.20 \times 0.20 = 0.24$$

上述计算中，风险投资权重大于 1，无风险投资权重小于 1，表明投资者通过借入增加对市场组合的投资。如果投资者 A 以无风险利率贷出 200 元，则用于购买市场投资组合的资金仅剩下 800 元，由此形成的投资组合的预期收益率和标准差为：

$$E(r_p) = 0.80 \times 0.14 + 0.20 \times 0.10 = 0.132$$

$$Std(r_p) = 0.80 \times 0.20 = 0.16$$

上述计算表明，当投资者借入资金进行风险投资时，其预期收益率和标准差均高于市场平均值；当投资者贷出资金进行无风险投资时，其预期收益率和标准差均低于市场平均值。

如果投资者对所有资产收益的概率分布预期是一致的，那么，投资者面临的有效组合就是一致的，他们都会试图持有由无风险资产和市场投资组合构成的一个组合。或者说，任何一个投资者都会在直线 r_f-Z 上选点，这条直线 r_f-Z 称为资本市场线（capital market line，CML）。CML 描述了有效组合预期收益率和风险之间的一种简单的线性关系，位于资本市场线上的每一点都代表有效投资组合。任何一个投资者的最优投资组合都可以表示为无风险资产和风险资产的线性组合，只是其在无风险投资和切点投资组合上有所不同。如果每位投资者都持有切点的投资组合，那么，这一组合一定是股票市场上实际可以观察到的投资组合，每股的投资组合权重是股票市场价值的一部分，该组合即为市场组合。

资本市场线与纵轴的截距为无风险收益率r_f，斜率为$\dfrac{r_m - r_f}{Std(r_m)}$，CML可由下列方程式表达：

$$E(r_p) = r_f + \frac{r_m - r_f}{Std(r_m)} \times Std(r_p) \qquad (2-24)$$

公式（2-24）表明，任意有效投资组合的预期收益率等于无风险收益率与风险溢价之和，该风险溢价等于斜率与该投资组合标准差的乘积。

现仍以表2-8的数据为例，假设你有10 000元，希望获得18%的预期收益率，你可以将10 000元全部投资于资产2，也可以构造一种投资组合：风险资产组合（资产1的权重为44.55%，资产2的权重为55.45%）与无风险资产构成的组合，在后一种情况下，需要确定各种资产的投资比重。假设风险资产组合的投资比重为w，无风险资产的投资比重为1-w，则有：

18%=5%+w（14.44%-5%）

解得：w=1.3771，即投资于风险资产组合的比例为1.3771，投资于无风险资产的比例为-0.3771。也就是说，你需要借入3 771元，加上你原有的10 000元进行风险资产投资，其中，投资于资产1的比重为61.35%（1.3771×44.55%），投资于资产2的比重为76.36%（1.3771×55.45%）。依此组合进行投资，其预期收益率和标准差分别为：

$$E(r_p) = 61.35\% \times 10\% + 76.36\% \times 18\% - 37.71\% \times 5\% = 18\%$$

$$Std(r_p) = 1.3771 \times 16.72\% = 23.03\%$$

投资组合的预期收益率也可以根据公式（2-24）进行计算，则有：

$$E(r_p) = 5\% + \frac{14.44\% - 5\%}{16.72\%} \times 23.03\% = 18\%$$

上述结果表明，投资组合的预期收益率由两部分构成：无风险收益率（5%）加上风险溢价（13%）。从投资组合的风险看，在给定投资收益率（18%）的情况下，预期收益率的标准差为23.03%。相对于投资风险资产2，虽然预期收益率也为18%，但其预期收益率的标准差为25%，高于投资组合标准差1.97%。也就是说，通过组合投资降低了投资风险。

风险资产与无风险资产组合

2.4.2 证券市场线

如果说资本市场线揭示了有效组合预期收益率和风险之间的线性关系，那么，作为有效投资组合中的单项风险资产与市场组合之间存在着什么关系呢？美国学者威廉·夏普（William Sharp）等于20世纪60年代提出的资本资产定价模型（capital assets pricing model，CAPM），揭示了在市场均衡条件下，单项资产或资产组合（无论是否有效）与市场组合在预期收益率与风险上所存在的关系。

为简化，资本资产定价模型通常做出如下假设：（1）所有的投资者都追求单期最终财富的效用最大化，他们根据投资组合预期收益率和标准差来选择优化投资组合；（2）所有的投资者都能以给定的无风险利率借入或贷出资本，其数额不受任何限制，市场上对卖空行为无任何约束；（3）所有的投资者对每一项资产收益的均值、方差的估计相同，即投资者对未来的展望相同；（4）所有的资产都可完全细分，并可完全变现（可按市价卖出，且不发生任何交易费用）；（5）无任何税费；（6）所有的投资者都是价格的接受者，即所有的投资者各自的买卖活动不影响市场价格。

根据假设条件，在投资者只持有无风险资产和市场投资组合的情况下，单项资产的风险将以市场组合为标准进行度量。任何一项资产的风险，就是使市场组合风险增加的部分，这一增加的风险通常用这项资产与市场组合之间的协方差加以衡量。

假设 $Var(r_m)$ 是未加入该项新资产时的市场组合方差，即将加入到市场组合的单项新资产的方差为 $Var(r_j)$，该项资产占市场组合的比重为 w_j，该项资产与市场组合的协方差为 $COV(r_j,r_m)$，则加入新资产（j）后的市场组合方差 $Var(r_{m'})$ 为：

$$Var(r_{m'}) = w_j^2 Var(r_j) + (1 - w_j)^2 Var(r_m) + 2w_j(1 - w_j)COV(r_j,r_m)$$

由于市场组合包含市场中所有交易的资产，任何单项资产在市场组合的市场价值中的比重是很小的，因而上式中的第一项接近零，第二项接近 $Var(r_m)$，剩下的第三项（协方差）可用于度量因资产 j 而增加的风险。或者说，对单项资产风险的衡量，应是该资产与市场组合的协方差 $COV(r_j,r_m)$。

单项资产与市场组合的风险与收益的关系可用图2-10加以描述。图中的斜线称为证券市场线（security market line，SML），描述了第 j 种资产风险与收益的关系，其中协方差 $COV(r_j,r_m)$ 是风险的衡量值。

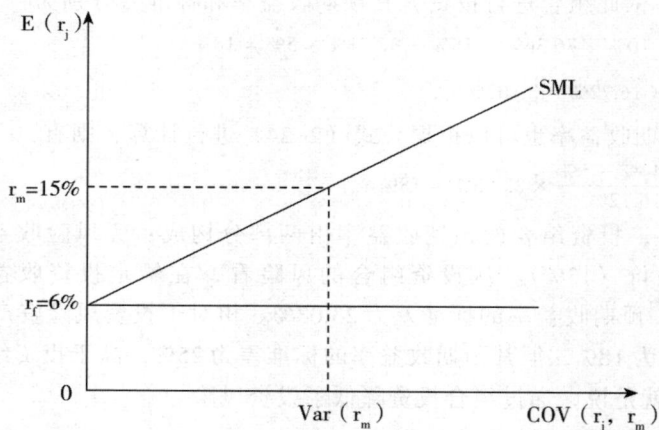

图2-10　证券市场线

市场组合的收益率 r_m 应与其自身的风险相匹配，这个风险用市场组合本身的协方差来衡量。由于任何一项资产，其自身的协方差等于方差，即 $COV(r_j,r_j) = Var(r_j)$，于是，市场组合与自身的协方差等于市场组合收益率的方差：$COV(r_m,r_m) = Var(r_m)$。因此，图2-10中风险收益线的方程为：

$$E(r_j) = r_f + \frac{r_m - r_f}{Var(r_m)}COV(r_j,r_m)$$

$$= r_f + \frac{COV(r_j,r_m)}{Var(r_m)}(r_m - r_f)$$

由于协方差并不是市场风险的标准衡量指标，必须将其标准化。将单项资产与市场组合的协方差除以市场组合方差，就可得到市场风险的标准衡量指标，通常用该项资产的 β 系数表示，从而导出了资本资产定价模型为：

$$E(r_j) = r_f + \beta_j(r_m - r_f) \tag{2-25}$$

式中：$E(r_j)$ 表示第 j 种资产或组合的必要收益率或根据系统风险评估的预期收益率；r_f 表示无风险利率；β_j 表示第 j 种资产的贝塔系数，用于衡量系统风险；r_m 表示市场投资组合收益率；$(r_m - r_f)$ 表示市场风险溢价；$\beta_j(r_m - r_f)$ 表示第 j 种资产或投资组合的风险溢价。

根据相关系数和协方差的关系，公式（2-25）中第 j 种证券的 β 系数也可以写为：

$$\beta_j = \frac{COV(r_j, r_m)}{Var(r_m)} = \frac{Std(r_j) \times Corr(r_j, r_m)}{Std(r_m)} \tag{2-26}$$

公式（2-26）中，β 系数将单项资产和市场组合收益的协方差与市场组合的方差联系起来，据此可以得出市场组合的 β 系数等于 1：

$$\beta_m = \frac{Std(r_m) \times Corr(r_m, r_m)}{Std(r_m)} = 1$$

由于无风险投资的收益率是确定性收益，其波动率等于零，与市场组合不相关，根据公式（2-26）得出无风险资产的 β 系数等于 0：

$$\beta_f = \frac{Std(r_f) \times Corr(r_f, r_m)}{Std(r_m)} = 0$$

如果以 β 系数衡量某项资产的系统风险，则证券市场线的横轴可用 β 系数度量，注意证券市场线的斜率不是 β 系数，而是市场风险溢价，即 $(r_m - r_f)$。

假设当前无风险收益率为 6%，市场投资组合收益率为 15%，市场投资组合收益的标准差为 16%；ABC 股票收益率的标准差为 48%，ABC 股票收益率与市场投资组合收益率的相关系数为 0.665。则 ABC 股票的 β 系数和预期收益率计算如下：

$$\beta_{ABC} = \frac{Std(r_j) \times Corr(r_j, r_m)}{Std(r_m)} = \frac{48\% \times 0.665}{16\%} = 2.0$$

$$r_{ABC} = 6\% + 2.0 \times (15\% - 6\%) = 24\%$$

上述计算结果表明，市场投资组合的预期收益率每变动 1%，ABC 股票的收益率会变动 2%。由于 ABC 股票的系统风险大于市场风险，要求的收益率为 24%，即无风险收益率 6% 加上股票的风险溢价 18%（2×（15%−6%））。图 2-11 描述了不同 β 系数条件下，证券的预期收益率和风险溢价。

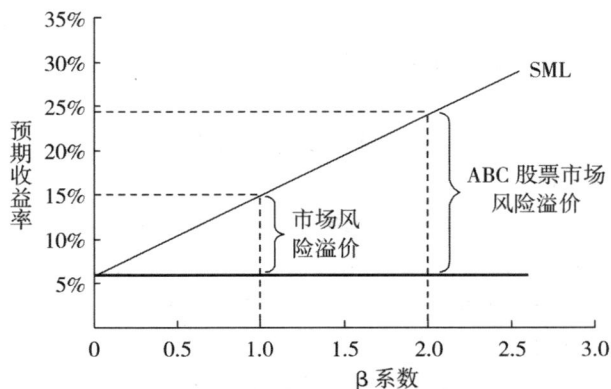

图 2-11　证券收益率与 β 系数的关系

证券市场线是资本资产定价模型（CAPM）的图示形式，用以反映证券（资产）收益率与系统风险（β系数）之间的关系，说明相对市场组合而言特定资产的系统风险是多少。证券市场线与单项证券在线上的位置，会随着利率、投资者的风险规避程度以及单项证券β系数等因素的改变而改变。如果预期通货膨胀率增加2%，投资者所要求的无风险收益率就会增加，从而导致SML向上平移，如果投资者的风险厌恶程度增强，便会引起SML的斜率增加。假设某公司发行大量的债券从而增加其财务风险，该债券将沿着SML上移至较高的位置，那么，投资者要求的收益率也会相应地提高。对于一项资产，影响其风险的任何变化都将导致该资产沿着SML移动。通常情况下，风险溢价会随着SML线斜率的变化而变化，并引起风险资产必要收益率的变化。

资本资产定价模型从本质上揭示了投资收益率的内涵。这一模型认为，市场投资组合的预期收益率减去无风险收益率$(r_m - r_f)$，就是市场对投资者承担的每一单位的风险而支付的必要（额外）收益率。除市场补偿外，还要考虑某一特定投资机会（如证券j）的风险因素，即β_j的影响。如果某项风险资产的β系数等于0，说明该项资产的风险完全由非系统风险组成，其风险可通过分散化投资加以消除，因而，此项投资只能获得无风险收益率。如果某项风险资产的β系数等于1，说明在该项资产的总风险中，系统风险与市场组合风险在量上完全相等，此时，投资者对该项风险资产投资要求的收益率等于市场组合可以提供的预期收益率。如果风险资产的β系数大于1，表明该项资产的系统风险大于市场组合的风险，因此，投资者对该项风险资产投资要求的收益率大于市场组合提供的预期收益率。如果风险资产的β系数小于0，表明在该项资产的总风险中，相应的系统风险与市场组合风险呈反方向的变化，此时，投资者要求该项风险资产投资所提供的预期收益率小于无风险收益率。投资者之所以会投资于收益率小于无风险收益率的风险资产，主要原因在于这类资产与市场组合预期收益率呈负相关关系，持有这类资产，投资者可以有效地降低投资组合的市场风险。从某种意义上说，可以将这类风险资产视为"经济衰退保险"，投资者为得到这种保险所付出的代价就是接受较低的收益率。

【课堂拓展】如何增加你的知识资产账户？

在评估第 j 种股票历史收益率时，通常采用下列公式：

$$r_j = \alpha + \beta r_m + \varepsilon$$

假设上述公式中，r_j 表示学习获得的知识资产，α 表示你的学习能力或自身努力情况等，βr_m 中的 r_m 表示影响知识资产账户的外部因素，ε 表示影响学习的其他风险因素。

组织学生讨论：

（1）假设你是一名学生，你会如何通过自身努力增加知识资产？你认为影响自身知识资产账户的外部因素有哪些？

（2）如果将股票历史收益率模型用于评价个人自身价值：

价值＝个人品质/能力＋贝塔系数（市场、国运等外部）＋误差项（风险/运气）

式中：α 表示个人的品质和能力，βr_m 中的 r_m 表示影响个人价值的外部因素，ε 表示影响个人价值的其他风险因素或运气等。

根据这一模型，你认为提高自身价值最重要的因素有哪些？如何提高你的 α？你认为努力、能力和运气是什么关系？

2.4.3　资产定价多因素模型

在资本资产定价模型中，任何风险资产的预期收益率都是该项资产相对于市场的系统风险的线性函数，即所有资产的收益率与一个共同的因素——市场组合风险——线性相关。但在现实世界里，许多因素都会影响风险资产的预期收益率。

1）套利定价理论

美国学者罗斯（Ross，1976）[①]提出的套利定价理论（arbitrage pricing theory，APT），解释了风险资产预期收益率与有关共同因素的预期收益率的关系。他认为，任何资产的预期收益率都是 K 个要素的线性函数。资产分析的目的就是识别经济中的这些因素，以及资产对这些经济因素变动的不同敏感程度。APT 将资本资产定价模型从单因素模式发展成为多因素模式，以期更加适应现实经济活动的复杂情况。按照 APT 模式，证券或资产 j 的预期收益率为：

$$E(r_j) = r_f + \beta_{j1}\big[E(r_{j1}) - r_f\big] + \beta_{j2}\big[E(r_{j2}) - r_f\big] + \cdots + \beta_{jk}\big[E(r_{jk}) - r_f\big] \tag{2-27}$$

式中：k 表示影响资产收益率因素的数量；E（r_{j1}），E（r_{j2}），…，E（r_{jk}）表示证券 j 在因素为 1，2，…，k 时的预期收益率；β_{j1}，β_{j2}，…，β_{jk} 表示证券 j 对于因素 1，2，…，k 的敏感系数。

套利定价理论的最大优点是可以扩大到包含若干风险因素，但这一理论本身并没有指明影响证券收益的因素有哪些以及如何衡量这些因素的敏感性。针对这一问题还没有做出肯定的回答，理论界和实务界尚需共同进一步的探索。

多因素模型被认为是一种广义的资本资产定价模型，其为投资者提供了一种替代性的方法来理解市场中的风险与收益率之间的均衡关系。它与现代资产组合理论、资本资产定价模型、期权定价模型等共同构成了现代财务学的理论基础。

2）F-F 资产定价模型

尤金·法玛和肯尼斯·弗兰奇（1992）[②]共同研究了美国股市 1962—1989 年间股票收益与市场 β 系数、规模、财务杠杆、账面市值比、盈余价格比、现金流价格比、历史销售增长、历史长期回报以及历史短期回报等因素之间的关系。他们发现，市场 β 系数、财务杠杆及盈余价格比对股票收益的解释力较弱，而规模及账面市值比两个因素的联合基本可以对股票收益进行解释。1996 年，他们通过对美国股市 1963—1993 年间的数据进行实证检验，认为股票收益可以由市场风险溢价（$r_m - r_f$）、公司规模因素溢价（SMB）以及账面市场价值比（B/M）溢价（HML）三个因素来解释，其公式为：

$$r_{j,t} - r_{f,t} = \alpha_j + \beta_{MKT,j}(r_{m,t} - r_f) + \beta_{SMB,j}(SMB_{j,t}) + \beta_{HML,j}(HML_{j,t}) + \varepsilon_{j,t} \tag{2-28}$$

式中：$r_{j,t}$ 与 $r_{f,t}$ 分别表示证券 j 和市场投资组合在第 t 期的收益，$r_{m,t}$ 表示无风险收益率；$SMB_{j,t}$ 表示小股票组合和大股票组合收益率之差；$HML_{j,t}$ 表示高面值/市值比和低面值/市值比的股票组合收益率之间的差额；$\varepsilon_{j,t}$ 表示扰动项。

随后，他们验证了包括美国在内的 12 个世界主要证券市场上价值型股票（high book-

①　ROSS S A. The arbitrage theory of capital asset pricing ［J］. Journal of Economic Theory，1976，13（13）：341—360.

②　FAMA E F，FRENCH K R. The cross-section of expected stock returns ［J］. Journal of Finance，1992，47（2）：427—465.

to market equity）的收益率要高于成长型股票（low book-to market equity）的收益率，16 个主要证券市场上有 11 个市场的小公司股票的回报率要高于大公司，就 1975—1995 年间的样本数据而言，二者的年均差额达到 7.6%，从而证明了公司规模和账面市场价值比两个因素对股票横截面收益率的显著性很高。

● 2.5　资本资产定价模型的应用

2.5.1　资产定价参数

根据 CAPM，影响收益率(r_j)的参数主要是无风险收益率(r_f)、市场风险溢价$(r_m - r_f)$，以及股票 β 系数，现简要说明各参数及其确定方法。

1）无风险收益率

无风险资产是指实际收益率等于预期收益率的资产，无风险投资必须满足以下两个条件：第一，不存在违约风险；第二，不存在再投资风险。从证券投资方面看，前者意味着该证券必须是政府债券；后者意味着该证券必须是零息债券。在短期投资分析中，可采用短期国债利率作为无风险收益率；在长期投资分析中，可采用与分析期限相同的长期政府债券利率。从理论上说，每一个现金流都用一个到期日与其相近的政府债券利率来折现，例如，一个 10 年后产生的现金流应该根据 10 年期零息债券得到的收益率来折现。但在现实中，很少能够找到相匹配的收益率来折现每一个现金流。为简单起见，在价值评估时会选择与整个要估价的现金流最为匹配的政府债券的到期收益率作为无风险利率。在实践中，如果为公司或长期项目估价，通常采用流动性较强的长期政府债券作为无风险收益率。

确定无风险收益率时，需要注意两个问题：第一，以国债利率作为无风险收益率是假设政府没有违约风险，但在一些新兴市场，曾经出现过政府无法偿付到期债务的现象，因此，需要根据实际情况进行调整。第二，如果存在以外币计量的投资或筹资活动，还需要计算外汇风险对一国国债利率的影响。

2）市场风险溢价

风险溢价是指投资者将资本从无风险投资转移到风险投资时要求得到的"额外收益"。由于市场中每个投资者对某种投资可接受的风险溢价都有不同的估计，因此，这个风险溢价应是个别风险溢价的加权平均数，其权数取决于各个投资者在市场中投入资本的大小。在实务中，主要根据历史风险溢价、国家风险溢价和隐含风险溢价三个方面估计风险溢价的大小。

（1）历史风险溢价

CAPM 中，预测风险溢价最常用的方法就是历史数据分析法。其基本步骤为：第一步，确定代表市场指数的市场组合，如 S&P 500、上证综指等；第二步，确定抽样期间，实务中的抽样期间往往为 5 年、10 年或更长；第三步，计算该期间市场组合或股票指数的平均收益率，以及无风险资产的平均收益率；第四步，确定风险溢价，即市场组合收益率与无风险资产收益率之间的差额。[1]美国市场不同时期的风险溢价见表2-9。

表2-9

美国市场风险溢价历史数据

历史时期	算术平均数		几何平均数	
（年）	Stocks-T. Bills	Stocks-T. Bonds	Stocks-T. Bills	Stocks-T. Bonds
1928—2022	8.19%	6.64%	6.36%	5.06%
1973—2022	7.33%	5.14%	5.90%	2.12%
2013—2022	12.81%	13.08%	11.66%	12.32%

资料来源：根据http://pages.stern.nyu.edu/~adamodar/相关数据整理而得（截至2023年1月）.

表2-9中，Stocks采用的是标准普尔500（S&P 500）工业指数收益率，T. Bills采用的是3个月国库券收益率，T. Bonds采用的是10年期国债收益率；Stocks-T. Bills代表股票与短期国库券之间的风险溢价；Stocks-T. Bonds代表股票与长期国债之间的风险溢价。

根据表2-9的资料可知，风险溢价的历史数据会因所选择的方法（算术平均或几何平均）不同而不同，也会因时间起算点的不同而不同，还会因无风险收益率的选择（短期政府债券利率还是长期政府债券利率）而变化。到底以哪一种为标准确定风险溢价，并没有统一答案。一种观点认为短期提供的风险溢价无法反映平均水平，应采用长期政府债券利率（按几何平均数计算）作为无风险收益率。[2]另一种观点认为用长期平均的估计值会出现偏差，因为在计算过程中并没有给当前数据以更大的权重。由于价值评估是面向未来的，因而能够精确反映预期未来收益的平均数应该是在同样长的期间内同一种证券收益的算术平均数。在实务中，两种计算方法都存在，因此很难说明哪一种方法的计算结果能够更准确地反映风险溢价。

在公司或项目估价中，如果无风险利率采用长期政府债券利率，与之相匹配的市场风险溢价应采用股票收益率与长期政府债券利率之差。

（2）国家风险溢价

在分析时，除了利用历史数据外，还需考虑其他一些因素，如宏观经济波动程度、一国政治风险和市场结构等。表2-10列示了2022年世界部分国家或地区的风险溢价，这个数据每年都在发生变化。

一般来说，国家风险溢价是与特定市场相联系的潜在的经济不稳定性和政治风险的函数。对国家风险溢价的衡量，一般是以每一国家所发行的国家债券的违约风险溢价为基础进行估计的。Standard & Poor's、Moody's Investors Service等都对各国进行评级，这些评级主要用于衡量违约风险（而非股票风险），但它们同样受到驱动股票风险的许多因素的影响，例如，一国货币稳定性、预算和贸易收支以及政治稳定性等。典型的风险溢价是通过观察某一国家在同一信用等级发行的债券的利率高于某一无风险利率（如美国国债或德国欧元利率）的差额进行估计的。

---

[1]　采用历史数据分析法，实际上假设：（1）投资者的风险偏好在该期间内没有系统性变化（风险偏好可能会逐年变化，但始终没有偏离历史平均水平）。（2）在该期间内，"风险性"市场投资组合的平均风险程度没有系统性变化。

[2]　达莫德伦. 公司财务——理论与实务［M］. 荆霞，等译. 北京：中国人民大学出版社，2001：99.

表2-10 　　　　　　　　　　部分国家或地区风险溢价（2022年）

国家或地区	Moody's 评级	违约风险溢价	股票风险溢价	国家风险溢价
Australia	Aaa	0.00%	5.94%	0.00%
Brazil	Ba2	3.68%	11.13%	5.19%
China	A1	0.86%	7.16%	1.22%
France	Aa2	0.60%	6.79%	0.85%
Germany	Aaa	0.00%	5.94%	0.00%
Hong Kong，China	Aa3	0.73%	6.97%	1.03%
India	Baa3	2.69%	9.73%	3.79%
Italy	Baa3	2.69%	9.73%	3.79%
Japan	A1	0.86%	7.16%	1.22%
Korea	Aa2	0.60%	6.79%	0.85%
Mexico	Baa2	2.33%	9.23%	3.29%
Russia	Caa1	9.17%	18.88%	12.94%
Taiwan，China	Aa3	0.73%	6.97%	1.03%
United Kingdom	Aa3	0.73%	6.97%	1.03%
United States	Aaa	0.00%	5.94%	0.00%

资料来源：根据 http：//pages.stern.nyu.edu/~adamodar/相关数据整理而得（截至2017年1月5日，为了简化，本表仅列示了部分国家或地区的风险溢价）.

（3）隐含风险溢价

风险溢价是建立在市场正确定价的基础上，根据股票定价模型倒推得出的。在股票价值评估中，一个典型的估价公式为：

$$股票价格 = \frac{下一期预期股利}{必要收益率 - 预期增长率}$$

上述公式中有四个参数，其中三个参数可以从外部得到：目前股票价格、下一期预期股利和预期增长率。唯一"未知"的是必要收益率。如果这一参数确定了，就能够求出隐含的股票预期收益率，再从中扣除无风险收益率，进而可以得到隐含的股票投资风险溢价。例如，股票现行市价为75元，下一期预期股利为3元，预期增长率为8%，则投资者要求的收益率为12%。如果目前的无风险收益率为5.5%，则风险溢价为6.5%。

3）β系数

CAPM中，无风险利率和市场风险溢价对于所有的公司都是相同的，只有 β_j 随着公司的不同而变化。β_j 一般是根据第 j 种股票的收益率 r_j 和市场组合收益率 r_m 之间的线性关系确定的，以反映第 j 种股票的市场风险。

（1）历史β系数

在实务中，历史β系数一般是根据第 j 只股票和市场组合收益的历史相关系数和标准差估计的。如果第 j 只股票的β系数在一段时间内相对稳定，那么这一方法就是合理的。采用历史数据计算 β_j 的公式为：

$$r_j = \alpha_j + \beta_j \times r_m + \varepsilon_j \tag{2-29}$$

式中：r_j 代表股票 j 的收益率；α_j 代表回归截距；β_j 代表回归线斜率；r_m 代表市场组合收益率；ε_j 代表随机误差，反映某给定期间实际收益率与回归预测收益率之间的差异。误差项的均值为零，CAPM 中的误差项对应的是可分散风险，与市场风险无关。

公式（2-29）中的参数 α_j 和 β_j 可通过回归分析软件确定。如果误差项的均值为零（$\varepsilon_j = 0$），那么，资本资产定价模型与回归方程的关系可描述如下：

证券市场线：$r_j = r_f + \beta(r_m - r_f) = r_f(1 - \beta) + \beta r_m$

线性回归：$r_j = \alpha_j + \beta r_m$

上述分析表明，截距 α_j 与 $r_f(1 - \beta)$ 的比较，衡量的是股票的历史表现与根据 CAPM（或证券市场线）估算的预期收益率之间的相对关系。

若 $\alpha_j > r_f(1 - \beta)$，则表示在回归期间股票比预期表现要好；

若 $\alpha_j = r_f(1 - \beta)$，则表示在回归期间股票与预期表现相同；

若 $\alpha_j < r_f(1 - \beta)$，则表示在回归期间股票比预期表现要差。

回归过程的斜率为 β 系数，反映某只股票或投资组合的市场风险。投资组合的 β_p 系数，是每只股票 β_j 系数的加权平均数，权数 w_j 为各种证券在投资组合中所占的比重，其计算公式为：

$$\beta_p = \sum_{j=1}^{n} w_j \beta_j \tag{2-30}$$

回归过程中输出的数据 R^2，测量了由一个或多个自变量解释的因变量的变异性比率，其统计意义在于其提供了回归适宜度的衡量指标，R^2 的财务意义就在于其提供了一家公司的风险（方差）中市场风险所占比例的估计，（$1 - R^2$）则代表了公司特有风险。

【例 2-3】表 2-11 列示了浦发银行、上海机场、华能国际、中远海能、歌华有线、同仁堂六只股票，在 2012 年 11 月至 2017 年 10 月期间，以月末收盘价作为当月价格，采用连续方法计算的月收益率；以上证综指代表市场组合，以同一时期上证综指收盘点位为基础，采用 Excel 内置函数计算六只股票的截距、斜率（β 系数）、拟合优度 R^2。

表 2-11　　　六只股票和上证综指各月收益率数据（2012 年 11 月—2017 年 10 月）

日期	浦发银行	上海机场	华能国际	中远海能	歌华有线	同仁堂	上证综指
2012/11/30	−0.67%	−1.67%	2.15%	−4.03%	−6.98%	−6.55%	−4.39%
2012/12/31	28.50%	10.22%	8.32%	11.64%	11.87%	3.95%	13.62%
2013/01/31	14.61%	6.52%	−5.32%	3.60%	2.51%	11.44%	5.00%
2013/02/28	−3.73%	−0.68%	−2.39%	−2.53%	2.02%	6.68%	−0.83%
2013/03/29	−8.78%	1.87%	4.29%	−6.84%	−9.42%	5.38%	−5.61%
2013/04/26	−2.50%	−6.36%	−7.99%	−3.48%	−2.22%	−0.44%	−2.66%
⋮	⋮	⋮	⋮	⋮	⋮	⋮	⋮
2017/05/31	−16.94%	9.84%	−0.13%	−6.66%	−7.01%	3.98%	−1.20%
2017/06/30	−1.49%	−1.28%	−5.95%	6.06%	1.59%	7.94%	2.39%

日期	浦发银行	上海机场	华能国际	中远海能	歌华有线	同仁堂	上证综指
2017/07/31	5.46%	0.37%	0.00%	3.12%	−3.14%	−6.16%	2.49%
2017/08/31	−4.99%	4.18%	−2.62%	−2.67%	5.85%	−1.84%	2.65%
2017/09/29	1.25%	−2.78%	−2.98%	−4.77%	−1.35%	0.43%	−0.35%
2017/10/31	−2.04%	14.14%	−3.07%	1.56%	−1.85%	3.81%	1.32%
收益率均值	0.86%	2.24%	0.08%	0.68%	1.37%	1.02%	0.82%
截距	0.0023	0.0167	−0.0070	−0.0033	0.0030	0.0010	0.0000
斜率 β	0.7715	0.6851	0.9399	1.2255	1.2932	1.1142	1.0000
拟合优度 R^2	0.3797	0.4489	0.4815	0.5252	0.4581	0.4590	1.0000

　　资料来源：根据 http：//finance.yahoo.com 按照各月月末收盘价计算收益率整理而得（为简化，中间部分数据未列示）．

　　表 2-11 所选择的六家公司中，仅从 2012 年 11 月至 2017 年 10 月的 60 个月的数据看，中远海能、歌华有线和同仁堂的股票 β 系数（斜率）均大于 1，表明公司风险大于市场风险；浦发银行、上海机场和华能国际的股票 β 系数均小于 1，表明公司风险小于市场风险。本例中，采用 60 个月的数据，仅是为了说明 β 系数的计算方法，其分析结果并不足以作为投资决策或评价某种股票收益与风险的依据。R^2 是指模型的拟合程度，这个数值越接近 1，说明两个变量之间的相关性越强。

　　一定时期单项资产与市场组合收益率分布点的回归线，称为证券特征线（security characteristics line，SCL）。图 2-12 描述了同仁堂与上证综指月收益率的拟合回归线。

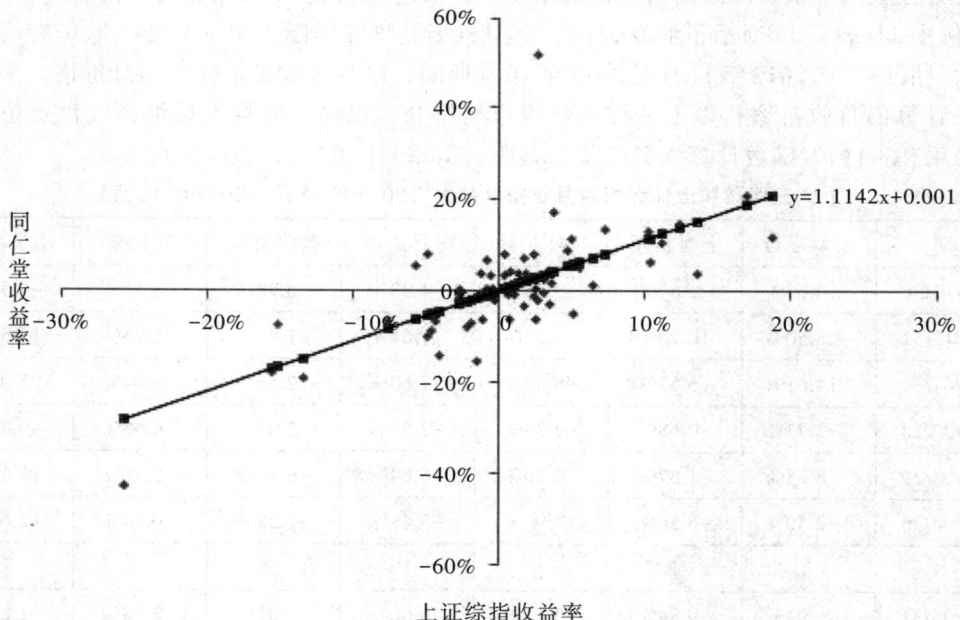

图 2-12　同仁堂与上证综指月收益率拟合回归线（2012 年 11 月—2017 年 10 月）

根据表 2-11 和图 2-12，同仁堂与市场组合收益率回归统计数据分析如下：

第一，假设在此期间无风险收益率为 3.49%，则有：

$$r_f(1 - \beta) = 3.49\% \times (1 - 1.1142) = -0.004$$

回归线截距为 0.001，大于 $r_f(1 - \beta)$，表明在此期间同仁堂股票历史收益率高于按证券市场线估计的预期收益率。

第二，回归线斜率为 1.1142，这是在此期间同仁堂股票月收益率的 β 系数，表明如果市场平均收益率上升 1%，同仁堂股票收益率将上升 1.1142%；如果市场证券收益率下降 1%，同仁堂股票收益率将下降 1.1142%。

第三，根据回归输出的数据，回归拟合优度 R^2 为 45.9%，这一指标表明同仁堂股票 45.9% 的风险来自市场风险（如利率、通货膨胀风险等），54.1% 的风险来自公司特有风险，后一种风险是可分散风险，在 CAPM 中是无法获得相应补偿的。

根据历史数据计算某只股票的 β 系数时，分析人员需要注意以下四个问题：

第一，估计期的期限。大部分的数据提供商使用 5 年的数据估计 β 系数，也有的采用 2 年的数据。较长的估计期可以提供更多的数据，但公司的风险特征在这一期间也会发生变化。

第二，估计收益时间的间隔期距。对不同时段的数据进行回归或对同一时段但以不同的间隔（每年、每月、每周或每天）进行回归，就会得到不同的 β 系数。例如，标准普尔（S&P）使用最近 5 年的月收益率估计 β 系数，价值线（Value Line）使用最近 5 年的周收益率估计 β 系数，彭博（Bloomberg）使用最近 2 年的周收益率估计 β 系数，万得（Wind）资讯则采用 100 周收益率滚动估计 β 系数。

第三，估计中采用的市场指数。大多数的 β 系数估计机构都使用该股票的市场指数估计该公司的 β 系数。例如，估计美国股票的 β 系数使用纽约股票交易所综合指数（NYSE Composite）；估计英国股票的 β 系数使用伦敦金融时报股票指数（FTSE）；估计日本股票的 β 系数使用日经指数；估计中国上市公司股票的 β 系数一般使用上海证券交易所股价指数或深圳证券交易所股价指数等。

表 2-12 中的数据反映了采用不同观察期、不同间隔期距及不同市场代理变量计算的结论，是不相同的。由于 CAPM 是一个单期模型，并不能告诉人们哪种标准更为合适。不过，基于美国资本市场的特征和不同的经验测试，大多数分析者认为：原始回归至少要有 60 个数据点（如 5 年的月收益率），通过 β 系数的滚动变化轨迹可以检查股票风险中的所有系统性变化；原始回归应当基于月收益率数据，如果使用更短的期间，如日或周收益率，会导致系统性偏差；公司的股票收益率应该对应经过价值加权平均、充分分散化的组合（如标准普尔 500 等）进行回归。

（2）行业 β 系数与财务杠杆

对 β 系数的估计并不是一个精确的过程，通过历史回归估算出同仁堂原始的 β 系数为 1.1142，R^2 为 45.9%，从统计意义上解释，回归线的拟合度为 45.9%。根据回归输出数据，β 系数的标准差为 0.1588，如果以两倍的标准差作为基础，同仁堂真实的 β 系数应落在 0.7965～1.4319 这一区间，严格来说，这个区间有些过大。

表2-12   β系数提供商的β系数估计方法

项目	彭博（Bloomberg）	价值线（Value Line）	标准普尔（S&P）
观测值数量	102	260	60
间隔期距	2年周收益率	5年周收益率	5年月收益率
市场指数代理变量	S&P 500	NYSE综合指数	S&P 500
样本β系数平均数	1.03	1.24	1.18
样本β系数中位数	1.00	1.20	1.21

资料来源：BRUNER R F, EADES K M, HARRIS R S, et al. Best practices in estimating the cost of capital：Survey and synthesis [J]. Financial Practice & Education, 1998（23）：15-33.

为了提高β系数估计的准确度，可以采用行业的而非个别公司的β系数。同一行业的公司面临着相似的经营风险，所以，其β系数也应相近。只要各公司的估算误差是不相关的，对各个β系数的高估或低估就趋近于消除，因此，行业β系数的中位数（或均值）就是一个比较好的估计值。

但是，简单地使用行业原始的β系数的中位数或均值忽略了一个重要的因素：各公司的负债水平可能不相同。一家公司的β系数不但与经营风险有关，而且与公司的财务风险有关。负债较多的公司的股东相对来说承担着更大的风险，这种风险就体现在β系数上。因此，为比较经营风险相似的公司的β系数，首先必须消除公司负债水平的影响，只有这样才能比较行业内公司的β系数。

如果公司所有的风险来自股东（债务β系数为0）[①]，并存在税收优惠，那么，有负债公司的 β_L 系数和无负债公司的 β_U 系数之间的关系可用下式表示：

$$\beta_L = \beta_U[1 + (1 - T)(D/E)] \tag{2-31}$$

式中：β_L、β_U 分别表示有负债公司和无负债公司的β系数；T表示所得税税率；D/E表示负债资本与股权资本的比率（或称财务杠杆）。

无负债公司的β系数是由公司经营的业务类型和经营风险水平决定的；有负债公司的β系数是由经营风险和财务风险共同决定的。由于财务风险会增加潜在的行业风险，因此，高风险行业的公司通常不愿意使用财务杠杆；同理，收入相对稳定的公司通常具有较高的财务杠杆。

以行业平均水平估算一家公司β系数的方法，主要分为四步：第一步，根据市场指数（如上证综指）对每家公司的股票收益率进行回归，求出原始的β系数。第二步，根据公司的财务杠杆将每家公司的β系数转化为无负债β系数，财务杠杆等于带息债务市场价值与股权市场价值之比。第三步，计算行业内无负债β系数的中位数或平均数。第四步，根据公司的目标财务杠杆（也可采用当前财务杠杆作为替代），将行业的无负债β系数转换成各公司的负债β系数。

---

① 从理论上，可以利用CAPM估计债务资本成本，或者说，可以采用和估计股票β系数相同的方法，基于债务的历史收益率估计债务的β系数。由于银行贷款和很多债券并不经常在市场上交易，也可以基于信用评级等指标估计的债务β系数作为公司债务β系数的替代值。如果负债具有市场风险（负债β系数>0），这个公式应该被修正。如果负债的β系数为 β_b，股权的β系数可表示为：$\beta_L = \beta_U[1 + (1 - T)(B/S)] - \beta_b(B/S)$。由于债务要求权优先级较高，因此，负债的β系数应该比较低，为简化，假设负债β系数为0。

为简化，表 2-13 仅选择了 10 家医药行业的公司，计算该行业的无负债 β 系数。根据公式（2-31）将负债 β 系数转换为无负债 β 系数，求出行业平均无负债 β 系数为 0.9119。

表 2-13　　　医药行业 10 家公司无负债 β 系数（2012 年 11 月—2017 年 10 月）

公司	负债 β 系数	附息债务/股权价值*	所得税税率	无负债 β 系数
同仁堂	1.1142	0.0301	0.2500	1.0896
太极集团	1.4086	0.7770	0.2500	0.8900
复星医药	0.7586	0.1247	0.2500	0.6937
中新药业	0.9258	0.0391	0.2500	0.8995
亚宝药业	0.8052	0.1660	0.2500	0.7161
天药股份	1.1442	0.0728	0.2500	1.0850
康美药业	0.9107	0.1252	0.2500	0.8325
交大昂立	1.1696	0.0845	0.2500	1.1000
康恩贝	1.1748	0.1572	0.2500	1.0509
哈药股份	0.8126	0.0887	0.2500	0.7619
平均数				0.9119

*附息债务/股权价值数据来自 Wind 资讯，为简化，假设所得税税率均为 25%。

表 2-13 中各公司的负债 β 系数是以各月月末收盘价作为当月价格，采用连续方法计算 60 个月的收益率，以上证综指代表市场组合，以同一时期上证综指收盘点位作为基础计算的。

在公司估价时，通常采用附息债务和股权价值估计财务杠杆，其中：

附息债务=负债合计-无息流动负债-无息非流动负债

$$\frac{股权}{价值}=\frac{A股}{收盘价}×\frac{A股}{股数}+\frac{B股}{收盘价}×\frac{人民币}{外汇牌价}×\frac{B股}{股数}+\frac{海外流通股}{股权}×\frac{海外流通股}{股价}+（总股数-$$

$$\frac{A股}{股数}-\frac{B股}{股数}-\frac{海外流通股}{股权}）×\frac{每股}{净资产}$$

由于大多数负债（特别是银行借款）并没有在市场上交易，在估价时，一般采用账面价值近似地代替市场价值。表 2-13 中，同仁堂股票无负债 $β_U$ 系数计算方式如下：

$$β_U=\frac{β_L}{1+(1-T)(D/E)}=\frac{1.1142}{1+(1-25\%)×0.0301}=1.0896$$

其他各公司无负债 $β_U$ 系数的计算方式相同，按算术平均数计算医药行业无负债 $β_U$ 系数为 0.9119。假设以医药行业无负债 $β_U$ 系数代替同仁堂公司无负债 $β_U$ 系数，根据同仁堂公司的财务杠杆和所得税税率，同仁堂公司的负债 $β_L$ 系数计算如下：

$$β_L=0.9119×\left[1+(1-25\%)×0.0301\right]=0.9325$$

经过行业调整后，同仁堂公司的负债 β 系数由 1.1142 变为 0.9325，低于原始的 β 系数，其主要原因：一是行业无负债 β 系数均值低于同仁堂股票无负债 β 系数，二是同仁堂公司的财务杠杆在所选择的 10 家公司中处于最低位置，或者说，同仁堂公司的财务风险低于同行业水平。

这种方法最主要的作用是可以利用行业调整 β 系数估计非上市公司的 β 系数，也就是说，无须知道个别公司或资产的历史价格，就可以估计 β 系数。例如，估计一家未上市的医药公司的 β 系数，假设该公司的财务杠杆为 40%，所得税税率为 25%，则该公司的 β 系数估计值为：

$$\beta_L = 0.9119 \times [1 + (1 - 25\%) \times 0.40] = 1.1855$$

上述计算结果表明，在其他因素一定的条件下，提高财务杠杆的同时，提高了财务风险和公司的 β 系数。

（3）β 系数的平滑调整

由于 β 系数是采用历史收益率数据进行计算的，通常将这一结果称为历史 β 系数或基础 β 系数（fundamental β）。由于市场环境的变化，当前的 β 系数与历史 β 系数有一定的差别。为了得到更加真实的 β 系数，一般会对基础 β 系数进行一定的平滑调整，调整后的 β 系数（adjusted β），应该能够更接近真实的 β 系数。

调整 β 系数=（1–X）×基础 β 系数+X

这里的 X 具体取多少，不同的市场环境、不同的研究方法，得出的结论不同。例如，彭博（Bloomberg）取值 1/3 进行调整：

调整 β 系数=0.67×基础 β 系数+0.33

以同仁堂股票为例，采用回归方法计算的原始的 β 系数为 1.1142，应用这个公式可以得到一个调整后的 β 系数 1.077（1.1142×0.67+0.33）。采用一定的方法对回归分析得到的 β 系数进行调整，以反映估计误差的可能性和 β 系数向平均值（或者是行业的，或者是整个市场的）回归的趋势。

假设无风险收益率为 3.84%，市场收益率为 9.84%（上证综指同期月均收益率×12 个月，即 0.82%×12），则同仁堂股票的必要收益率计算如下：

调整前必要收益率=3.84%+1.1142×（9.84%–3.84%）=10.53%

调整后必要收益率=3.84%+1.077×（9.84%–3.84%）=10.30%

股票收益率
回归参数

资本资产定价模型在理论上比较严密，但这一模型的假设条件与现实不完全相符。首先，该模型仅考虑了股票市场的系统风险，也就是相当于假设普通股的相关风险只有市场风险，从而低估了普通股资本成本；其次，由于将 β 系数定义为股市平均风险的倍数，并用其计算个别股票风险补偿相对于股市平均风险补偿的倍数，实际上是假设了风险与收益呈线性关系，而这是缺乏逻辑依据的；最后，模型中所需要的各种数据，特别是 β 系数有时很难获取，如果在估计时误差较大，估算的结果可能毫无意义。

2.5.2 CAPM：定价功能

资本资产定价模型除了用以衡量系统风险外，在实务中主要广泛用于：识别资产定价高低；确定股权资本成本；作为项目评价和业绩考核的标准。

在市场均衡状态下，所有资产和所有资产组合都应落在 SML 上，也就是说，所有资产都应被定价，以便使其估计收益率（estimated rate of return）与其系统风险水平相一致。

这个估计的收益率，是在现行市场价格下投资者期望得到的收益率。任何估计的收益率落在 SML 上方的证券，应被认为定价过低，因为其表明了估计得到的证券收益率高于根据系统风险计算的必要收益率。相反地，估计的收益率分布在 SML 下方的证券则被认为定价过高，相对 SML 来说，这种位置说明估计的收益率低于系统风险要求的收益率。

　　假设证券分析师对五只股票进行跟踪分析，预测的五只股票的价格和股利见表 2-14，据此计算出证券分析师预测的持有期间收益率。

表 2-14　　　　　　　　　　　　　　股票市场价格和估计收益率

股票	现价（P_t）	预期价格（P_{t+1}）	预期股利（D_{t+1}）	估计未来收益率
A	25 元	27 元	0.5 元	10.00%
B	40 元	42 元	0.5 元	6.25%
C	33 元	39 元	1.0 元	21.21%
D	64 元	65 元	1.0 元	3.13%
E	50 元	54 元	—	8.00%

　　为分析现行市场价格水平以及估计收益率是否合理，可以通过利用 SML 确定某一项特定资产的必要收益率进行比较，以便判定一项投资是否被恰当地定价。假设无风险利率为 6%，市场投资组合收益率为 12%，五只股票的 β 系数和预期的必要收益率以及估计收益率见表 2-15。

表 2-15　　　　　　　　　　　　　　必要收益率与估计收益率比较

股票	β 系数	必要收益率	估计收益率	估计收益率-必要收益率	评价
A	0.70	10.20%	10.00%	−0.20%	定价合理
B	1.00	12.00%	6.25%	−5.75%	定价过高
C	1.15	12.90%	21.21%	8.31%	定价过低
D	1.40	12.40%	3.13%	−9.27%	定价过高
E	−0.30	2.20%	8.00%	5.80%	定价过低

　　表 2-15 中的必要收益率是根据每只股票的系统风险计算的，估计收益率是根据股票现行价格、预期价格和股利计算的。估计收益率与必要收益率之间的差异被称为股票的超额收益率，这一指标可以为正（股票定价过低），也可以为负（股票定价过高），如果超额收益率为零，则股票正好落在 SML 上，其定价正好与系统风险相当。股票 β 系数、必要收益率、估计收益率之间的关系，如图 2-13 所示。

　　图 2-13 中，股票 A 几乎正好落在 SML 上，表明股票 A 的定价基本合理，因为其估计收益率几乎与必要收益率相等；股票 B 和股票 D 的定价过高，因为其在持有期间的估计收益率低于投资者要求或预期得到的与风险相关的收益率，其结果处于 SML 下方；相反地，股票 C 和股票 E 的估计收益率大于根据系统风险计算的必要收益率，因此其处于 SML 上方，这表明其是定价过低的股票。如果你相信证券分析师对估计收益率的预测，你会买入股票 C 和股票 E，卖出股票 B 和股票 D，而对股票 A 不会采取任何行动。如果你是一个激进型的投资者，也可以卖空股票 B 和股票 D。

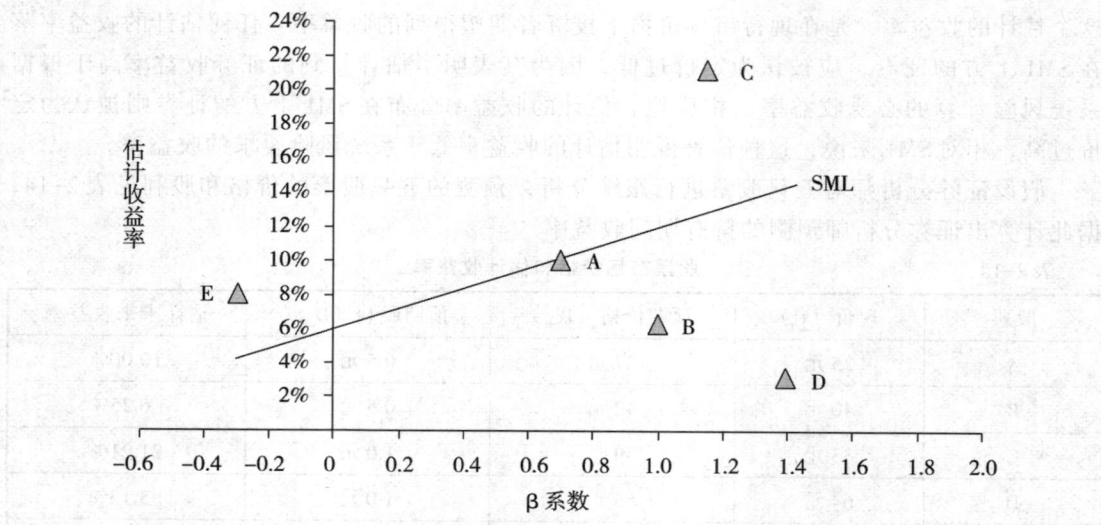

图2-13 五只股票估计收益率在SML上的分布

2.5.3 CAPM：股权资本成本

在公司财务中，CAPM主要用于估计股权资本成本。假设公司无负债，且不存在企业所得税和个人所得税，如果可以估算出公司股票的系统风险和市场组合的收益率，则按CAPM计算的风险资产（股票）要求的收益率，就是公司的股权资本成本。假设股权资本成本为r_e，则有：$E(r_j) = r_e$。

在公司的项目评估中，可将公司视为一个由不同风险资产或项目构成的组合，如果公司的所有项目与公司整体均具有相同的风险，那么，r_e也可以解释为新项目所要求的最低收益率。如果项目的风险水平与公司整体的风险水平不一致，此时需要估计项目的系统风险和项目投资要求的收益率。

【例2-4】假设当前无风险利率为6%，市场风险溢价为9%，市场组合收益率为15%。表2-16列示了六个相互独立的投资项目根据CAPM计算的必要收益率以及根据项目各自的现金流量计算的预期收益。根据净现值决策法则，公司应该放弃项目C和项目D，而接受其他项目。图2-14中，SML可视为项目的证券市场线，位于SML上方的项目预期收益率大于必要收益率，项目是可行的；位于SML下方的项目预期收益率小于必要收益率，项目是不可行的。这与按照净现值决策法则的结论是一致的。

表2-16　　　　　　　　　　　　　　　　**投资项目收益率**　　　　　　　　　　　金额单位：元

项目	β系数	必要收益率	初始现金流量	各年永续现金流量	预期收益率	NPV
A	1.30	17.70%	1 000 000	200 000	20.00%	129 944
B	1.75	21.75%	1 000 000	240 000	22.00%	103 448
C	1.00	15.00%	1 000 000	120 000	12.00%	−200 000
D	1.50	19.50%	1 000 000	170 000	17.00%	−128 205
E	0.60	11.40%	1 000 000	140 000	12.00%	228 070
F	0	6.00%	1 000 000	70 000	7.00%	166 667

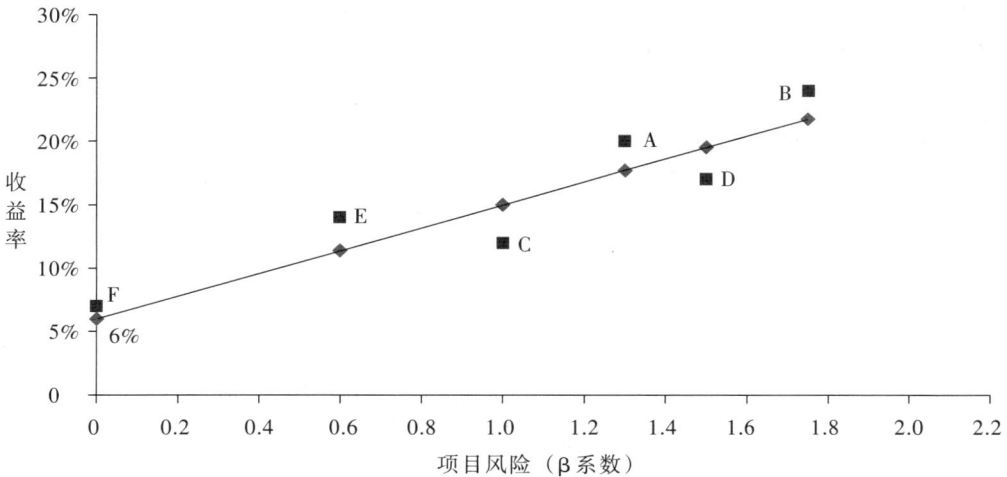

图 2-14 投资项目风险与收益率

由于 CAPM 能够使决策者估计出具有不同风险的项目所要求的收益率，因此，在项目决策中经常以根据 CAPM 确定的资本成本作为项目价值的决策标准，而不是加权平均资本成本。

【例 2-5】假设 SST 公司没有负债，股票 β 系数等于 1，政府债券收益率为 6%，市场风险溢价为 7%，根据 CAPM 模型，SST 公司股权资本预期收益率为 13%，也可以说，SST 公司股权资本成本或加权平均资本成本为 13%。此时，市场投资组合的预期收益率也是 13%。假设 SST 公司目前有两个投资项目：低风险项目和高风险项目。两个投资项目各自的资本成本、预期收益率见表 2-17。在上述两个备选项目中，是以公司加权平均资本成本，还是以各自项目的资本成本作为项目评价的标准？

表 2-17   投资方案预期收益率与资本成本

项目	公司	低风险项目	高风险项目
无风险利率	6.0%	6.0%	6.0%
市场风险溢价	7.0%	7.0%	7.0%
β 系数	1.0	0.6	1.4
股权资本成本（加权平均资本成本）	13.0%	10.2%	15.8%
项目预期收益率		12.0%	15.0%

图 2-15 中的 SML 为证券市场线，根据项目的 β 系数给出了其要求的预期收益率，其以无风险利率（6%）为起点，经过点 M，即市场收益率（13%）。如果 SST 公司根据项目的 β 系数而不是公司的 β 系数评价投资项目，那么，其就会放弃任何处于 SML 下方的项目，而接受任何处于 SML 上方的项目。因为 SML 代表了投资项目预期收益率与项目 β 系数（风险）之间的关系。如果以项目的资本成本进行评价，就会接受低风险项目、放弃高风险项目。因为低风险项目的预期收益率（12%）大于项目资本成本（10.2%）；高风险项目的预期收益率（15%）低于项目资本成本（15.8%）。如果 SST 公司以 WACC（13%）作

为判断标准，就可能会错误地接受一些高风险的项目，而放弃一些低风险的项目。虽然高风险项目的预期收益率大于公司加权平均资本成本，但本例中，高风险项目投资至少要求15.8%的投资收益率，而项目本身只能提供15%的预期收益率，显然应该拒绝高风险项目。低风险项目提供的预期收益率虽然低于公司加权平均资本成本，但其风险小，补偿同等风险项目要求的预期收益率为10.2%，低于项目本身的预期收益率，因而应该接受低风险项目。

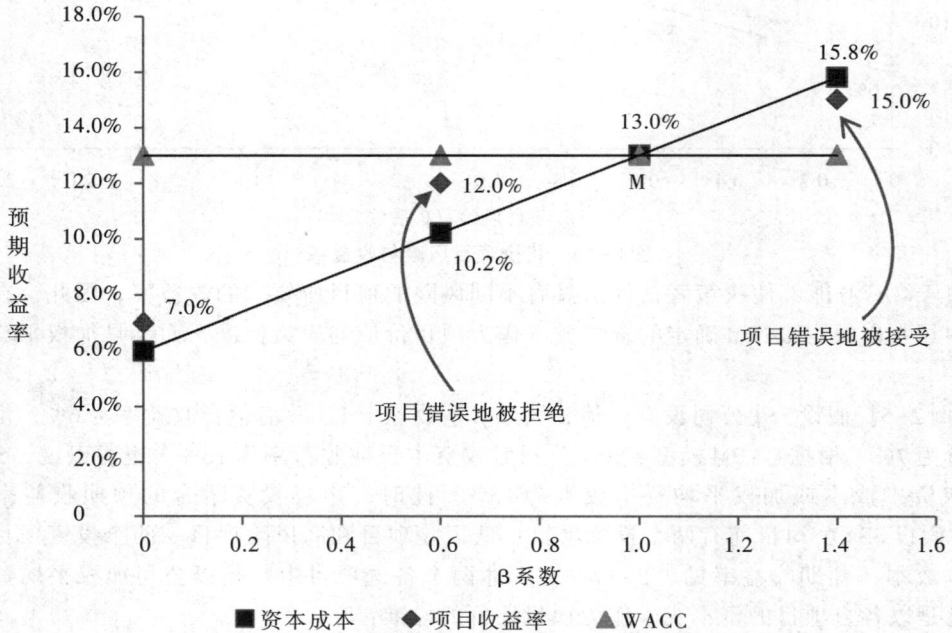

图 2-15　资本成本与项目预期收益率

CAPM在使用中仍存在一些问题，例如，CAPM的假设与现实并不完全相符，在实际中无风险资产与市场组合可能不存在，采用历史数据估价的β系数很难准确地衡量当前或未来的风险，选用的市场组合可能并不能代表真正的市场组合等。总之，由于CAPM的局限性，许多学者仍在不断探求比CAPM更为准确的资本市场理论。但截至目前，尚无一种理论可以与CAPM相匹敌。

本章小结

1.投资风险与收益权衡的因素有三个：该项资产的预期收益水平；采用资产收益率方差或标准差表示的该项资产的风险；投资者为承担风险而要求获得的收益补偿水平。

2.投资组合的收益率是单项资产预期收益率的加权平均数，权数为投资组合价值中投资于每种资产的比重。投资组合的风险（收益率标准差）主要取决于任意两种资产收益率的协方差或相关系数，投资组合的风险并不是各种资产标准差的简单加权平均数。

3.资本市场线是指有效组合预期收益率和风险之间的一种简单的线性关系的一条射线。

它是沿着投资组合的有效边界，由风险资产和无风险资产构成的投资组合，位于资本市场线上的每一点都代表有效投资组合。证券市场线是资本资产定价模型的图示形式，用以反映证券收益率与系统风险（β系数）之间的关系，说明了相对市场组合而言特定资产的系统风险是多少。一定时期单项资产与市场组合收益率分布点的回归线，称为证券市场线。

4.资本资产定价模型从本质上揭示了投资收益率的内涵。这一模型认为，市场投资组合的预期收益率减去无风险收益率（$r_m - r_f$），就是市场对投资者承担的每一单位的风险而支付的必要（额外）收益率。

5.资本资产定价模型认为，任何风险资产的收益都是该资产相对于市场的系统风险的线性函数；多因素模型认为，风险资产的收益率不但受市场风险的影响，还与其他许多因素相关，任何资产的收益率是K个要素的线性函数。在实务中，资本资产定价模型或多因素模型可以为确定风险资产（如投资项目）的资本成本提供理论依据。

基本训练

1.Fama（1976）[①]随机选择了50只在纽约证券交易所上市的公司证券，利用1963年7月至1968年6月的月数据计算出其标准差，再从中随机选取一只证券，该证券收益率的标准差为11%。然后，将这只证券与另一只随机取出的证券按照相同的权重形成两只证券的组合。此时，标准差下降为7.2%左右。之后，越来越多的证券逐步随机地添加到证券组合之中，直到50只证券全部被包括在内。实验结果表明，当随机选择10~15只证券之后，几乎所有的可分散风险均被分散。另外，证券组合的标准差很快就趋于一个极限值，这一数值大致等于所有证券的平均协方差。请结合投资组合理论解释这一实验结果及其应用价值。

2.假设当前无风险收益率为8%，市场组合收益率为12%。如果投资者预计通货膨胀率将在目前国库券所反映的8%的基础上再上涨2个百分点，这对SML及高风险、低风险债券各有什么影响？假设投资者的风险偏好发生变化，使得市场风险溢价由4%增加至6%，这对SML及高风险、低风险证券的收益有何影响？

3.资本市场线与证券市场线是非常重要的一组概念，也是非常容易混淆的一对"线"。请说明它们之间的区别。

4.假设你是XYZ公司的财务主管，目前正在进行一项包括四个备选方案的投资分析工作。各方案的投资期是一样的，对应不同的经济状态所估计的收益率见表2-18。

表2-18   **各种经济环境下四个备选方案的预期收益率**

经济环境	概率	投资收益率			
		A	B	C	D
衰退	0.2	10%	6%	22%	5%
一般	0.6	10%	11%	14%	15%
繁荣	0.2	10%	31%	-4%	25%

---

①   FAMA E F. Foundations of finance [M]. New York: Basic Books, 1976.

要求：

（1）计算各方案的预期收益率、方差、标准差、标准离差率。

（2）根据四个备选方案各自的标准差和预期收益率，确定是否可以淘汰其中某一方案。

（3）假定你认为上述分析是以各备选方案的总风险（标准差）为依据的，并不十分科学，应当进行系统风险分析。投资方案D是一种经过高度分散的基金性资产，可用以代表市场投资。试求各方案的β系数，然后利用资本资产定价模型来评价各方案。

5. FIM公司现持有A、B、C三只股票组成的投资组合，已知A、B、C三只股票的β系数分别为2.3、1.8和0.8，相应地，各股票在投资组合中所占的比重分别为20%、50%和30%。本期的无风险收益率为8%，下期的市场预期收益率及其概率见表2-19。

表2-19 　　　　　　　　下期的市场预期收益率及其概率

概率	0.1	0.3	0.4	0.2
市场收益率	8%	10%	14%	18%

要求：

（1）计算市场预期收益率，并写出证券市场线（SML）的近似方程。

（2）计算该投资组合下期要求的收益率。

（3）假设当前市场上有一只新股票D可供投资，该股票的β系数为1.2，刚刚收到上一年派发的每股1元的现金股利，预计股利以后每年将按6%的比例稳定增长，目前该股票的市场价格为15元。请分析目前该股票的价格是否为均衡价格，如果不是，适合的均衡价格为多少？如何能够达到？

案例分析

你刚刚应聘了一家投资公司，你的上司要求你回答与公司资本成本有关的问题。表2-20列示的是从四个行业中选出的部分公司股票的β系数。

表2-20 　　　　　　四个行业部分上市公司股票的β系数（2018—2019年，100周）

公用事业（电力）		医疗保健		白酒		航空	
证券简称	β系数	证券简称	β系数	证券简称	β系数	证券简称	β系数
长江电力	0.17	恒瑞医药	1.08	贵州茅台	0.95	中国国航	1.62
中国广核	-0.67	迈瑞医疗	0.36	五粮液	1.26	东方航空	1.53
华能国际	0.27	药明康德	1.12	洋河股份	0.94	南方航空	1.44
中国核电	0.71	爱尔眼科	0.85	泸州老窖	1.22	春秋航空	0.95
华能水电	0.96	云南白药	0.54	山西汾酒	1.33	吉祥航空	1.21
国投电力	0.51	长春高新	1.08	古井贡酒	1.14	海航控股	0.68

公用事业（电力）		医疗保健		白酒		航空	
证券简称	β系数	证券简称	β系数	证券简称	β系数	证券简称	β系数
浙能电力	0.43	智飞生物	1.16	今世缘	1.22	华夏航空	1.61
国电电力	0.53	复星医药	1.17	顺鑫农业	1.21	中信海直	1.20
大唐发电	0.59	片仔癀	0.96	口子窖	1.11	山航B	0.81
川投能源	0.54	乐普医疗	1.02	古井贡B	1.08	—	—
中位数	0.52	中位数	1.05	中位数	1.17	中位数	1.21

资料来源：根据Wind资讯相关数据整理而得（数据提取日为2019年12月26日）.

要求：

（1）根据表2-20中的数据，以β系数的行业中位数为依据，说明为什么公用事业（电力）的β系数小于其他三个行业，以及影响股票β系数的主要因素是什么。

（2）假设无风险收益率为3.5%，市场风险溢价为6.5%，计算中国核电、复星医药、贵州茅台、南方航空股权资本成本，并对计算结果进行评价。你认为影响股权资本成本的因素主要有哪些？

（3）资本资产定价模型可以作为公司项目投资决策的折现率或项目资本成本。假设XYZ集团是一个充分多元化的公司，其组织结构如图2-16所示。

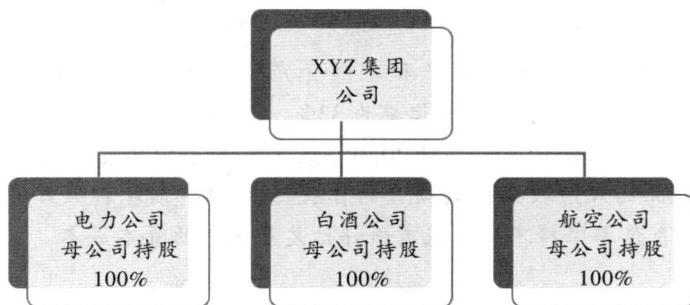

图2-16　XYZ集团组织结构

①假设XYZ集团没有未清偿债务，拥有所有子公司的全部股权，且集团为公众公司，股票在上海证券交易所上市交易，公司的股票β系数等于1，计算公司的股权资本成本。假设将该集团公司看作三个子公司的投资组合，分析公司股票的β系数，影响各子公司的β系数大小的因素是什么。假设该集团公司的子公司进行项目投资，资金全部来自各公司的留存收益。在项目评估中，是根据集团公司的β系数计算子公司项目的股权资本成本，还是分别计算各子公司项目的β系数？

②如果子公司并未上市，没有历史数据计算其β系数，那么在这种情况下，该如何确定子公司的β系数？假设你的上司为你提供了医药行业10家公司的相关数据，具体见表2-21。以这10家公司代表医药行业，以公司价值为权重，计算行业加权平均无负债β系数。假设10家公司的所得税税率均为25%。如果XYZ集团要成立一家子公司，投资一

个与医疗保健相关的项目，假设该项目的资金50%来自债务融资、50%来自股权融资，试估计新项目或子公司的β系数，假设所得税税率保持不变。

表2-21　　　　　　　　　　医药行业（10家公司）公司价值和资产负债率

证券简称	公司价值（万元）	资产负债率
恒瑞医药	36 877 425	10.39%
迈瑞医疗	21 390 088	27.99%
药明康德	15 277 878	36.75%
爱尔眼科	12 268 161	40.78%
云南白药	11 400 614	22.03%
长春高新	8 537 142	30.86%
智飞生物	8 252 469	52.76%
复星医药	8 839 380	51.70%
片仔癀	6 712 973	21.69%
乐普医疗	6 592 438	51.40%

资料来源：根据Wind资讯相关数据整理而得（数据提取日为2019年12月26日）.

（4）当前复星医药的长期借款利率为2.75%，5年期债务资本成本为2.68%，试估计复星医药加权平均资本成本。

（5）2018年，复星医药固定资产和无形资产等资本支出大约为32亿元，公司在2009—2018年间固定资产投资年均增长率为33%。2019—2020年，公司会继续加大医药生物投资，按年增长率30%计算，预计2020年固定资产等投资支出达到54亿元。假设新投资的生物制药产品的风险较高，新项目的β系数为1.4，预计新项目价值占公司总价值的20%，公司资产负债率保持不变，试重新评估复星医药的资本成本。

基本训练与案例
分析参考答案

第 3 章

资本结构

　　《美国经济评论》于 2011 年第 1 期出版了百年纪念特刊，在该刊 100 年来刊登的数千篇文章中，甄选出对经济学发展与实践产生深远影响，且富有创造性的 20 篇最佳论文。所选论文代表了每一时期经济学的最高学术水平，反映了百年来美国主流经济学的基本走向。在这 20 篇佳作中，对公司财务理论具有革命性突破的当属 Modigliani F. and Miller M. H. (1958) 的资本结构理论（简称 M-M 理论）。这篇文献采用了无套利分析方法，阐述了资本结构、资本成本与公司价值三者之间的关系。瑞典皇家科学院 (1990) 在诺贝尔经济学奖的致辞中称，"Merton Miller 革命性地改变了公司财务的理论与实务，将公司财务从一个松散的工作程序及规则，改变为追求股东价值最大化的精细巧妙法则"。可以说，M-M 理论是公司资本结构理论的奠基石。继 Modigliani F. and Miller M. H. (1958)、Ross S. A. (1973) 之后，Jensen and Meckling (1976)、Myers and Majluf (1984) 分别从代理成本、信息不对称理论解释了公司资本结构的选择与投资行为，由此形成了不同的理论和流派。但到目前为止，公司"最佳资本结构"仍然是一个不解之谜，仍然没有统一的理论体系对公司资本结构进行完整的解释。

　　通过本章的学习，你可以熟悉资本结构、资本成本与公司价值的关系；掌握税收优惠与财务危机成本对公司价值的影响；了解代理成本、不对称信息对资本结构的影响；熟悉目标资本结构设置与调整方式。

● 3.1　M-M 资本结构理论

3.1.1　M-M 无公司税模型

　　资本结构是指公司长期资本（负债、优先股、普通股）的构成及其比例关系。注意，这里不包括短期负债，如果考虑短期负债，也就是将整个资产负债表的右方考虑进去，则称为财务结构，在实务中用资产负债率表示。资本结构有两种表示方法：一是负债比率，表示长期负债与公司资产之间的比例关系；二是杠杆比率，表示长期负债与股东权益之间的比例关系。

1958年，莫迪格利尼（Modigliani）和米勒（Miller）[①]（以下简称M-M）共同发表的《资本成本、公司融资和投资理论》一文，提出了著名的M-M理论，其不仅被公认为是现代公司资本结构理论的奠基石，也成为后续资本结构理论研究的逻辑起点。M-M理论研究的核心内容是资本结构与公司价值、资本结构与资本成本的关系。

为方便讨论，通常假设：（1）无摩擦市场。市场无交易费用、无公司所得税和个人所得税。投资者可以自由地进入或退出交易，市场对卖空行为没有任何约束。（2）公司和个人都能以同一无风险利率自由地借入资金，即所有投资者的负债是没有风险的。（3）公司的经营风险是可以衡量的，经营风险相同的公司处于同一风险等级（公司经营风险的高低以息税前利润的标准差来衡量）。（4）所有的市场参与者对未来的预期是一致的。市场参与者可以无偿地获得有关资产价值的相关信息，他们对每项资产收益的均值、方差的估计相同，并能够理性地运用这些信息确定资产的价值。（5）公司预期的EBIT为常数，即预期EBIT在未来任何一年均相等。（6）公司的增长率为零，且全部收入均以现金股利形式发放。（7）公司只有长期负债和普通股两项长期资本，公司的资产总额不变，资本结构变化可通过发行债券回购股票或相反的方式得以实现。

M-M模型应用套利机制[②]，证明公司资本结构和公司价值、资本成本、投资决策之间的关系，据此提出与资本结构相关的两个命题。

命题 I　总价值命题：公司价值仅与公司资产预期收益和所对应的资本成本有关，而与资本结构无关。或者说，在息税前利润相等的条件下，处于同一经营风险等级的负债公司价值与无负债公司价值相等。

根据上述假设，公司价值可按下列方式计算：

$$V_U = V_L = EBIT/r_w \tag{3-1}$$

其中：$V_U = \dfrac{EBIT}{r_{eU}}$，$V_L = \dfrac{EBIT - I}{r_{eL}} + \dfrac{I}{r_d}$

式中：V_U表示无负债公司价值；V_L表示负债公司价值；r_w表示加权平均资本成本；r_{eU}表示无负债公司股本成本或无负债公司股东要求的收益率；r_{eL}表示负债公司股本成本或负债公司股东要求的收益率；r_d表示债务资本成本。

公式（3-1）表明：（1）公司价值不受资本结构的影响；（2）负债公司加权平均资本成本等于同一风险等级无负债公司的股本成本；（3）r_{eU}和r_w的高低视公司的经营风险而定。

M-M理论认为，如果不考虑所得税和破产危机，有关公司发展前景的信息是对称的，那么，由于市场套利机制的作用，股票融资与债券融资的选择与公司价值无关。在这种条件下，无负债公司归属于股东的现金流量可表示为：

息税前利润=税前利润（无负债）=税后利润（无所得税）=股利（零增长）

如果公司负债为零，公司价值与其股票的市场价值（E）相等，即$V_U = E_U$。

举债为D_L的公司，其现金净流量CF_L分为两项：一项是进入债权人手中的利息（I=

① MODIGLIANI F, MILLER M H. The cost of capital, corporation finance and the theory of investment [J]. American Economic Review, 1958, 48（3）：261-297.
② 套利就是指在一个市场上（无风险的、即时的）以低价购买一种货物，然后在另一个市场上以较高的价格将其转卖出去的过程。套利可以获得收益，并且保证在完善市场上同一价格定律（相同货物在两个不同市场上出售的价格之差不能超过其交易费用）得以维持。

r_dD_L）；另一项是进入股东手中的现金流，即息税前利润扣除利息后的剩余部分（EBIT-r_dD_L）。公司价值等于股票价值与债券价值之和，即 $V_L=E_L+D_L$。

如果两家公司规模相同且能够产生相同的现金流量，负债经营所影响的只是现金流量的流向，而不是现金流量的总额。也就是说，不论这笔现金流量在股东和债权人之间如何分配，总是存在着一个恒定的投资价值，即公司现金流量的组合方式并不影响公司的价值。或者说，公司价值不会因为这些现金流量的所有权是"负债"还是"股权"的形式而增减，公司价值仅与投资以及经营活动有关，而与资本结构无关。

【例 3-1】假设 ABC 公司决定以负债融资代替股权融资，即发行 5 000 万元债券回购相同数额的股票。为简化，以 U_{ABC} 代表无负债融资，以 L_{ABC} 代表有负债融资。在其他因素一定的情况下，不同资本结构条件下的公司价值均为 10 000 万元，具体见表 3-1。

表 3-1　　　　　　　　　　资本结构与公司价值的关系（无所得税）　　　　　　　金额单位：万元

项目	U_{ABC}（负债=0）	L_{ABC}（负债=5 000）
股权资本（E）	10 000	5 000
股权资本成本（r_e）	15%	20%
负债资本（D）	0	5 000
负债资本成本（r_d）	—	10%
息税前利润（EBIT）	1 500	1 500
减：利息费用（I）	0	500
股东收入（DIV）	1 500	1 000
证券持有者收入（DIV+I）	1 500	1 500
公司价值（V）	10 000	10 000

根据表 3-1 中的资料，ABC 公司负债为 0 和负债为 5 000 万元时的价值可计算如下：

$$V_U = \frac{EBIT}{r_{eU}} = \frac{1\,500}{15\%} = 10\,000（万元）$$

$$V_L = \frac{EBIT}{r_w} = \frac{EBIT - I}{r_{eL}} + \frac{I}{r_d}$$

$$= \frac{1\,500 - 500}{20\%} + \frac{500}{10\%} = 10\,000（万元）$$

上述计算结果表明，在不考虑所得税的条件下，ABC 公司资本结构的变化不影响公司价值的大小。

命题 Ⅱ　资本成本命题：负债公司的股权资本成本等于无负债公司的股权资本成本加上风险溢价，风险溢价的多少取决于杠杆比率（debt-to-equity ratio，D/E）的大小。

如果不考虑所得税和财务危机成本，那么，无负债公司股东要求的预期收益率就是公司资产的预期收益率。对于无负债公司来说，只有股东对公司资产创造的现金流量享有要求权。在市场均衡的条件下，股东要求的预期收益率就是公司股本成本，或是公司全部资本成本。无负债公司股本成本 r_{eU} 或加权平均资本成本 r_w 可按下式计算：

$$r_{eU} = r_w = \frac{EBIT}{E_U} \qquad\qquad (3-2)$$

如果公司决定用负债替换部分股权资本，债权人对公司资产创造的现金流量也拥有要求权，这时，公司资产预期收益率被分为两部分：股东要求的预期收益率和债权人要求的预期收益率。他们对公司预期收益率的要求权与他们对公司资产贡献的大小成比例。如果投资者要求的收益率就是融资者的资本成本，那么，负债公司的资本成本就是以各种不同资本成本为基数，以其在资本总额中所占的比重为权数的加权平均数，相关公式为：

$$r_w = r_d\left(\frac{D}{D + E}\right) + r_{eL}\left(\frac{E}{D + E}\right) \qquad\qquad (3-3)$$

假设公司负债成本保持不变，公式（3-3）说明负债/股权资本比例的任何变化都必须被股权资本成本 r_{eL} 补偿，因为公司资产预期收益率或资本成本不受股东和债权人之间利益分配的影响。为了说明这一问题，可将公式（3-3）重新整理，将 r_{eL} 表示为 r_w、r_d 和杠杆比率的函数：

$$r_{eL} = r_w + (r_w - r_d)(D/E) \qquad\qquad (3-4)$$

在无税条件下，负债公司的股本成本 r_{eL} 和无负债公司的股本成本 r_{eU} 之间的关系如下：

$$r_{eL} = r_{eU} + (r_{eU} - r_d)(D/E) \qquad\qquad (3-5)$$

根据公式（3-5），负债公司股本成本等于无负债公司股本成本加上风险溢价，公司杠杆比率越高，风险溢价就越大，股权资本成本就越高。

假设在正常经济环境下，ABC 公司预期总资产收益率（EBIT/资产总额）为 15%，负债资本成本为 10%，当 ABC 公司的杠杆比率（D/E）为 0.25（20% 负债资本、80% 股权资本）时，股东必要收益率或股本成本为：

$$r_{eL} = 15\% + (15\% - 10\%) \times \frac{20\%}{80\%} = 16.25\%$$

同理，当杠杆比率（D/E）为 1（50% 负债资本、50% 股权资本）时，股东必要收益率或股本成本将上升至 20%（15%+（15%-10%）×1），以弥补财务杠杆加大后所承担的财务风险。但无论负债和股权资本的比例如何变化，公司加权平均资本成本均为 15%，或者说，总资产预期收益率（15%）不会发生变化，具体计算如下：

$$r_w = 10\% \times 20\% + 16.25\% \times 80\% = 15\%$$

或　$r_w = 10\% \times 50\% + 20\% \times 50\% = 15\%$

在本例的计算中，假设债务资本成本保持不变，事实上，随着负债比率的提高，股权和债务的融资风险都会随之增加，从而提高其股权和债务资本成本。但是，由于低成本债务权重的增加，加权平均资本成本保持不变。需要注意的是，当公司 100% 举债时，债权人承担的风险与公司资产的风险相同，其债务资本成本应该与无负债股权资本成本相同（15%）。不同负债比率下的资本成本，如图 3-1 所示。结合前述假设（5）和假设（6），在无赋税条件下，公司资本结构不会影响公司价值和资本成本。

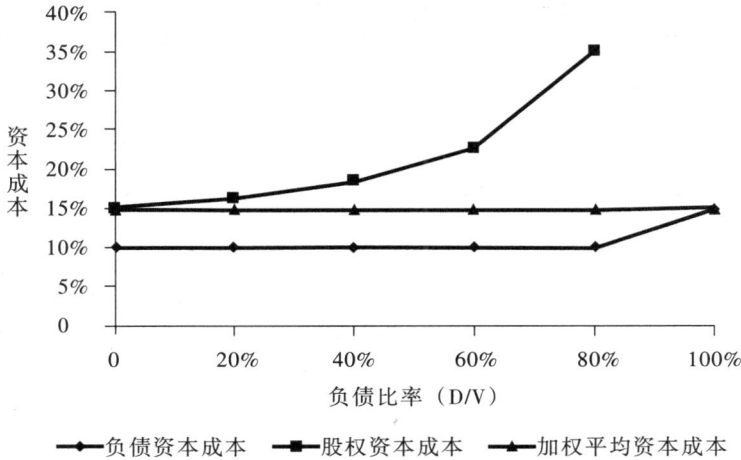

图 3-1 资本成本（无公司税）

3.1.2 M-M 含公司税模型

1963 年，M-M 放松了"不存在公司所得税"的假设，提出了含税条件下的 M-M 模型[①]。这一模型主要包括总价值命题和资本成本命题。

命题 I 总价值命题：M-M 认为，在考虑公司所得税的情况下，由于利息可以抵税，从而增加了公司税后现金流量，公司价值会随着负债比率的提高而增加，即负债公司价值等于相同风险等级的无负债公司价值加上税负节约价值的现值。假设所得税税率为 T，则有：

$$V_L = V_U + PV(r_d DT) \tag{3-6}$$

根据前述假设（5）和假设（6），公司预期的 EBIT 是一个常数，每年的利息抵税或税盾（interest tax shield）可按下式计算：

$$利息抵税额 = 负债成本 × 负债总额 × 所得税税率 = r_d DT \tag{3-7}$$

如果利息抵税额的风险与负债风险等价，利息抵税额表现为永续年金形式，那么以利率作为折现率，公司未来利息抵税的现值为：

$$利息抵税现值 = \frac{r_d DT}{r_d} = DT$$

则公式（3-6）可改写为：

$$V_L = V_U + DT \tag{3-8}$$

公式（3-8）表明，考虑公司所得税以后，负债公司价值会超过无负债公司价值，且负债越高，这个差额就会越大。当负债达到 100% 时，公司价值最大。

现以【例 3-1】的资料为基础，如果 ABC 公司所得税税率为 50%，那么以负债融资代替股权融资会降低公司的税金支出，从而增加公司税后现金流量，提高公司资产价值和股票价格，具体见表 3-2。

---

① MODIGLIANI F，MILLER M H. Corporate income taxes and the cost of capital：A correction [J]. American Economic Review，1963，53（3）：433-443.

表 3-2 　　　　　　　　　　　　资本结构与公司价值的关系（含所得税）　　　　　　　金额单位：万元

项目	U_{ABC}（负债=0）	L_{ABC}（负债=5 000）
股权资本（E）	10 000	5 000
股权资本成本（r_e）	15%	20%
负债资本（D）	—	5 000
负债资本成本（r_d）		10%
息税前利润（EBIT）	1 500	1 500
减：利息费用（I）		500
税前利润（EBT）	1 500	1 000
减：所得税（T）	750	500
税后利润或股东收入（DIV）	750	500
证券持有者收入（DIV+I）	750	1 000
公司价值（V）	5 000	7 500

在考虑所得税的条件下，ABC公司负债为0和负债为5 000万元时的价值可计算如下：

$$V_U = \frac{EBIT(1-T)}{r_{eU}} = \frac{1\ 500 \times (1-50\%)}{15\%} = 5\ 000 \text{（万元）}$$

$$V_L = \frac{(EBIT-I)(1-T)}{r_{eL}} + \frac{I}{r_d}$$

$$= \frac{(1\ 500 - 500) \times (1-50\%)}{20\%} + \frac{500}{10\%} = 7\ 500 \text{（万元）}$$

或　$V_L = V_U + DT = 5\ 000 + 5\ 000 \times 50\% = 7\ 500$（万元）

上述计算表明，公司采用负债融资时的价值比无负债时多了2 500万元，这2 500万元是由利息减税引起的。当ABC公司以负债融资代替股权融资时，每年可节约税金250万元（750-500），公司每年税后现金流量就会增加同等数额。因为利息支付减少了公司应纳税所得额，因此，可直接通过利息乘以税率得出每年抵税额，本例中为250万元（500×50%）。如果利息抵税额的风险与负债风险等价，公司未来利息抵税的现值为：

$$\text{利息抵税现值} = \frac{r_d DT}{r_d} = \frac{10\% \times 5\ 000 \times 50\%}{10\%} = 2\ 500 \text{（万元）}$$

需要注意的是，负债经营的ABC公司价值比无负债经营的ABC公司价值增加了2 500万元，并不是因为其产生的风险更高或更低的税前现金流量（预期息税前利润均为1 500万元），或者说，负债并没有使公司创造出更多的税前现金流量，而是因为调整资本结构降低了这些现金流量应缴纳的税金。通过借债重新构建的ABC公司的资本结构，是一个可以创造价值的融资决策，但这一决策为公司带来的收益远比不上选择一个更优的投资项目所带来的收益，因为公司一旦已经达到最优资本结构，其就不可能再通过这一途径增加公司价值。

如果放松永续年金的假设，要计算债务利息抵税对公司价值的影响，需要预测公司的债务以及各期支付的利息，根据所得税税率，以与其风险相适应的折现率将其折成现值。表 3-3 列示了债务利息抵税现值的计算方式。

表 3-3 债务利息抵税现值的计算 金额单位：万元

项目	2021 年	2022 年	2023 年	2024 年	2025 年
息税前利润	470	548	636	734	843
利息（6%）	54	60	66	72	78
税前利润	416	488	570	662	765
所得税（25%）	104	122	143	166	191
净利润	312	366	427	496	574
利息抵税（利息×税率）	13.50	15.00	16.50	18.00	19.50
利息抵税现值（折现率6%）	12.74	13.35	13.85	14.26	14.57

【例 3-2】假设 WT 公司预计下一年度自由现金流量（FCFF）为 348 万元，此后每年按 3% 的比例增长。公司股权资本成本为 10%，债务资本成本为 6%，所得税税率为 25%。如果公司维持目前的资本结构，资产负债率（有息债务/投入资本）为 40.76%，那么，公司利息抵税价值的计算方式如下：

第一，计算无税时的加权平均资本成本和公司价值：

$r_w = 6\% \times 40.76\% + 10\% \times (1 - 40.76\%) = 8.37\%$

根据稳定增长模型，无税时的公司价值为：

$$V_{无税} = \frac{FCFF_1}{r_w - g} = \frac{348}{8.37\% - 3\%} = 6\,480(万元)$$

第二，计算含税时的加权平均资本成本和公司价值：

$r_w = 6\% \times (1 - 25\%) \times 40.76\% + 10\% \times (1 - 40.76\%) = 7.76\%$

$$V_{含税} = \frac{348}{7.76\% - 3\%} = 7\,311(万元)$$

第三，计算利息抵税价值：

PV（利息抵税）=7 311-6 480=831（万元）

命题 II 资本成本命题：在考虑公司所得税的情况下，负债公司股本成本等于无负债公司股本成本加上风险溢价，而风险溢价的大小与杠杆比率和所得税税率的高低有关。

对于无负债公司来说，股东要求的收益率等于公司总资产收益率，或者说，无负债公司股本成本等于公司全部资本成本。其计算公式为：

$$r_{eU} = r_w = \frac{EBIT(1 - T)}{E_U} \tag{3-9}$$

考虑公司所得税以后，股本成本可按下式计算[①]：

$$r_{eL} = r_{eU} + (r_{eU} - r_d)(1 - T)(D/E) \tag{3-10}$$

---

① M-M 股本成本公式推导可参见：刘淑莲，任翠玉. 高级财务管理［M］. 2 版. 大连：东北财经大学出版社，2017.

公式（3-10）中的（1-T）小于1，因此，考虑公司所得税以后，虽然股本成本会随着杠杆比率的提高而上升，但其上升的速度低于无税时上升的速度。据此可以得到负债公司加权平均资本成本为：

$$r_w = r_d(D/V)(1 - T) + r_{eL}(E/V) \tag{3-11}$$

如果将公式（3-10）中的 r_{eL} 值代入公式（3-11），可得：

$$r_w = r_{eU}[1 - (D/V)T] \tag{3-12}$$

从公式（3-12）可以看出，负债公司加权平均资本成本等于无负债公司股本成本减去由政府提供的税收补贴（tax subsidy）。公式（3-12）表明，公司负债越多，或所得税税率越高，公司加权平均资本成本就越小。

假设在正常经济环境下，ABC公司预期总资产收益率为15%，负债资本成本为10%，所得税税率为50%。当ABC公司负债为2 000万元时，公司价值为6 000万元（5 000+2 000×50%），股权资本为4 000万元，股权资本成本为16.25%，加权平均资本成本为12.5%。其计算过程如下：

r_{eL}=15%+（15%-10%）×（1-50%）×（2 000÷4 000）=16.25%

r_w=10%×（2 000÷6 000）×（1-50%）+16.25%×（4 000÷6 000）=12.5%

或　r_w=15%×［1-（2 000÷6 000）×50%］=12.5%

同理，当ABC公司负债为5 000万元时，公司价值为7 500万元，加权平均资本成本为10%。上述分析表明，存在所得税的情况下，当公司负债增加时，公司资产价值会随之增加，加权平均资本成本会随之下降。当公司100%负债经营时，公司价值最大，资本成本最低。不同负债比率下的资本成本，如图3-2所示。当公司100%举债时，税后债务成本为7.5（15%×（1-50%）），此时，加权平均资本成本最低，公司价值最大。

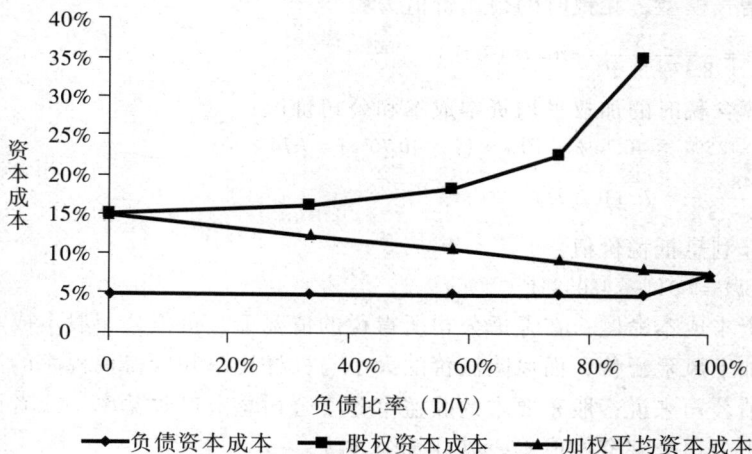

图3-2　资本成本（含公司税）

3.1.3　M-M模型与CAPM模型

罗伯特·哈曼达（Robert Hamada，1969）[1]将M-M含公司所得税模型与资本资产定价模型相结合，得到负债公司的股本成本为：

---

① HAMADA R S. Portfolio analysis, market equilibrium and corporation finance [J]. Journal of Finance, 1969, 24（1）: 13-31.

$$r_{eL} = r_f + \underbrace{\beta_U(r_m - r_f)}_{\text{经营风险溢价}} + \underbrace{\beta_U(r_m - r_f)(1-T)(D/E)}_{\text{财务风险溢价}}$$ (3-13)

假设 U 公司为无负债公司，当前股票市场价值为 1 000 万元。假设无负债 β_U 系数为 1.13，无风险利率为 10%，市场收益率为 15%，所得税税率为 25%，则 U 公司的股权资本成本为：

$$r_{eL} = 10\% + 1.13 \times (15\% - 10\%) = 10\% + 5.65\% = 15.65\%$$

如果该公司期望通过举债 200 万元改变资本结构（发行债券回购本公司相同数额的股票），根据上述有关模型，举债后公司价值和股权资本成本分别计算如下：

$$V_L = V_U + DT = 1\,000 + 200 \times 25\% = 1\,050（万元）$$
$$r_{eL} = 10\% + 1.13 \times (15\% - 10\%) + 1.13 \times (15\% - 10\%) \times (1 - 25\%) \times (200 \div 850)$$
$$= 10\% + 5.65\% + 0.997\% = 16.65\%$$

上述计算结果表明，当公司举债 200 万元时，公司的经营风险溢价为 5.65%，财务风险溢价为 0.997%。

假设无风险利率等于负债成本，罗伯特·哈曼达推导出了负债公司的 β_L 系数和无负债公司的 β_U 系数之间的关系，首先计算负债公司的 β_L，然后计算股权资本成本。

$$\beta_L = \beta_U[1 + (1 - T)(D/E)]$$
$$= 1.13 \times [1 + (1 - 0.25) \times (200 \div 850)] = 1.33$$
$$r_{eL} = 10\% + 1.33 \times (15\% - 10\%) = 16.65\%$$

由于 M–M 模型和 CAPM 模型所建立的假设与实际不完全相符，因此，上述各种计算结果只是一个近似值，但这些模型可以给公司提供一些有益的参考。

3.1.4　米勒税收理论

1977 年，米勒（Miller）提出了一个将公司所得税和个人所得税都包括在内的模型[1]，估计负债对公司价值的影响。假设 EBT 和 EAT 分别代表税前利润和税后利润，T_c、T_e、T_d 分别代表公司所得税税率、个人股票所得税税率和债券所得税税率。注意，股票收益包括股利收益和资本利得，当股利收益与资本利得所得税税率不同时，T_e 则指两种税率的加权平均税率；所有债券收入都表现为利息，对利息是按照投资者最高税率课税的。图 3-3 表明了在公司创造的息税前利润中，归属于债权人的部分为"利息×（1-T_d）"，归属于股东的部分为"税前利润×（1-T_c）×（1-T_e）"，即税前利润双重纳税后的剩余部分。

为便于分析，M–M 理论的所有假设保持不变，当考虑个人所得税时，负债公司价值的米勒模型为：

$$V_L = V_U + \left[1 - \frac{(1 - T_c)(1 - T_e)}{(1 - T_d)} \right] D$$ (3-14)

上式中的第二项代表了利息抵税的现值；当公司处于无税环境下，即 T_c =T_e=T_d=0 时，则 V_L=V_U，这与 M–M 无公司税模型相同；当仅考虑公司所得税时，即 T_e=T_d=0 时，则 V_L = V_U + PV($r_d DT$)，这与 M–M 含公司所得税模型相同；当股票和债券收益的个人所得税相等时，即 T_e=T_d，则股票和债券收益的个人所得税对负债企业的市场价值的影响相互抵消，则 V_L = V_U + PV($r_d DT$)；

M–M 理论和权衡理论

① MILLER M H. Debt and taxes [J]. Journal of Finance，1977，32（2）：261-275.

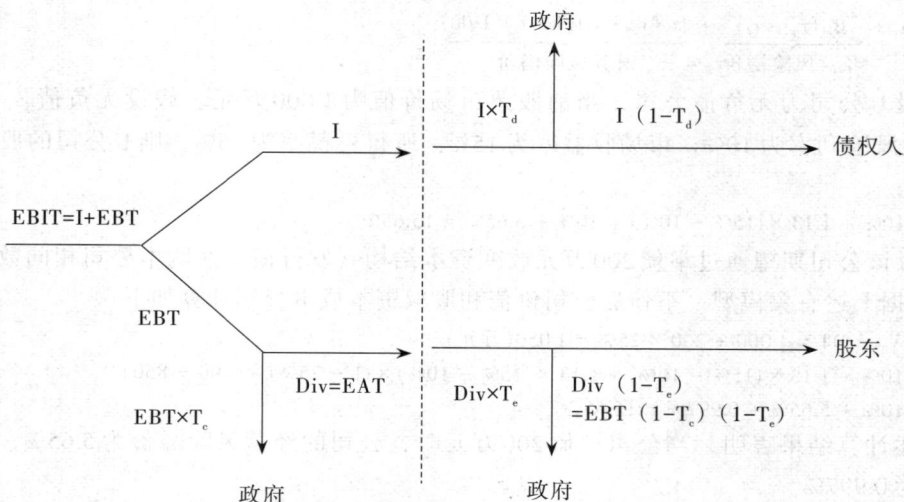

图3-3 税收对股东和债权人收益的影响

如果（1-T_c）（1-T_e）=（1-T_d），那么式中第二项括号内的项目等于零，这意味着税负节约也为零，也就是说，公司负债减税的益处正好被个人所得税所抵销，则 $V_L=V_U$。因此，资本结构对公司价值或资本成本无任何影响，此时又回到了 M-M 无公司所得税模型。

从某种意义上说，M-M 结论非常像厂商在完全竞争市场上追求最大利润的模型，尽管这个模型不完全真实，但其为分析研究有关问题提供了一个有用的起点和框架。虽然 M-M 理论不能解决实际的财务问题，但其为推动资本结构理论的发展奠定了坚实的理论基础。

【课堂拓展】M-M 理论类比法

Miller 在获得了诺贝尔经济学奖之后，采用类比的方法向前来采访他的记者阐述了 M-M 总价值命题。他说："在完全竞争的市场中，一家公司就像一只盛着全脂奶的大桶。农夫可以卖出全脂奶，或者从全脂奶中分离出奶油，其价格高于全脂奶（可类比为公司卖出低收益、高定价的债务性证券）。当然，农夫留下的可能是低脂的脱脂奶，售价低于全脂奶（类比于负债公司股权性证券）。假设不存在分离成本（当然也不存在政府乳品供给计划），奶油加脱脂奶的价值之和与全脂奶相同。或者说，农夫从高价奶油所获得的好处，将会被销售低价的脱脂奶的损失所抵销。不论是整桶出售全脂奶，还是分离成奶油和脱脂奶，农夫拥有的价值总量不变。"

课堂拓展
讨论指引

请结合这一例子，解释以下两个问题：（1）在有效资本市场上，一个公司的价值主要取决于资产的能力，而与公司的融资方式无关；（2）资本成本的高低取决于资金的运用，而不是资金的来源。你是否同意上述观点，为什么？

● 3.2 财务危机权衡理论

3.2.1 财务危机成本

M-M 理论及米勒税收理论仅考虑了负债给企业带来的减税收益，而没有考虑负债可能给企业带来的预期财务危机成本和损失。

　　财务危机是指公司不能支付到期债务或费用所造成的风险，主要表现为财务困境和破产两种情况。对于财务危机，一般可以采取一定的措施加以补救，如通过协商求得债权人让步，延长偿债期限或通过资产抵押等借新债还旧债。这样做虽然可以避免破产，但公司将会为此付出极高的代价。破产是财务危机的一种极端形式，当公司资本匮乏和信用崩溃两种情况同时出现时，公司破产将无法挽回。随着负债比率提高而增加的财务危机成本，会在相当大的程度上抵销由税负创造的财务杠杆利益，减少公司资产创造的现金流量，降低投资者（股东和债权人）收益的分配份额以及公司价值和股票价格。财务危机成本是指公司因无力支付到期债务所需要付出的成本，表现为直接成本和间接成本。

　　1）财务危机直接成本

　　财务危机直接成本主要指破产成本，如公司破产时为所需经历的各项法律程序及其他有关工作支付的费用，如律师费、法庭费和行政开支、清算或重组成本等。据报道，美国安然公司开始进入破产程序时，每月支付的法律和会计费用为3 000万美元，总成本最终超过了7.5亿美元。破产费用最终降低了投资者的价值，在安然公司的案例中，重组成本约占公司资产价值的10%。Warner J. B.（1977）等的研究表明，公司平均直接破产成本占破产前公司资产市值的3%～4%[①]。此外，破产还会引发公司无形资产价值遭受损失，即与公司相关联的技术优势、发展机会和为实现这种发展的人才价值会随着公司破产而丧失。

　　破产的可能性和伴随的费用，降低了债权人的索偿价值，贷款人将预计的破产费用计入其必要利率之内，这就降低了股东的索偿价值。假设ACC公司希望借入为期1年的贷款100万元，这一贷款得以完全偿付的概率为90%，公司1年后破产的概率为10%，如果公司破产，其资产的出售价为60万元，假设处理ACC公司破产的法律费用为6万元。如果贷款无风险，银行要求的预期收益率为10%，即年末银行需要收到110万元。如果ACC公司破产，银行年末只能得到54万元。假设公司不破产时银行获得的现金流为x，则有：

　　100×（1+10%）=0.1×54+0.9x

　　x=116.22

　　上述计算表明，银行为了得到110万元，针对这笔贷款要收取16.22%的利率。如果不考虑破产费用6万元，银行在破产时可以收到60万元，这样其仅需要对此贷款收取15.56%的利率。

　　上例表明，为反映债务人违约对债权人造成的损失，债权人通过提高贷款利率以反映债务人违约时其必须承担的预期成本，或者说，破产直接成本的预期现值被包含在公司的借款成本中。由于借款成本的提高降低了公司价值，因此，股东间接地承担了预期破产成本。

　　2）财务危机间接成本

　　财务危机间接成本主要包括两个方面：

　　（1）公司发生财务危机但尚未破产时在经营管理方面遇到的各种困难。由于公司负债过多，公司不得不放弃有价值的投资机会，减少研究开发费用，缩减市场开支以积累现金、避免破产；消费者可能会因此对公司长期生产能力和服务能力产生怀疑，最终决定消

---

　　①　WARNER J B. Bankruptcy costs：Some evidence［J］. Journal of Finance，1977，32（2）：337-347.

费其他公司的产品；供应商可能会因此拒绝向该公司提供商业信用；优秀员工可能会因此离开公司。负债过多，公司可能会丧失利息抵税的杠杆利益。

（2）发生财务危机时，股东与债权人之间的利益冲突引起的非效率投资对公司价值的影响。由于债券持有者有优先权，一旦公司破产，债权人可以从公司实物资产清算中获得一定的补偿，而股票所有者只能获得剩余补偿。当公司破产概率上升时，管理者为保护股票持有者的利益，而采取非最优的投资策略，侵蚀债权人的利益。产生这种现象的原因是利益分配、风险分担不均衡。一般来说，债权人对公司资产具有优先但固定的索偿权，股东对公司债务承担"有限责任"，对公司剩余资产具有"无限索偿权"。"有限责任"给予股东将公司资产交给债权人（发生破产时）而不必偿付全部债务的权利，"无限索偿权"给予股东获得潜在收益的最大好处。或者说，"有限责任"使借款人对极端不利事态（如破产）的损失享有最低保证（借款人的收入不可能小于零），而对极端有利事态所获得的收益没有最高限制。这种损益不对等分配，使股东具有强烈的动机从事那些尽管成功机会甚微，一旦成功即可获利颇丰的投资活动。如果投资成功，股东将收益可观；如果投资失败，债权人将承担大部分损失。其结果是财富从债权人手中转移给了股东，而投资产生的风险则转移给了债权人。

【例3-3】XYZ公司资产和权益的账面价值、市场价值，分别见表3-4和表3-5。根据表中的数据，XYZ公司负债的账面价值超过公司资产的市场价值，如果债务现在到期，债权人可以得到100万元，股东将一无所有。在这种情况下，股东将如何选择投资项目？

表3-4　　　　　　　　　　**XYZ公司简易资产负债表（账面价值）**　　　　　　单位：万元

项目	金额	项目	金额
货币资金	100	非流动负债	150
固定资产	200	股东权益	150
资产总计	300	负债与股东权益总计	300

表3-5　　　　　　　　　　**XYZ公司简易资产负债表（市场价值）**　　　　　　单位：万元

项目	金额	项目	金额
货币资金	100	非流动负债	100
固定资产	0	股东权益	0
资产总计	100	负债与股东权益总计	100

当公司处于财务危机状态时，股东可能进行各种非效率投资，如投资过度或投资不足，将财富从债权人手中转移给了股东，其结果是导致公司总价值下降。

第一，投资过度（over investment）。

假设XYZ公司债务1年后到期，公司尚有100万元支持其运转，那么公司就可以利用其经营权进行最后一搏。如果此时该公司有一个项目，投资额为100万元，预测1年后项目投资现金流或为200万元（概率为0.1），或为50万元（概率为0.9），则期望投资现金流量为65万元。假设折现率为20%，则期望投资净现值约为-46万元（-100+65÷1.2）。

在正常情况下，公司绝不会投资净现值小于零的项目。但此时，公司资产总额小于负债总额，公司资产实际上已经完全归债权人所有，债权人成了公司投资风险的实际承担者。在这种情况下，股东有可能将可以动用的资本（事实上，属于债权人的资本）投入高风险项目，进行最后一搏。股东进行风险投资的结果见表 3-6。

表 3-6　　　　　　　　　　　　风险投资后债务与股东价值　　　　　　　　　金额单位：万元

项目	现在破产	风险投资（100）			
		项目成功（0.1）	项目失败（0.9）	期望值	现值（20%）
公司价值	100	200	50	65	54.17
债务价值	100	150	50	60	50
股东价值	0	50	0	5	4.17

从表 3-6 中可知，如果项目成功，债权人将收到 150 万元，债务得到完全偿付；如果项目失败，债权人只能收到 50 万元；债权人得到偿付的期望值为 60 万元，如果折现率为 20%，则债权人得到偿付的现值为 50 万元，与债务当前可以得到的价值 100 万元相比，损失了 50 万元。在债权人损失的 50 万元中，其中的 4.17 万元转移给了股东，剩余的 45.83 万元是风险投资的预期损失。事实上，股东是在用债权人的钱进行"赌博"，如果成功，公司获得 200 万元，则可以摆脱困境；如果失败，则不过加重财务危机的程度，由于股东仅承担有限责任，这一加重的财务危机转嫁给了债权人。这个例子表明，当公司发生财务危机时，即使投资项目的净现值为负数，股东仍可从公司的高风险投资中获利。因此，股东有动机进行高风险投资或过度投资，这一行为的结果是损害了公司的整体价值。

第二，投资不足（under investment）。

与第一种情况恰好相反，身处财务危机的公司可能会拒绝提供股权资本投入到具有正的净现值的项目中。这种情况之所以会发生，是因为公司价值的任何增长都必须由股东和债权人分享。如果股东进行项目投资的结果仅仅改善了债权人的利益，他们就有可能放弃一些有利可图但自己却得不到相应收益的投资机会。

假设 XYZ 公司有一个投资项目，投资额为 150 万元，1 年后的投资现金流量为 190 万元，如果折现率为 20%，则投资项目的净现值为 8 万元。如果现在投资，股东需要出资 50 万元（在财务危机的条件下，公司很难对外筹措资金），在这种情况下，XYZ 公司有无新项目时的债务价值与股东价值见表 3-7。

表 3-7　　　　　　　　　　有无新项目时的债务价值与股东价值　　　　　　　金额单位：万元

项目	无新项目	新项目投资		
		投资额*	1 年后现金流量	现值（20%）
公司资产	100	−100	190	158
债务价值	100	0	150	125
股东价值	0	−50	40	33

*项目投资额指公司现有资产（100 万元）加上股东追加投资（50 万元）。

表3-7中，1年后的现金流量（190万元），首先归还债权人150万元，折成现值为125万元（150÷1.2），与无新项目相比，项目投资的结果改善了债权人的状况，债务价值从100万元增加到了125万元。股东预期现金流量为40万元（190-150），现值为33万元，项目投资的结果表明，股东投资50万元，1年后仅收到40万元，折成现值为33万元（40÷1.2），股东投资的净现值为-17万元。由于债权人得到了该项目的大部分收益，因此，尽管该项目能为公司带来正的净现值8万元（158-150），但对于股东来说却是一个净现值为负的投资机会。这个例子表明，当公司面临财务危机时，为防止财富从股东转移给债权人，股东可能会放弃净现值为正的新项目融资，这一行为通常称为投资不足。股东放弃投资净现值为正的项目，从长远看降低了公司的价值。

第三，抽逃资金。

除投资过度或投资不足等非效率投资行为外，在身处财务危机、面临破产威胁的情况下，公司股东不但不愿将新的资本注入公司，反而会想方设法地将资本转移出去，以保护自身的利益。例如，公司试图以发放股利的方式将公司的现金分散，以减少公司资产。股利发放引起的公司资产价值下降使债权人索偿价值随之下降，这种行为的结果是使公司陷入更深的财务危机。假设XYZ公司在破产前发放股利60万元，当公司破产时，债权人偿付价值只剩下40万元，抽逃资金的行为将财富从债权人转移给了股东。

为防止股东通过非效率投资或资金抽逃将风险从股东转移给债权人，将财富从债权人转移给股东，债权人在签订借贷合约时，通常会设置各种保护性条款或限制性条款。前者主要指债务人必须满足各种财务比率，如保持最低的净营运资本需求量、最小的利息保障倍数、最小的有形资产与总债务比率等。当公司不能达到这些财务比率的要求时，从技术上看，其已经违约了，即使公司已向债权人支付了承诺的款项。贷款合约中的限制性条款，如借款公司在债务本息未偿还前，不允许发放股利、不允许出售资产、不允许进行风险项目的投资等，虽然这些条款有利于保护债权人的利益，但也可能会束缚公司管理的灵活性，放弃净现值为正的投资机会，降低公司的整体价值。

3.2.2 财务危机成本与公司价值

假设以FPV代表财务危机成本现值，则公司负债、财务危机与公司价值的关系可表示为：

$$V_L = V_U + PV(r_dDT) - FPV \tag{3-15}$$

公式（3-15）右边的前两项代表了M-M理论的思想，即负债越多，由此带来的减税收益也越多，公司价值就越大。但考虑了财务危机成本之后，随着负债减税收益的增加，财务危机成本的现值也会增加，当减税边际收益大于边际成本现值之和时，表明公司可以增加负债以趋近最优的资本结构；当运用负债的减税边际收益小于边际成本现值之和时，表明公司债务规模过大；当减税边际收益等于边际成本现值之和时，表明确立了最佳资本结构。有的学者认为，如果交易成本为零，不停地借债、不停地还债是公司的最优选择，因为以这种方式融资，公司既可以享受负债的税收收益，又可以避免破产成本。公式（3-15）中的公司负债与公司价值之间的关系，也可以用图3-4表示。

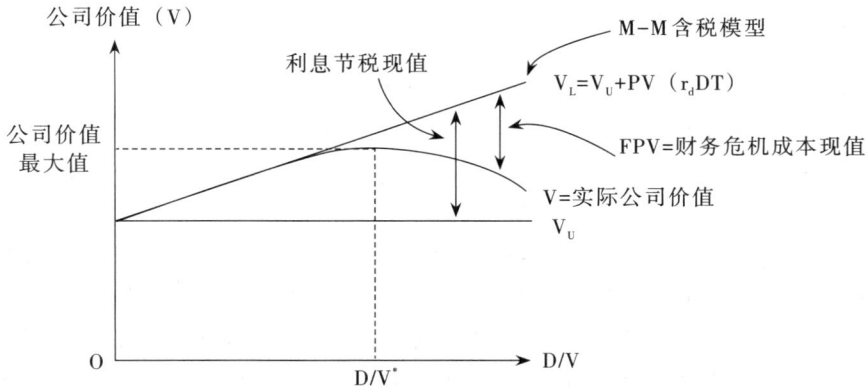

图 3-4 公司负债与公司价值的关系

图 3-4 中，负债额为 D/V* 时的资本结构，可使公司价值达到最大。

【例 3-4】假设 SSM 公司拟将研究开发的新产品投入市场，但能否得到市场认可仍是一个未知数。管理层预测，如果新产品成功，公司的收入和利润都将增长，1 年后公司价值为 15 000 万元；如果新产品失败，公司价值将只有 8 000 万元。假设公司的融资方式有两种：（1）股权融资；（2）混合融资，1 年后需要偿还到期债务 10 000 万元。假设破产成本为破产前公司价值的 20%，破产成本对公司价值的影响分析如下：

第一，不考虑财务危机成本，计算 1 年后新产品成功与否对股东和债权人的影响，具体见表 3-8。

表 3-8　　　　　　　　　　股权价值与债务价值（不考虑财务危机成本）　　　　　　　单位：万元

项目	股权融资（无负债）		混合融资（股权+债务融资）	
	成功	失败	成功	失败
债务价值	—	—	10 000	8 000
股权价值	15 000	8 000	5 000	0
公司价值	15 000	8 000	15 000	8 000

表 3-8 中，如果新产品成功，公司价值为 15 000 万元。在股权融资情形下，股东拥有全部的公司价值。如果项目失败，虽然股东会遭受损失，但公司不必立即承担法律后果。在混合融资的情况下，如果新产品成功，公司必须支付 10 000 万元的到期债务，剩余的 5 000 万元归股东所有；如果新产品失败，公司价值为 8 000 万元。在混合融资情形下，由于到期债务（10 000 万元）大于公司价值（8 000 万元），公司陷入破产境地。此时，债权人得到了价值 8 000 万元的资产，而股东一无所有。

假设 SSM 公司新产品成功与失败的概率相等，资产创造的现金流与经济状况无关，新产品的系统风险等于零，则资本成本等于无风险利率。如果无风险利率为 6%，1 年后公司价值的现值计算如下：

$$无负债公司股权价值 = \frac{15\,000 \times 0.5 + 8\,000 \times 0.5}{1 + 6\%} = 10\,849(万元)$$

$$负债公司股权价值 = \frac{5\,000 \times 0.5 + 0 \times 0.5}{1 + 6\%} = 2\,358(万元)$$

$$负债公司债务价值 = \frac{10\,000 \times 0.5 + 8\,000 \times 0.5}{1 + 6\%} = 8\,491(万元)$$

上述计算结果表明，无负债公司价值等于股权价值 10 849 万元，负债公司价值等于 10 849 万元（2 358+8 491）。这表明在不考虑所得税、财务危机成本的条件下，负债公司价值和无负债公司价值相等。

第二，考虑财务危机成本时新产品对股权价值和债务价值的影响。如果新产品失败，公司价值小于到期债务价值，公司将被迫破产。在这种情况下，由于存在破产和财务危机成本，公司将损失一部分资产价值，其结果是债权人得到的价值低于 8 000 万元。假设 SSM 公司财务危机成本等于破产前公司价值的 20%，则公司财务危机成本为 1 600 万元。考虑财务危机成本对股权价值和债务价值的影响见表 3-9。

表3-9　　　　　　　　　　　**股权价值与债务价值（考虑财务危机成本）**　　　　　　　　　单位：万元

项目	股权融资（无负债）		混合融资（股权+债务融资）	
	成功	失败	成功	失败
债务价值	—	—	10 000	6 400
股权价值	15 000	8 000	5 000	0
投资者价值	15 000	8 000	15 000	6 400

表 3-9 中，如果新产品失败，财务危机成本的存在使混合融资下的公司价值低于股权融资时的公司价值。

第三，计算财务危机成本对公司价值的影响。表 3-9 与表 3-8 的区别就在于最后一栏考虑了财务危机成本。根据表 3-8 中的数据可以计算得到，无负债公司价值或股权价值为 10 849 万元，负债公司股权价值为 2 358 万元；考虑财务危机成本，负债公司债务价值为：

$$负债公司债务价值 = \frac{10\,000 \times 0.5 + 6\,400 \times 0.5}{1 + 6\%} = 7\,736(万元)$$

在混合融资情形下，负债公司价值等于 10 094 万元（2 358+7 736），比股权融资下的公司价值降低了 755 万元（10 849-10 094）。这一损失等于新产品失败时公司付出的 1 600 万元的财务危机成本现值：

$$FPV = \frac{0 \times 0.5 + 1\,600 \times 0.5}{1 + 6\%} = 755(万元)$$

公式（3-15）中，负债减税收益是可以估算的，但如何确定财务危机成本现值（FPV），至今尚无统一的定论。在实务中，一般以预计破产成本的现值来计算这一指标：

预计破产成本现值 = 破产概率 × 破产成本　　　　　　　　　　　　　　　　　（3-16）

破产概率是指公司现金流量不足以满足公司的债务支付（本金和利息）要求的可能性。破产概率的主要影响因素包括：一是经营现金流量的规模；二是公司现金流量的波动性。在其他因素不变的情况下，相对于债务支付要求的现金流量规模来说，经营现金流量的规模越大，破产的可能性越小。相应地，对于债务规模逐渐增加的公司来说，无论其经营现金流量规模有多大和多稳定，其破产概率也会随着负债的增多而相应增加。对相同的债务支付而言，公司的经营现金流量越不稳定且越不可预期，公司的破产概率就越大。

公式（3-16）中的破产概率和破产成本都无法直接确定。通常有两种方法预测破产概率：一种方法是根据不同的债务水平确定不同的信用等级，利用经验数据确定不同信用等级的破产概率；另一种方法是利用统计方法，在不同的债务水平上利用公司可观测的特征估计破产发生的可能性。破产成本主要指前述的财务危机直接成本和间接成本。

● 3.3 代理成本权衡理论

3.3.1 债务代理成本

当股东向债权人借入资本后，两者便形成了一种委托代理关系。资本一旦进入公司，债权人就基本上失去了控制权，股东可能通过管理者使其自身利益达到最大化而伤害债权人的利益。债务代理成本主要表现为资产替代和债权侵蚀两个方面。

1）资产替代问题

资产替代问题（asset-substitution）是指公司负债融资时可能导致的股东与债权人之间的利益冲突引起的投资选择问题，即公司将贷款投资于一个更高风险的项目（高于获得贷款时的项目风险），使贷款的实际风险增大，从而降低了这笔贷款的价值，或者说，公司用高风险投资项目替代低风险投资项目，从而侵蚀债权人利益的行为。

【例3-5】假设XYZ公司投资7 000万元新建一家工厂，现有两种设计方案，预期现金流量及期望值见表3-10。假设该项目的资本来源有两种方式：方案A，全部发行股票融资。方案B，混合融资，发行零息债券4 000万元，所得税税率为25%，留存收益3 000万元。

表3-10　　　　　　　　　　**XYZ公司项目投资方案**　　　　　　　　金额单位：万元

方案	现金流量		期望值
	不利（p=0.5）	有利（p=0.5）	
A	5 000	10 000	7 500
B	2 500	11 500	7 000

在不同的融资条件下，投资方案对股东与债权人的财富有什么影响？如果你是公司的股东，你会选择哪种方案？如果你是公司的债权人，你会选择哪种方案？

第一，从股东的角度分析，如果发行股票融资，选择方案A可使股东价值增加500万元（7 500-7 000），选择方案B对股东价值并无影响。在这种情况下，股东会选择方案A。如果采取混合融资，不同投资方案的现金流量期望值见表3-11。尽管方案B的风险大于方案A，但其期望值也大于方案A，如果不考虑其他因素，股东会选择方案B。

第二，从债权人的角度分析，债权人将选择方案A。因为不论未来的经济状况如何，债权人都可收回债务到期值4 000万元。如果选择方案B，债权人在经济不利的条件下只能得到2 500万元，贷款的期望值为3 250万元（0.5×2 500+0.5×4 000）。因此，债权人不可能选择"现在出资4 000万元，1年后期望值为3 250万元"的方案B。

表3-11　　　　　　　　　　XYZ公司混合融资股东现金流量期望值　　　　　　　金额单位：万元

方案	股东现金流量		期望值
	不利（p=0.5）	有利（p=0.5）	
A	1 000（5 000-4 000）	6 000（10 000-4 000）	3 500
B	0	7 500（11 500-4 000）	3 750

在混合融资条件下，股东与债权人对投资项目的选择产生了矛盾，债权人希望选择方案A，股东希望选择方案B。由于债权人较难监督公司投资，股东可能通过先许诺选择风险较小的方案A以发行债券（以较低的利率获得债务资本），而后选择风险较大的方案B，将财富从债权人手中转移到股权持有者手中。对于这种资产替代效应，理性债权人不但知道而且可以根据公司负债状况予以预期，为防止股东获得贷款后进行风险投资，债权人只能同意现在提供3 250万元，未来要求获得4 000万元。这样，公司股东将不得不提供3 750万元为项目融资。表3-11中，如果选择方案A，股东只能得到3 500万元；方案B为股东提供了3 750万元，刚好等于其成本。这样，XYZ公司的股东无法从任一方案中获利。如果债权人能够预期股东的风险替代动机，即股东用方案B代替低风险方案A，为降低资产替代带来的风险，要求的贷款利率将高达23.08%（（4 000-3 250）÷3 250×100%）。

2）债权侵蚀问题

债权人在贷款时，通常假定债务人（公司）事后不会发行或借贷具有同一次序或更优次序的债券或贷款，如果公司债务人（或股东）事后违约，发行新债券，以便通过增加财务杠杆提高利润，那么，原来风险较低的公司债券就会变成风险较高的债券，从而导致旧债券的价值降低。假设发行新债券之前，债券投资者要求的收益率为10%，发行新债券以后，风险加大，投资者要求的收益率提高到12%，旧债券按12%折现后的价值随折现率的提高而降低。

为防止股东侵蚀债权各种行为的发生，理性的债券持有者也不是被动的，一旦意识到公司股东会牺牲他们的利益而最大化股东的利益，其便会采取相应的措施预防机会主义行为的发生。其主要表现为：第一，在签订债务契约时，债券持有者要对契约条款反复推敲，对借款公司的行为进行种种限制；契约签订后，还要进行必要的监督、审查，这些都将增加债务成本（如提高贷款利率）。第二，为防止公司股东滥用权力，转嫁危机，债权人要对公司的投资行为做出种种限制，以防止债务人趁机转移资产，损害债权人的利益，这些限制条款会给公司的资金运行带来一定的困难。第三，如果债权人认为公司发生财务危机的概率较大，就会通过提高贷款利率来予以补偿，从而降低股东或公司的价值。

3.3.2　股权代理成本

股权融资的代理成本产生于股东与管理者的代理冲突。詹森和史密斯（Jensen and Smith，1985）[①]指出，股东与管理者之间的冲突主要表现在直接侵蚀股东财富和间接侵蚀股东财富两个方面。前者如高薪与在职消费；后者表现为由管理者帝国建造（empire

①　JENSEN M C, SMITH J C. Stockholder, manager and creditor interests: Applications of agency theory [J]. Recent Advances in Corporate Finance，1985：93-131.

build）引起的过度投资，由管理者的风险态度和任期观念引起的投资不足等投资行为对股东财富的影响。

1）直接代理成本——高薪与在职消费

詹森和麦克林（Jensen and Meckling，1976）首次对股东和管理者直接侵蚀股东财富进行了理论上的描述。他们认为，只要管理者拥有的公司股份少于100%，其就有可能在两种行为上做出权衡：第一，提高公司价值，从而相应地提升自己股票的价值，如投资一些产生正的现金流的项目，降低运营成本；第二，获取非货币收益，如在职消费、过度发放津贴、偷懒行为等。当管理者选择前一种行为的边际收益等于放弃后一种行为的边际（机会）成本时，其效用可以达到最大化。如果市场上理性的投资者预期到管理者的第二种行为，就会自动降低对公司的价值评估，降低的价值也可视为代理成本。

2）间接代理成本——非效率投资

股东–管理者代理冲突对股东财富的间接影响主要集中在投资行为上，主要表现为管理者帝国建造偏好、风险规避偏好以及任期观念产生的非效率投资行为，其结果都可能损害股东利益。

第一，管理者帝国建造偏好。管理者之所以会偏好个人帝国建造，是因为他们所追求的地位、权力、薪酬和特权、升迁等均与公司的规模成正比。这样，管理者就有动机扩大公司规模，而不论规模扩大是否符合股东财富最大化原则。例如，管理者可以通过过度内部扩张、降低或停止发放现金股利、并购等，为扩大规模而扩大规模。这种的规模扩大，可能与股东利益最大化相矛盾。

第二，管理者风险规避偏好。对于公司的投资者来说，由于其持有证券组合而分散了大部分公司特有风险，因此，外部投资者更为关心市场风险。对于管理者来说，由于他们的财富大部分用于特定公司的人力资本投资，其风险是不可分散的。如果公司经营不善、破产，会使管理者失去工作，因此，公司的管理者比股东更加厌恶风险。所以，在进行投资决策时，管理者会更倾向于相对安全的计划，从而在一定程度上失去增加公司价值的机会。例如，管理者可能做出有助于公司多元化经营的投资决策，但这未必符合股东的最大利益。

第三，管理者任期观念。相较公司无限存续期而言，管理者在位期限是有限的，这一冲突可能导致管理者投资水平低于最优水平，即投资不足。由于管理者的权力仅限于他的任期，从自身利益最大化的角度考虑，管理者会更倾向于关注短期利益，从而导致"短期行为"。例如，研究与开发等从长期来看可以给公司带来可观收益，增加公司价值，但如果这种收益在管理者预见的任期内无法实现，管理者就会降低研发支出、减少对机器设备维修的投入、减少对品牌忠诚度和职工培训等无形资产等方面的投入，从而将资金用于对公司价值贡献较小但在短期内易于实现的支出，造成公司价值的潜在损失。理性的投资者认识到管理者存在逃避责任、分散化投资和投资不足的动机，他们会预测这些决策所产生的巨大影响并将其纳入股票价值。这样，公司因这些决策所遭受的损失等于外部股权融资的代理成本，从而提高公司股权融资成本。

在实务中，解决股东与管理者之间代理冲突的方式表现为激励与监督。前者主要指对管理者进行适当的激励（工资、奖金、认股权证和额外津贴），后者主要指通过契约对管理者进行约束、审计财务报表和直接对管理者的决策进行限制等。无论是激励措施还是监督措施都需要支付一定的费用，表现为一定的代理成本。

3）代理成本与资本结构

Jensen 和 Meckling（1976）[1]认为，不同的融资契约与不同的代理成本相联系，最佳资本结构就是当债务的边际代理成本与股权的边际代理成本相等，即债务代理成本和股权代理成本之和最小时的负债结构。因此，在确定公司资本结构时，应充分考虑债务与股权代理成本的存在。不过，债务融资也可能会减少公司的代理成本，其主要表现为：

第一，减少股东监督经营者的成本。只要公司发行新债，潜在的债权人就会仔细分析公司的情况以确定该债务的公平价格，于是，每发行一次新债，现有债权人和股东就免费享受一次对公司的外部"审计"。这种外部"审计"，降低了为确保代理人（经营者）尽职尽责而花费的监督成本。

第二，举债并用债务回购股票会在两个方面减少股权融资的代理成本：（1）用债券回购股票，一方面减少了公司股份，另一方面减少了公司现金流量中归属于股东的部分。由于经营者必须用大量的现金偿还债务，因此，归属于债权人的份额增加了，这意味着能被经营者用来"在职消费"或支配的现金流量减少了。（2）如果经营者已经持有部分股权，那么，公司增加负债后，经营者持股的份额就会相应增加，即使他们拥有的股权资产的量没有改变。这样会促使经营者为股东的利益而工作，因为负债融资将经营者和股东的利益紧密地联系在一起，使其成为减少代理成本的一个工具。

第三，举债引起的破产机制会减少代理成本。如果公司发行债券融资，由于偿债压力和破产风险，经营者必须努力工作。如果公司经营不善，或破产倒闭，或成为兼并的目标公司，其结果是经营者被解雇或被驱逐出经理人市场。因此，从某种意义上说，举债融资可以说是一种"无退路"的融资方式，经营者为了保证在职好处会努力追求公司价值最大化。

负债融资与股权融资的代理成本对公司价值的影响主要表现在：当一个公司增加负债时，其债务代理成本就会随之增加，公司价值和股票价值有时会随之下降（额外的负债成本是昂贵的），但与此同时，公司股权融资代理成本会降低，这又会引起公司价值和股票价值的上升。至于最后的结果，则取决于两种作用哪个更大。

为分析代理成本对公司资本结构的影响，詹森和麦克林（Jensen and Meckling，1976）将公司资本分成三类：由管理者持有的内部股权，由公司外部股东持有的股权，由公司债权人持有的债务。与此相对应，公司代理成本分为两类：与外部股权资本有关的代理成本 $AC（E_0）$和与债务资本有关的代理成本 $AC（D）$。图3-5描述了资本结构与代理成本之间的关系。

图3-5中，外部股权资本的代理成本是负债比率的减函数，债务资本的代理成本是负债比率的增函数。总代理成本 TAC 曲线代表外部股权和债务融资各种组合的代理成本，在给定公司规模和外部融资额的条件下，股权融资的边际代理成本等于债务融资的边际代理成本时，总代理成本最低，此时的资本结构为最优资本结构。

---

① JENSEN M C, MECKLING W H. Theory of the firm: Managerial behavior, agency costs and ownership structure [J]. Journal of Financial Economics，1976，3（4）：305-360.

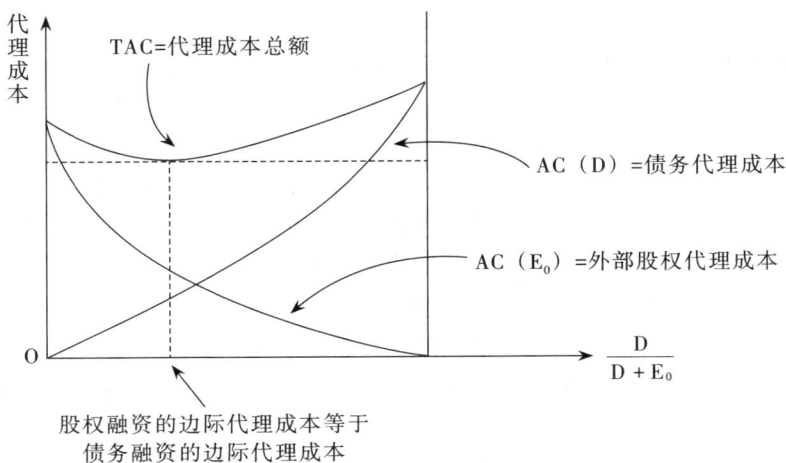

图 3-5 资本结构与代理成本的关系

● 3.4 信息不对称理论

3.4.1 信号传递理论

从信息经济学的角度来说，代理理论研究的是事后的道德风险（moral hazard）问题，信息不对称理论研究的则是事前的逆向选择（adverse selection）问题。代理成本理论讨论的是减少道德风险的激励问题，信息不对称理论则是讨论资本结构对投资者的信号作用。

在 M-M 理论中，假设投资者和管理者在获得公司信息的能力和可能性上都是均等的。事实上，公司管理者总是更了解公司的内部经营情况，总是掌握着投资者所无法得知的信息，这就是所谓的信息不对称性。

在资本结构理论中，罗斯（Ross，1977）[①]完全保留了 M-M 理论的全部假设，仅仅放松了关于充分信息的假设。假设公司管理者对公司的未来收益和投资风险有充分的信息，而投资者没有这些信息，只知道对管理者采取激励和监督措施。投资者只能通过管理者输送出来的信息间接评价市场价值。

假设某公司拥有一项新的投资计划，项目成功后公司价值预计增长 30%。由于商业秘密或证券法规等原因无法向投资者说明项目的具体细节，外部投资者只能根据他们所传递的信息进行投资决策。管理层如何向市场传递有关公司前景的"好消息"？解决这一问题的策略之一，就是使公司承担未来大量的债务偿付义务。如果公司管理层传递的信息是正确的，那么公司未来就能够偿付债务；如果公司管理层发布虚假信息，夸大未来增长前景，最终将导致公司无法偿付债务，一旦公司破产，最先遭受损失的就是公司的管理层，他们有可能丢掉工作。因此，Ross 认为在任何债务水平上，低质量公司都拥有更高的边际预期破产成本，所以，低质量公司的管理者不会仿效高质量公司进行过多的债务融资。认识到这一点，投资者相信除非公司管理层确信公司未来有较大的成长机会，否则不会举

① ROSS S A. The determination of financial structure：The incentive-signalling approach ［J］. Bell Journal of Economics，1977，8（1）：23-40.

债经营。投资者将财务杠杆水平的提高视为管理层信心的一个可靠信号，可以凭借公司债务融资比率来判断公司预期市场价值的高低或公司质量的高低，从而确定自己的投资组合。

此外，公司债务期限也可以起到信号传递作用。Flannery（1986）认为，当公司拥有关于其前景的私有信息时，其所有的证券将被错误定价。相对于短期债务，长期债务对公司价值变动更为敏感，也就是说，长期债务被错误定价的程度大于短期债务。如果债务市场不能辨别公司质量的优劣，价值低估（高质量）的公司就会选择定价偏离程度较低的短期债务，而价值高估（低质量）的公司就会选择定价偏离程度较高的长期债务。理性投资者在对风险性债务估价时将意识到这种现象，并根据公司债务期限结构来判断公司质量的高低。信号传递假说认为，高质量公司偏好选择短期债务向市场传递其质量类型的信号。因此，公司质量应与债务期限负相关。

此外，利兰和派尔（Leland and Pyle，1977）[1]提出了存在不对称信息的情况下，为了使投资项目的融资能够顺利进行，借贷双方就必须交流信息。他们认为，这种交流可以通过信号的传递来进行。例如，如果掌握了内部信息的经理也对项目进行投资，这本身就向贷款方传递了一个信号，即项目本身包含着"好消息"，也就是说，经理进行投资的意愿本身就可以作为一个投资项目质量好的信号。通常，市场上的投资者认为项目质量是经理拥有股份的函数，经理拥有的股份越高，预示着投资项目的价值越高。不仅如此，公司举债越高，经理持股比例越高，预示着项目的质量就越好，因为经理大多数都是风险规避者，只有投资项目的真实收益大于其承担的风险，他们才会进行投资。因此，举债融资给市场传递的信号一般是一个"好消息"。

迈尔斯和麦基里夫（Myers and Majluf，1984）[2]在 Ross 理论的基础上，进一步考察了不对称信息对公司投资活动及融资方式的影响。他们认为在不对称信息下，管理者（内部人）比投资者（外部人）更为了解公司收益和投资的真实情况。外部人只能根据内部人所传递的信号来重新评价他们的投资决策。公司的融资结构、股利政策等都是内部人传递信号的手段。假设公司为投资新项目必须寻找新的融资方式，为简化只考虑举债融资或股票融资两种情况，由于管理者比潜在的投资者更为知道投资项目的实际价值，如果项目的净现值为正数，说明项目具有较好的获利能力，这时，代表老股东利益的管理者不愿意发行新股以免将新项目的投资收益转让给新股东。投资者在知道管理者的这种行为模式后，自然会将发行新股当成一种坏消息，在有效市场假设下，投资者会根据项目价值重新正确进行估价，从而影响投资者对新股的出价。

根据上述各种理论，可以进一步考察不对称信息对公司投资的影响。假设某公司流通在外的普通股为 10 000 股，股票市场价值为 20 万元，即每股市价为 20 元。但公司的经理比股东掌握着更多、更准确的有关公司前途的信息，认为公司现有资产的实际价值为 25 万元，此时，股东与经营者之间存在着信息不对称性。再假设该公司需要融资 10 万元新建一个项目，预计净现值为 5 000 元（项目的净现值增加股东价值）。因为投资者对这一项

　　① LELAND H E, PYLE D H. Informational asymmetries, financial structure, and financial intermediation ［J］. Journal of Finance, 1977, 32（2）: 371-387.
　　② MYERS S C, MAJLUF N S. Corporate financing and investment decisions when firms have information that investors do not have ［J］. Journal of Financial Economics, 1984, 13（2）: 187-221.

目并未预期到，所以，5 000 元的净现值尚未计入公司 10 万元的股票市价。公司是否应该接受新项目？现分以下几种情况加以说明：

第一，发行股票时信息是对称的，即所有的投资者对现存资产的情况与经营者有同样的信息，股票市价应为每股 25 元，因此，公司应发行 4 000 股（100 000÷25）新股为项目融资。接受该项目投资会使股价上升到每股 25.36 元，并使新老股东同时受益。

$$新股价 = \frac{原股票实际价值 + 新增资金 + 项目净现值}{原股数 + 新股数}$$

$$= \frac{250\ 000 + 100\ 000 + 5\ 000}{10\ 000 + 4\ 000} = 25.36(元/股)$$

第二，发行股票时信息是不对称的，即投资者并不了解公司的实际情况，而公司经理出于某种原因（如为了保持公司的竞争力或证券监管机构不允许公司在股票发行前向外透露风声以推销股票），不能告诉投资者股票的实际价值，这时股价仍为每股 20 元，公司不得不发行 5 000 股（100 000÷20）新股融资 10 万元。如果接受新项目，就会产生新的股票价格，那么，当信息不对称的情况发生改变后，公司的股票价格为：

$$新股价 = \frac{250\ 000 + 100\ 000 + 5\ 000}{10\ 000 + 5\ 000} = 23.67(元/股)$$

在这种情况下，公司不可能通过发行新股融资实施该项目。因为当信息不对称情况改变后，股价会上升到每股 25 元，而按每股 20 元发行股票后的每股市价为 23.67 元，则公司老股东每股损失 1.33 元，新股东每股得益 3.67 元。

第三，与此相反，如果股东认为公司价值为 20 万元，而公司经理认为外部投资者对公司增长前景的估计过于乐观，公司股票的市场价值仅为 18 万元。这可能是公司为执行政府有关污染控制的法规，需要投入巨额资金购买没有任何收益的污染处理设备，或公司需要投入巨额资金进行新产品的研究开发等。这些都会减少公司的边际利润和现金流量，严重时会导致公司股价大幅下跌，再想筹措到公司生存所需的资金将会万分困难。在这种情况下，若经理决定以每股 20 元发行新股 10 000 股，筹措资金 20 万元，并用这些资金支持本年度的资本预算或偿还债务，从表面上看，股票价格仍为每股 20 元，但其实际价值则为每股 19 元。

$$新股价(实际价值) = \frac{180\ 000 + 200\ 000}{10\ 000 + 10\ 000} = 19(元/股)$$

如果公司经理的预测得以证实，公司的股东就会遭受损失，但公司发行新股会减少损失，这是因为新股东将承担部分风险。

如果公司举债 10 万元为项目融资，那么，信息不对称情况也会改变，新的股价为：

$$新股价 = \frac{250\ 000 + 5\ 000}{10\ 000} = 25.5(元/股)$$

如果举债融资，新项目的剩余价值都应归属老股东。如果债券有抵押担保且有保护性条款，那么，信息不对称对负债价值没有影响，因此，一些经济学家将负债融资称为"安全"融资。

在一个信息不完备的债务市场上，由于项目的风险水平不可观测，债权人无法区分债务人的情况，因此会设定一个相对较高的利率水平来弥补这种风险。随着利率的提高，品质较好的公司将被挤出市场，这会提高贷款的违约概率，降低贷款人的预期利润。最终的结果是，贷款人会设定一个促使贷款需求明显高于供给的利率水平，从而限制公司在债务市场上的融资能力。相对股权融资而言，以商业银行为主要代表的债权人，通常具有较高的专业技术水平，有能力向公司要求更多的融资信息，从而减少信息不对称的程度。这样，在债务融资中的逆向选择问题相对较小。按照额外风险必须有额外收益作为补偿的原则，投资者有权对融资者要求逆向选择的风险溢价，因此，对股权投资要求的收益率会高于债权投资的收益率。这样，公司在股权市场上的融资成本会高于债权市场的融资成本。

3.4.2　优序融资理论（Pecking Order Theory）

迈尔斯和麦基里夫（Myers and Majluf，1984）放宽了 M-M 理论完全信息的假定，以不对称信息理论为基础，考察不对称信息对融资成本的影响。他们认为股权融资会传递公司经营的负面信息，因为在投资者看来，公司发行新股可能是因为股价被高估了，或公司前景暗淡，出于保护自身利益的考虑，他们会抛售股票，造成股价下跌，结果使股票融资的成本较高。相对来说，发行债券融资时，债券价值被错估的可能性较小，但是发行债券会使公司受到财务危机的约束。在这种情况下，迈尔斯和麦基里夫（1984）指出，如果公司利用留存收益为新项目融资，不需要发行新股融资，就不存在信息不对称的问题，所有净现值为正的项目都会被公司采纳。在此基础上，迈尔斯（1984）[①]提出了不对称信息条件下的优序融资理论，根据这一理论，公司融资一般会遵循内源融资、债务融资、股权融资这样的先后顺序。也就是说，公司需要融资时，首先采用内部融资（主要指留存收益），然后采用外部融资。在外部融资中，公司从安全的债务到有风险的债务，比如从有抵押的高级债务到可转换债券或优先股，股权融资是最后的选择。如果公司内部产生的现金流超过其投资需求，多余现金将用于偿还债务而不是回购股票。这一结论与美国1965—1982年公司融资的结构基本相符，在这一期间内，公司内部积累资本占总资本的61%，债务融资占23%，新发行股票平均每年仅占2.7%。

将留存收益作为公司融资的首选方式，其原因包括：一是公司管理层十分注重财务的灵活性（债务融资会降低财务灵活性）和控制权的稀释（债券附有限制条款，而增发新股会降低内部持股在股权总额中的比例），因此，管理层将留存收益视为资本的最佳来源；二是留存收益的发行成本几乎为零，而使用外部资本的成本较大。

作为可选择的外部融资方式，债务融资优于股权融资。从信息效应看，股票发行的信息不对称程度高于债券发行，从而导致股票发行的负面效应高于债券发行。相对而言，发行债券，特别是不含转换、赎回条款的纯债券，其信息不对称程度较小，市场反应的负面程度较低。

优序融资理论认为一些经营好的公司负债率低，不是因为这些公司的目标负债率低，而是因为高收益的公司有足够的内部融资资源，而低收益的公司只能依靠外部融资，且不断积累负债。优序融资理论认为不存在明确的目标负债率，当实际的现金流量、股利和实际的投资机会出现不平衡时，负债率就会发生变化。而债务的税收收益、财务危机成本、代理成本等因素，在融资排序中并不重要。

---

① MYERS S C. The capital structure puzzle ［J］. Journal of Finance，1984，39（3）：574-592.

● 3.5 目标资本结构设置与调整

3.5.1 资本成本法

目标资本结构一般是指资本成本最低或公司价值最大时的资本结构。假设以资产负债率代表资本结构，目标资本结构分析最常用的方法是估计不同负债水平的资本成本，以便寻找最低资本成本下的资本结构。

【例3-6】假设你被 BOE 公司聘请为财务顾问，并对公司债务水平是否合适进行评估，目前收集到的公司有关信息如下[①]：

（1）公司当前股票价格为 32.25 元，流通在外的普通股为 10.10 亿股，股票 β 系数为 1.02；未清偿债务账面价值为 75.35 亿元，债务平均到期期限为 10 年；短期国债利率为 4.5%，长期政府债券利率为 5%，股票市场风险溢价为 6.5%。

（2）公司当前 EBITDA 为 34 亿元，折旧和摊销额为 15 亿元，资本支出为 15.84 亿元，未清偿债务利息支出为 4.84 亿元；公司信用等级为 AA，根据评级确定的利率为 5.5%，所得税税率为 35%。

（3）其他有关数据计算如下：

在估计债务的市场价值时，通常将公司所有的债务（银行借款和公司债券）视为一张债券，根据债务的面值、利率、期限计算债务价值（现值）如下：

$$债务价值 = 4.84 \times \frac{1 - (1 + 5.5\%)^{0-10}}{5.5\%} + \frac{75.35}{(1 + 5.5\%)^{10}} = 80.59(亿元)$$

股票市场价值=32.25×10.10=325.73（亿元）

公司市场价值=325.73+80.59=406.32（亿元）

资产负债率=80.59÷406.32×100%=19.83%

股权资本成本=5%+1.02×6.5%=11.63%

税后债务成本=5.5%×（1-35%）=3.575%

加权平均资本成本=3.575%×19.83%+11.63%×（1-19.83%）=10.03%

（4）计算不同负债水平下的股权资本成本。

假设根据 CAPM 计算股权资本成本，无风险利率采用长期政府债券利率（5%），风险溢价为 6.5%。当前负债 β 系数为 1.02，为计算不同负债水平下的 β 系数，首先应将负债 β 系数调整为无负债 β 系数（D/E=0），然后以无负债 β 系数为基础，根据不同负债水平和有效税率调整 β 系数。不同负债水平下的股权资本成本见表3-12。

表3-12 中，不同负债水平下的 β 系数计算如下：

$$\beta_{D/E=0} = \frac{1.02}{1 + (1 - 0.35) \times 80.59 \div 325.73} \times \left[1 + (1 - 0.35) \times 0\right]$$
$$= 0.8787$$
$$\beta_{D/E=11.11\%} = 0.8787 \times \left[1 + (1 - 0.35) \times 11.11\%\right]$$
$$= 0.9422$$

---

① 本案例数据来源：http://pages.stern.nyu.edu/~adamodar/，为简化，对一些数据和货币单位进行了修正。

表3-12 不同负债水平下的股权资本成本 金额单位：百万元

资产负债率	负债/股东权益	负债总额	β系数	股权资本成本
0	0	0	0.8787	10.71%
10%	11.11%	4 063.19	0.9421	11.12%
20%	25.00%	8 126.39	1.0215	11.64%
30%	42.86%	12 189.58	1.1235	12.30%
40%	66.67%	16 252.77	1.2594	13.19%
50%	100.00%	20 315.97	1.4697	14.55%
60%	150.00%	24 379.16	1.9091	17.41%
70%	233.33%	28 442.35	2.5454	21.55%
80%	400.00%	32 505.54	3.8182	29.82%
90%	900.00%	36 568.74	7.6363	54.64%

其他各项的β系数计算方法依此类推。注意，表中数据采用Excel计算，与手工计算略有误差。

（5）计算不同负债水平下债务资本成本。

公司债务成本主要与信用等级有关，信用等级越低，公司违约或破产的可能性越大，债务成本就越高。债券信用等级与许多财务指标有关，通常是建立一套复杂的模型来预测债券的信用等级。由标准普尔评级的美国和欧洲公司（金融机构除外）的样本统计结果表明，45%以上的评级差异可以利用利息保障倍数单独加以解释。在实务中，财务经理一般根据利息保障倍数调整公司的资本结构。由于利息保障倍数不需要进行任何预期估值，只涉及利息和EBIT（或EBITDA），可以较为准确地衡量信用质量。表3-13列示了美国公司（制造业）不同利息保障倍数信用等级、利率、违约率和违约风险溢价之间的关系，其中违约风险溢价等于利率减去长期政府债券利率。

表3-13 信用等级与利率和违约率

利息保障倍数		信用等级	利率	违约率	违约风险溢价
低	高				
-100 000	0.199999	D	15.00%	100.00%	10.00%
0.20	0.649999	C	12.50%	80.00%	7.50%
0.65	0.799999	CC	11.00%	65.00%	6.00%
0.80	1.249999	CCC	10.00%	50.00%	5.00%
1.25	1.499999	B-	9.25%	32.50%	4.25%
1.50	1.749999	B	8.25%	26.36%	3.25%

利息保障倍数		信用等级	利率	违约率	违约风险溢价
低	高				
1.75	1.999999	B+	7.50%	19.28%	2.50%
2.00	2.499999	BB	7.00%	12.20%	2.00%
2.50	2.999999	BBB	6.50%	2.30%	1.50%
3.00	4.249999	A-	6.25%	1.41%	1.25%
4.25	5.499999	A	6.00%	0.53%	1.00%
5.50	6.499999	A+	5.80%	0.40%	0.80%
6.50	8.499999	AA	5.50%	0.28%	0.50%
8.50	100 000	AAA	5.20%	0.01%	0.20%

资料来源：根据http://pages.stern.nyu.edu/~adamodar/相关数据整理而得.

根据【例3-6】中第（2）项的数据，公司当前的利息保障倍数计算如下：

$$利息保障倍数 = \frac{息税前利润}{利息} = \frac{34-15}{4.84} = 3.93$$

【例3-6】中BOE公司的信用等级为AA，如果仅以表3-13的数据，根据利息保障倍数计算的信用等级为A-，以此确定的利率为6.25%。为计算不同负债水平下的利息保障倍数，需要重新评估不同负债水平下的利润水平，具体见表3-14。

表3-14　　　　　　　　　　　　**不同负债水平下的利润水平**　　　　　　　　金额单位：百万元

资产负债率	EBITDA	折旧	利息	税前利润	所得税	税后利润
0	3 400	1 500	0	1 900	665	1 235
10%	3 400	1 500	211	1 689	591	1 098
20%	3 400	1 500	508	1 392	487	905
30%	3 400	1 500	853	1 047	366	681
40%	3 400	1 500	1 625	275	96	179
50%	3 400	1 500	2 032	−132	−46	−86
60%	3 400	1 500	3 047	−1 147	−402	−745
70%	3 400	1 500	3 555	−1 655	−579	−1 076
80%	3 400	1 500	4 063	−2 163	−757	−1 406
90%	3 400	1 500	4 571	−2 671	−935	−1 736

根据表3-14，确定不同负债水平下的利息保障倍数、信用等级、利率和债务成本，具体见表3-15。

表 3-15　　　　不同负债水平下的利息保障倍数、信用等级、利率和债务成本

资产负债率	利息保障倍数	信用等级	利率	有效税率	税后债务成本
0	—	AAA		35.00%	3.38%
10%	8.99	AAA	5.20%	35.00%	3.38%
20%	3.74	A-	6.25%	35.00%	4.06%
30%	2.23	BB	7.00%	35.00%	4.55%
40%	1.17	CCC	10.00%	35.00%	6.50%
50%	0.94	CCC	10.00%	32.73%	6.73%
60%	0.62	C	12.50%	21.82%	9.77%
70%	0.53	C	12.50%	18.70%	10.16%
80%	0.47	C	12.50%	16.37%	10.45%
90%	0.42	C	12.50%	14.55%	10.68%

　　需要说明的是，表 3-14 和表 3-15 中，存在着循环计算问题，即利率被用来计算利息保障倍数，又根据利息保障倍数确定信用等级和利率。解决这一问题的方式是采用 Excel 函数，通过循环引用和反复"迭代"运算，直到用来计算利息（表 3-14 中的第四列）的利率和根据利息保障倍数确定的利率（表 3-15 中的第四列）达成一致，即可完成运算。如果对 Excel 的运用不熟悉，可忽略其迭代运算过程，只需了解信用评级和利率、利息、利息保障倍数之间的关系。

　　表 3-15 中，如果利息费用超过了息税前利润，那么被用来计算负债的税后成本的税率应进行如下调整：

$$有效税率 = 名义税率 \times \frac{息税前利润}{利息费用}$$

　　在不同的负债水平下（10% ~ 90%），反复进行这一计算，就可以得到不同负债水平下的债务成本。

　　（6）加权平均资本成本（WACC）。

　　综合上述计算，可以确定 BOE 公司不同负债水平下的资本成本、公司价值和股票价格，具体见表 3-16。

　　不同负债水平下的公司价值，是指当前公司价值加上改变资本结构对公司价值的影响。假设不考虑增长率，表 3-16 中的公司价值的计算方式如下：

$$公司价值 = 当前公司价值 + \left(WACC_{当前} - WACC_{变化后} \right) \times \frac{当前公司价值}{WACC_{变化后}}$$

　　不同负债水平下的股票价格，是指当前股票价格加上改变资本结构对股票价格的影响。假设不考虑增长率，表 3-16 中的股票价格的计算方式如下：

$$股票价格 = 当前股票价格 + \frac{公司价值_{改变后} - 公司价值_{当前}}{流通在外股数}$$

表 3-16　　　　　不同负债水平下的资本成本、公司价值和股票价格

资产负债率	信用等级	负债成本	股权成本	加权资本成本	公司价值（百万元）	股票价格（元）
0	AAA	3.38%	10.71%	10.71%	38 056	29.70
10%	AAA	3.38%	11.12%	10.35%	39 386	31.02
20%	A-	4.06%	11.64%	10.12%	40 263	31.88
30%	BB	4.55%	12.30%	9.98%	40 858	32.47
40%	CCC	6.50%	13.19%	10.51%	38 778	30.41
50%	CCC	6.73%	14.55%	10.64%	38 311	29.95
60%	C	9.77%	17.41%	12.83%	31 779	23.48
70%	C	10.16%	21.55%	13.58%	30 024	21.75
80%	C	10.45%	29.82%	14.33%	28 452	20.19
90%	C	10.68%	54.64%	15.08%	27 037	18.79

表 3-17 列示了分析结果的比较。

表 3-17　　　　　　　　　　　　　　　分析结果的比较

项目	当前	最佳	变化
资产负债率	19.84%	30.00%	10.16%
股票 β 系数	1.02	1.12	0.10
股权资本成本	11.63%	12.30%	0.67%
税前利率	5.50%	7.00%	1.50%
WACC	10.03%	9.98%	-0.05%
信用等级	AA	BB	—
公司价值（百万元）	40 632	40 858	226
股票价格（元）	32.25	32.47	0.22

根据表 3-16 和表 3-17，BOE 公司最佳资本结构是负债率为 30% 时，资本成本最小，公司价值最大。将公司负债率从当前的 19.84% 提高到 30% 时，资本成本由 10.03% 下降到 9.98%；公司价值由 406.32 亿元上升到 408.58 亿元；预计股票价格由 32.25 元上升到 32.47 元。但是，公司的信用等级由 AA 降为 BB，这意味着公司的风险加大了。公司是否要提高负债水平，还需要在风险和收益之间进行权衡。因为在 30% 的最佳负债率下，BOE 公司债券收益水平已经低于投资级债券。多数经理不愿意看到公司的信用等级下降、违约风险上升，因为这样会增加公司再融资的难度和成本。

当采用上述方法估计 BOE 公司不同负债水平下的资本成本和公司价值时，还需要注

意以下因素的影响：

第一，上述计算中，假设以利息保障倍数作为评估公司信用等级的标准，可能会遗漏影响公司信用等级的其他因素，例如，公司的管理水平、履约情况、发展能力与潜力等定量和定性指标。如果将这些因素纳入分析，就要对通过财务变量分析获得的信用等级进行修正，以反映评级机构的主观要求。

第二，计算不同负债水平下的债务利息时，假设现存的债务都会以资本结构变动后的新利率被重新借入。例如，BOE公司现存未清偿债务（面值80.59亿元）的信用等级为AA，利率为5.5%。如果将公司负债率提升到最佳负债率30%，信用等级为BB，利率为7%，在这一假设条件下，BOE公司将以7%的利率计算所有债务利息（12 189.58×7%=853（百万元））。采用这一假设的原因包括：一是债券持有者可以通过行使债券中的保护性合约条款将他们的债券出售给公司并获得票面价值；二是其能够从价值计算中消除"财富转移"效应（当债务增加时，股东会从债券持有者手中谋取财富），通过利用当前的利率计算债务，可以将这种财富转移因素纳入公司的最佳资本结构中。

事实上，在实务中，不同负债水平下的利息可以分为两部分：现存债务利息；新增的债务按新的利率计算。例如，当负债率为30%时，债务的利息计算如下：

债务利息=484+7%×（12 189.53−8 059）=773（百万元）

第三，上述分析结果是在许多假设条件下进行的，例如，假设息税前利润（EBIT）不受债券信用等级的影响。如果随着债券信用等级的降低，公司的EBIT会因此受到负面影响，那么，当加权平均资本成本最低时，公司价值或许不会达到最大。因此，上述分析确定的公司价值最大时的资产负债率（30%）只是一个参考值。

在实践中，也可以将公司的资产负债率与同行业公司负债率的平均值或中位值进行比较。这一方法的基本假设是：同一行业中的公司是具有可比性的，并且这些公司都处于或接近最佳的经营状态。然而，这两个假设在现实中并不完全正确。处于同一行业的公司有着不同的产品组合、不同程度的经营风险、不同的税率、不同的项目投资收益，虽然存在行业的平均水平，但整个行业的平均负债率也许并不处于或接近最佳水平。当然，在研究中也可与相似公司进行比较，相似公司的传统定义是指与研究中所分析的公司处于同一行业、具有相同规模的公司，公司的其他特征（例如，风险、成长性、现金流量模式）最好能够相互匹配。

WACC

3.5.2 资本结构调整方式

假设以负债率（负债/资产总额）代表资本结构，当实际负债率偏离目标负债率时，公司是快速调整还是在未来一段时间内逐步调整？快速调整负债率虽然可以即时获得目标（最佳）负债率带来的财务杠杆利益，从而降低资本成本，提高公司价值。但是，突然改变负债率，也可能会影响公司的经营策略。不仅如此，如果公司目标负债率被错误地估计，那么也会给公司带来风险。因此，在实践中，一般是根据目标负债率（TL^*）确定偏离目标负债率的上限（TL_U）和下限（TL_L），只有负债率偏离上下限时才进行调整。

图3-6中，公司的负债率在B点和C点时，公司会向下或向上调整负债率，而负债率在A点时不进行调整，允许公司在一定范围内暂时偏离目标负债率。实践表明，公司会积极地管理资本结构，并将负债率保持在一定的范围之内，当实际负债率偏离目标值的上下

限时，会采取一定的方式进行调整。实证研究表明，公司按目标负债率调整有 1~2 年的时滞，因为股价的波动性和交易成本会使即时调整并不现实而且成本高昂。[①]

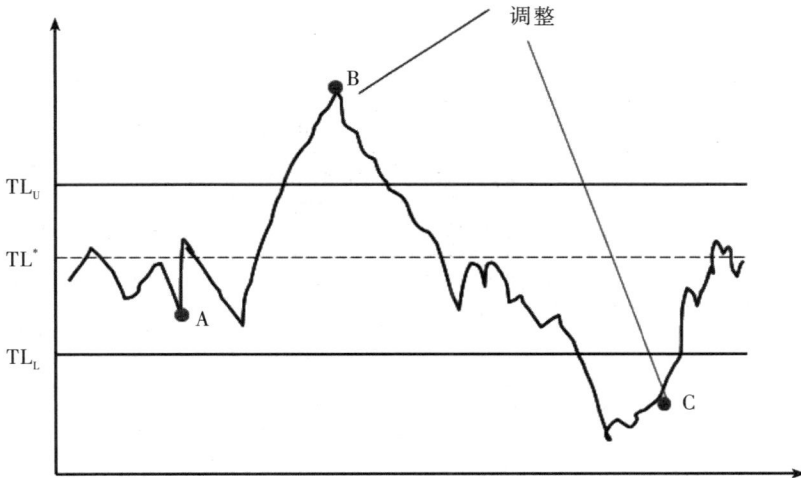

图 3-6　资本结构调整界限

资本结构设置是公司财务决策中一项比较复杂的工作，虽然在理论上存在一种最佳资本结构，但在实践中并没有公认的答案。一种通用的方法是使资本结构达到某种标准，如特定的信用等级、利息保障倍数或其他显示每年的现金流入相对于利息等固定支出保持着"安全缓冲"的指标。如果负债率偏离目标负债率上下限或某种特定的标准（如利息保障倍数、信用等级），公司可以通过调整财务政策和经营政策使其趋近于目标值，调整方式见表 3-18。

表 3-18　　　　　　　　　　　　**实际负债率偏离目标负债率的调整方式**

实际负债率<目标负债率（提高负债率）		实际负债率>目标负债率（降低负债率）	
不存在投资机会	存在投资机会（NPV>0）	不存在投资机会	存在投资机会（NPV>0）
(1) 发放现金股利 (2) 发行新债回购股票 (3) 出售资产回购股票	(1) 向银行借款为项目融资 (2) 发行新债券为项目融资	(1) 降低或不发放股利 (2) 发行新股回购债务 (3) 出售资产偿还债务 (4) 与债权人重新谈判	(1) 用留存收益满足项目投资 (2) 发行新股满足项目投资

【例 3-7】MMS 公司当前资产负债率分别为 14.29%（市场价值）和 29.41%（账面价值）。为估计未来 5 年的资产负债率，假设如下：（1）公司当前营业收入、净利润、资本支出、折旧见表 3-19，预期每年按 5% 增长，公司经营性营运资本占营业收入的 2%；（2）公司税前债务资本成本为 5.75%，所得税税率为 25%，股利支付率为 22.07%；（3）公司无负债 β 系数为 0.9239，无风险利率为 3.5%，市场风险溢价为 5.5%。根据上述数据，结合表 3-19 中"当前"栏的数据，预期未来每年的资产负债率。

表 3-19 中有关数据的计算方式如下：

股东权益（账面价值）$_t$=股东权益$_{t-1}$+净利润$_t$-股利$_t$

股东权益（市场价值）$_t$=股东权益$_{t-1}$×（1+股权资本成本）-股利$_t$-股票回购$_t$

---

① MARTYNOVA M，RENNEBOOG L. What determines the financing decision in corporate takeovers：Cost of capital，agency problems，or the means of payment？[J]. Journal of Corporate Finance，2009，15（3）：290-315.

表3-19　　　　　　　　　　MMS公司资产负债率预测基础数据　　　　　　　金额单位：万元

年份	当前	1	2	3	4	5
股东权益（账面价值）	48 000	52 910	58 052	63 437	69 076	74 981
股东权益（市场价值）	120 000	129 626	140 027	151 269	163 420	176 557
负债	20 000	20 385	20 803	21 256	21 746	22 277
资产负债率（市场价值）	14.29%	13.59%	12.93%	12.32%	11.74%	11.20%
资产负债率（账面价值）	29.41%	27.81%	26.38%	25.10%	23.94%	22.91%
营业收入	45 000	47 250	49 613	52 093	54 698	57 433
经营性营运资本	900	945	992	1 042	1 094	1 149
资本支出	7 000	7 350	7 718	8 103	8 509	8 934
加：经营性营运资本变化	0	45	47	50	52	55
减：折旧	2 000	2 100	2 205	2 315	2 431	2 553
净利润	6 000	6 300	6 598	6 910	7 236	7 577
加：股利	1 324	1 390	1 456	1 525	1 597	1 672
新债务	324	385	418	453	491	531
负债β系数	0.9011	1.0328	1.0268	1.0213	1.0161	1.0113
股权资本成本	8.46%	9.18%	9.15%	9.12%	9.09%	9.06%
增长率		5.00%	5.00%	5.00%	5.00%	5.00%
股利支付率	22.07%	22.07%	22.07%	22.07%	22.07%	22.07%

采用上式计算的原因是，股权资本成本也可用来衡量股票的预期收益，而股利支付和股票回购降低了公司流通在外的股票价值。

负债价值$_t$=未清偿债务$_{t-1}$+新增债务$_t$

按照市场价值计算资产负债率时，由于公司负债很少上市交易，也可采用负债的账面价值代替其市场价值。

营业收入、资本支出、折旧每年按增长率5%计算；经营性营运资本按营业收入的2%计算。

净利润$_t$=净利润$_{t-1}$×（1+增长率）−利率×（1−所得税税率）×（债务$_t$−债务$_{t-1}$）

各年股利按照股利支付率22.07%计算；各年负债β系数根据无负债β系数、债务与股权比率和所得税税率计算；股权资本成本根据CAPM计算。

预测期资本支出、经营性营运资本等资金需求，首先采用内部资金（留存收益、折旧），不足部分采用债务融资。从表3-19中可以看出，在整个预测期内，按市场价值计算的资产负债率为11.20%～13.59%，按账面价值计算的资产负债率为22.91%～27.81%，总体来看，资产负债率呈下降趋势，其原因主要是预测期转化为股东权益的留存收益（净利润扣除股利）大于新增的债务。假设 MMS 公司估计的按账面价值计算的目标资产负债率为 40%，公司将采取什么方式进行调整？

（1）提高股利支付率。

股利增加会在两个方面提高公司的负债率：一是其增加了每年的债务融资需求；二是其减少了股票预期价格的增值。假设预测期股利支付率由当前的 22.07% 增长至 60%，在其他因素不变的情况下，预测期按账面价值计算的资产负债率为 31.07% ～ 36.88%，基本上接近于目标负债率 40%，预测期有关数据见表 3–20。

表 3–20　　　　　　　　　　　MMS 公司资产负债率（股利支付率=60%）　　　　　　　金额单位：万元

年份	当前	1	2	3	4	5
股东权益（账面价值）	48 000	50 520	53 118	55 795	58 551	61 387
股东权益（市场价值）	120 000	127 335	135 289	143 918	153 289	163 471
负债	20 000	22 775	25 737	28 897	32 271	35 871
资产负债率（市场价值）	14.29%	15.17%	15.98%	16.72%	17.39%	17.99%
资产负债率（账面价值）	29.41%	31.07%	32.64%	34.12%	35.53%	36.88%
营业收入	45 000	47 250	49 613	52 093	54 698	57 433
资本支出	7 000	7 350	7 718	8 103	8 509	8 934
加：经营性营运资本变化	0	45	47	50	52	55
减：折旧	2 000	2 100	2 205	2 315	2 431	2 553
净利润	6 000	6 300	6 495	6 692	6 891	7 090
加：股利	1 324	3 780	3 897	4 015	4 134	4 254
新债务	324	2 775	2 962	3 161	3 373	3 600
负债 β 系数	0.9011	1.0478	1.0557	1.0630	1.0698	1.0760
股权资本成本	8.46%	9.26%	9.31%	9.35%	9.38%	9.42%
增长率		5.00%	5.00%	5.00%	5.00%	5.00%
股利支付率	22.07%	60.00%	60.00%	60.00%	60.00%	60.00%

（2）回购股票。

与股利增加相同，回购股票增加了对债务的需求，同时减少了股东权益，从而提高了公司的负债率。表 3–21 中，假设 MMS 公司每年回购 3.5% 流通在外的股票，那么到第 3 年，公司的资产负债率就超过 40%，到第 5 年的负债率高达 50.35%。这表明，通过股票回购可能更快地提高了公司的负债率。

表3-21　　　　　　　　　　MMS公司资产负债率（每年回购股票3.5%）　　　　　　金额单位：万元

年份	当前	1	2	3	4	5
股东权益（账面价值）	48 000	48 366	48 606	48 693	48 600	48 293
股东权益（市场价值）	120 000	125 272	130 960	137 101	143 735	150 907
负债	20 000	24 929	30 249	35 999	42 222	48 965
资产负债率（市场价值）	14.29%	16.60%	18.76%	20.80%	22.71%	24.50%
资产负债率（账面价值）	29.41%	34.01%	38.36%	42.51%	46.49%	50.35%
营业收入	45 000	47 250	49 613	52 093	54 698	57 433
资本支出	7 000	7 350	7 718	8 103	8 509	8 934
加：经营性营运资本变化	0	45	47	50	52	55
减：折旧	2 000	2 100	2 205	2 315	2 431	2 553
净利润	6 000	6 300	6 402	6 493	6 570	6 630
加：股利	1 324	1 390	1 413	1 433	1 450	1 463
股票回购		4 544	4 750	4 973	5 213	5 473
新债务	324	4 929	5 321	5 751	6 223	6 742
负债β系数	0.9011	1.0615	1.0837	1.1055	1.1271	1.1483
股权资本成本	8.46%	9.34%	9.46%	9.58%	9.70%	9.82%
增长率		5.00%	5.00%	5.00%	5.00%	5.00%
股利支付率	22.07%	22.07%	22.07%	22.07%	22.07%	22.07%

注：第 t 期股票回购=回购率×［第 t-1 期股东权益×（1+第 t 期股权资本成本）-第 t 期股利］，式中的股东权益是按市场价值计算的。

（3）增加资本支出。

除了通过股利增加或股票回购提高负债率外，也可通过举债项目投资、收购其他公司等扩大公司规模提高负债率。假设 MMS 公司通过新项目投资、并购活动，每年的资本支出从 5% 增至 65%，相应的折旧增至 10%，在这种情况下，MMS 公司的负债率第 5 年达到 40.32%，具体见表3-22。通过增加资本支出提高负债率，其假设条件是公司必须有足够好的投资项目或并购项目，否则，过度投资也可能会承受风险。

相对于提高负债率来说，降低负债率的难度更大。因为负债率越高，违约风险越大，再融资的可能性或难度就越大。假设 MMS 公司估计的目标负债率为 20%（按账面价值计算），则公司通过降低股利支付率，利用留存收益或发行新股为新项目融资，支付收购资金，偿还债务，当然也可出售部分资产偿还债务，或者发行股票回购债券等，都可以降低负债率。表3-23表明，当股利支付率由 20.07% 降至 5% 时，公司可以用留存收益偿还

表 3-22　　　　　　　　MMS 公司资产负债率（资本支出增长率=65%）　　　　　　　金额单位：万元

年份	当前	1	2	3	4	5
股东权益（账面价值）	48 000	52 910	57 850	62 808	67 767	72 712
股东权益（市场价值）	120 000	129 790	140 545	152 356	165 326	179 564
负债	20 000	25 063	30 484	36 284	42 488	49 117
资产负债率（市场价值）	14.29%	16.18%	17.82%	19.23%	20.45%	21.48%
资产负债率（账面价值）	29.41%	32.14%	34.51%	36.62%	38.54%	40.32%
营业收入	45 000	47 250	49 613	52 093	54 698	57 433
资本支出	7 000	12 128	12 734	13 371	14 039	14 741
加：经营性营运资本变化	0	45	47	50	52	55
减：折旧	2 000	2 200	2 420	2 662	2 928	3 221
净利润	6 000	6 300	6 397	6 483	6 557	6 617
加：股利	1 324	1 390	1 456	1 525	1 597	1 672
股票回购		0	0	0	0	0
新债务	324	5 063	5 420	5 801	6 203	6 630
负债 β 系数	0.9011	1.0577	1.0742	1.0889	1.1020	1.1134
股权资本成本	8.46%	9.32%	9.41%	9.49%	9.56%	9.62%
增长率		5.00%	5.00%	5.00%	5.00%	5.00%
股利支付率	22.07%	22.07%	22.07%	22.07%	22.07%	22.07%

债务，使资产负债率逐年下降，第 3 年基本达到目标负债率，但随之降至 16.31%。如果公司希望保持 20% 的负债率，公司在后两年应该调高股利支付率，而不是在预测期内保持不变。

　　目标负债率既可以根据账面价值确定，也可以根据市场价值计算。在上例中，由于 MMS 公司股票的市场价值远远大于账面价值，因此按市场价值计算的负债率低于按账面价值计算的负债率，在调整中，公司也应充分考虑市场价值变化对负债率的影响，确定一个可行的目标负债率。

资本结构调整

　　需要注意的是，无论是提高或降低股利支付，还是发行债券回购股票或发行股票回购债券等，都会向市场传递有关公司的信息。

　　首先，降低股利支付通常会释放出用于项目投资的资金，但股市通常会将降低股利支付解读为未来现金流下降的信号。其结果是，公司宣告降低股利支付或停发股利的当天会引发股票价格下跌。其次，一些机构投资者可能预期公司每年都会发放股利，一旦停发

表3-23 　　　　　　　　MMS公司资产负债率（股利支付率=5%）　　　　　　　金额单位：万元

年份	当前	1	2	3	4	5
股东权益（账面价值）	48 000	53 985	60 298	66 957	73 982	81 396
股东权益（市场价值）	120 000	130 658	142 186	154 659	168 152	182 745
负债	20 000	19 310	18 557	17 736	16 840	15 863
资产负债率（市场价值）	14.29%	12.88%	11.54%	10.29%	9.10%	7.99%
资产负债率（账面价值）	29.41%	26.35%	23.53%	20.94%	18.54%	16.31%
营业收入	45 000	47 250	49 613	52 093	54 698	57 433
资本支出	7 000	7 350	7 718	8 103	8 509	8 934
加：经营性营运资本变化	0	45	47	50	52	55
减：折旧	2 000	2 100	2 205	2 315	2 431	2 553
净利润	6 000	6 300	6 645	7 009	7 395	7 804
加：股利	1 324	315	332	350	370	390
新债务	324	(690)	(753)	(821)	(895)	(978)
负债β系数	0.9011	1.0262	1.0141	1.0034	0.9933	0.9838
股权资本成本	8.46%	9.14%	9.08%	9.02%	8.96%	8.91%
增长率		5.00%	5.00%	5.00%	5.00%	5.00%
股利支付率	22.07%	5.00%	5.00%	5.00%	5.00%	5.00%

股利就会迫使其将资产组合中的一部分变现，导致不必要的交易成本。除非管理层有非常令人信服的理由说明股利将用于未来的投资机会（NPV>0），否则，投资者很可能会对降低股利支付做出负面的反应。最后，降低股利支付虽然降低了负债率，但同时会减少财务杠杆，降低利息减税收益；降低股利、提高留存收益，也可能导致经营者的无效投资。

与降低股利支付不同，投资者通常将增加股利解读为有关公司未来收益和现金流长期前景的利好消息，一般来说，对股票市场具有正向的效应。但股利增加也可能意味着公司未来的投资机会较少，有可能导致股价下跌。

根据资本结构信号传递理论，不同的融资方式传递的信号也是不同的。发行股票一般会向市场传递股票被高估的信号，因此，在宣布股票发行后的短期内股价会下跌，即使股票的实际价值并没有下降。与发行股票不同，投资者对发行债券的解读要正面得多。实证研究表明，其价格反应基本上是持平的。

与股票发行的信号效应不同，投资者一般将股票回购视为正的信号，其原因在于：第一，股票回购通常暗示管理层认为股票价格被低估了。如果股票价格被高估，那么管理层应当偿还债务。第二，股票回购表明管理层确信未来的现金流足以支持未来的投资或偿还债务。第三，股票回购意味着公司不可能将超额现金用于非效率投资。因此，当公司宣告股票回购时，一般会提高公司的股票价格。

不论这些信号传递的是正面信息还是负面信息，都会导致短期的价格反应，这些信号效应所带来的一个结果就是，公司很难立即将其资本结构调整至所期望的目标水平。事实上，公司资本结构是一个动态的不断调整的过程，很难维持一个严格的目标资本结构。如宏观经济、商业周期、资本市场，特别是利率、汇率、通货膨胀率等的变化，不仅会影响公司股票或债券的发行时机、发行规模、融资方式等，也会影响公司的资本成本、现金流量，从而使公司的资本结构偏离目标值。虽然不同的调整方式所带来的交易成本和信号效应存在差异，但是，公司不可能立即将其资本结构调整到目标值，而是以推迟和渐进的方式进行调整。

3.5.3　实践中资本结构的设置

1）资本结构决策影响因素

在实务中，公司财务经理进行资本结构设置所需考虑的几个因素，可用其首字母缩略词 "FRICTO" 来描述：FRICTO 分别代表灵活性（flexibility），即公司后续发展中的融资弹性；风险性（risk），即财务杠杆对公司破产和股东收益变动的影响；收益性（income），即举债融资对每股收益或股东收益水平的影响；控制权（control），即公司融资与决策权在新旧股东、债权人和经营者之间分配的相互作用；时间性（timing），即公司发行证券的时机选择；其他因素（other），不包括在上述因素中的有关因素。

格雷厄姆和哈维（Graham and Harvey，2002）[①]调查了美国 392 位公司财务经理，了解了他们如何进行资本预算和融资决策。在资本结构决策中，请 CFO 对决定公司债务比率的最重要的变量进行排序，排序的标准是 0 ~ 4 的一组数字，0 代表的是完全无关，4 代表的是非常重要。图 3-7 所示的调查结果，可能有助于理解这样一个问题：到底是权衡理论还是优序融资理论对公司的债务政策产生影响。根据权衡理论，举债可以获得利息节税效应。调查结果表明，大约 44.9% 的 CFO 认为举债的节税效应是融资决策的重要因素，这些 CFO 所在的公司一般是大型、高杠杆、低风险、规范化、支付股利的制造业企业，或者说，应缴纳所得税高的公司可能出于降低税负的考虑而采取债务融资。但是，仅有 4.5% 的 CFO 表示个人所得税是重要或非常重要的影响债务政策的因素。

关于破产成本对债务政策的影响，受访者中仅有 21.4% 的 CFO 认为潜在的财务危机成本是重要或非常重要的因素。但是，实际上有 59.4% 和 57.1% 的 CFO 认为财务灵活性和信用等级是影响债务政策的重要或非常重要的因素。这一点表明，避免财务危机是公司债务政策决策时最重要的因素。为保持财务灵活性，大部分公司保留了没有使用的举债能力，拥有 "投资级" 债券（占样本 50% 以上）的公司，信用等级是债务政策一个非常重要的决定性因素。最后，48.1% 的 CFO 认为收入稳定性是制定债务政策时的一个重要或非常重要的考虑因素。调查结果基本上符合权衡理论，即当公司破产的可能性较高时，要保持较少的负债。

格雷厄姆和哈维（2002）也向 CFO 调查了有关他们公司是否存在一个最优的或者 "目标性" 的目标负债比率。受访者中大约 19% 的 CFO 所在公司不设置目标资本结构或债

---

① GRAHAM J R, HARVEY C R. How do CFOs make capital budgeting and capital structure decisions？[J]. Journal of Applied Corporate Finance，2002，15（1）：8-23.

财务灵活性	59.4%
信用评级	57.1%
收益与现金流波动性	48.1%
内部资金不足	46.8%
利率水平	46.4%
利息节税	44.9%
交易成本	33.0%
股价高估或低估	30.6%
同行债务水平	23.4%
破产成本	21.4%
客户满意度	18.7%
股价变动	16.5%
投资不足	12.6%
债务回购成本	12.5%
发债成本	9.8%
公司形象	9.8%
个人利息所得税	4.5%
并购的可能性	4.5%
对竞争对手的威胁	2.7%
自由现金流量	2.0%
累计利润水平	1.2%

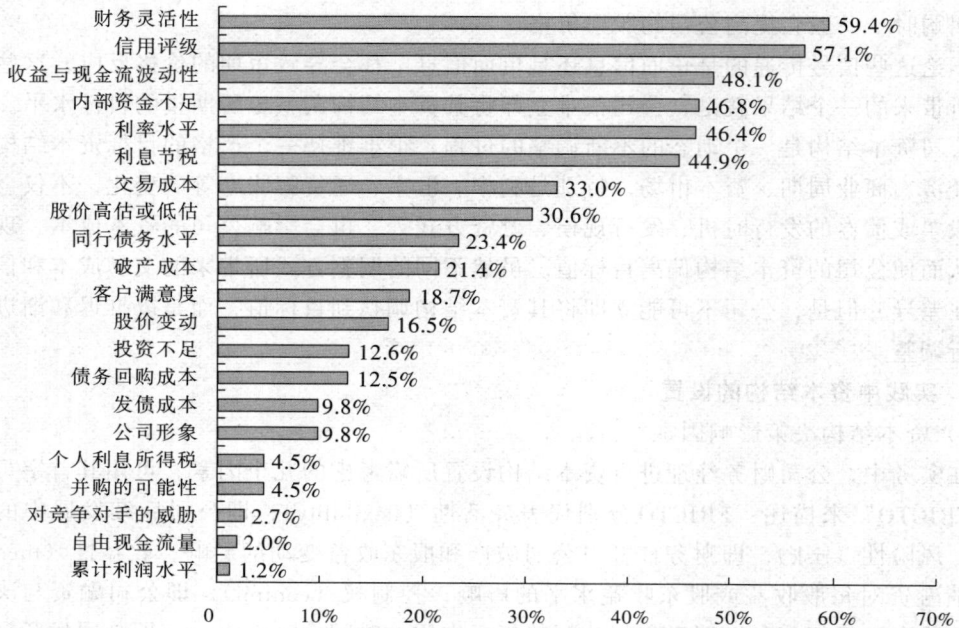

图3-7　债务政策决定因素的问卷调查结果

务比率区间；大约37%的CFO所在公司设置较灵活的目标资本结构；34%的CFO所在公司设置稍严格的目标资本结构；仅有10%的CFO所在公司设置严格的目标资本结构。在上述调查中，三分之一以上的公司设置了目标资本结构，这意味着如果实际资本结构偏离目标资本结构，公司可能会采取一定的方式向目标资本结构调整。

2）信用等级与资本结构

在实务中，为了保持债务市场融资能力，大多数公司的信用等级通常保持在BBB级以上。图3-8列示了标准普尔对所有资本市值超过10亿美元的美国和欧洲公司的信用等级的分布。该信用等级将公司的信用质量分为从AAA（最高水平）到C（违约）的水平，其中BBB-及以上水平的评级就是所谓的"投资级"。大多数公司（样本公司的72%）的评级位于A+至BBB-之间，信用等级具有长期的稳定性，因此大多数公司可能不会轻易进出这个范围。低于BBB-的公司所承担的利率相当高，融资的弹性受到限制，特别是在信贷紧缩时期。

公司信用等级的高低不仅会影响债券发行规模，还会影响银行贷款、商业信用的获得，因此，信用等级在很大程度上决定了公司利用债务市场融资的能力。如果信用等级低于投资级BBB，则公司进行债务融资的机会非常小，因为很多投资者会拒绝购买非投资级债券，而且银行也会拒绝向违约风险高的公司发放贷款，因此，高信用等级的公司会提高负债比率。

信用等级不仅是评价债券投资性的指标，也是公司与股东之间沟通的一个重要因素。自20世纪90年代，评级已经成为股票投资者用以衡量公司健康状况的重要指标。因此，管理者需要向投资者解释是否可以或如何保持目前的信用等级。

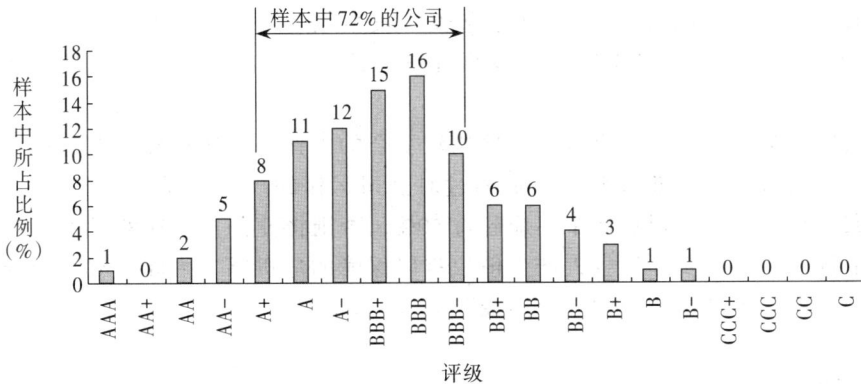

样本中72%的公司

资料来源：Bloomberg，Mckinsey Analysis，转引自：科勒，戈德哈特，等. 价值评估：公司价值的衡量与管理 [M]. 高建，魏平，等译. 北京：电子工业出版社，2007：415.

图3-8　资本市值超过10亿美元的美国和欧洲公司的信用等级

3）产品生命周期与资本结构

20世纪80年代中后期之前，在研究资本结构决策因素时，通常将产品市场上的产量、定价、行业特点等视为外生变量，并假设这些变量不会对公司的资本结构产生任何影响。随着产业组织理论的发展，人们又将产业组织理论的研究成果应用到资本结构的研究中。其中，将行业特征、产品生命周期与资本结构相联系成为研究的方向之一。本德尔和沃德（Bender and Ward，2003）认为，在整个产品生命周期延续的过程中，公司经营风险在下降，而财务风险却在上升。通过运用经营风险和财务风险反向搭配，公司可以制定产品生命周期各个阶段的融资战略。据此提出了产品不同生命周期的资本结构策略，具体见表3-24。

表3-24　　　　　　　　　**产品不同生命周期的负债比率**

产品生命周期	经营风险	财务风险	融资策略	负债比率
引入期	非常高	非常低	股权资本（风险投资）为主	低
成长期	高	较低	股权资本（增长的投资者）为主	较低
成熟期	中等	中等	债务与股权资本（留存收益）并重	中等
衰退期	低	高	债务为主	较高

资料来源：BENDER R，WARD K. Corporate financial strategy [M]. 2nd ed. London：Butterworth Heinemann，2003：70-95.

迈尔斯（Myers，1977）[①]将公司资产分为当前业务和增长机会，其中，当前业务附属担保价值高，增长机会附属担保价值低。债权人通常在合约中严格约束公司投资高风险的项目，从而与股东产生利益冲突。因此，负债比率高不利于公司对增长机会的投资，或者说，公司增长机会与负债比率负相关。一些实证研究也证明，增长机会（以市值/账面值比值衡量）与负债比率具有显著的负相关关系，即企业的增长机会越多，负债比率越低，

① MYERS S C. Determinants of corporate borrowing [J]. Journal of Financial Economics，1977，5（2）：147-175.

而且短期债务多，长期债务少。霍瓦基米安、奥普勒和蒂特曼（Hovakimian、Opler and Titman，2001）[①]认为，公司应当以更多的债务融资支持当前的业务，以股权融资支持增长机会。

资本结构决策是公司财务决策中一项比较复杂的工作，虽然在理论上存在一种最佳资本结构，但在实践中却很难找到。人们通过对公司运作的现实情况，得出一些经验数据，如西方国家一般认为，公司负债率不应超过50%，否则将使公司潜在的投资者对其投资的安全性产生顾虑，也使实际债权人产生债权难以保障的危机感。因此，50%的资产负债率一般被视为公司负债过度与否的"标准线"。

本章小结

1. M-M理论认为，如果不存在公司所得税和破产风险，公司总价值和资本成本与资本结构无关；如果考虑公司所得税，负债公司价值等于无负债公司价值加上税收收益价值的现值。

2. 财务危机成本包括直接成本和间接成本，前者是指破产时对公司价值的负面影响，后者一般指公司发生财务危机但尚未破产，股东通过非效率投资或资金抽逃将风险从股东转移给债权人，将财富从债权人转移给股东。

3. 外部股权资本的代理成本是财务杠杆比率的减函数，债务资本的代理成本是财务杠杆比率的增函数。总代理成本曲线代表外部股权和债务融资各种组合的代理成本，在给定公司规模和外部融资量时，总代理成本最低时对应的财务杠杆比率为最优资本结构，且股权融资的边际代理成本等于债务融资的边际代理成本。

4. 根据优序融资理论，公司应当按照下列顺序融资：首先是内部积累资金，如果需要外部融资，公司将首先进行债务融资，直到因债务增加引起公司陷入财务危机的概率达到危险区时，才发行股票融资。

5. 公司会积极地管理资本结构，并将负债率保持在一定的范围之内，当实际负债率偏离目标值的上下限时，会采取一定的方式进行调整。实证研究表明，公司按目标负债率调整有1~2年的时滞，因为股价的波动性和交易成本会使即时调整并不现实而且成本高昂。

基本训练

1. Graham（2000）[②]采用税收函数计算债务的税收优惠，通过案例和大样本考察债务对公司价值的影响，研究发现：（1）一般公司利息抵税价值为公司市场价值的9.7%；（2）大公司、盈利良好、流动性好、处于稳定行业、面临更小的破产成本的公司债务政策较为保守，大约有44%的公司即使将其抵税利息支出提高1倍，仍然不会导致边际税率下降，仍能获得享受利息的抵税功能。你认为美国公司为什么采取如此保守的债务政策？是

①　HOVAKIMIAN A，OPLER T，TITMAN S. The debt-equity choice［J］. Journal of Financial and Quantitative Analysis，2001，36（1）：1-24.
②　GRAHAM J R. How big are the tax benefits of debt？［J］. Journal of Finance，2000（55）：1901-1941.

因为公司宁愿支付更多的税费，也不愿获得更多的利息抵税价值，还是因为资本结构存在着许多到目前为止我们尚未解开的谜团？

2.你被 ABC 公司聘请为财务顾问，并对公司债务水平是否合适进行评估，目前收集到的公司有关信息如下：

（1）发行股票 100 000 股，每股价格为 20 元，股票的 β 系数为 1.15。

（2）公司未清偿债务为 500 000 元，目前信用等级为 BBB；BBB 级债券利率为 7%，国债利率为 5%。

（3）公司的边际税率为 25%。

你进一步收集到了债务增加对公司等级影响的数据，具体见表 3-25。

表 3-25 **债务信用等级与利率** 金额单位：元

债务的增加（除现有的 500 000 元外）	新的等级	利率
500 000	BB	7.5%
1 000 000	B	8.5%
1 500 000	B-	10.5%
2 000 000	C	11.0%

请根据上述资料回答下列问题：

（1）公司应当承担多少的额外债务？

（2）债务增加之前、之后的加权平均资本成本分别为多少？

（3）公司承担新的债务之后的每股价格是多少？

（4）假设你正在考虑一个投资项目，每年可以产生下列收益（持续到永久），项目的风险与目前公司资产风险相近，具体见表 3-26。如果该投资项目需要 450 万元的投资额，其净现值为多少？

表 3-26 **利润表（简表）** 单位：元

项目	金额
销售收入（年）	1 000 000
销售成本	400 000
其中：折旧	100 000
息税前利润	600 000
利息	35 000
税前利润	565 000
所得税	141 250
税后利润	423 750

3.NBS 公司最近为一系列问题所困扰，公司陷入财务危机，能否支付其发行的债券利息也成为问题，如果公司现在破产，公司的普通股股东将会一无所得。虽然公司的财源有

限，不过其现金流量（主要来自折旧）足以承担两个互斥项目中的一项投资，这两个项目的投资额各为1.5亿元，预期寿命均为10年。这些项目的市场风险相同，但由收益的离散程度衡量的总风险不同。各项目每年的税后现金流量见表3-27。

表3-27　　　　　　　　　　　　各投资项目现金流量　　　　　　　　　　金额单位：万元

概率	项目A	项目B
0.5	3 000	1 000
0.5	3 500	5 000

假设两个项目的风险等于公司所有项目的平均值，公司的加权平均资本成本为15%。请根据上述资料计算分析下列问题：

（1）各项目的预期年现金流入量为多少？

（2）计算两个项目现金流量的标准差，说明哪一个项目的总风险较大。

（3）分别计算两个项目在不同概率条件下的净现值以及加权平均净现值。

（4）如果你是公司的股东，你会选择哪个项目？为什么？

（5）债券持有者希望经理选择哪个项目？为什么？

（6）如果决策引起利益冲突，为了防止公司采取不利于债券持有者的决策，债券持有者有何保护措施？

（7）谁来承担保护措施的成本？这与公司负债和最优资本结构有何关系？

4. ABC公司的有关资料见表3-28。

表3-28　　　　　　　　　　　　　ABC公司基本数据　　　　　　　　　　　　单位：万元

(1) 收入	6 000	(2) 债务	1 200
成本	4 500	股东权益	8 800
息税前利润	1 500	总计	10 000

ABC公司正在考虑将资本结构中的债务比率增加到60%（假设通过发行债券回购股票改变资本结构，资本总额保持不变）。目前股票以账面价值每股25元交易，发行债券前后的利率均为9%，所得税税率为25%。

要求：

（1）如果负债比率提高到60%，公司需要发行多少新债回购股票？

（2）计算发行新债回购股票前后的普通股股数。

（3）计算资本结构改变前后的每股收益。

（4）计算资本结构改变前后的财务杠杆系数。

（5）如果息税前利润下降5%，资本结构改变前后的每股收益会发生什么变化？

5. XYZ公司无负债，其财务状况见表3-29。

XYZ公司正在考虑发行债券同时回购部分股票。如果公司负债为900 000元，与风险相对应，股东要求的收益率即股权资本成本将增加至10.66%。债券可以按7%的利率发行。XYZ公司是零增长公司，其全部收益用于股利分配，并且假设收益在各期保持不变。

表 3-29   **XYZ公司基本数据**

项目	数值
资产（账面价值＝市场价值）	3 000 000元
EBIT	500 000元
股权资本成本	10%
股票价格（P_0）	15元
流通股数（n）	200 000股
税率	25%

请根据上述资料回答下列问题：

（1）分析采用这一财务杠杆会对公司价值产生的影响。

（2）发行债券回购股票后公司的股价将是多少？股票回购后的价格按下式计算：

$$P_1 = \frac{公司价值(股票回购后) - 债务的初始值(回购前)}{初始普通股股数(回购前)}$$

（3）根据（2）计算出回购股数，分析资本结构调整会对公司每股收益产生的影响。

（4）假设最初给出的 500 000 元的 EBIT 是下列概率分布的期望值，具体见表 3-30。在债务为 0、债务为 900 000 元的水平下，公司 EPS 的概率分布各是多少？哪一种分布风险更高？确定每种负债水平下的利息保障倍数的概率分布，哪一个概率下的 900 000 元债务的利息可能得不到补偿？

基本训练
参考答案

表 3-30   **XYZ公司EBIT概率分布**

概率	EBIT
0.1	−100 000元
0.2	200 000元
0.4	500 000元
0.2	800 000元
0.1	1 100 000元

案例分析

XYZ公司上年的息税前利润（EBIT）为 500 万元，假设 EBIT 每年保持不变。由于公司没有资本扩张计划，公司的收益全部用于股利分配。公司管理层持有 50% 的公司股票，公司股票目前在场外市场进行交易。目前管理层正在考虑是否进行负债经营，并让你拟订一个计划。

你曾在"公司理财"课程中学过一些有关资本结构、资本成本和公司价值的理论。你向你的上司解释举债经营可以带来杠杆利益和节税效应，为股东带来更多的财富。如果公司没有资本扩张需求，可以通过发行债券回购股票的方式改变资本结构。你将这一想法告诉了你的上司，他让你拟订一份发行新债回购股票的计划，并将这份计划呈报给公司的CEO和董事会。为此，你从投资银行收集到了不同债务水平下的债务资本成本和股权资本成本，有关数据见表3-31。

表3-31　　　　　　不同债务水平下的债务资本成本和股权资本成本

债务（万元）	债务资本成本	股权资本成本
0		13.00%
250	7.00%	13.50%
500	8.00%	14.50%
750	9.00%	16.00%
1 000	12.00%	18.00%

假设公司发行新债回购股票，公司价值保持不变，所得税税率为25%。

（1）你将运用什么理论或模型来调整XYZ公司的资本结构？M-M资本结构理论是否适用于XYZ公司的资本结构调整？

（2）假设在零负债的基础上，公司发行债券回购股票的数额分别为250万元、500万元、750万元，其股票价格分别为多少？每种负债水平下流通在外的股票为多少？公司最佳资本结构为多少？

（3）假设XYZ公司当前的债务总额（D）为250万元，公司发行新债250万元回购股票，则公司的股价是多少？发行新债券后，对旧债券的价值有什么影响？

（4）计算不同债务水平（D=0，250万元，500万元，750万元）的每股收益（EPS），假设公司的初始债务等于0，并通过单一步骤进行资本结构调整以达到每一债务水平。股票价格最高时的债务水平是否也是使EPS达到最高时的债务水平？

（5）公司每一债务水平下的加权平均资本成本，与股票价格有什么关系？

（6）假设你发现XYZ公司的经营风险比你预期的要高，这会影响到你前面关于资本结构调整的分析吗？如果XYZ公司的经营风险低于你的预期，将如何影响资本结构调整？

（7）在上述分析的基础上，你还收集到了XYZ公司与同行业的竞争者的相关数据，具体见表3-32。

表3-32　　　　　　　　XYZ公司与行业竞争者的相关数据

比率	XYZ公司	其他竞争者
债务/股权比率	0	15%
EBIT波动率	20%	30%
EBIT/市场价值	28%	20%
税率	25%	15%

在考虑每个变量的基础上，直观地解释你是否预期公司与其他竞争者相比有更多或更少的债务，为什么？

与此同时，你也对证券交易所上市公司的债务/股权比率和其他变量进行回归分析，其结果如下：

债务/股权比率=0.10−2.8（EBIT 的方差）+2.0（EBIT/市场价值）+0.3（税率）

根据回归模型，你预期公司的债务/股权比率是多少？负债率是多少？

（8）根据公司当前的股价，发行债务回购股票是一个好的调整方式吗？为什么？公司的管理层可能会提出哪些问题，而在你的分析中并没有提及？影响资本结构的因素有哪些？

案例分析
参考答案

第4章

期权定价理论

　　黑格尔说："不理解过去人们的思想，也就不能理解过去的历史。正是在这种意义上，历史就是思想史，一切历史都是思想史。"金融思想最初萌芽于Louis Bachelier（1990）的博士论文《投机理论》，其率先采用数学工具解释股票市场的运作。20世纪50年代以后，随着资本市场作用的日益提高，金融理论的研究空前繁荣，出现了一群日后在金融学史上举足轻重的代表性人物。在马科维茨（Markowitz，1952）、夏普（Sharpe，1964）、米勒（Miller，1958）、法玛（Fama，1965）等学者的努力下，金融学成为半个世纪以来最活跃的一个经济学分支。这些理论成为金融学史上具有重大学术价值的历史文献，反映了主流金融经济学的基本走向和理论框架。1973年5月，费雪·布莱克（Fischer Black）和迈伦·斯科尔斯（Myron Scholes）发表了《期权和公司负债的定价》一文，推导出无红利支付股票的任何衍生品的价格必须满足的微分方程，并成功得到了欧式看涨期权和看跌期权定价的解析公式（B-S模型），使期权和其他衍生证券的定价理论获得了突破性的进展，从而成为期权定价的经典模型，并引发了第二次华尔街革命。同样地，1973年，罗伯特·默顿（Robert Merton）放松了B-S所依赖的假设条件，提出了B-S-M模型。这个模型一经出现，很快就将此模型程序化输入计算机应用于刚刚营业的芝加哥期权交易所。随着计算机、通信技术的进步，这一模型及其一些变形得到了扩展并已被期权交易商、投资银行、金融管理者、保险人等广泛使用。瑞典皇家科学院将1997年度的诺贝尔经济学奖授予美国斯坦福大学教授迈伦·斯科尔斯和美国哈佛大学教授罗伯特·默顿，以表彰两位对现代期权估价理论有突破性贡献的经济学家。

　　通过本章的学习，你可以熟悉期权价值、内含价值与时间价值的关系；掌握无套利定价和风险中性定价模型；熟悉二项式模型的基本原理；掌握B-S期权价值评估的基本理论与方法；了解隐含期权与股票、债券价值评估的基本方法。

● 4.1　期权交易的基础知识

4.1.1　期权合约的构成

　　期权（option）或称选择权，是买卖双方达成的一种可转让的标准化合约，其给予期权持有人（期权购买者）具有在规定期限内的任何时间或期满日按双方约定的价格买入或卖出一定数量标的资产的权利；而期权立约人（期权出售者）则负有按约定价格卖出或买入一定数量标的资产的义务。

1）期权类型

按照期权所赋予的权利不同，期权可分为买权（call option）和卖权（put option）。前者又称看涨期权，是指期权购买者可以按行权价格在到期前或到期日买入一定数量标的资产的权利；后者又称看跌期权，是指期权购买者可以在到期前或到期日按行权价格卖出一定数量标的资产的权利。期权买卖双方的权利与义务，如图4-1所示。

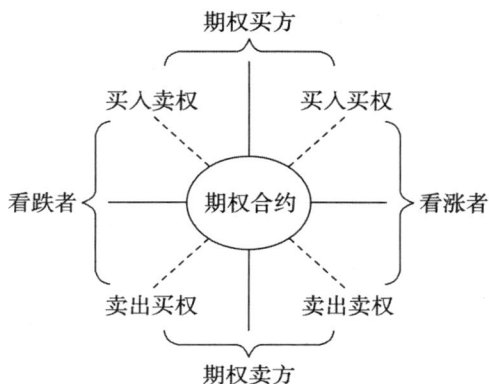

图4-1　期权买卖双方的权利与义务

图4-1中，如果预计未来标的资产（如股票）价格呈上升趋势，期权交易者可以买入买权（buy call options）或卖出卖权（sell put options）；如果预计未来标的资产（如股票）价格呈下降趋势，期权交易者可以买入卖权（buy put options）或卖出买权（sell call options）。

按照期权权利行使时间的不同，期权可分为欧式期权（European option）和美式期权（American option）。美式期权在期权的有效期内任何营业日均可行使权利；而欧式期权则只有在到期日才能履约。此外，介于欧式期权和美式期权之间的权证，称为百慕大权证。标准的百慕大权证通常在权证上市日和到期日之间多设定一个行权日，取名"百慕大"正是因为百慕大位于美国本土与夏威夷群岛之间。后来，百慕大权证的含义扩展为权证可以在事先指定的存续期内的若干个交易日行权。

按照期权交易的对象划分，期权可分为现货期权（利率期权、货币期权、股票指数期权、股票期权）和期货期权（利率期货期权、货币期货期权、股票指数期货期权）。

2）行权价格和到期日

行权价格又称履约价格（exercise price）、敲定价格（strike price）或执行价格，是指期权合约所规定的，期权买方在行使期权时所实际执行的价格，即期权买方据以向期权出售者买入或卖出一定数量的某种标的资产的价格。这一价格是在期权合约买卖时确定的，在期权有效期内，无论标的资产的市场价格上涨或下跌到什么水平，只要期权购买者要求执行该期权，期权出售者就必须以约定的价格履行义务，因此，也可将其称为固定价格。

到期日是指期权持有人有权履约的最后一天。如果期权持有人在到期日不执行期权，则期权合约自动失效。

3）期权价值

期权价值具有双重含义，其既是期权持有人为持有期权而支付的购买费用，又是期权出售人出售期权并承担履约义务而收取的权利金收入。期权价值也称为期权费（premium）或权利金。需要注意的是，期权价值与行权价格是完全不同的两个概念，后者是约定的到期对应标的资产交割的价格，前者是现在取得到期按约定价格买入或卖出标的资产的权利的价格。

期权作为一种金融商品，具有几个显著特点：第一，期权的交易对象是一种权利，即买入或卖出特定标的物的权利，但并不承担一定要买入或卖出的义务。第二，这种权利具有较强的时间性，超过规定的有效期限不行使，期权自动失效。第三，期权合约买者和卖者的权利与义务是不对称的，给予期权买方随时履约的权利，但并不要求其必须履约；给予期权卖方的只是义务而无权利，只要买方行使权利，卖方就必须履约；若买方认为行使期权对其不利，卖方无权要求对方履约。第四，期权具有以小搏大的杠杆效应。

4.1.2　期权价值的构成

在一个标准的期权合约中，期权价值（期权费或权利金）是唯一的变量，也是最难确定的。通常，期权价值由两部分构成：内含价值和时间价值。

1）内含价值

内含价值（intrinsic value）是指期权本身所具有的价值，也是履行期权合约时所能获得的收益。它反映了期权行权价格与标的资产价格之间的变动关系。按照有无内含价值，期权可呈现三种状态：有价或实值（in-the-money）、无价或虚值（out-the-money）和平价（at-the-money）。假设标的资产的现时市场价格以S表示，期权行权价格以K表示，不同状态下的期权内含价值见表4-1。

表4-1　　　　　　　　　　　　期权内含价值的状态

类型	S>K	S=K	S<K
买权	有价	平价	无价
卖权	无价	平价	有价

当期权处于有价状态时，买权内含价值等于标的资产价格与行权价格之间的差额，卖权内含价值等于行权价格减去标的资产价格；当期权处于平价或无价状态时，买权、卖权内含价值均等于0。相关公式为：

买权内含价值=max ［S-K，0］　　　　　　　　　　　　　　　　　　　　　　　　　　（4-1）

卖权内含价值=max ［K-S，0］　　　　　　　　　　　　　　　　　　　　　　　　　　（4-2）

假设一份可以按50元买入某项资产（如股票）的期权，如果该项标的资产在到期日的市价为60元，则期权有价，期权持有人将行使期权，即以50元的价格购买股票，并可按60元的价格在市场上出售该股票，获得10元的收益，也可以说，期权的内含价值为10元。如果该项标的资产的现行市价低于50元，如40元，则期权持有人就会放弃期权，而直接在市场上按40元价格购买股票，此时，期权无价，内含价值等于0。

从理论上说，一个期权通常不会以低于其内含价值的价格出售。如果以低于其内含价值的价格出售，套利者将立即买入所有其可能买到的买权，并执行期权。他所得到的收益就是有价部分与期权价值之间的差额。例如，当标的资产的价值为60元时，一个行权价格为50元的买权的期权价值小于10元，假设期权价值为8元，如果这是一个美式期权，套利者将会以 8 元购入买权并立即执行。这时，套利者取得标的资产的总投资为 58 元（8 元购买期权、50 元执行期权）。由于标的资产以 60 元的价格进行交易，套利者能够立即卖出执行期权所获得的标的资产，获得 2 元（60-58）的净收益。如果市场上许多套利者都能识别出这种获利机会并采取同样的策略购买期权，就会使期权价值上升，直到这个期权价值上升至 10 元，不再为套利者提供套利利润为止。因此，期权的价值必须不低于 10 元，10 元是这个期权的内含价值。

2）时间价值

在所有的情况下，期权卖方会要求一笔高于内含价值的期权费，高出的部分称作期权的时间价值，其反映了期权合约有效时间与潜在风险和收益之间的相互关系。一般来说，期权合约剩余有效时间越长，时间价值就越大。这是因为，对期权买方而言，期权合约的有效时间越长，标的资产市场价格变动的可能性就越大，因而其获利的潜力就越大，买方就愿意支付比内含价值更多的权利金来购买这项权利。对期权卖方而言，期权合约的有效期越长，其承担无条件履约义务的时间就越长，由于买方都是在有利于自身而不利于卖方的时候才会行使期权，因此，卖方承担的风险较大，其出售合约所要求的权利金就会较多。伴随着合约有效剩余时间的缩短，买卖双方的获利机会在减少，承担的风险在减少，时间价值也将逐渐减少。一旦期满并未行权，该期权也就完全丧失了时间价值。

通常，一个期权的时间价值在其处于平价状态时最大，而向有价期权和无价期权转化时，时间价值逐步递减。这是因为，时间价值实质上是投机价值或投机溢价。期权处于平价状态时，很难确定其是向有价还是无价转化，转化为有价则买方盈利，转化为无价则卖方盈利，因此投机性最强，时间价值也最大。当期权处于无价状态时，标的资产市价越偏离行权价格，期权转化为有价的可能性越小，所愿支付的投机价值就越小，故其时间价值也越小。当期权处于有价状态时，标的资产市价越偏离行权价格，其杠杆作用就越小，即其能够以较少投资控制较多资源的能力减小。一个极端的例子是，如果一个买方期权的行权价格为零，很显然，其内含价值就等于这种期权所规定的标的资产的市场价格，该期权根本不具有杠杆作用。期权购买者不如直接在市场上购买该项标的资产，因此，这一期权就不具有时间价值。

影响时间价值的另外两个因素是标的资产的风险和利率水平。一般来说，标的资产的风险直接影响其价格，而标的资产价格与行权价格的差额又决定了期权是处于有价、平价，还是处于无价状态。利率所起的作用比较复杂，其对于买入期权和卖出期权的作用相反，即买权的时间价值随利率的上升而上升，卖权的时间价值随利率的上升而下降。

期权价值由内含价值加上时间价值构成，内含价值和时间价值又各有不同的变化规律，这些变化规律加以综合，如图 4-2 所示。

从图 4-2 中可以看出，期权价值在任一时点都是由内含价值和时间价值两部分组成的。当期权处于无价状态时，期权价值完全由时间价值构成；当期权处于平价状态时，期权价值完全由时间价值构成，且时间价值达到最大；当期权处于有价状态时，期权价值由内含价值和时间价值两部分构成。时间价值伴随着合约剩余有效期的减少而减少，期满时的时间价值为零，期权价值完全由内含价值构成。

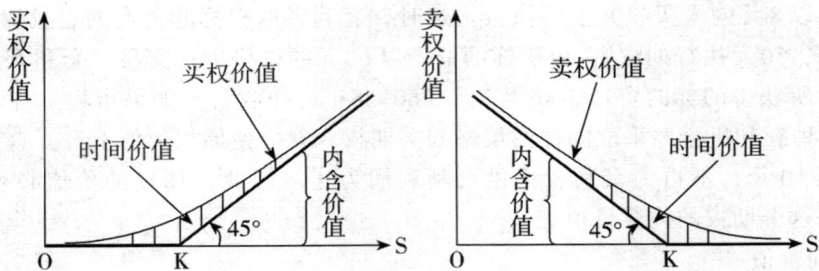

（A）买权价值关系图　　　　　（B）卖权价值关系图

图 4-2　期权价值与内含价值、时间价值的关系

4.1.3　期权基本交易策略

期权的基本交易策略主要包括买入买权、卖出买权、买入卖权、卖出卖权四种，其交易损益与标的资产价格之间的关系，如图 4-3、图 4-4 所示。

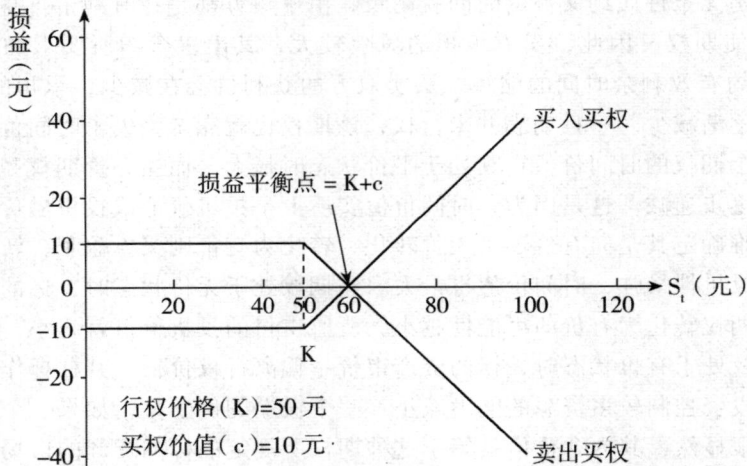

图 4-3　买入买权与卖出买权交易损益图

为简化，本章有关符号设定如下：c 表示买权价值；p 表示卖权价值；S_t 表示标的资产在 t 时的市场价格（t=0，1，…，T）；K 表示期权行权价格；T 表示期权有效期最后一天。

1）买入买权

买入买权交易策略是指交易者通过买入一个买权合约，获得在某一特定时间内按某一约定价格买入一定数量标的资产的权利，以便为将要买入的标的资产确定一个最高价格水平，从而达到规避价格上涨风险的保值目的。图 4-3 "买入买权" 线表明：如果到期日标的资产价格大于行权价格（K=50 元），即 $S_t>K$，期权持有人可以得到标的资产价格升值收益；如果 $S_t=K+c$，期权交易为损益平衡，即期权持有人从标的资产价格升值中得到的收益，正好补偿所付出的购买该期权合约的权利金（c=10 元）；如果 $S_t>K+c$，期权持有人可以获得标的资产价格升值带来的净收益；如果 $S_t<K+c$，期权持有人开始出现亏损，但亏损额仅限于所付出的权利金。因此，对于一个理性的期权持有人来说，只有当 $S_t>K$ 时，才考虑履约，当 $S_t≤K$ 时，则应放弃期权，否则将蒙受由于价格下跌带来的更大

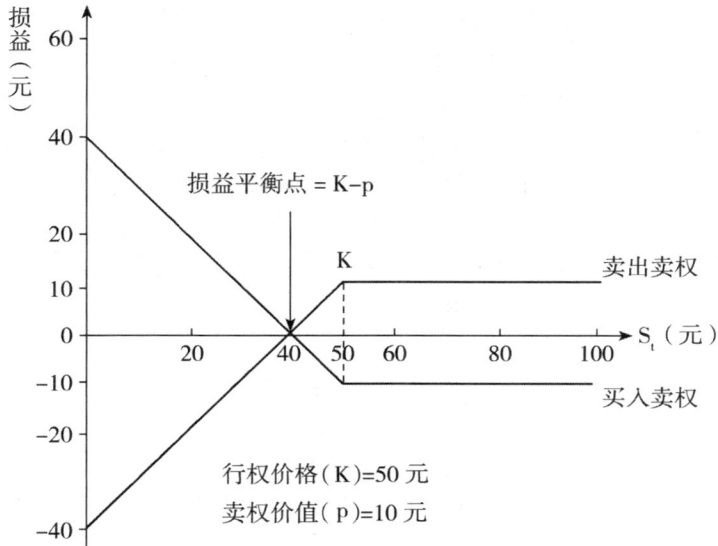

图4-4 买入卖权与卖出卖权交易损益图

损失。从上述分析可以看到，买入买权策略既享有保护和控制标的资产价格大幅下降的好处，又享有获得标的资产价格升值收益的机会。从理论上说，买入买权策略可谓"损失有限，收益无限"。

2）卖出买权

卖出买权交易策略是指交易者通过卖出一个买权合约，获得一笔权利金收入，并利用这笔款项为今后卖出标的资产提供部分价值补偿。图4-3"卖出买权"线表明：如果期权到期日标的资产价格小于行权价格，即$S_t<K$，交易者将获得全部权利金收入；如果$S_t=K+c$，交易者将达到损益平衡，即交易者从出售买权合约中得到的权利金收益正好抵销标的资产价格上升所造成的损失；如果$S_t>K+c$，交易者将开始出现亏损，且S_t越大，亏损额就越多。

3）买入卖权

买入卖权交易策略是指交易者通过买入一个卖权合约，获得在某一特定时间内按某一约定价格卖出一定数量标的资产的权利，以便规避价格下跌的风险。图4-4"买入卖权"线表明：如果到期日标的资产价格小于行权价格，即$S_t<K$时，期权持有人可以得到因标的资产价格下跌带来的收益；如果$S_t=K-p$，持有人达到损益平衡，即从标的资产价格下跌得到的收益正好补偿所付出的购买该期权合约的权利金；如果$S_t>K-p$，持有人将出现亏损，但亏损额仅限于所付出的权利金。因此，对于一个理性的期权持有人来说，只有在$S_t<K$时才考虑履约，而在$S_t \geq K$时应放弃期权，否则将面临因标的资产价格上涨带来的更大亏损。从上述分析可以看出，买入卖权既可以控制标的资产价格大幅上升的风险，又享有获得标的资产价格下跌带来的收益机会。

4）卖出卖权

卖出卖权交易策略是指交易者通过卖出一个卖权合约，获得一笔权利金收入，并利用这笔款项为今后买入标的资产提供部分价值补偿。图4-4"卖出卖权"线表明：如果期权到期日标的资产价格小于40元，即$S_t<K-p$，交易者开始出现亏损，且S_t越小，亏损越大；如果$S_t=K-p$，交易者将达到损益平衡，即交易者从出售卖权合约中得到的权利金收入正好抵销标的资产价格下跌造成的损失；如果$S_t \geq K$，交易者将获得全部的权利金收益。

【例4-1】美国东部时间2016年11月3日下午4:02，在美国纽约证券交易所（NYSE）交易的IBM公司的股票价格为151.95美元。以IBM股票为标的资产、到期日为2017年4月21日的不同行权价格的看涨期权和看跌期权的相关交易信息见表4-2。

表4-2   IBM 股票期权报价

Call Options						Expire at close Friday, April 21, 2017	
Strike	Symbol	Last	Chg	Bid	Ask	Vol	Open Int
120.00	IBM170421C00120000	37.60	0.00	34.25	36.95	8	22
135.00	IBM170421C00135000	18.20	0.00	18.65	20.40	4	11
140.00	IBM170421C00140000	14.40	0.00	14.85	16.45	13	129
145.00	IBM170421C00145000	12.20	0.00	11.55	11.80	3	45
190.00	IBM170421C00190000	0.10	0.00	0.09	0.16	18	49
195.00	IBM170421C00195000	0.10	0.00	0.03	0.11	4	17
205.00	IBM170421C00205000	0.10	0.00	N/A	0.06	3	13
220.00	IBM170421C00220000	0.01	0.00	N/A	0.04	200	200

Put Options						Expire at close Friday, April 21, 2017	
Strike	Symbol	Last	Chg	Bid	Ask	Vol	Open Int
80.00	IBM170421P00080000	0.22	0.00	0.20	0.28	6	28
85.00	IBM170421P00085000	0.22	0.00	0.25	0.34	1	3
90.00	IBM170421P00090000	0.28	0.00	0.33	0.42	1	12
95.00	IBM170421P00095000	0.40	0.00	0.43	0.50	1	43
120.00	IBM170421P00120000	1.39	0.00	1.50	1.58	20	900
175.00	IBM170421P00175000	23.29	0.00	22.85	24.85	28	54
220.00	IBM170421P00220000	61.51	0.00	61.50	65.50	10	10

资料来源：根据http：//finance.yahoo.com，查找IBM股票价格、期权等相关数据整理而得.

表4-2上半部分描述了IBM股票的看涨期权的部分交易信息。以IBM170421C00120000合约为例，到期日为2017年4月21日，行权价格为120美元，2016年11月3日期权收盘价（Last）为37.60美元，期权价格买价（Bid）和卖价（Ask）分别为34.25美元和36.95美元，交易量（Vol）或成交合约数为8份，未平仓合约数（Open Int）为22份。

这一合约表明，如果一位投资者在2016年11月3日按照37.60美元的价格买入1份IBM股票的看涨期权，就有权在到期日（2017年4月21日）按照120美元的价格买入1股IBM股票。如果期权到期日IBM股票价格超过120美元，买权购买者就会执行这个权利，其收益为股票价格与120美元之差，扣除最初的期权费后则是购买者的最终利润。若IBM股票价格低于120美元，期权购买者就会放弃行权，其最大损失是37.60美元的期权费。2017年4月21日之后，期权到期，期权买方的权利随之失效。

如果一位投资者在 2016 年 11 月 3 日按照 37.60 美元的价格卖出 1 份 IBM 股票的看涨期权，他就成为该看涨期权的空方。在获得了 37.60 美元的权利金（期权费）后，买权的出售者就只有义务而没有权利了。当股票价格高于 120 美元时，买权购买者要执行期权，买权出售者必须按照 120 美元的价格将股票卖给买权购买者；当股票价格低于 120 美元时，买权购买者不执行期权，买权出售者就必须接受这一选择。

表 4-2 下半部分描述了 IBM 股票看跌期权的部分交易信息。以 IBM170421P00080000 合约为例，到期日为 2017 年 4 月 21 日，行权价格为 80 美元，2016 年 11 月 3 日期权收盘价为 0.22 美元，当天期权买价和卖价分别为 0.20 美元和 0.28 美元，交易量为 6 份合约，未平仓合约数为 28 份。

这一合约表明，如果一位投资者在 2016 年 11 月 3 日按照 0.22 美元的价格买入 1 份 IBM 股票的看跌期权，就有权在到期日（2017 年 4 月 21 日）按照 80 美元的价格卖出 1 股 IBM 股票。如果期权到期日 IBM 股票价格低于 80 美元，这一卖权的购买者就会执行期权，其收益为 80 美元与当时股票价格之差，再扣除期权费就是期权购买者的最后利润；反之，则放弃期权，卖权购买者的最大损失就是 0.22 美元的期权费。2017 年 4 月 21 日之后，期权到期，购买者的权利随之失效。

如果一位投资者在 2016 年 11 月 3 日按照 0.22 美元的价格卖出 1 份 IBM 股票的看跌期权，他就成为该看跌期权的卖方。在获得了 0.22 美元的权利金后，卖权的出售者就只有义务而没有权利了。当股票价格低于 80 美元时，卖权购买者要执行期权，卖权出售者必须按照 80 美元的价格买入股票；当股票价格高于 80 美元时，卖权购买者不执行期权，卖权出售者也必须接受这一选择。

在期权交易中，如果不考虑交易手续费和税负，买卖双方是一个零和游戏（zero-sum game），即期权卖方的损益和买方刚好相反，形成一种"镜像效应"。图 4-3 反映了买权的买卖双方的损益情况；图 4-4 反映了卖权的买卖双方的损益情况。

综上所述，期权买卖双方的风险和收益是不对称的，期权买方的风险是可预见的、有限的（以期权费为限），而收益的可能性却是不可预见的；期权卖方的风险是不可预见的，而获得收益的可能性是可预见的、有限的（以期权费为限）。

5）期权组合分析

期权组合分析是指投资者会通过持有期权组合而将期权头寸合并，在存在风险的同时获得收益。假设你同时持有行权价格均为 60 元的买入买权（期权费=4 元）和买入卖权（期权费=3 元），那么到期日你的投资组合，如图 4-5 所示。图中的虚线为买入买权到期时的损益，点划线为买入卖权到期时的损益，实线为投资组合（同时持有买权和卖权）到期时的损益。从图 4-5 中可以看出，期权到期时，只有当股票价格与行权价格相等时，扣除期权费后投资组合价值为负值，而在其他情况下组合价值均为正值，这种组合称为跨式组合（straddle）。投资者预期股票价格上下波动幅度较大，但不能确定股价变动方向时，有时会采取这种跨式策略。与此相反，投资者预期股价接近于期权行权价格时，会选择出售跨式组合。

如果买卖权的行权价格不相等，同时购买 1 份看涨期权和 1 份看跌期权，期权到期时，买卖权投资组合价值，如图 4-6 所示。图 4-6 中，买入买权的行权价格为 55 元，期权

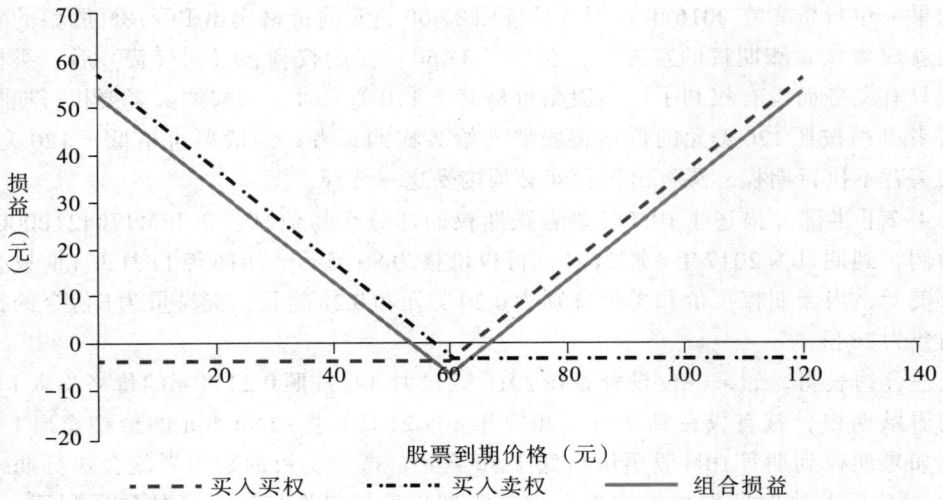

图4-5 跨式组合到期日损益图

费为4元；买入卖权的行权价格为45元，期权费为1.2元。图中的虚线为买入买权到期时的损益，点划线为买入卖权到期时的损益，实线为投资组合（同时持有买权和卖权）到期时的损益。如果期权到期时股票价格处于两个行权价格之间，投资者不能获利，而在其他情况下均可获利，这种组合称为蝶式组合（butterfly strangle）。

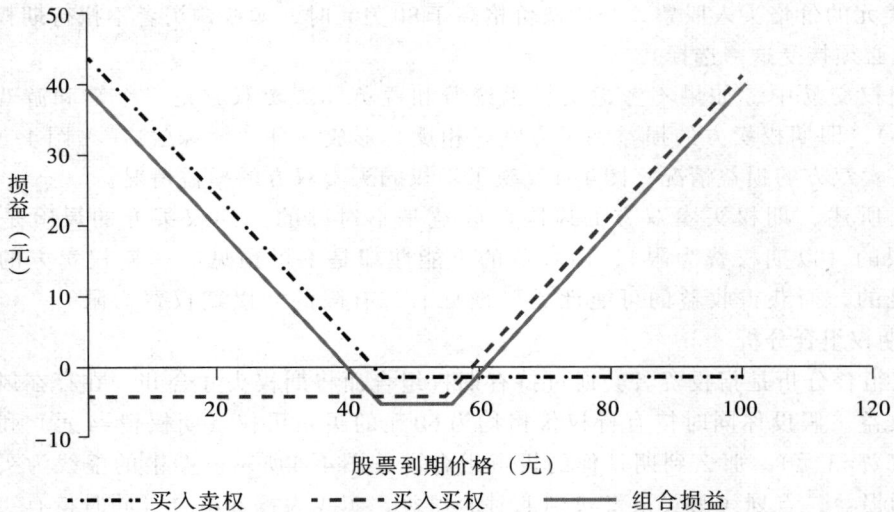

图4-6 蝶式组合到期日损益图

为规避股票价格下跌风险，你既可以单独购买一份卖权，也可以采用期权组合投资。假设你持有当前价格为60元的ASS公司股票，为避免股票下跌为60元以下，你决定购买行权价格为60元的1个月到期的欧式看跌期权。图4-7中的实线部分是由1股ASS股票和1份行权价格为60元的ASS股票欧式看跌期权所构成的投资组合在期权到期日的价值（其中，虚线部分为ASS股票损益，点划线部分为买入卖权到期时的损益）。如果期权到期时ASS股价在60元以下，你将执行看跌期权，以60元卖出股票；如果期权到期时股票价格高于 60 元，你将继续持有股票。这样，既避免了股价下跌的损失，又获得了股价上升的收益。

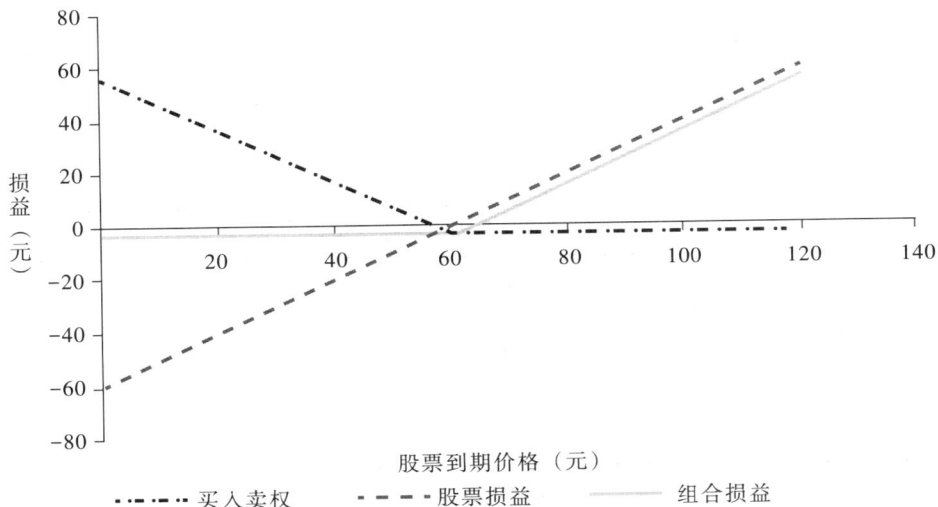

图 4-7　股票与买入卖权组合图

采用这种投资策略相当于构造了一个保护性看跌期权组合。这一投资组合结果也可以通过买入 1 份面值为 60 元的零息无风险债券和 1 份行权价格为 60 元的 ASS 股票欧式看涨期权得以实现。在这种情况下，如果 ASS 股票价格低于 60 元，你可以获得一张价值 60 元的无息债券；如果到期时股价大于 60 元，你可以执行看涨期权，即用出售无息债券（60 元）获得的价款买入股票，股票价格高于 60 元的部分，即为执行看涨期权的收益。

期权交易策略

4.1.4　买-卖权平价（put-call parity）

买-卖权平价关系是指具有相同的行权价格与到期日的金融工具，其卖权与买权价值之间存在的基本关系。如果两者不相同，则存在套利的空间。如果一个投资组合由一只股票和一个看跌期权组成，另一个投资组合由一个零息债券和一个看涨期权组成，那么，这两个投资组合的价值是一样的。将买权、卖权、债券和股票一同考虑，就可以得到欧式期权的平价关系：

$$S + p = c + PV(K) \tag{4-3}$$

式中：S 表示股票价值；p 表示卖权价值；c 表示买权价值；K 表示债券价值（行权价格）；PV（K）表示零息债券的现值，在连续复利的条件下，$PV(K) = Ke^{-rT}$。

【例 4-2】假设有两个投资组合：A 为 1 份欧式股票卖权和持有 1 股股票；B 为 1 份欧式股票买权和持有 1 张到期值为 K 的无风险债券。在期权到期日，两种组合的价值均为 $\max[S_t, K]$，见表 4-3 和表 4-4。

由于两种组合的到期值相同，因此在到期日前的任一时刻也应等值，即存在买-卖权平价关系。假设某公司股票现行市场价格为 44 元，与欧式期权有关的资料如下：行权价格为 55 元，期权有效期为 1 年，卖权价格为 7 元，买权价格为 1 元，无风险利率为 10%，预计 1 年后股票价格为 58 元或 34 元。根据上述资料，投资者可采取下列组合抵消风险：购买 1 股股票和 1 份卖权，同时出售 1 份买权。投资组合的有关价值计算见表 4-5。

表4-3　　　　　　　　　　　　欧式股票卖权与股票组合

投资组合	$S_t>K$	$S_t<K$
买入卖权	0	$K-S_t$
股票	S_t	S_t
合计	S_t	K

表4-4　　　　　　　　　　　欧式股票买权与无风险债券组合

投资组合	$S_t>K$	$S_t<K$
买入买权	S_t-K	0
无风险债券	K	K
合计	S_t	K

表4-5　　　　　　　　　　　　　投资组合价值

投资组合	初始现金流量（元）	到期日投资组合价值（元）	
		股价=58元	股价=34元
购买1股股票	−44	58	34
买入1份卖权	−7	0	21=55−34
卖出1份买权	1	−3=−（58−55）	0
合计	−50	55	55

上述结果表明，无论股价如何变动，投资组合都可得到相同的结果（55元），其投资收益率即为无风险利率10%（55÷50−1）。

在上例中，假设没有套利活动，投资者可获得10%的无风险收益，如果卖权价格为6元，则初始投资为49元，投资者在1年后将有12.24%（55÷49−1）的非均衡收益，超过了平衡点利率。为防止套利行为，投资者的初始投资必须遵循下列关系：

股票价值+卖权价值−买权价值=行权价格现值

44+7−1=50=55÷（1+10%）

上式即为买−卖权平价关系，利用这种平价关系，就可以根据欧式买权价格，推断出相同行权价、相同到期日的欧式卖权价格；反之亦然。

● 4.2　二项式期权定价模型

4.2.1　无套利定价

在一个有效的金融市场上，任何一项金融资产的价格都必然会对套利行为做出相应的调整，重新回到均衡状态，这就是无套利的定价原则。根据这一原则，金融资产在市场上的合理价格是使市场不存在无风险套利机会的价格。

无套利定价的关键方法是"复制"技术，即用一组证券来复制另一组证券。假设存在两个不同的资产组合，它们的未来损益（future payoff）相同，但它们的成本却不相同。在这里，可以简单地将损益理解成现金流。如果现金流是确定的，则相同的损益指相同的现金流。如果现金流是不确定的，即未来存在多种可能性（或者说存在多种状态），则相同的损益指在相同状态下现金流是一样的。如果一个资产组合的损益等同于一个证券，那么，这个资产组合的价格就等于该证券的价格。这个资产组合称为证券的"复制组合"（replicating portfolio）。

期权复制是指通过股票与无风险债券来构造一个投资组合，并使该组合在任何状态下（股票价格上升或下跌）的未来现金流和该看涨期权的未来现金流完全相同。例如，"1 份看涨期权的未来现金流=A 份股票的未来现金流+B 份债券构成的未来现金流"，即"1 Call =A Shares+B Bonds"，则称由 A 份股票和 B 份债券构成的投资组合可以复制 1 份看涨期权。

【例 4-3】假设有两个"基本资产"股票 A 和债券 B，还有一个在该股票上的看涨期权。股票当前价格为 100 元，1 年后可能上涨 25%（期末价格为 125 元），也可能下跌 15%（期末价格为 85 元）；无风险利率为 8%（国库券年利率），债券的当前价格为 1 元；该股票看涨期权的执行价格为 100 元，期限为 1 年。

根据上述数据，股票、债券和看涨期权的期末价格可以表示为二项式，如图 4-8 所示。

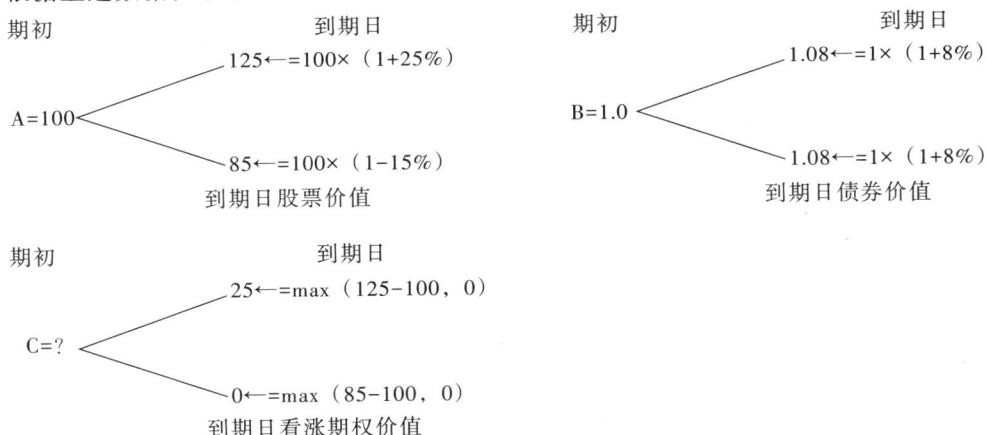

图 4-8 单期二项式期权定价

根据无套利定价原则，看涨期权的（现在）价格和其复制（股票和债券的组合）的（现在）价格相等，即期权可以通过股票和债券来定价。如果期权和期权复制在期末的价格满足"1 Call=A Shares+B Bonds"，则有：

$$\begin{cases} 125A + 1.08B = 25 \\ 85A + 1.08B = 0 \end{cases}$$

解此方程可以得到：

$$A = \frac{25}{125 - 85} = 0.6250$$

$$B = \frac{0 - 85A}{1.08} = -49.1898$$

根据该线性方程得解，1 Call=0.6250 Shares+（-49.1898）Bonds。如果股票价格上涨，

买入0.6250份股票且以8%的利率借入49.1898份债券，就可以复制一份看涨期权：

看涨期权价格=0.6250×100+（−49.1898）=13.31（元）

这种定价方法是无套利定价法，如果两项资产或一组资产（这里是看涨期权和证券投资组合，0.6250 Shares−49.1898 Bonds）有相同的收益，那么其一定有相同的市场价格。

4.2.2　风险中性定价

假设股票当前的价格为S，股票未来的价格或上涨或下跌，且上涨和下跌的幅度是确定的。如果股票的未来价格或上涨到Su，u>1，或下跌到Sd，d<1，那么，依附于该股票的看涨期权价格是多少？为此，可以构造一个证券组合：购买Δ股股票，同时卖出1份买权，1年后投资组合价值见表4-6。

表4-6   无风险投资组合

投资组合	初始现金流量	到期价值	
		Su=125	Sd=85
买入Δ股股票	−100Δ	125Δ	85Δ
卖出1份买权	c	−25	0
合计	c−100Δ	125Δ−25	85Δ

表4-6中，到期日投资组合的价值分别为125Δ−25或85Δ，如果不存在风险，则投资组合的价值应该相等：

125Δ−25=85Δ

解得：

Δ=25÷40=0.6250

计算结果表明，如果现在买入0.6250股股票同时卖出1份买权，与到期时投资组合的价值是一样的。上述投资组合既然是无风险的，在不存在套利机会的条件下，其收益率一定等于无风险利率。因此，投资组合的到期价值为：

$125 × 0.6250 − 25 = 85 × 0.6250 = 53.1250$（元）

假设无风险利率为8%，则投资组合到期价值的现值为：

$$\frac{53.1250}{1 + 8\%} = 49.1898（元）$$

根据表4-6的资料，投资组合的初始价值为100Δ−c，则有：

$100Δ − c = 49.1898$

$c=100×0.6250−49.1898=13.31$（元）

将上述计算过程推而广之，可以得出期权价格计算的一般公式为：

$Su Δ − c_u = Sd Δ − c_d$

或 $Δ = \dfrac{c_u − c_d}{Su − Sd} = \dfrac{c_u − c_d}{S(u − d)}$

上式中的Δ为保值比率，即买权价格变动率与股票价格变动率之间的比率关系。在上例中，保值比率计算如下：

$$Δ = \frac{25 − 0}{100 × (1.25 − 0.85)} = 0.6250$$

保值比率说明：（1）股票价格每变动 1 个单位，买权价格变动 0.6250 个单位；（2）"Δ 值"的倒数表示套期保值所需购买或出售的期权份数，在这里，投资者可以购买 1 股股票同时卖出 1.6 份买权，这与前述购买 0.6250 股股票同时卖出 1 份买权是相同的。

上式表明，如果 Δ=0.6250，无论股票价格上升还是下跌，该组合的价值都相等。显然，该组合为无风险组合，因此，我们可以用无风险利率对（$Su\Delta - c_u$）或（$Sd\Delta - c_d$）进行折现来求该组合的现值。在无套利机会的假设下，该组合的收益现值应该等于该组合的成本：

$$S\Delta - c = \frac{Su\Delta - c_u}{1 + r}$$

$$c = \frac{S\Delta(1 + r) - Su\Delta + c_u}{1 + r} = \frac{S\Delta\big[(1 + r) - u\big] + c_u}{1 + r}$$

将保值比率代入上式，再对各项进行重新组合，就可得到看涨期权的价值为：

$$c = \frac{1}{1 + r}\left\{c_u\left[\frac{(1 + r) - d}{u - d}\right] + c_d\left[\frac{u - (1 + r)}{u - d}\right]\right\}$$

为简化上式，可令：

$$p = \frac{(1 + r) - d}{u - d}, \quad 1 - p = \frac{u - (1 + r)}{u - d}$$

就可得到：

$$c = \frac{pc_u + (1 - p)c_d}{1 + r}$$

我们称 p 为风险中性概率（risk-neutral probability），这一概率总是大于 0 而小于 1，所以具有概率性质。在一个风险中立的世界里：（1）所有可交易证券的期望收益率都是无风险利率；（2）未来现金流量可以用其期望值按无风险利率折现。根据表 4-6 的数据，风险中性概率以及看涨期权价值的计算如下：

$$p = \frac{(1 + r) - d}{u - d} = \frac{(1 + 8\%) - 0.85}{1.25 - 0.85} = 0.5750$$

$$1 - p = \frac{u - (1 + r)}{u - d} = \frac{1.25 - (1 + 8\%)}{1.25 - 0.85} = 0.4250$$

$$c = \frac{0.5750 \times 25 + 0.4250 \times 0}{1 + 8\%} = 13.31 \text{（元）}$$

事实上，股价变动的概率（p）已经隐含在下面的等式中：

125p+85（1-p）=100×（1+8%）

解上式得出概率（p）为 0.5750，也就是说，1 年后股价或涨至 125 元或跌至 85 元的股票之所以当前价格为 100 元，是因为投资者总体上已经对股票未来价格波动的概率有一个预期，即预计股票上涨或下跌的概率分别为 0.5750 和 0.4250，利用这一概率我们可以计算出买权 1 年后的预期价值为：

0.5750×25+0.4250×0=14.3750（元）

在一个没有风险的中立世界里，1 年后的 14.3750 元在当前的价值（以无风险利率进行折现）为：

$$\frac{14.3750}{1 + 8\%} = 13.31 \text{（元）}$$

比较以上两种方法可以看到，无套利定价法和风险中性定价法实际上具有内在的一致性。在无套利定价过程中，并没有考虑标的资产价格上升和下降的实际概率，但从 p 在公式中的地位和特征上看很像概率，因此，p 常被称作假概率。将 p 解释为股票价格上升的概率相当于假设股票的收益率等于无风险利率。如果与证券相关的资本市场上的投资者都是风险中性者，那么，投资者要求的收益率就等于无风险利率。

在这种风险中性假设下，看涨期权及看跌期权的定价可以表述如下：

$c = [0.5750 \times \max(100 \times 1.25 - 100, 0) + 0.4250 \times \max(100 \times 0.85 - 100, 0)] \div 1.08 = 13.31$（元）

$p = [0.5750 \times \max(100 - 100 \times 1.25, 0) + 0.4250 \times \max(100 - 100 \times 0.85, 0)] \div 1.08 = 5.90$（元）

除了采用风险中性定价该股票的看涨期权和看跌期权外，也可以通过建立买-卖权平价关系定价：

$S + p = c + PV(K)$

$100 + 5.90 = 13.31 + 100 \div (1 + 8\%)$

注意，看跌期权-看涨期权平价中的现值 PV（K）：在连续时间框架（标准 Black-Scholes 框架）中，$PV(K) = Ke^{-rT}$；在本例中，现值 PV（K）采用的是离散时间，即 $PV(K) = K \div (1 + r)$。

4.2.3 多期二项式期权定价

单期二项式模型虽然比较简单，但已经包含了二项式定价模型的基本原理和方法，因此可以进一步拓展到多期二项式模型。二项式模型的基本原理是将期权的有效期分为很多很小的时间间隔 Δt，并假设在每一个时间间隔 Δt 内标的资产 S 价格只有上升或下降两种可能。图 4-9 描述了二项式模型的一般表现形式。图 4-9 中，每一个数值称为一个节点，每一条通往各节点的线称为路径。"u" 和 "d" 分别代表标的资产上升或下降为原来数值的倍数，"u" 和 "d" 的数目表示上升或下降的次数。例如，当时间为 0 时，证券价格为 S；当时间为 Δt 时，证券价格要么上涨到 Su，要么下降到 Sd；当时间为 $2\Delta t$ 时，证券价格就有三种可能，即 Su^2、Sud（等于 S）和 Sd^2，依此类推。一般而言，在 $i\Delta t$ 时刻，证券价格有 $i + 1$ 种可能。需要说明的是，在较大的时间间隔内，这种二值运动的假设是不符合实际的，但当时间间隔非常小，且在每个瞬间，资产价格只有两个方向变动时，其假设是可以接受的。因此，二项式模型实际上是用大量离散的小幅度二值运动来模拟连续的资产价格运动。

图 4-9 中，根据每个节点标的资产的价格，采用倒推法计算每个节点的期权价格，即从结构图的末端 T 时刻开始倒推。由于在到期 T 时刻的预期期权价值是已知的，例如，买权价值为 $\max(S_T - K, 0)$，卖权价值为 $\max(K - S_T, 0)$。在风险中性条件下，求解 $T - \Delta T$ 时刻每一节点上的期权价值，都可以通过将 T 时刻的期权价值的预期值在 Δt 时间长度内以无风险利率 r 折现求出。同理，求解 $T - 2\Delta T$ 时刻每一节点上的期权价值，也可以将 $T - \Delta t$ 时刻的期权价值的预期值在时间 Δt 内以无风险利率 r 折现求出，依此类推。采用这种倒推法，最终可以求出零时刻（当前时刻）的期权价值。

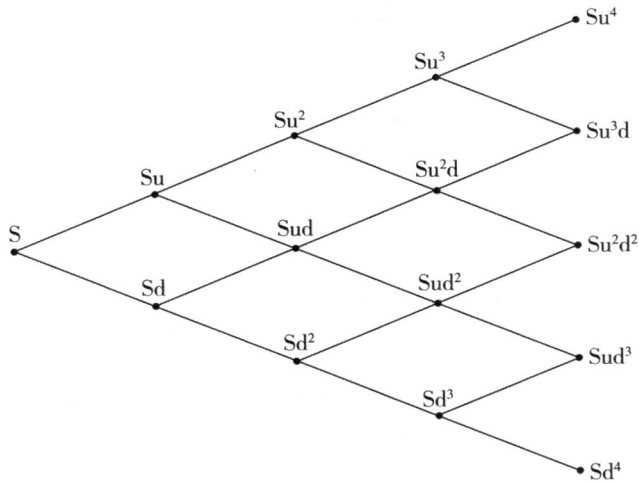

图 4-9　二项式模型一般表现形式

【例 4-4】某股票当前价格为 50 元，考虑 3 个阶段（每个阶段间隔为 0.25 年）的价格变化，假设每个阶段股票价格可能上涨或下跌 20%，同期无风险债券利率为 2.02%，现有一份股票看涨期权，执行价格 K 为 52 元，计算该看涨期权的价格。

首先，计算不同时点上升或下跌时的股票价格，如图 4-10 上半部分所示。

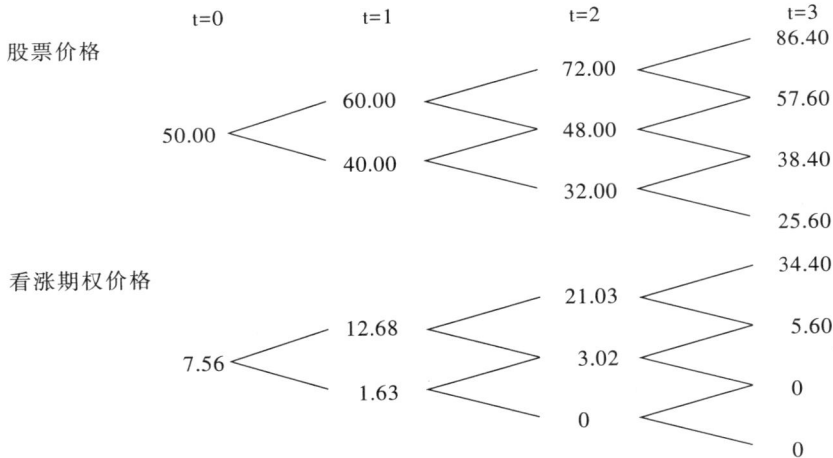

图 4-10　三期二项式期权定价（单位：元）

其次，计算风险中立概率为：

$$p = \frac{(1 + r) - d}{u - d} = \frac{(1 + 2.02\%) - 0.80}{1.20 - 0.80} = 0.5505$$

$$1 - p = \frac{u - (1 + r)}{u - d} = \frac{1.20 - (1 + 2.02\%)}{1.20 - 0.80} = 0.4495$$

最后，计算图 4-10 下半部分各个节点的期权价格。图 4-10 中，在三期结束时（t=3），股票价格和期权价格计算方式见表 4-7。

当 t=2 时，根据风险中性概率（这个概率依赖于股票运动的状态和市场利率）计算三个节点的期权价格为：

表4-7 　　　　　　　　　　　股票价格和期权价格（t=3）　　　　　　　　　　　单位：元

状态	股票价格	期权价格
价格三次上涨	$86.40 = Su^3 = 50 \times 1.20^3$	$34.40 = \max（86.40-52，0）$
价格两次上涨，一次下跌	$57.60 = Su^2d = 50 \times 1.20^2 \times 0.80$	$5.60 = \max（57.60-52，0）$
价格一次上涨，两次下跌	$38.40 = Sud^2 = 50 \times 1.20 \times 0.80^2$	$0 = \max（38.40-52，0）$
价格三次下跌	$25.60 = Sd^3 = 50 \times 0.80^3$	$0 = \max（25.60-52，0）$

$21.03 =（0.5505 \times 34.40 + 0.4495 \times 5.60）\div 1.0202$

$3.02 =（0.5505 \times 5.60 + 0.4495 \times 0）\div 1.0202$

$0 =（0.5505 \times 0 + 0.4495 \times 0）\div 1.0202$

Excel在期权定价
中的应用

当t=1时，两个节点的期权价格为：

$12.68 =（0.5505 \times 21.03 + 0.4495 \times 3.02）\div 1.0202$

$1.63 =（0.5505 \times 3.02 + 0.4495 \times 0）\div 1.0202$

当t=0时，期权价格的计算如下：

$7.56 =（0.5505 \times 12.68 + 0.4495 \times 1.63）\div 1.0202$

二项式期权定价

上述计算表明，看涨期权价值等于以无风险利率折现的两个期间的期望值（此处采用风险中性概率计算）。三期二项式模型可以推广为多期二项式期权定价模型。

以上是欧式期权的情况，如果是美式期权，就要在二项式结构的每一个节点上，比较在本时刻提前执行期权，或者继续再持有t时间，到下一时刻再执行期权，选择其中较大者作为本节点的期权价值。

● 4.3　布莱克-斯科尔斯模型

4.3.1　B-S模型的基本思想

二项式模型是通过投资组合的价值关系确定期权价值的。这种方法虽然简单，但在现实生活中很难实行。这是因为在期权有效期内，标的资产（股票）价格的变化不仅局限于两种情况，而且股票价格的变化是连续性的，在每一瞬间，股票价格都会发生变化，由此会引起期权价值的变化。因此，我们必须从动态的角度研究每一瞬间的期权价值。美国学者 Fischer Black 与 Myron Scholes 于1973年在《期权估值与公司债务》一文中提出了期权估值模型（简称B-S模型），将财务理论推向了一个崭新的阶段。

在B-S模型中，主要的假设条件包括：①资本市场是完善的，没有交易手续费、税负、保证金、融资限制等；②存在一个无风险利率，在期权有效期内其不会变动，投资者可以此利率无限制地借款和贷款；③标的资产价格的变动是连续的，在一段极短（infinitesimal）的时间内，标的资产的价格只能有极微小的变动，即排除了跳空上涨或跳空下跌的可能性；④期权为欧式的；⑤标的资产在期权有效期内不支付股利和利息；⑥标的资产的价格变动符合几何布朗运动，其主要特点是每一个小区间内标的资产的收益率服从正态分布，且不同的两个区间内的收益率相互独立；⑦市场提供了连续交易的机会。

B-S模型的基本思路是利用期权和有关证券组合，进行无风险投资保值，导出期权估价模型。在表4-6的投资组合中，当股票价格上升ΔS时，投资者在卖出买权这一交易中损失了$1.6 \times 0.625 \Delta S$或$\Delta S$，但在股票投资上赚取了$\Delta S$，所以组合投资价值为零，也就是说，组合资产的$\Delta$值为零，这样的组合资产称为$\Delta$中立（delta neutral）组合。但资产组合保持中立只是暂时的，随着股票价格和时间的变动，同一期权的Δ值也会发生变化，因此，投资者必须不断调整其投资组合，使买入股票与卖出买权的数量比例始终维持与Δ值的比值为倒数关系。在连续调整过程中，所有的资本都必须在该投资组合中周转，称为自我融资（self-financing），亦即期初的支出（如$100-1.6c$）一经确定，投资者不应再动用自己的任何资金。

在无风险、无套利与自我融资的情况下，投资者会一直赚取无风险利率，此时再将股价波动的随机过程纳入，便可导出财务理论史上具有深远意义的买权评价公式：

$$c = SN(d_1) - Ke^{-rT}N(d_2) \tag{4-4}$$

$$d_1 = \frac{\ln(S/K) + (r + \sigma^2/2)T}{\sigma\sqrt{T}} \tag{4-5}$$

$$d_2 = d_1 - \sigma\sqrt{T} \tag{4-6}$$

式中：c表示买权价值；S表示标的资产现行市场价格；K表示行权价格；r表示无风险利率（按连续复利计算）；σ表示标的资产价格波动率（volatility）；T表示期权距到期日的时间；$N(x)$表示标准正态分布的累积概率分布函数（某一服从正态分布的变量小于x的概率），根据标准正态分布函数特性，可知：$N(-x) = 1 - N(x)$。

从B-S期权定价模型的经济含义来看，$N(d_1)$等于保值比率Δ，反映了标的资产变动一个很小单位时，期权价格的变化量。或者说，如果要避免标的资产价格变化给期权价格带来的影响，一个单位的看涨期权多头，就需要Δ单位的标的资产空头加以保值。$N(d_2)$实际上是在风险中性世界里S_T大于K的概率，或者说是欧式买权被执行的概率，因此，$Ke^{-rT}N(d_2)$是K的风险中性期望值的现值。$SN(d_1) = e^{-rT}S_T N(d_1)$是$S_T$的风险中性期望值的现值。因此，整个欧式买权公式就可以被看作期权未来预期收益的现值，即买权价值等于标的资产价格期望现值减去行权价格现值。

【课堂拓展】期权定价模型的灵感

令人们感到惊讶的是，Fischer Black 和 Myron Scholes 事后回忆说，他们首创的那项改变世界的重大发现，其灵感竟然来自赌场。他们假设有一个疯狂的亿万富豪赌客，提出用1亿美元和赌场老板进行一场赌博。双方约定，通过简单的游戏决定胜负。投掷3次骰子，如果3次投掷的结果均为"小"，那么，赌场老板就必须赔付亿万富豪8亿美元，而如果在3次投掷中，只要有一次出现"大"的结果，赌客就将其1亿美元的赌注输给赌场老板。我们都知道，在3次投掷的过程中，结果全部都是"小"的概率为：$(1/2) \times (1/2) \times (1/2) = 1/8$，因此，赌客提出的$1:8$的赔付条件是公平的。因为他只有1/8的机会赢得8亿美元的赌注，而赌场老板有7/8的机会赢得1亿美元的赌注。现在的问题是：如果该赌场的总资产仅有100万美元，那么，赌场老板是否应该接受这个亿万富豪的挑战？赌场老板应该以什么样的代价邀请其他赌客对冲其与亿万富豪的赌博风险，使其顺利地进入下一轮的投掷？

课堂拓展
讨论指引

4.3.2　B-S模型的计算方法

根据公式（4-4）和公式（4-5），B-S模型中的期权价格取决于下列五个参数：标的资产市场价格、行权价格、到期期限、无风险利率和标的资产价格波动率（标的资产收益率的标准差）。在这些参数中，前三个较容易获得确定的数值，但无风险利率和标的资产价格波动率则需要通过一定的计算确定。

1）估计无风险利率

在发达的金融市场上，可选择国债利率作为无风险利率的估计值。但由于国债利率通常为年名义利率，因此需要将其转化为按连续复利方式表达的利率。此外，如果利率期限结构曲线倾斜严重，那么，不同到期日的收益率很可能相差很大，必须选择距离期权到期日最近的那个国债利率作为无风险利率。

2）估计标的资产价格波动率

（1）历史波动率

历史波动率是指从标的资产价格的历史数据中计算出价格收益率的标准差。计算波动率时，可以采用统计学中计算样本均值和标准差的简单方法。首先，从市场上获得标的资产（如股票）在固定时间间隔（如每日、每周或每月等）的价格；其次，对于每个时间段，求出该时间段末的股价与该时间段初的股价之比的自然对数；最后，求出这些对数的标准差，再乘以一年中包含的时段数的平方根（选取时间间隔为天，按交易日计算，一般每年按252个交易日计算，即乘以$\sqrt{252}$），得到的即为历史波动率。

表4-8列示了IBM公司11个交易日的收盘价（2016年10月20日至2016年11月3日），据此可以得到11个交易日的收益率及波动率信息，据此说明波动率计算方法。

表4-8　　　　　　　　　　　　　IBM股票历史波动率数据

日期	调整后收盘价（美元）	收益率 $\ln r_t$	$(\ln r_t - \bar{r})^2$
2016/10/20	151.52		
2016/10/21	149.63	−1.26%	0.00017
2016/10/24	150.57	0.63%	0.00003
2016/10/25	150.88	0.21%	0.00000
2016/10/26	151.81	0.61%	0.00003
2016/10/27	153.35	1.01%	0.00009
2016/10/28	152.61	−0.48%	0.00003
2016/10/31	153.69	0.71%	0.00004
2016/11/01	152.79	−0.59%	0.00004
2016/11/02	151.95	−0.55%	0.00004
2016/11/03	152.37	0.28%	0.00000
合计		0.56%	0.00048

资料来源：根据http://finance.yahoo.com/调整后收盘价计算整理而得.

根据表 4-8，计算股票收益率的均值、标准差如下：

$$收益率均值(\bar{r}) = \frac{1}{n}\sum_{t=1}^{n}\ln r_t = \frac{0.56\%}{10} = 0.056\%$$

$$收益率标准差\left(\sigma_日\right) = \sqrt{\frac{1}{n-1}\sum_{t=1}^{n}(\ln r_t - \bar{r})^2} = \sqrt{\frac{0.00048}{9}} = 0.00005$$

$$\sigma_年 = \sigma_日 \times \sqrt{252} = 0.00005 \times \sqrt{252} = 0.0007937$$

在上述例子中，采用 11 天股票价格的历史数据（或 10 个收益率观测值）计算的波动率（日标准差）为 0.005%，年标准差为 0.07937%。从这 11 个交易日的收盘价来看，IBM 股票价格在 149.63~153.69 美元之间波动。在实务中，收益率标准差可以按日、按周或按月数据计算。时间跨度可根据需要选择短期（一年之内）或长期（一年以上）。从统计的角度来看，时间越长、数据越多，收益标准差的精确度越高。但是，资产价格收益率的波动率却常常随时间而变化，过长的时间段反而可能降低波动率的精确度。因此，计算波动率时，需要注意选取距离估价日较近的时间，一般的经验法则是设定度量波动率的时期等于期权的到期日。

在 B-S 公式所用的参数中，有三个参数与时间有关：到期期限、无风险利率和波动率。值得注意的是，这三个参数的时间单位必须相同，或者同为日、周，或者同为年。

（2）隐含波动率

从 B-S 期权定价模型本身来说，公式中的波动率指的是未来的波动率数据，即投资者对未来标的资产波动率的预期。历史波动率并不能很好地反映这种预期值，为克服这一缺陷，可以采用隐含波动率。B-S 期权定价模型所要求的 5 个参数中，有 4 个是可以直接观测的，即 S、K、r 和 T；只有一个参数，即股票价格波动率 σ 是不可以直接观测的。在实务中，其可以根据 B-S 公式"倒推"计算得到。也就是说，可以将除波动率以外的参数和市场上的期权报价代入 B-S 公式，计算得到的波动率可以被看作市场对未来波动率的预期。由于 B-S 期权定价公式比较复杂，隐含波动率的计算一般需要通过计算机来完成。在实务中，也可以采用数据提供商提供的隐含波动率。

【例 4-5】根据表 4-2 的数据，在 IBM170421C00120000 合约中，买权的行权价格为 120 美元；期权到期日为 2017 年 4 月 21 日，在此期间扣除双休日、元旦等假期后，共有 115 个交易日，假设全年按 252 个交易日计算；隐含波动率为 42.94%（假设同期国债利率为 1.5%）。2016 年 11 月 3 日，IBM 股票收盘价为 151.95 美元，假设不考虑股利支付因素，按欧式期权计算的 IBM170421C00120000 买权合约的理论价值计算如下：

首先，计算 d_1 与 d_2。

$$d_1 = \frac{\ln(S/K) + (r + \sigma^2/2)T}{\sigma\sqrt{T}}$$

$$= \frac{\ln(151.95/120) + (1.5\% + 0.4294^2/2) \times 115/252}{\sqrt{0.4294^2 \times 115/252}} = 0.9824$$

$$d_2 = d_1 - \sigma\sqrt{T}$$

$$= 0.9824 - \sqrt{0.4294^2 \times 115/252} = 0.6923$$

其次，计算 N（d_1）和 N（d_2）。

N（d）可以根据标准正态分布①的累积概率分布函数表，查表计算得出。表中给出的是正态分布对称轴一侧的面积，如果 d>0，查表所得概率应加上 0.5；如果 d<0，查表所得概率应从 0.5 中减除②。

本例中的 N（d）数值计算如下：

$N(d_1) = N(0.9824) = N(0.98) = 0.3365 + 0.5 = 0.8365$

$N(d_2) = N(0.6923) = N(0.69) = 0.2549 + 0.5 = 0.7549$

由于分布函数表只列示小数点后的两位数，因此，上述是按 N（d_1=0.98）和 N（d_2=0.69）查表计算的，其计算结果不够准确。为此，可以根据 Excel 函数（NORMSDIST）得到上述参数，即在电子表格中输入：=NORMSDIST（d），按回车键后可以得到：

$N(d_1) = 0.837049$，$N(d_2) = 0.755626$

然后，计算买权理论价值。

$$
\begin{aligned}
c &= SN(d_1) - Ke^{-rT}N(d_2) \\
&= 151.95 \times 0.837049 - 120 \times e^{-0.015 \times 115/252} \times 0.755626 \\
&= 127.1896 - 90.0565 = 37.13 (\text{美元})
\end{aligned}
$$

根据买权平价关系，得到一个可以直接计算卖权价值（p）的公式：

$$
\begin{aligned}
p &= c + Ke^{-rT} - S \\
&= SN(d_1) - Ke^{-rT}N(d_2) + Ke^{-rT} - S \\
&= S[N(d_1) - 1] + Ke^{-rT}[1 - N(d_2)] \\
&= Ke^{-rT}N(-d_2) - SN(-d_1)
\end{aligned}
\tag{4-7}
$$

根据表 4-2 的数据，在 IBM170421P00080000 合约中，行权价格为 80 美元；到期日为 2017 年 4 月 21 日，在此期间共有 115 个交易日；假设隐含波动率为 44.26%；假设无风险年利率为 1.5%。则有：

$d_1 = 2.3180$	$N(d_1) = 0.9898$	$N(-d_1) = 1 - N(d_1) = 0.0102$
$d_2 = 2.0190$	$N(d_2) = 0.9783$	$N(-d_2) = 1 - N(d_2) = 0.0217$

2016 年 11 月 3 日，IBM 股票收盘价为 151.95 美元，假设不考虑股利支付因素，按欧式期权计算，IBM170421P00080000 卖权合约的理论价值计算如下：

$$
\begin{aligned}
p &= Ke^{-rT}N(-d_2) - SN(-d_1) \\
&= 80e^{-0.015 \times 115/252} \times 0.0217 - 151.95 \times 0.0102 \\
&= 0.1743 (\text{美元})
\end{aligned}
$$

根据 B-S 模型，在上述两个期权合约中，看涨期权理论价值为 37.13 美元，看跌期权理论价值为 0.1743 美元；两种期权理论价值估计的结果与表 4-2 列示的交易价格稍有差别。

严格地说，B-S 模型只适用于计算在无派息条件下的欧式股票期权的理论价值，但在进行必要的修正之后，该模型也可用于估算其他类型期权价值的理论值。现以美式期权和存在股利的情况为例加以说明。

通常，美式期权持有者在到期日之前的任意时间均可履约。由于美式期权提供了所有欧式期权所能提供的权利，而且提供了比欧式期权更多的机会，因此，其价值至少应等于

---

① 标准正态分布是指 E（r）=0，σ=1 的正态分布，从这个分布中抽取的数值小于 0 的概率为 50%，即 N（0）=50%。

② 在以后的例题中，d_1 和 d_2 均保留小数点后四位，采用 Excel 函数进行计算。

或大于与其同等的欧式期权的价值。通常，在无股利的情况下，美式期权不应提前执行。如果提前支付行权价格，那么，履约者不仅放弃了期权，而且放弃了货币的时间价值。如果不提前履约，在其他条件一定的情况下，美式期权与欧式期权的价值才会相等。只有在支付股利的情况下，美式期权与欧式期权的估价方法才有所不同。

一般情况下，公司发放股利后，会使股票价格在除息日后按一定幅度下降，因而引起买权价值下跌。事实上，现金股利代表公司对具有相应权利的股东而非期权持有者的部分清偿，如果公司支付清算性股利，那么股票价格将降为 0，期权价值也将降为 0。在其他条件不变的情况下，期权到期之前支付股利的现值越大，期权的价值就越小。在 B-S 模型中，对存在股利的标的股票进行调整的一种方法，就是将所有至到期日为止的预期未来股利的现值从股票的现行市价中扣除，然后按无股利情况下的 B-S 模型计算期权价值。如果预期标的资产的股利收益（y=股利÷股票的现值）在寿命周期内保持不变，则 B-S 模型可改写为：

$$c = Se^{-yT}N(d_1) - Ke^{-rT}N(d_2) \tag{4-8}$$

$$d_1 = \frac{\ln(S/K) + (r - y + \sigma^2/2)T}{\sigma\sqrt{T}} \tag{4-9}$$

上式中 d_2 的计算与公式（4-6）相同。在 B-S 模型中，考虑股利的结果是降低了买权价值，这种调整方法简单易行，但仍然没有考虑提前履约的可能性。

【例 4-6】2017 年 3 月 17 日，IBM 股票价格为 175.65 美元，按连续型收益计算的年度标准差为 17.31%（本例是根据 IBM 股票在 2012 年 1 月至 2016 年 12 月期间按调整后收盘价计算的 60 个月的收益率，并以此为基础计算月度标准差和年度标准差），2017 年 6 月 16 日到期国债收益率为 2.92%。IBM 股票欧式看涨期权（IBM170616C00160000）的执行价格为 160 美元，欧式看跌期权（IBM170616P00160000）的执行价格为 160 美元。到期日均为 2017 年 6 月 16 日的两种期权的到期时间为 0.2493 年；假设股利支付率为 1%。采用 Excel 函数计算的 IBM 期权价值见表 4-9。

表 4-9　　　　　　　　　　布莱克-斯科尔斯期权定价（连续股利）

参数	数额	说明
S	175.65	当前的股票价格（美元）
K	160	行权价格（美元）
r	2.92%	年度无风险利率
T	0.2493	到期期限
Sigma	17.31%	历史波动性，σ
y	1%	股利支付率
输出		
d_1	1.1784	<--=（LN（S/K）+（r-y+0.5*sigma^2）*T）/（sigma*SQRT（T））
d_2	1.0919	<--= d_1-sigma*SQRT（T）

续表

参数	数额	说明
N（d_1）	0.8807	<--= 使用公式 NormSDist（d_1）
N（d_2）	0.8626	<--= 使用公式 NormSDist（d_2）
c（看涨期权）	17.2951	<--= S*EXP（-y*T）*N（d_1）-K*EXP（-r*T）*N（d_2）
-d_1	-1.1784	<--= -d_1
-d_2	-1.0919	<--= -d_2
N（-d_1）	0.1193	<--=1-N（d_1）
N（-d_2）	0.1374	<--=1-N（d_2）
p（看跌期权）	0.9219	<--call price -S + K*EXP（-r*T）：用看跌-看涨期权平价定理（美元）
p（看跌期权）	0.9219	<--K*EXP（-r*T）*N（-d_2）-S*EXP（-y*T）*N（-d_1）：直接用公式（美元）

4.3.3　B-S参数分析

IBM期权定价

以上所讨论的只是期权价值理论上的价值构成，期权价值的形成和确定受多种因素的影响，如宏观经济形势、期权市场供求状况以及交易者的心理预期等。其中较为重要的因素有以下六种：

（1）标的资产市价（S）：买权价值与S呈正向变动关系，S越高（低），买权价值越大（小）；卖权价值与S呈负向变动关系，S越高（低），卖权价值越小（大）。

（2）行权价格（K）：买权价值与K呈反向变动关系，K越高（低），期权买方盈利的可能性越小（大），因而买权价值越小（大）；卖权价值与K呈正向变动关系，K越大（小），卖权盈利的可能性就越大（小），卖权价值就越大（小）。

（3）合约剩余有效期（T）：由于期权具有时间价值，且与合约剩余有效期长短呈正向变动关系，因此，在一般情况下，买权价值和卖权价值均与T呈正向变动关系。但对于欧式期权来说，由于欧式期权只能在到期日履约，因而也可能在买方履约愿望较强时，出现T越短、期权价值越高，T越长、期权价值越低的情况。

（4）标的资产价格的波动性或风险性（σ）：σ通常以标的资产收益率的标准差来衡量，但标准差只衡量离中趋势，并未指明S会向哪侧波动，而且正反方向的波动机会均等，如正向波动，买权持有者有无限的获利空间；如负向波动，买权因可弃权，受损程度有限，两相抵消后仍以正向波动的好处较大，因此σ与c有正向变动关系。对卖权而言，若S负向波动，卖权有较大的获利空间；若S正向波动，卖权因可弃权而使损失有限，两相抵消后仍以负向波动的好处较大，因此σ与P也有正向变动关系。

（5）利率（r）：买权是在一定时间内以固定价格购买标的资产的权利，利率越高，行权价格的现值就越小，犹如履约成本减少，对买权有利；但行权价格是卖权出售标的资产时所能得到的款项，在利率上涨、现值降低时，犹如卖权的履约收入降低，因此r与c有正向变动关系，其与 p 有负向变动关系。

（6）标的资产的孳息（D）：在期权有效期内，股票可能发放股利，债券会有应计利息，外币会有其各自的汇率，这些都是所谓的孳息。这些孳息越多，S 就越有下降的趋势（如股票会因除息而跌价），对卖权有利，对买权不利，因此 D 与 c 有负向变动关系，其与 p 有正向变动关系。

本章小结

1. 期权价值在任一时点都是由内含价值和时间价值两部分组成的。当期权处于无价时，期权价值完全由时间价值构成；当期权处于平价时，期权价值完全由时间价值构成，且时间价值达到最大；当期权处于有价时，期权价值由内含价值和时间价值两部分构成。伴随着合约剩余有效期的减少而减少，期满时时间价值为零，期权价值完全由内含价值构成。

2. 买-卖权平价关系是指具有相同的行使价与到期日的金融工具，其卖权与买权价格之间存在的基本关系。如果两者不相同，则存在套利的空间。如果一个投资组合由一只股票和一个看跌期权组成，另一个投资组合由一个零息债券和一个看涨期权组成，那么，这两个投资组合的价值是一样的。

3. 无套利定价法和风险中性定价法实际上具有内在的一致性。在无套利定价过程中，并没有考虑标的资产价格上升和下降的实际概率，但从 p 在公式中的地位和特征上看很像概率，因此，p 常被称作假概率。将 p 解释为股票价格上升的概率相当于假设股票的收益率等于无风险利率。如果与证券相关的资本市场上的投资者都是风险中性者，那么，投资者要求的收益率就等于无风险利率。

4. 从 B-S 期权定价模型的经济含义看，$N(d_1)$ 等于保值比率 Δ，反映了标的资产变动一个很小单位时，期权价格的变化量。$N(d_2)$ 实际上是在风险中性世界里 ST 大于 K 的概率，因此，$Ke^{-rT}N(d_2)$ 是 K 的风险中性期望值的现值。$SN(d_1)=e^{-rT}S_TN(d_1)$ 是 ST 的风险中性期望值的现值。因此，整个欧式买权公式就可以被看作期权未来预期收益的现值，即买权价值等于标的资产价格期望现值减去行权价格现值。

5. B-S 模型中的期权价格取决于下列五个参数：标的资产市场价格、行权价格、到期期限、无风险利率和标的资产价格波动率（标的资产收益率的标准差）。在这些参数中，前三个较容易获得确定的数值；但是，无风险利率和标的资产价格波动率则需要通过一定的计算确定。

基本训练

1. 1995 年，当时日经指数在 10 000 点左右徘徊，而巴林银行在亚洲主管衍生金融工具业务的里森构造了一个非常"进取"的期权组合。他同时卖出了两项期权：（1）允许其他投资人在日经指数跌破 9 500 点时，仍然以 9 500 点的价格向巴林银行出售这些投资人所持有的指数投资；（2）允许其他投资人在日经指数涨过 10 500 点时，仍然以 10 500

点的价格从巴林银行手中收购指数投资。在这样的头寸安排下，如果日经指数在这些期权的结算到期日时，落在9 500点和10 500点之间，巴林银行就获得了出售两项期权所带来的收益。而一旦日经指数跌破9 500点或者涨过10 500点，巴林银行就要承担巨大的损失。其结果是，当结算日将近时，里森发现日经指数跌破9 500点，且有进一步下跌的趋势。为了挽回损失，他开始调动巴林银行的资金大量买入日经指数现货，以期通过这种手段将日经指数重新拉回9 500点以上的安全区。然而，日本阪神大地震的利空消息，令日经指数继续大幅下跌，巴林银行损失惨重，最终倒闭。请查询有关资料，绘制出里森构造的蝶式期权组合，分析导致巴林银行倒闭的原因，透过巴林银行倒闭事件，我们应当如何看待衍生金融工具？

2. 2006年4月27日，万华化学认股权证和认售权证在上海证券交易所挂牌上市，两个权证均为欧式权证，有关要素如下：两个权证的存续期均为1年；行权比例均为1，前者是1份认股权证可按行权价（9元）向公司购买1股万华化学A股股票，后者是1份认售权证可按行权价（13元）向公司出售1股万华化学A股股票；认股权证上市总数为5 657.6万份，认售权证上市总数为8 486.4万份。万华化学的蝶式权证类似于"宽跨式"（strangle）权证组合，但在一般的"宽跨式"权证组合中，认股权证的行权价高于认售权证的行权价，收益曲线呈现"_/"形状。请说明万华化学蝶式权证的特点与前文图4-6的区别，假设你是一个投资者，请解释这种蝶式权证对你的投资收益与风险的影响。

3. A股票价格为36元，行权价格为34元，无风险年利率为10%，当前9个月的欧式买权价格为6.4元，9个月的欧式卖权价格为3.6元。根据上述资料计算分析：

（1）根据买-卖权平价关系，在给定卖权条件下计算买权价值。

（2）根据买-卖权平价关系，在给定买权条件下计算卖权价值。

（3）将计算结果与买权或卖权现行价格比较，你认为应采用何种投资策略进行套利活动？试举例说明。

4. 假设一个四期二项式模型有如下特征：每期股价从上一期开始上涨25%或下跌15%（每个时期为1年）；股票当前价格为100元，无风险利率为8%（国库券年利率）；债券当前价格为1元。现有一份股票欧式看涨期权，执行价格为100元，期限4年，计算该看涨期权价格。

基本训练（1~4）
参考答案

5. 采用布莱克-斯科尔斯期权定价模型给下列情况定价：

（1）2017年3月17日，IBM股票价格为175.65美元，请计算在当前价格下的一个看涨期权价格，其执行价格为160美元，无风险利率为2.92%，期限为0.2493年，隐含波动率为17.31%。

（2）一个具有相同参数的看跌期权。

IBM期权价值
分析

（3）根据（1）和（2）的计算结果，对布莱克-斯科尔斯期权定价模型进行敏感性分析。关于敏感性分析，主要是应用模拟运算表功能求出变化，然后描绘结果图，以便直观地描述两个变量之间的关系。

①看涨期权价格对期初股票价格S变化的敏感性；

②看涨期权价格对σ变化的敏感性；

③看涨期权价格对到期时间T变化的敏感性；

④看涨期权价格对利率 r 变化的敏感性；

⑤看跌期权价格对执行价格 K 变化的敏感性；

⑥看跌期权价格对利率 r 的敏感性。

案例分析

深南电的主业是燃油发电，燃油计价成本在整个发电成本中占比很大，为规避油价上涨风险，2008 年，深南电与高盛子公司杰润签订了两份期权合约的确认书。

第一份确认书的有效期为 2008 年 3 月 3 日—2008 年 12 月 31 日，由三个期权合约构成。当浮动价（每个决定期限内纽约商品交易所当月轻质原油期货合约的收市结算价的算术平均数）高于 63.5 美元/桶时，深南电每月可获 30 万美元的收益（1.5 美元/桶×20 万桶）；当浮动价低于 63.5 美元/桶、高于 62 美元/桶时，深南电每月可得（浮动价-62 美元/桶）×20 万桶的收益；当浮动价低于 62 美元/桶时，深南电每月需要向杰润支付与（62 美元/桶-浮动价）×40 万桶等额的美元。

第二份确认书的有效期为 2009 年 1 月 1 日—2010 年 10 月 31 日，杰润在 18 点前拥有是否执行的选择权。当油价高于 66.5 美元/桶时，深南电每月可获 34 万美元的收益（1.7 美元/桶×20 万桶）；当油价高于 64.5 美元/桶、低于 66.5 美元/桶时，深南电每月可得（浮动价-64.5 美元/桶）×20 万桶的收益；当油价低于 64.5 美元/桶时，深南电每月需要向杰润支付与（64.5 美元/桶-浮动价）×40 万桶等额的美元。

以第一份确认书为例，杰润将一份简单的期权协议拆解成三份来描述，从表面上看很复杂，但仔细分析后可以发现，这份合约就是一份看跌期权，深南电和杰润分别是这一看跌期权的卖方和买方，合约双方损益如图 4-11 所示。

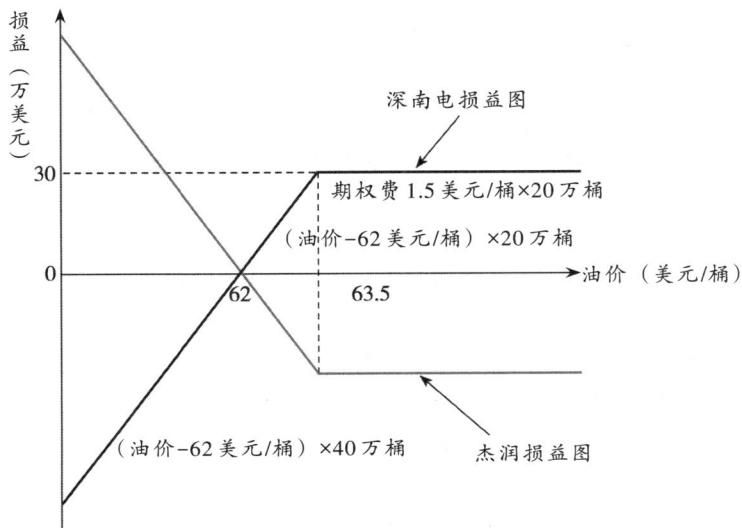

图 4-11　合约双方损益示意图

从本质上说，深南电卖出的是两个看跌期权，期权的有效期为 10 个月（2008 年 3 月—

2008年12月），由于合约按月执行，可以看作10份期权组合，合约签署时原油期货价格约为每桶100.75美元。期权1的标的物是20万桶原油，执行价格为每桶63.5美元，期权费为30万美元。期权2的执行价格为每桶62美元，期权费为零，合约规模视油价高低而不同：如果浮动价大于62美元/桶，期权合约规模为20万桶原油；如果浮动价低于62美元/桶，期权合约规模为40万桶原油。

当油价高于63.5美元/桶时，两份合约都不会被行权，深南电获得1.5美元/桶的期权费，每月为30万美元；当油价在每桶62美元到63.5美元之间时，期权1被行权，此时深南电被要求行权，盈亏为（浮动价-63.5美元）/桶，加上每桶1.5美元的期权费，总计盈亏为（浮动价-62美元）/桶；如果价格低于62美元/桶，期权1和期权2都被行权，深南电总体盈亏为2×（浮动价-62美元）/桶。

与第一份合约不同，第二份合约实际上是一个复合期权，杰润对合约具有优先选择权，即只有在国际原油价格有利于杰润时，其才会选择执行合约；对于深南电来说，这几乎没有任何避险功能。

合约签署后，国际原油价格经历了过山车般的大起大落。以纽约商品交易所12月份交货的轻质原油期货为例，2008年7月11日创下了147.27美元/桶的历史最高纪录；11月上旬开始跌破62美元/桶，到12月，国际油价已跌至40美元/桶；2009年7月油价重回60美元/桶以上。以WTI、布伦特、迪拜、阿曼、塔皮斯为例，2008年1月至2009年7月原油月平均价如图4-12所示。

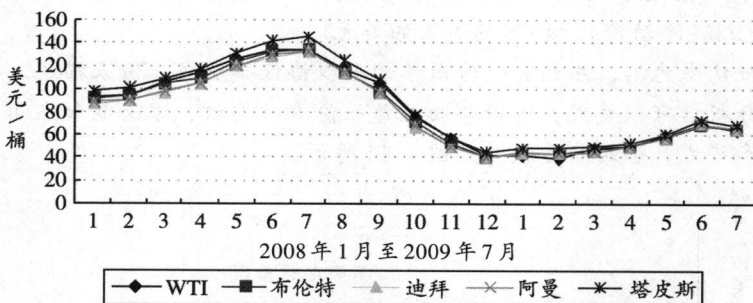

图4-12　2008年1月至2009年7月原油月平均价

资料来源：根据http：//www.cnpc.com.cn的数据计算整理而得．

根据上述资料，请回答下列问题：

（1）登录中国石油网http：//www.cnpc.com.cn/，以WTI为例，查询2008年1月至2010年12月原油月平均价。

（2）假设以2008年3月至12月WTI原油价为基数计算深南电与杰润第一份合约的损益。根据合约，从3月到10月，深南电应收到多少美元？由于油价10月下旬的交易盘中已跌破62美元，根据合约，深南电在11月和12月两个月份共亏损多少美元？

（3）假设第二份合约生效，不考虑现货市场影响和其他对冲手段，根据2009年1月至2010年10月的预测数据，深南电合约损益为多少？

（4）从合约的实际执行情况看，杰润付给深南电的210万美元（2008年3月至9月）已被划入其他应收款项下的暂收衍生金融工具合同；2008年10月下旬，由于合约披露等方面的原因，中国证监会要求深南电对两份石油衍生产品对冲合约限期整改；12月13日，合约双方宣布终止交易。终止交易对深南电和杰润分别有何影响和启示？

（5）深南电与杰润对赌的标的石油数量是 20 万桶，2008 年 3 月至 12 月，若纽约商品交易所原油价格高于 62 美元/桶，则深南电每月最高可获得 30 万美元的收益；若原油价格低于 62 美元/桶，则深南电需要向杰润支付（62 美元–浮动价）/桶×40 万桶的美元，也就是每下跌 1 美元，深南电需要向杰润支付 40 万美元。如此不公平的对赌协议，深南电为何会签署？

深南电油品合约
损益分析
参考答案

第5章

融资产品与公司价值评估

　　任何一个成功的公司都应拥有两种产品：商品产品和金融产品。前者为产品购买者提供各种消费品；后者为产品购买者提供各种投资工具。与公司其他高级主管不同的是，财务主管的主要工作是为公司的现在经营和未来增长提供资本。他们所出售的产品对公司的未来现金流量具有索取权，这种索取权必须通过包装和出售才能为公司带来现金流量。作为一种交换，金融产品（债券或股票）的购买者在获得对公司未来现金流量索取权的同时，也将资本的使用权让渡给了公司。为了既能满足公司的需要，又能吸引潜在的投资者，财务主管必须针对投资者的偏好设计和提供不同的金融品种。这就要求他们必须熟知资本市场的运作规律，精通各种融资产品的特点、价格、包装、发行等融资选择的基本理论与技术。从公司的角度分析，金融产品主要指与公司融资相关的金融资产，如发行的股票或债券等。关于公司股票或债券的价值评估，不仅是公司融资定价之需，也是投资者评估公司价值之需。威廉姆斯（Williams，1938）认为资产定价的关键要素表现为四个方面：第一，你必须将自己视为资产的所有者并且像你评估一个私有企业那样来评估一家股份公司；第二，你必须对公司未来的盈利潜力进行估计；第三，你必须确定未来的盈利波动状况；第四，你必须用一定的折现率对未来现金流量进行调整。威廉姆斯最重要的贡献是其第一次将复利模型引入资产定价，提出了股利折现定价模型。他认为资产价值是由其内在价值决定的。对于股票来说，内在价值就是其未来现金流量（股利、股票出售价格）的现值。巴菲特认为现值估价法可以计算不同投资类型的价值，包括政府债券、公司债券、普通股票、住房建筑、油井以及农场。

　　通过本章的学习，你可以掌握股权自由现金流量和公司自由现金流量的确定方法；掌握乘数估价法的类型和估价的基本方法；熟悉债券价值评估方法和利率的决定因素；了解认股权证、可转换债券定价的基本思想和方法；了解股票与债券的隐含期权价值及分析方法。

● 5.1　股票价值评估

5.1.1　价值评估方法

　　金融资产或融资产品的买卖价格（值）与商品的买卖价格（值）不同，后者的价值判断取决于其给购买者带来的消费效用，前者的价值判断取决于其给持有者带来的预期收益。美国著名评估学者Shannon P. Pratt认为公司股票、债券的购买者真正要买什么，是管理者，是市场，是技术，还是产品。其实，他们真正要买的是（这些资源）一连串回报，这里的"一连串回报"指的就是公司的内在价值（股票价值+债券价值）。

根据这一定义，可以从两个方面理解公司的内在价值：从现金流量产生的角度看，公司价值是指公司拥有的核心资产运营所产生的价值；从现金流量去向的角度看，公司价值是指公司所有出资人（包括债权人、股东）共同拥有的公司运营所产生的价值，既包括股权的价值，也包括债务的价值。在价值评估中，通常以股权价值为落脚点，经常直接评估股票价值，或者用公司价值减去净债务价值来得到股权价值。根据不同的评价基础，价值评估方法见表5-1。

表 5-1　　　　　　　　　　　　　　　　价值评估方法

以资产为基础	以收益为基础	以现金流量为基础	以价值创造动因为基础	以期权为基础
账面价值 清算价值 重置价值 ……	市盈率乘数 销售收入乘数 EBITDA乘数 ……	股利现金流量 股权自由现金流量 公司自由现金流量 ……	剩余收益 经济增加值（EVA） 经济利润（EP） 现金增加值（CVA）	B-S期权定价模型 实物期权估价模型

按照国际通行做法，股票价值评估一般分为两步：一是评估股票或公司的内在价值；二是发现股票市场价格。前者是根据折现现金流量法、乘数估价法等模型进行评估，确定股票的理论价格；后者是以理论价格为基础，根据不同的情形进行调整，确定股票的市场价格。

例如，在公司IPO定价中，发行公司必然存在一定的特殊因素，通过一些单纯的指标或模型计算所确定的新股发行价格或价格区间，难以包含所有关于发行人、承销商等的信息，比如特殊的股本结构、表外资产、不可计量的债务等。在IPO定价中，可以根据特殊事件影响方向，主观地调高或调低定价、扩大或缩小定价区间，这一调整主要取决于承销商在事前对公司、市场所进行的调查与分析的质量；而对新股发行价格的具体调整幅度，则更多地取决于定价人员的经验与判断。此外，还要调整不可预见因素。在特殊的证券市场环境下，一些不包含在新股发行理论定价指标中的不可预见因素，往往也会对新股的市场定位产生极大的影响，从而导致最终的市场定价远远偏离所计算出的新股发行理论价格。这些不可预见因素主要包括二级市场可能出现的突发性变化等。某些政策性因素也会对市场产生极其深远的影响。

5.1.2　折现现金流量法基本模型

折现现金流量法（discounted cash flow，DCF）起源于1908年费雪提出的折现理论，后经过历代诺贝尔奖经济学家的调整修正成为估值的主流方法。根据这一理论，一项资产的价值等于该项资产预期现金流入量的现值。因此，价值评估的基本模型可描述为：

$$PV_0 = \sum_{t=1}^{\infty} \frac{CF_t}{(1+r)^t} \tag{5-1}$$

式中：PV_0表示资产在第0期的价值；CF_t表示第t期预计现金流量；r表示折现率。

公式（5-1）假设公司是永续经营的，至少从理论上可以创造永续现金流，但这种假设并不现实。由于公司是一个持续经营的实体，其寿命一般是不可预知的。为了合理预测公司价值，一般将未来现金流量分为两部分：一是预测期（N）内的现金流量；二是预测期后（存续期）的现金流量。因此，股票价值评估模型可表现为：

$$PV_0 = \sum_{t=1}^{N} \frac{CF_t}{(1+r)^t} + \frac{TV_N}{(1+r)^N} \tag{5-2}$$

式中：TV_N 表示存续期现金流按资本成本折现到第 N 期的价值。

虽然可以采用不同的方法来确定 TV_N，但是最能体现持续经营下内生性价值的方法是假设第 N 期之后的现金流以固定速率（g_n）持续增长，由此估值公式可表现为：

$$PV_0 = \sum_{t=1}^{N} \frac{CF_t}{(1+r)^t} + \frac{CF_{N+1}}{(r-g_n)(1+r)^N} \tag{5-3}$$

因为没有一家公司能够永远以高于宏观经济增长率的速度发展，所以，这种评估终值的方法只适用于公司为成熟企业之时。根据公式（5-3），决定股票价值的因素主要有现金流量、收益增长率、折现率、第 N+1 期以后现金流价值以及由此派生的其他因素。影响股票价值的因素，如图 5-1 所示。[①]

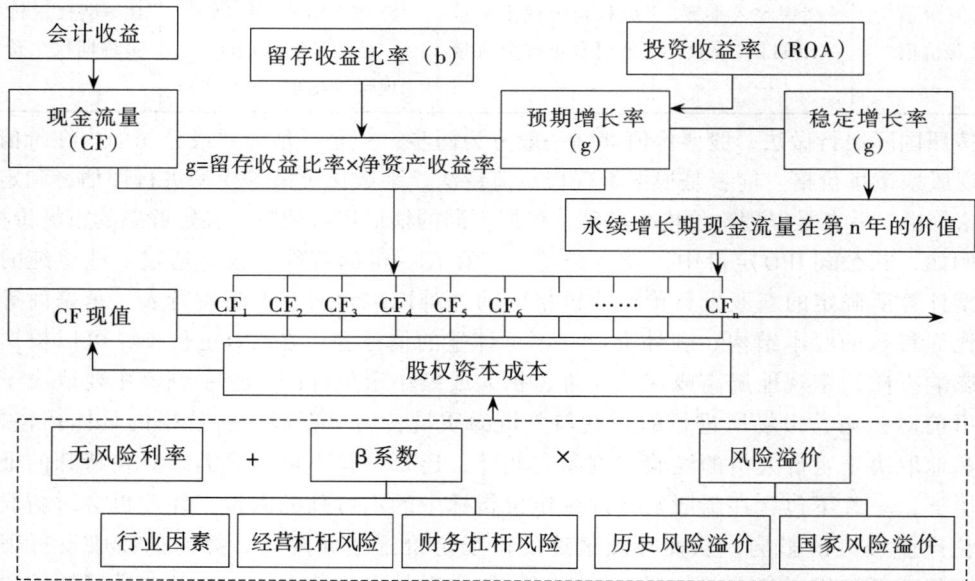

图 5-1　股票价值的影响因素

在 DCF 模型下，价值评估主要关注：第一，现有资产创造多少会计收益和现金流，预期这些收益和现金流的增长率是多少，现有资产所产生的收益和现金流能够持续多长时间。第二，未来增长带来多少价值，对于一些公司，尤其是处于初创期或者成长初期的公司，绝大部分价值都来源于未来的新增投资。第三，公司何时进入稳定增长期或成熟期，潜在障碍有哪些，即公司的高速增长期何时结束以及在这个时期期末应该赋予项目一个多大的终值。第四，现有资产和新增资产产生的现金流量风险有多大，无论是现有资产还是新增资产，其现金流量都是不确定的。折现通常用来处理不确定性，对于折现率（资本成

---

① DAMODARAN A. Investment valuation［M］. 2nd ed. New York：Wiley, 2002.

本）的估计，通常是参照 CAPM 模型思想，将无风险利率加上风险溢价视为合适的折现率。在折现现金流量法下，有关参数的估计方法如下。

5.1.3　估计现金流量

在评估股票价值时，既可以为股权投资者评估现金流（股利、股权自由现金流），也可以为所有资本投资者评估现金流（公司自由现金流），现简要说明现金流的估计方法。

1）现金股利

假设不考虑股票回购因素的影响，股票投资者的现金流量包括每期预期股利和股票出售时的预期价格。由于持有期期末股票的预计价格是由股票未来的股利决定的，因此，股票当前价格应等于无限期股利的现值。在实务中，许多盈利公司很少支付现金股利，而是将所有的收益用于再投资。股东虽然未得到股利，但可以通过出售股票（股价上涨时）获得资本利得。当有利的投资机会缩小时，公司就会开始支付股利（或回购其股份）。通常，公司通过扩大投资所获得的收益，至少可以与持股人接受股利所获得的收益相等。因此，利用现金股利评估股票价值时，通常假设公司会在未来某一时点支付股利，或者说，当公司清算或被并购时会支付清算性股利或回购股票而发生现金支付。

公司除了向股东提供现金股利外，也可以采取股票回购的方式向投资者返还现金，在这种情况下，股票投资者的现金流等于现金股利加上股票回购。与稳定的现金股利不同，股票回购在某些年份很多，而随后年份较少或一点也没有，在评估时，需要通过将一段时间（如5年）的回购额加以平均的方式，对回购额进行正常化，以便得到一个合理的年化值。

2）股权自由现金流量

股权自由现金流量（free cash flow to equity，FCFE）是指公司在支付所有营运费用、再投资支出、所得税、优先股股息和优先股净增加额，以及净债务支付（利息、本金支付扣除发行新债务的净额）后可分配给普通股股东的"剩余现金流"。根据资产负债表和利润表，可以推导出 FCFE 的计算公式为：

$$FCFE_t = NI_t + NCC_t - \Delta W_t - F_t - d_t + \Delta P_t + \Delta L_t \tag{5-4}$$

式中：NI 为净利润；NCC 为非现金支出净额；ΔW 为经营性营运资本追加支出；F 为资本支出；d 为优先股股利；ΔP 为优先股净增加额；ΔL 为债务净增加额（发行新债与偿还旧债之间的差额）。

FCFE 是以净利润（NI）为起点进行调整的，有关调整方式说明如下：

第一，调整非现金支出。非现金支出是指各种未引起现金流量变动的项目。例如，折旧、摊销，虽然计入成本，但并未引起现金流量的变化，因此应加回到净利润中；债券溢价（折价）摊销，通过减少（增加）财务费用影响净利润，同样未引起现金流量的变化，应从经营活动的现金流量中扣除（加回）；长期资产处置的收益（损失）之所以要扣除（加回），是因为资产重组的现金流量属于投资活动，因此当以净利润计算经营活动现金流量时，要进行一定的调整；递延所得税，虽然从长期来看，应交所得税和所得税费用是一致的，但是由于税法和会计对所得税确认的时间、口径不同，可能会产生递延所得税，因此在进行调整时，必须用递延所得税将所得税费用还原到公司本期实际应交税费。

第二，调整经营性营运资本追加支出（经营性营运资本$_t$−经营性营运资本$_{t-1}$）。为了正确反映与经营活动有关的营运资本的变化，应剔除与经营活动无关的项目。为此，可以采用下列公式计算经营性营运资本：

经营性营运资本=经营性流动资产-经营性流动负债　　　　　　　　　　　　　　　(5-5)

经营性流动资产=流动资产-超额现金-交易性金融资产　　　　　　　　　　　　　(5-6)

经营性流动负债=流动负债-短期借款--一年内到期的非流动负债　　　　　　　　　(5-7)

公式（5-6）的超额现金是指资产负债表中的货币资金超过最佳现金持有量的余额。

为简化，可直接用营运资本（流动资产-流动负债）支出代替经营性营运资本支出，或者直接根据营运资本占销售收入百分比的历史数据加以确定。

第三，调整资本性支出。资本性支出是指当年发生的非流动资产投资，包括固定资产投资、无形资产投资以及其他长期资产投资，如厂房的新建、改建和扩建，设备的更新、购置和新产品的试制、专利费用的支出等。获得资本性支出的信息主要来源于公司资产负债表和现金流量表中的投资现金净流量。此外，根据现金流量表计算资本性支出时，对处置长期资产所得的现金流量应予以扣除；公司发生的研究开发费用和经营性租赁费用应予以资本化处理，以便正确衡量公司的资本性支出。

第四，债务净增加额是指当期旧债偿还与发行新债之间的差额。如果当期新债以完全相同的规模替代旧债，那么这一项为零；如果当期新债发行额超过（少于）债务支付额，就会产生正（负）的现金流。此外，如果公司当期派发优先股股息或发行（赎回）优先股，都会引起现金流的变化。

现金股利和股权自由现金流量都是归属于股东的现金流。假设公司股利支付率为100%，如果公司当期没有发行新股和回购股票，那么，现金股利和股权自由现金流量相等。

股权自由现金
流量公式推导

3）公司自由现金流量

公司自由现金流量（free cash flow to firm，FCFF）是指公司在支付经营费用和所得税之后，向公司权利要求者（普通股股东、公司债权人和优先股股东）支付现金之前的全部现金流量。其计算公式为：

$$FCFF_t = [NI_t + NCC_t - \Delta W_t - F_t - d_t + \Delta P_t + \Delta L_t] + [d_t - \Delta P_t] + [I_t(1 - T_t) - \Delta L_t]$$

$$= NI_t + NCC_t - \Delta W_t - F_t + I_t(1 - T)$$

上述等式右方的第一项为归属于普通股股东的现金流量；第二项为归属于优先股股东的现金流量；第三项为归属于债权人的现金流量。整理上式后，可以得到公司自由现金流量公式为：

$$FCFF_t = EBIT(1 - T) + NCC_t - \Delta W_t - F_t \tag{5-8}$$

整理公式（5-8）后，可以反映出 FCFE 与 FCFF 之间的转换关系为：

$$FCFF_t = FCFE_t + d_t - \Delta P_t + I_t(1 - T_t) - \Delta L_t \tag{5-9}$$

上述公式中，FCFF 是在 FCFE 的基础上，加上优先股股利，减去优先股净增加额，加上税后利息费用，减去债务净增加额计算得出的。

FCFF 是对整个公司而非股权进行估价，但股权价值可以利用公司价值减去发行在外债务的市场价值得到。由于 FCFF 是债务偿还之前的现金流量，所以使用公司估价方法的好处是不需要明确考虑与债务相关的现金流量，而估计 FCFE 时必须考虑这些与债务相关的现金流量。在财务杠杆预期将随时发生重大变化的情况下，这一特点有利于简化计算，但在确定折现率时需要结合负债比率和利率等信息来计算加权平均资本成本。

　　由于公司是一个持续经营的实体，其寿命一般是不可预知的。为了合理预测公司价值，一般将未来现金流量分为两部分：一是预测期内的现金流量；二是预测期后（存续期）的现金流量。对于预测期内的现金流量需要逐期预测，一般以 5~10 年作为预测期最为普遍。随着预测期的延长，不确定性因素增多，预测的难度越大，预测的可靠性就越低。因此，逐期预测必须在某个最后期限停下来。这个最后期限是指当公司处于均衡状态时的年份或时点，即增量投资的预期收益率等于资本成本时的年份或时点。此时，公司无论采取何种利润分配政策（追加投资或发放股利）均不会影响公司价值。也就是说，如果公司将收益用于追加投资，只能取得相当于资本成本的报酬；如果将收益用于支付股利，股东同样可以找到同等风险、同等收益的投资机会。因此，为简化计算，可以假设预测期后，公司将当期收益全部用于发放股利，公司仅维持简单再生产。这样，在其他条件不变的情况下，预测期后的各年收益可视为永续年金，只要将其资本化，就可以计算预测期后公司现金流的现值。

　　除了逐期预测现金流量外，也可根据现金流量的不同增长率分阶段预测自由现金流量。在每一阶段，预期的现金流量按照某一模式增长。这样，每一阶段各年的现金流量就可描述为期初现金流量与增长率的函数。从增长率的变化模式来看，可以分为高速增长率、线性递减增长率（从高增长向低增长转换阶段）、稳定增长率。根据不同阶段的增长率预测各阶段的现金流量，并以不同阶段的资本成本将现金流折现，从而得到各阶段现金流的现值。

5.1.4　增长率

　　一家公司的价值主要取决于公司未来的预期现金流，因此，估计收益和现金流增长率是公司合理估价的关键。在实务中，一般采用历史增长率法和因素分析法预测增长率。

　　1）历史增长率法

　　通过财务报表计算出自由现金流量后，还要确定 FCFF 和 FCFE 各自的增长率。这两种现金流量的增长率通常是不相等的，其原因是公司自由现金流量是债务偿还前的现金流量（息税前利润），其增长不受财务杠杆比率的影响；FCFE 是债务偿还后的现金流量，财务杠杆可以通过净资产收益率（ROE）对 FCFE 增长率施加影响。因此，如果采用现金股利或股权自由现金流，可根据公司净利润历史增长率均值替代估值模型中的增长率；如果采用公司自由现金流，可根据公司息税前利润历史增长率均值替代估值模型中的增长率。

　　以公司收益历史增长率的平均数作为公司未来收益增长率的预期值，可以采用算术平均数和几何平均数计算。算术平均数（arithmetic mean，AM）是过去各期增长率的简单平均数，而几何平均数（geometric mean，GM）则考虑发生在各个时期的复利。现以净利润（NI）为例说明这两种平均数的计算方式。其公式为：

$$算术平均数（AM） = \frac{1}{n} \sum_{t=-n} g_t$$

$$g_t = \frac{NI_t - NI_{t-1}}{NI_{t-1}} \tag{5-10}$$

$$几何平均数（GM） = \sqrt[n]{\frac{NI_0}{NI_{-n}}} - 1 \tag{5-11}$$

上述两种方法中，几何平均数小于算术平均数，并且这一差额随着利润水平波动方差的增加而增大。一般来说，几何平均数是对真实增长的更为准确的描述（详见第2章）。此外，增长率平均数对预测的起始和终止时间非常敏感。过去10年利润增长率的估计结果可能与过去5年利润增长率的估计结果大相径庭。增长率预测时段的长度取决于分析人员的判断，一般可根据历史增长率对估计时段长度的敏感性来决定历史增长率在预测中的权重。

采用算术平均数时，不同时期的利润或现金流量水平在算术平均数中的权数是相等的，并且忽略了利润中的复利影响。几何平均数则考虑了复利的影响，但其仅使用了预测序列数据中的第一个和最后一个观察值，忽略了中间观察值所反映的信息和增长率在整个时期内的发展趋势。为此，可以采用最小二乘法进行线性回归分析，以解决这一问题。

2）因素分析法

一家公司增长率的高低主要取决于公司的经营能力、财务杠杆、股利政策等基本因素。在这种方法下，预期增长率是公司的留存收益比率和由该留存收益带来的报酬（净资产收益率）的函数。留存收益比率（b）主要取决于公司的股利政策。如果公司将收益全部用于支付股利，则留存收益比率为零；如果没有外来资本投入，则公司的增长率为零；如果公司将收益留存用于再投资，则可以按照再投资收益率获得报酬，从而提高公司的预期增长率。

假设净资产收益率保持不变，即 $ROE_t=ROE_{t-1}=ROE$；假设公司不能通过发行新股筹资，则净收益增长率或股利增长率均可按下式计算：

$$\begin{aligned}预期增长率 &= (1 - 股利支付率) \times 净资产收益率\\ &= 留存收益比率 \times 净资产收益率\end{aligned} \tag{5-12}$$

如果放松留存收益是股权资本唯一来源的假设，则公司可以通过发行新股，扩大投资方式增加净利润。在这种情况下，净利润增长率可按下式计算：

$$净利润增长率=再投资率\times净资产收益率 \tag{5-13}$$

式中：

再投资率=股权资本再投资额÷净利润

股权资本再投资额=资本支出−折旧+经营性营运资本追加支出−（发行新债−偿还债务）

为了解净利润增长的影响因素，还可以将ROE进一步分解为：

$$\begin{aligned}\frac{净资产}{收益率} &= \frac{净利润}{股东权益}\\ &= \frac{息税前利润}{销售收入} \times \frac{销售收入}{资产总额} \times \frac{税前利润}{息税前利润} \times \frac{资产总额}{股东权益} \times \frac{净利润}{税前利润}\end{aligned} \tag{5-14}$$

上式表明影响净资产收益率的因素有五个，其中，前两个比率（销售利润率和总资产周转率）综合反映了公司投资和经营决策对总体盈利能力的影响。它们的乘积就是总资产收益率，表示公司息税前盈利能力。第三个比率称作财务成本比率（financial cost ratio），这一比率的高低与公司负债筹资额的大小有关，公司负债越多，这一比率就越小，净资产收益率就越低，反之亦然。如果公司全部为股权筹资，则财务成本比率等于1，此时税前利润与息税前利润相等。一般情况下，"1"是该比率的极大值，只要公司存在债务筹资，其值就会小于1。只有在财务费用小于1的情况下，这一指标才会大于1。第四个比率为权益乘数，这一比率的高低与公司负债筹资额的大小呈同方向变化，公司负债越多，这一比率越大，反之亦然。第三个和第四个比率反映了公司筹资政策对总体盈利能力的影响，两者的乘积称作财务杠杆乘数（financial leverage multiplier）。第五个比率称作税收效应比率（tax effect ratio），反映了税收对净资产收益率的作用，税率越高，这一比率越小，公司净资产收益率就越低。

综合上述五个因素，可将公式（5-12）重写为：

$$\text{预期增长率} = \frac{\text{留存收益}}{\text{比率}} \times \frac{\text{销售}}{\text{利润率}} \times \frac{\text{总资产}}{\text{周转率}} \times \frac{\text{财务}}{\text{成本比率}} \times \frac{\text{权益}}{\text{乘数}} \times \frac{\text{税收}}{\text{效应比率}} \tag{5-15}$$

从以上分析可以看出，公司预期增长率不仅与留存收益率（股利政策）有关，而且涉及公司活动的各个方面，如销售收入、成本控制、资产管理效率、筹资结构、税收等。这些因素构成了一个系统，只有协调好系统内每个因素之间的关系，才能提高收益增长率和公司的增长价值。

3）增长率预测应注意的问题

根据历史增长率预测未来增长率时，应注意以下几个问题：第一，增长率波动性的影响。历史增长率对于未来增长率预测的可靠性与增长率的波动性呈反向变动关系。一般来说，历史增长率的波动性越大，两个时期增长率之间的平均相关系数就越小。因此，在预测公司未来增长率时，必须谨慎地使用过去的增长率。第二，公司规模的影响。由于公司的增长率是以百分数表示的，所以，公司规模越大，就越难保持较高的增长率，对规模和利润均已有惊人增长的公司而言，是很难保持历史增长率的。第三，经济周期性的影响。预测取样时段的经济处于周期中的哪一阶段，对历史增长率会有较大的影响。对于周期性公司，如果使用萧条时期的历史增长率进行预测，则增长率很可能为负数。如果用作预测的历史增长率是在经济高峰时期出现的，则会有相反的结论。因此，预测周期性公司的未来增长率，跨越两个或更多经济周期的历史增长率将更有意义。第四，基本因素的改变。一般来说，历史增长率是公司在业务组合、项目选择、资本结构和股利政策等基本方面决策的结果。如果公司在某一方面或所有方面的决策发生改变，历史增长率对于预示未来增长率的可靠性就会比较差。第五，公司所处行业变化的影响。行业基本情况的改变可能会导致该行业所有公司增长率的上升或下降，这些在预测时必须仔细考虑。第六，盈利的质量。由于会计政策的改变或非正常收入而导致的收益增长，相比增加产品销售收入引起的增长更不可靠，在未来增长率的预测中应对其赋予较小的权重。

在预测未来增长率时，除了使用历史数据之外，还应利用对预测未来增长率有价值的其他信息调整历史增长率。这些信息主要有：第一，最近的财务报告之后已经公开的公司特定的信息；第二，影响未来增长率的宏观经济信息，如GNP增长率、利率和通货膨胀率等经济信息；第三，竞争对手披露的有关未来前景的信息，如竞争对手在定价政策和未来增长方面所透露的信息等；第四，公司未公开信息；第五，收益以外的其他公共信息，如公司的研发支出、专利、品牌等创新能力指标。

5.1.5　折现率

决定公司合适的折现率或资本成本是价值评估过程中较为复杂的环节。在确定折现率时，除了按一般的原理计算资本成本外（详见第2章），还应注意以下几个问题：第一，折现率的选择应与现金流量相匹配，FCFE按股权资本成本进行折现，FCFF按加权平均资本成本进行折现。第二，折现率的选择应与公司的风险相匹配。未来现金流量的不确定性越大，风险越大，所采用的折现率就越高。第三，折现率的选择应与公司的存续方式相匹配。例如，在并购中，评估目标公司价值时，不但要考虑并购后协同效应和重组效应所带来的增量现金流量，而且必须以并购后存续公司或新设公司预期的资本成本作为折现率。在不考虑并购双方的协同效应和重组带来的增量现金流量时，可分别根据各自公司的资本结构和风险水平确定的资本成本作为折现率。在购买股权（控制权）的情况下，目标公司仍是一个独立法人和经济实体，并按照公司现有资源独立运作。现金流量是在目标公司现有资源和资本结构的经营下所致的，因此，应以目标公司的资本成本作为折现率。

【例5-1】假设ESP公司拟发行新股为在建项目融资，公司的CFO要求采用二阶段模型评估公司股票的内在价值。假设预计高速增长期为5年（2025—2029年），自第6年（2030年）起进入稳定增长期，假设稳定增长期增长率为5%。其他相关数据如下（表中数据存在尾差调整）：

（1）公司预计利润表、预计资产负债表、预计现金流量表、预计资本成本，分别见表5-2、表5-3、表5-4和表5-5。

表5-2　　　　　　　　　　　　ESP公司预计利润表（简表）　　　　　　　　金额单位：亿元

年份	基期	2025年	2026年	2027年	2028年	2029年	2030年
利润表预测假设：							
销售增长率	12.00%	12.00%	10.00%	8.00%	6.00%	5.00%	5.00%
销售成本率	72.80%	72.80%	72.80%	72.80%	72.80%	72.80%	72.80%
管理和销售费用/销售收入	8.00%	8.00%	8.00%	8.00%	8.00%	8.00%	8.00%
折旧/销售收入	6.00%	6.00%	6.00%	6.00%	6.00%	6.00%	6.00%
短期债务利率	6.00%	6.00%	6.00%	6.00%	6.00%	6.00%	6.00%
长期债务利率	7.00%	7.00%	7.00%	7.00%	7.00%	7.00%	7.00%
平均所得税税率	30.00%	30.00%	30.00%	30.00%	30.00%	30.00%	30.00%
利润表项目：							
销售收入	400.00	448.00	492.80	532.22	564.16	592.37	621.98
减：销售成本	291.20	326.14	358.76	387.46	410.71	431.24	452.80
销售利润	108.80	121.86	134.04	144.76	153.45	161.13	169.18
加：其他业务利润	0.00	0.00	0.00	0.00	0.00	0.00	0.00
减：管理和销售费用	32.00	35.84	39.42	42.58	45.13	47.39	49.76

续表

年份	基期	2025 年	2026 年	2027 年	2028 年	2029 年	2030 年
折旧费	24.00	26.88	29.57	31.93	33.85	35.54	37.32
短期借款利息	3.84	4.30	4.73	5.11	5.42	5.69	5.97
长期借款利息	2.24	2.51	2.76	2.98	3.16	3.32	3.48
财务费用合计	6.08	6.81	7.49	8.09	8.58	9.01	9.45
销售利润	46.72	52.33	57.56	62.16	65.89	69.19	72.65
加：投资收益	0.00	0.00	0.00	0.00	0.00	0.00	0.00
营业外收入	0.00	0.00	0.00	0.00	0.00	0.00	0.00
减：营业外支出	0.00	0.00	0.00	0.00	0.00	0.00	0.00
税前利润	46.72	52.33	57.56	62.16	65.89	69.19	72.65
减：所得税	14.02	15.70	17.27	18.65	19.77	20.76	21.80
净利润	32.70	36.63	40.29	43.51	46.12	48.43	50.85
加：年初未分配利润	20.00	24.00	50.88	75.97	98.05	115.93	131.72
可供分配利润	52.70	60.63	91.17	119.49	144.17	164.36	182.58
减：普通股股利*	28.70	9.75	15.20	21.44	28.24	32.64	34.27
留存收益	24.00	50.88	75.97	98.05	115.93	131.72	148.31

*预测期各年股利=本年利润−（期末股东权益−期初股东权益）

表 5-3　　　　　　　　　　ESP公司预计资产负债表（简表）　　　　　　金额单位：亿元

年份	基期	2025 年	2026 年	2027 年	2028 年	2029 年	2030 年
资产负债表预测假设：							
销售收入	400.00	448.00	492.80	532.22	564.16	592.37	621.98
货币资金/销售收入	1.00%	1.00%	1.00%	1.00%	1.00%	1.00%	1.00%
应收账款/销售收入	20.00%	20.00%	20.00%	20.00%	20.00%	20.00%	20.00%
存货/销售收入	15.00%	15.00%	15.00%	15.00%	15.00%	15.00%	15.00%
其他流动资产/销售收入	4.00%	4.00%	4.00%	4.00%	4.00%	4.00%	4.00%
应付账款/销售收入	8.00%	8.00%	8.00%	8.00%	8.00%	8.00%	8.00%
其他流动负债/销售收入	2.00%	2.00%	2.00%	2.00%	2.00%	2.00%	2.00%

年份	基期	2025年	2026年	2027年	2028年	2029年	2030年
固定资产净值/销售收入	50.00%	50.00%	50.00%	50.00%	50.00%	50.00%	50.00%
短期借款/投入资本	20.00%	20.00%	20.00%	20.00%	20.00%	20.00%	20.00%
长期借款/投入资本	10.00%	10.00%	10.00%	10.00%	10.00%	10.00%	10.00%
资产负债表项目:							
货币资金	4.00	4.48	4.93	5.32	5.64	5.92	6.22
应收账款	80.00	89.60	98.56	106.44	112.83	118.47	124.40
存货	60.00	67.20	73.92	79.83	84.62	88.85	93.30
其他流动资产	16.00	17.92	19.71	21.29	22.57	23.69	24.88
减：应付账款	32.00	35.84	39.42	42.58	45.13	47.39	49.76
其他流动负债	8.00	8.96	9.86	10.64	11.28	11.85	12.44
经营性营运资本	120.00	134.40	147.84	159.67	169.25	177.71	186.60
固定资产原值	300.00	350.88	402.85	454.49	504.31	553.95	606.08
提取折旧	24.00	26.88	29.57	31.93	33.85	35.54	37.32
减：累计折旧	100.00	126.88	156.45	188.38	222.23	257.77	295.09
固定资产净值	200.00	224.00	246.40	266.11	282.08	296.18	310.99
投入资本总计	320.00	358.40	394.24	425.78	451.33	473.89	497.59
短期借款	64.00	71.68	78.85	85.16	90.27	94.78	99.52
长期借款	32.00	35.84	39.42	42.57	45.13	47.39	49.76
有息负债合计	96.00	107.52	118.27	127.73	135.40	142.17	149.28
股本	200.00	200.00	200.00	200.00	200.00	200.00	200.00
累计留存收益*	24.00	50.88	75.97	98.05	115.93	131.72	148.31
股东权益**	224.00	250.88	275.97	298.05	315.93	331.72	348.31
有息债务及股东权益	320.00	358.40	394.24	425.78	451.33	473.89	497.59

*累计留存收益=上期累计留存收益+本期净利润−本期股利

**各期股东权益=投入资本−有息债务

表5-4　　　　　　　　ESP公司预计现金流量表（简表）　　　　单位：亿元

年份	2025年	2026年	2027年	2028年	2029年	2030年
经营活动现金流量：						
净利润	36.63	40.29	43.51	46.12	48.43	50.85
折旧与摊销	26.88	29.57	31.93	33.85	35.54	37.32
财务费用	6.81	7.49	8.09	8.58	9.01	9.45
应收账款（增加）减少	-9.60	-8.96	-7.88	-6.39	-5.64	-5.93
存货（增加）减少	-7.20	-6.72	-5.91	-4.79	-4.23	-4.45
其他流动资产（增加）减少	-1.92	-1.79	-1.58	-1.28	-1.12	-1.19
应付账款增加（减少）	3.84	3.58	3.16	2.55	2.26	2.37
其他流动负债增加（减少）	0.96	0.90	0.78	0.64	0.57	0.59
经营活动现金净流量	56.40	64.36	72.10	79.29	84.80	89.04
投资活动现金流量：						
固定资产净值增加	-24.00	-22.40	-19.71	-15.97	-14.10	-14.81
固定资产支出（折旧）	-26.88	-29.57	-31.93	-33.85	-35.54	-37.32
投资活动现金净流量	-50.88	-51.97	-51.64	-49.82	-49.64	-52.13
筹资活动现金流量：						
短期借款增加	7.68	7.17	6.31	5.11	4.51	4.74
长期借款增加	3.84	3.58	3.15	2.56	2.26	2.37
财务费用	-6.81	-7.49	-8.09	-8.58	-9.01	-9.45
支付股利	-9.75	-15.20	-21.44	-28.24	-32.64	-34.27
筹资活动现金净流量	-5.04	-11.94	-20.07	-29.15	-34.88	-36.61
现金净流量	0.48	0.45	0.39	0.32	0.28	0.30

表 5-5 预测期资本成本

年份	基期	2025年	2026年	2027年	2028年	2029年	2030年
高速增长期							
资本成本							
无风险利率	5%	5%	5%	5%	5%	5%	5%
β系数	1.05	1.05	1.05	1.05	1.05	1.05	1.00
风险溢价	7%	7%	7%	7%	7%	7%	6%
股权资本成本	12.35%	12.35%	12.35%	12.35%	12.35%	12.35%	11.00%
短期借款利率	6.00%	6.00%	6.00%	6.00%	6.00%	6.00%	6.00%
长期借款利率	7.00%	7.00%	7.00%	7.00%	7.00%	7.00%	7.00%
短期借款/有息债务	66.67%	66.67%	66.67%	66.67%	66.67%	66.67%	66.67%
长期借款/有息债务	33.33%	33.33%	33.33%	33.33%	33.33%	33.33%	33.33%
借款平均利率	6.33	6.33	6.33	6.33	6.33	6.33	6.33
税后债务成本	4.43%	4.43%	4.43%	4.43%	4.43%	4.43%	4.43%
有息债务/投入资本	30.00%	30.00%	30.00%	30.00%	30.00%	30.00%	30.00%
股东权益/投入资本	70.00%	70.00%	70.00%	70.00%	70.00%	70.00%	70.00%
加权平均资本成本	9.98%	9.98%	9.98%	9.98%	9.98%	9.98%	9.03%

（2）股利折现模型（DDM）。

采用两阶段模型估值时，假设高速增长阶段股权资本成本为12.35%，稳定增长阶段股权资本成本为11%，自2030年开始进入稳定阶段，增长率为5%。假设ESP公司流通在外的普通股股数为30亿股，则各期每股股利以及按DDM模型计算的每股价值见表5-6。

表 5-6 股利折现模型

指标	预测时点	高速增长期					稳定增长期
		2025年	2026年	2027年	2028年	2029年	2030年
普通股股利（亿元）		9.75	15.20	21.44	28.24	32.64	34.27
普通股股数（亿股）		30.00	30.00	30.00	30.00	30.00	30.00
每股股利（元）		0.32	0.51	0.71	0.94	1.09	1.14
股权资本成本		12.35%	12.35%	12.35%	12.35%	12.35%	11.00%
高速增长期股利现值（元）	2.39	0.29	0.40	0.50	0.59	0.61	
稳定增长期股利现值（元）	10.64					19.04	
股利现值（元）	13.03						

在二阶段法下，股票价值计算方式如下：

高速增长期股利现值=0.29+0.40+0.50+0.59+0.61=2.39（元）

稳定增长期股利现值为：

$$V_{DIV} = \frac{1.14}{11\% - 5\%} \times \frac{1}{(1 + 12.35\%)^5} = 10.61(元)$$

在 DDM 模型下，每股价值为 13 元（2.39+10.61），这与按 Excel 计算的结果（13.03元）稍有偏差。计算表明，采用 DDM 模型并应用 Excel 计算的股权价值为 390.85 亿元。

（3）股权自由现金流量模型（FCFE）。

根据预计财务报表和资本成本，首先计算高速增长期股权自由现金流量（FCFE）现值，然后加上稳定增长期 FCFE 现值，最后确定股票价值，具体见表 5-7。

表 5-7 　　　　　　　　　　　　　股权自由现金流量现值　　　　　　　　　　金额单位：亿元

年份	预测时点	高速增长期					稳定增长期
		2025年	2026年	2027年	2028年	2029年	2030年
净利润		36.63	40.29	43.51	46.12	48.43	50.85
加：折旧与摊销		26.88	29.57	31.93	33.85	35.54	37.32
减：经营性营运资本增加额		14.40	13.44	11.83	9.58	8.46	8.89
减：资本支出		50.88	51.97	51.64	49.82	49.64	52.13
加：有息债务增加额		11.52	10.75	9.46	7.66	6.77	7.11
FCFE		9.75	15.20	21.44	28.24	32.64	34.27
股权资本成本		12.35%	12.35%	12.35%	12.35%	12.35%	11.00%
高速增长期 FCFE 现值	71.80	8.68	12.04	15.12	17.73	18.23	
稳定增长期 FCFE 现值	319.05					571.12	
股东权益价值	390.85						

表 5-7 中，股权自由现金流量预测数主要来自预计资产负债表、预计利润表和预计现金流量表；根据资本成本、稳定增长期增长率（5%）等相关数据，按 FCFE 模型计算的股票价值如下：

高速增长期 FCFE 现值=8.68+12.04+15.12+17.73+18.23=71.80（亿元）

计算稳定增长期 FCFE 现值，首先计算稳定增长期股票价值（571.12 亿元），然后调整成现值为：

$$V_{2025年年初} = \frac{34.27}{11\% - 5\%} \times \frac{1}{(1 + 12.35\%)^5} = 319.08(亿元)$$

综合上述，ESP 公司股权价值为 390.88 亿元（71.80+319.08）。需要注意的是，表 5-7是按 Excel 计算的，股权价值为 390.85 亿元，与上式计算结果有些误差。

采用 DDM 与 FCFE 模型计算的股票价值均为 390.85 亿元，其原因是利润表中"普通股股利"的数据与估计的股权自由现金流量相等。

（4）公司自由现金流量模型（FCFF）。

根据公司自由现金流量和资本成本，即可计算各期 FCFF 的现值。假设高速增长期公司加权平均资本成本为 9.98%，稳定增长期公司加权平均资本成本为 9.03%。采用两阶段估价模型时，首先计算增长期 FCFF 的现值，然后加上稳定增长期 FCFF 的现值，确定公司价值，最后从公司价值中扣除债务的市场价值，确定股票价值。公司自由现金流量现值见表 5-8。

表 5-8　　　　　　　　　　　　公司自由现金流量现值　　　　　　　　金额单位：亿元

项目	预测时点	高速增长期					稳定增长期
		2025年	2026年	2027年	2028年	2029年	2030年
净利润		36.63	40.29	43.51	46.12	48.43	50.85
加：利息×（1-所得税税率）		4.77	5.24	5.66	6.00	6.30	6.62
税后净经营利润		41.40	45.53	49.18	52.13	54.73	57.47
加：折旧与摊销		26.88	29.57	31.93	33.85	35.54	37.32
减：经营性营运资本增加额		14.40	13.44	11.83	9.58	8.46	8.89
追加资本支出		50.88	51.97	51.64	49.82	49.64	52.13
公司自由现金流量（FCFF）		3.00	9.69	17.64	26.58	32.17	33.78
加权平均资本成本		9.98%	9.98%	9.98%	9.98%	9.98%	9.03%
高速增长期 FCFF 现值	62.17	2.72	8.02	13.26	18.17	20.00	
稳定增长期 FCFF 现值	521.00					838.13	
公司价值	583.17						

根据表 5-8 中的数据，高速增长期 FCFF 的现值为 62.17 亿元；计算稳定增长期 FCFF 的现值时，首先按稳定增长模型计算稳定增长期 FCFF 的价值，然后将 2029 年的价值（838.13 亿元）调整到 2025 年年初的现值（521.00 亿元）；最后确定公司价值为 583.17 亿元（62.17+521.00）。

股票市场价值等于公司市场价值减去债务市场价值，由于公司债务很难全部在公开市场上进行交易，较难取得市场价值资料，因此通常以账面价值代替市场价值。本例中，ESP 公司有息债务账面价值为 96.00 亿元，因此股票价值为 487.17 亿元（583.17-96.00）。

相对而言，公司自由现金流量计算较为简单，因此，可先计算公司自由现金流量，然后根据 FCFF 与 FCFE 之间的关系计算股权自由现金流量。公司自由现金流量与股权自由现金流量的关系见表 5-9。

表5-9 公司自由现金流量与股权自由现金流量的关系 单位：亿元

年份	2025年	2026年	2027年	2028年	2029年	2030年
公司自由现金流量（FCFF）	3.00	9.69	17.64	26.58	32.17	33.78
减：利息×（1-T）	4.77	5.24	5.66	6.00	6.30	6.62
加：有息债务增加额	11.52	10.75	9.46	7.66	6.77	7.11
股权自由现金流量（FCFE）	9.75	15.20	21.44	28.24	32.64	34.27

不同估价模型评估结果与现行市场价格的比较见表5-10，根据债务价值和股票市场价值即可计算公司价值。

表5-10 不同估价模型评估结果与现行市场价格的比较

指标	FCFF	FCFE	DDM
股票价值（亿元）	487.17	390.85	390.85
普通股股数（亿股）	30.00	30.00	30.00
每股价值（预测）（元）	16.24	13.03	13.03
股票市场价格（元）	12.50	12.50	12.50
债务账面价值（亿元）	96.00	96.00	96.00
公司价值（亿元）	583.17	486.85	486.85

表5-10中，不同方法的估值结果均高于市场价格，其可能的原因或者是市场价值被低估，或者是本例中的各种假设不合理，从而高估了股票价值。从三种方法的结果来看，公司自由现金流量模型估值结果高于其他两种方法，其原因主要是公司自由现金流量采用加权平均资本成本计算，而其他两种方法均采用股权资本成本计算。由于加权平均资本成本低于股权资本成本，从而使其计算结果与其他方法相比偏差较大，这表明股票价值对资本成本较为敏感。

股票价值评估

【课堂拓展】"我持有了亚马逊公司的100股，这说明我拥有什么呢？"

1999年，亚马逊创始人杰夫·贝索斯参加了在美国斯坦福大学校园内举办的一场活动，一位年轻女子走到话筒前，向他提出了一个精辟的问题："我持有了亚马逊公司的100股，这说明我拥有什么呢？"听到这个提问，贝索斯大吃一惊，这样的问题他竟从未听过，至少问得没有这么直白。1999年，在亚马逊致股东的信函中，贝索斯说道："你拥有什么呢？你拥有的是这个顶尖电商平台的一部分。"[①]

面对这样一个好问题，你会如何回答？"这个顶尖电商平台的一部分"价值多少钱？针对这一问题的答案众说纷纭，莫衷一是。在价值评估理论中，最主流的说法是：一个公司股票背后隐藏的价值，就是其未来创造的自由现金流量的现值。巴菲特和贝索斯是这种说法的重要支持者。

---

① 贝索斯，艾萨克森. 长期主义［M］. 靳婷婷，译. 北京：中国友谊出版公司，2022.

巴菲特认为，当我们投资一家公司的时候，本质上购买的是其未来的赚钱能力。所以，"价值投资"的核心理念就是，一家公司此刻的价值，应该等于其未来能够产生的所有现金流的现值。值得注意的是，这里提到的现金流，是指自由现金流。

贝索斯对自由现金流也非常重视。1997年，贝索斯在致股东的信函中提到："如果要在最优化GAAP报表和最大化未来现金流之间做出选择，我们会毫不犹豫地选择后者。"

2004年，贝索斯重申了这一主张："我们最终的财务指标，我们最想达成的长期目标，就是每股自由现金流……一家公司虽然有出色的利润率，但现金流有可能为负值。如果只追求利润增长，反而，企业在某些情况下会损害股东们的利益。"

2008年，贝索斯的说法是："我们首要的业绩目标，仍然是最大限度地挖掘长期自由现金流，并借此获得较高的投资回报。"

对于亚马逊来说，长期增长才是战略基石假设，正如贝索斯所说的："所有只能产生短期利润的项目都不重要，无论现在赚多少钱；能够产生长期现金流的项目才是重要的，无论现在亏多少钱。"

课堂讨论：

（1）商业的本质是什么？为什么亚马逊最关心的财务指标不是公司的利润，而是自由现金流？自由现金流和利润有什么联系和区别？

（2）请查阅相关文献，说明亚马逊为什么能够在低盈利甚至负盈利的前提下始终保持增长？

课堂拓展
讨论指引

5.1.6　乘数估价法

乘数估价法又称相对估价法，主要是通过拟估价公司的某一变量乘以价格乘数来进行估价。在估值中，应用最多的乘数主要有市盈率乘数、公司价值乘数、销售收入乘数、账面价值乘数。

1）市盈率乘数（P/E）

市盈率乘数是指股票价格相对于当前会计收益的比值。P/E的数学意义为每1元年税后利润对应的股票价格；经济意义为购买公司1元税后利润所支付的价格，或者按市场价格购买公司股票回收投资需要的年份。采用P/E进行估价的一般公式为：

$$P_0 = EPS_1 \times P/E \tag{5-16}$$

应用上式确定股票价值（格），主要取决于每股收益与P/E两个因素。在确定每股收益时，应注意以下几个问题：（1）对于那些偶发事件导致的非正常收益，在计算EPS时应加以剔除；（2）对于受商业周期或行业周期影响较大的公司，应注意不同周期（如成长期和衰退期）对EPS的影响；（3）对于会计处理方法变更引起的EPS差异，应进行相应的调整；（4）如果公司有发行在外的认股权证、股票期权、可转换优先股或可转换债券，应注意这些含有期权性的证券行权后对每股收益的影响，即EPS稀释（diluted EPS）。

P/E在估价中得到广泛的应用，其原因主要有：（1）P/E计算简单，资料易于获取；（2）P/E指标将公司当前股票价格与其盈利能力联系在一起；（3）P/E指标能够反映出公司风险性与成长性等重要特征。

采用P/E的不足主要表现在以下三个方面：（1）当EPS为负数时，则无法使用P/E评估价值；（2）会计政策选择，包括盈余管理和职业判断，可能会扭曲EPS，进而导致不同公司之间的 P/E 缺乏可比性；（3）在股票市场上，一个公司股票的 P/E 可能会被非正常地抬高或压低，无法反映出该公司的资产收益状况，从而很难正确地评估股票价值。

决定个股市盈率合理水平的重要指标就是公司的增长率。关于市盈率与增长率之间的关系，美国投资大师彼得·林奇有一个非常著名的论断。他认为，任何一家公司，如果其股票定价合理，该公司的市盈率应该等于公司的增长率。也就是说，如果一家公司的年增长率大约为 15%，那么 15 倍的市盈率是合理的。

2）公司价值乘数（EV/EBITDA）

公司价值乘数是指公司价值（enterprise value）与息税折旧摊销前利润（EBITDA）或息税前利润的比率。其计算公式为：

$$\frac{EV}{EBITDA} = \frac{股权市场价值 + 债务市场价值 - 现金和短期投资}{EBITDA} \qquad (5-17)$$

$$\frac{EV}{EBIT} = \frac{股权市场价值 + 债务市场价值 - 现金和短期投资}{EBIT} \qquad (5-18)$$

在价值评估中，可将现金和现金等价物视为负债务。公司持有 1 元现金获得的利息等于为 1 元无风险债务支付的利息。也可以说，持有现金资产和债务产生的现金流量相互抵销，如同公司没有现金和债务一样。因此，在评估中可用净债务衡量公司的举债水平，其计算公式为：

净债务 = 债务 - 现金和现金等价物

因此，如果用公司价值衡量公司经营性资产的市值，公司价值就等于公司股权和净债务的市场价值之和。

公司价值乘数的优点主要表现在以下两个方面：（1）应用范围大于 P/E，无论公司是盈利还是亏损都可采用这一乘数评估公司价值，而 P/E 仅限于评估收益大于零的公司；（2）EBITDA 没有扣除折旧和摊销，减少了折旧和摊销会计处理方法对净利润和经营收益的影响程度，有利于同行业的比较分析；（3）在跨国并购价值评估中，可消除不同国家税收政策的影响。

公司价值乘数的不足之处在于，EBITDA 是收益而不是现金流量，这一指标没有考虑营运资本和资本支出对收益的影响，因此，用 EBIT 或 EBITDA 衡量公司的收益不够准确。

3）销售收入乘数（P/S）

销售收入乘数是指股权市场价值与销售收入之间的比率关系。其计算公式为：

$$P/S = \frac{股权市场价值}{销售收入总额} \qquad (5-19)$$

采用销售收入乘数的优点主要有：（1）适用范围较广，无论公司盈利或亏损，都可采用这一乘数进行价值评估；（2）与利润和账面价值不同，销售收入不受折旧、存货和非经常性支出所采用的会计政策的影响；（3）在检验公司定价政策和其他一些战略决策变化所带来的影响方面，这一乘数优于其他乘数。这一乘数的缺点是采用销售收入作为分母，可能因无法识别各个公司在成本控制、利润等方面的差别而导致错误的评价。

4）账面价值乘数（P/B）

账面价值乘数（P/B）又称市净率，反映股票市价与股权资本账面价值之间的比率关系。其计算公式为：

$$P/B = \frac{每股市价}{股权资本每股账面价值} \qquad (5-20)$$

公式（5-20）中的股权资本，一般是指普通股股权资本，在实务中也可以直接用股票市场价值与账面价值比率代表这一乘数。计算这一乘数时，应注意剔除不同会计政策对账面价值的影响。

采用账面价值乘数进行估价，可以反映市场对公司资产质量的评价。股权资本每股账面价值是用成本计量的，而每股市价是这些资产的现时价值，其是证券市场上交易的结果。市价高于账面价值时，公司资产质量较好，有发展潜力；反之，则公司资产质量较差，没有发展前景。一般来说，账面价值乘数为3时，可以树立较好的公司形象。

采用账面价值乘数的优点主要有：（1）账面价值提供了一个相对稳定且直观的衡量标准，投资者可以将其直接与市场价值进行比较；（2）适用于亏损公司的价值评估；（3）由于每股账面价值比EPS更稳定，当EPS过高、过低或变动性较大时，P/B比P/E更具有现实意义。

账面价值乘数的缺点主要有：（1）由于会计计量等原因，一些对公司生产经营非常重要的资产没有被确认入账，如商誉、人力资源等；（2）根据会计制度，资产的账面净值等于原始购买价格减去折旧。（3）通货膨胀和技术进步可能使账面价值相对于市场价值存在很大的背离，这将使各公司之间的P/B缺少可比性。

Fernández（2002）总结了目前成熟市场上不同行业最常用的价格乘数，具体见表5-11。

表5-11　　　　　　　　　　　　　　不同行业最常用的价格乘数

行业	所属行业大类	最常用的乘数
汽车	制造	P/S 式中：P=市场价格，S=销售收入
	零部件	P/S，或P/CE 式中：CE=未扣除折旧、摊销之前的净利润，或现金收益
银行		P/BV 式中：BV=股权资本账面价值
基本原材料	造纸	P/BV
	化学制品	EV/EBITDA，EV/S 式中：EV=公司价值（股权资本+债务资本）
	金属和矿物	P/LFCF，EV/EBITDA 式中：LFCF=负债公司自由现金流量=税后经营利润+折旧+无形资产摊销−营运资本追加支出−维持现有经营规模下的投资支出
建筑		P/S，P/LFCF，EV/FCF 式中：FCF为无负债公司自由现金流量
商业服务		EV/EBITDA，ROCE，P/LFCF，P/E，（P/E）/G 式中：ROCE（长期资本收益率）=EBIT/（总资产−流动负债），E=每股收益，G=增长率

行业	所属行业大类	最常用的乘数
资本性产品	工程制造	P/E，EV/EBITDA，EV/S
	国防	P/E，EV/EBITDA，EV/S
食品、饮料和烟草	食品生产	EV/EBITDA，EV/CE
	啤酒生产和酒吧	ROCE，（P/E）/G，P/S
	酒精饮料	EV/EBITDA
	烟草	ROCE
保健		P/E，EV/EBITDA
保险		P/AV 式中：AV=总资产价值
休闲		EV/EBITDA
传媒		P/E，EV/EBITDA
石油天然气	综合油气公司	P/E，EV/CE
房地产		EV/EBITDA，P/NAV 式中：NAV=净资产
零售和消费品	服装	与市场和部门比较的 P/E，EV/EBITDA
	食品	P/E
	奢侈品	（P/S）/G，EV/S，EV/E，（EV/EBITDA）/G
技术	软件、设备和半导体	P/E，P/S
电信		EV/E，（EV/EBITDA）/G，EV/S，P/客户数量
交通	航空	EV/EBITDA
	公路客运	P/S
公用事业		P/E，P/CE

资料来源：FERNANDEZ P. Valuation using multiples：How do analysts reach their conclusions？［J］. Valuation Methods & Shareholder Value Creation，2002：145-167.

除了以上价格乘数外，对于一些特殊行业，还可采用不同的价格乘数，如当评估互联网和手机生产公司的价值时，经常采用价格/顾客数目乘数；当评估水泥生产等公司价值时，经常采用价格/产品生产数量乘数等。

现仍以【例5-1】为例，假设 2024 年 12 月 30 日的 ESP 公司股价为 12.50 元/股、普通股股数为 30 亿股，根据 2025—2029 年的预测数据计算的各种乘数见表 5-12。

表 5-12   **ESP 股票价值乘数预测**   金额单位：亿元

指标	2025年	2026年	2027年	2028年	2029年
销售收入	448.00	492.80	532.22	564.16	592.37
EBIT	45.52	50.07	54.07	57.32	60.18
EBITDA	72.40	79.64	86.01	91.17	95.73
有息债务	107.52	118.27	127.73	135.40	142.17
股东权益（账面）	250.88	275.97	298.05	315.93	331.72
股东权益（市价）	375.00	375.00	375.00	375.00	375.00
现金及现金等价物	4.48	4.93	5.32	5.64	5.92
公司价值（EV）	478.04	488.34	497.41	504.76	511.24
净利润	36.63	40.29	43.51	46.12	48.43
每股收益	1.22	1.34	1.45	1.54	1.61
P/E	10.24	9.31	8.62	8.13	7.74
EV/EBITDA	6.60	6.13	5.78	5.54	5.34
EV/EBIT	10.50	9.75	9.20	8.81	8.49
P/S	0.84	0.76	0.70	0.66	0.63
P/B	1.49	1.36	1.26	1.19	1.13

根据乘数法，按 P/E 计算的股票当前价格为 12.50 元（10.24×1.22）；按公司价值乘数计算的股票价值为 477.84 亿元（6.60×72.40），每股价格为 15.93 元（477.84÷30），其他依此类推。

对于非上市公司，按比率估价法评估其价值时，需要找出一个与该公司在经营规模、经营方式、财务政策等方面相类似的上市公司作为参照物，根据该参照物的相关资料推算出该公司的估算价值。

● 5.2 债券价值评估

5.2.1 基本模型

债券的内在价值等于其预期现金流量的现值，债券价值既可以用金额表示，也可以用发行者预先承诺的收益率描述。前者可采用现值模型，以市场利率或投资者要求的收益率作为折现率计算债券的价值；后者可采用收益率模型，根据债券当前市场价格计算预期收益率。在现值估价模型下，债券价值 P_d 的计算公式为：

$$P_d = \sum_{t=1}^{n} \frac{CF_t}{\left(1 + r_d\right)^t}$$

(5-21)

式中：CF_t 代表第 t 期债券现金流量，主要指利息（I）和到期本金（F）；r_d 代表投资者要求的收益率或市场利率。

假设债券投资者要求的收益率各期不变，债券现值或内在价值 P_d 的计算公式为：

$$P_d = \frac{I_1}{1 + r_d} + \frac{I_2}{(1 + r_d)^2} + \cdots + \frac{I_n}{(1 + r_d)^n} + \frac{F}{(1 + r_d)^n} \tag{5-22}$$

假设 XYZ 公司发行一种面值为 100 元的 4 年期债券，息票率为 9%。同类债券目前到期收益率为 7%。假设每年付息两次，每次利息为 4.5 元（100×9%÷2），计息期数为 8 期（2×4）。由于到期收益率是指年收益率，在估价时应以半年到期收益率作为折现率：

$$r_{半年} = \left(1 + r_{年}\right)^{1/2} - 1 = (1 + 7\%)^{1/2} - 1 = 3.44\%$$

XYZ 公司债券内在价值为：

$$P_d = \sum_{t=1}^{8} \frac{4.5}{(1 + 3.44\%)^t} + \frac{100}{(1 + 3.44\%)^8} = 107.299(元)$$

计算结果表明，该公司债券价值大于面值（107.299>100），其原因是该债券的半年息票率 4.5% 大于市场同类债券的收益率 3.44%。

一般来说，债券内在价值既是发行者的发行价值，又是投资者的认购价值。如果市场是有效的，债券内在价值与票面价值应该是一致的，即债券票面价值可以公允地反映债券的真实价值。但债券价值不是一成不变的，债券发行后，虽然债券的面值、息票率和债券期限一般会依据债券契约而保持不变，但投资者要求的收益率会随着市场状况的变化而变化，由此引起债券的价值（未来现金流量序列的现值）也会随之变化。

假设投资者按当前市场价格购买债券并持有至到期日，此项投资所得的收益率为到期收益率（yield to maturity，YTM）。如果这一收益率同时满足以下两个假设条件，债券到期收益率就等于投资者实现的收益率：第一，投资者持有债券至到期日；第二，所有期间的现金流量（利息支付额）都以计算出的 YTM 进行再投资。从计算方法来说，到期收益率是指债券预期利息和到期本金（面值）的现值与债券现行市场价格相等时的折现率。其计算公式为：

$$P_d = \sum_{t=1}^{n} \frac{CF_t}{(1 + YTM)^t} \tag{5-23}$$

假设你可以 105 元的价格购进 15 年后到期、票面利率为 12%、面值为 1 000 元、每年付息 1 次、到期一次还本的某公司债券。如果你购买后一直持有该债券至到期日，则债券到期收益率计算如下：

$$P_d = 105 = \sum_{t=1}^{15} \frac{100 \times 12\%}{(1 + YTM)^t} + \frac{100}{(1 + YTM)^{15}}$$

对于每年付息一次、到期一次还本的债券，根据 Excel 内置函数"RATE"计算出的到期收益率为 11.29%[①]。

在实务中，如果投资者按照当前市场价格购买已经发行的债券并持有至到期日（不处于最后付息周期的固定利率债券），在此期限内的到期收益率由于各年现金流量不相等，

---

① RATE 的输入函数：RATE（nper，pmt，pv，[fv]，[type]，[guess]）。本例中，在 Excel 电子表格中输入：=RATE（15，100*12%，-105，100），回车后，即可得到到期收益率 11.29%。

且现金流量间隔期限不同，因此可根据 Excel 内置函数 XIRR 计算。

【例 5-2】北京同仁堂科技发展股份有限公司于 2016 年 7 月 29 日发布公告，发行公司债券（代码 136594.SH），发行面值不超过 12 亿元，每张面值为 100 元，期限为 5 年，债券票面利率询价区间为 2.80% ~ 3.80%，最终票面利率为 2.95%，付息日为各年 7 月 31 日。假设现在是 2018 年 4 月 13 日，同仁堂公司债券的市场价格为 96.65 元，应计利息为 2.07 元，全价为 98.7271 元，剩余年限为 3.2932 年，计算同仁堂公司债券到期收益率见表 5-13。

表 5-13　　　　　　　　　　　　同仁堂公司债券到期收益率　　　　　　　　　　金额单位：元

序号	A	B	C	D
16	日期	现金流量（全价）	现金流量（收盘价）	说明
17	2018/4/13	−98.7271	−96.65	←=−收盘价
18	2018/7/31	2.95	2.95	←=面值*利率
19	2019/7/31	2.95	2.95	←=面值*利率
20	2020/7/31	2.95	2.95	←=面值*利率
21	2021/7/31	102.95	102.95	←=面值*利率+面值
22	到期收益率	4.05%	4.76%	←=XIRR（C17：C21，A17：A21）

我国记账式债券交易通常采用净价方式报价，即以不含自然增长应计利息的价格进行报价并成交。净价交易方式中的交易价格不包含应计利息，其价格的形成及变动能够更加准确地体现债券的内在价值、供求关系及市场利率的变动趋势。与净价相对应的是，债券买卖资金采用全价法交割，即买入全价=买入净价+应计利息。其意义在于净价能够真实地反映债券价值的变动情况，有利于投资人分析和判断债券走势。因为在债券价值不变的情况下，随着持有天数的增加，全价自然上升，若只观察全价，则会产生债券升值的错觉。只有净价变动，才表明债券价值变动。

根据表 5-13 中的数据，采用 XIRR 函数，在 "B22" 单元格中输入：=XIRR（B17：B21，A17：A21），可以得到同仁堂公司债券到期收益率为 4.05%。这一收益率表明，如果你在 2018 年 4 月 13 日以 98.7271 元购入同仁堂公司债券，一直持有至 2021 年 7 月 31 日期间所获得的预期收益率。"C22" 单元格描述了按债券净价计算的到期收益率。

5.2.2　零息债券价值

在实务中，除了附息债券外，不附息的零息债券也是一种较为常见的金融产品。零息债券（STRIP bonds, or zero coupon）是指以折现方式发行，不附息票，到期日按面值一次性支付给投资者的债券。对于投资者来说，零息债券的最大特点是避免了投资者的再投资风险；对于发行公司来说，由于零息债券折价发行，折现与面值的差额按年摊销且计入财务费用，从而可以起到抵税的作用。

零息债券价值和到期收益率的计算方法与附息债券的原理是一样的。假设公司发行面值（FV）为 1 000 元、期限为 7 年的零息债券，如果投资者对同类债券要求的到期收益率

（YTM）为 10%，则零息债券的发行价格为：

$$P_d = \frac{FV}{(1 + YTM_n)^n} = \frac{1\,000}{(1 + 0.1)^7} = 513（元）$$

如果知道零息债券当前市场价格，也可按下式计算 n 年期零息债券的到期收益率为：

$$YTM_n = \left(\frac{FV}{P_d}\right)^{1/n} - 1 \tag{5-24}$$

式中：YTM_n 是指从今天起持有债券至到期日（n 年）的到期收益率。上例中的结果可以描述为，当前支付 513 元购买一张零息债券，7 年后可以收到 1 000 元。根据公式（5-24），持有这张债券隐含的到期收益率为：

$$YTM = \left(\frac{1\,000}{513}\right)^{1/7} - 1 = 10\%$$

事实上，任何一只附息债券都可分解为几只不同期限零息债券的组合。例如，面值为 100 元、息票率为 10%、5 年期的附息国库券，可以看成 5 张零息债券：第一张面值为 10 元，1 年后到期；第二张面值为 10 元，2 年后到期……最后一张面值为 110 元，5 年后到期。

假设不同期限零息债券面值、债券市场价格见表 5-14 的第二栏、第三栏，据此根据公式（5-24）计算的不同期限零息债券的到期收益率见表 5-14 的第四栏。

表 5-14　　　　　　　　　　　　不同期限零息债券到期收益率及现值

零息债券期限（年）	面值（元）	债券价格（元）	到期收益率
1	10	9.61	4.06%
2	10	9.21	4.20%
3	10	8.76	4.51%
4	10	8.30	4.77%
5	110	85.86	5.08%
零息债券组合		121.74	4.98%

由于附息债券是由不同期限的零息债券组成的，那么，附息债券价值应当等于零息债券价值，并以此计算附息债券的到期收益率。

假设债券面值为 100 元、息票率为 10%、期限为 5 年、债券市场价格为 121.74 元，则附息债券的到期收益率可按下式计算：

$$P_d = 121.74 = \frac{10}{1 + YTM} + \frac{10}{(1 + YTM)^2} + \frac{10}{(1 + YTM)^3} + \frac{10}{(1 + YTM)^4} + \frac{110}{(1 + YTM)^5}$$

根据 Excel 函数求解附息债券到期收益率为 4.98%，这一收益率也可理解为附息债券各年平均收益率，这一结果可验证如下：

$$P_d = \frac{10}{1 + 4.98\%} + \frac{10}{(1 + 4.98\%)^2} + \frac{10}{(1 + 4.98\%)^3} + \frac{10}{(1 + 4.98\%)^4} + \frac{110}{(1 + 4.98\%)^5}$$

$$= 121.74（元）$$

从理论上讲，附息债券的到期收益率与不同期限零息债券的到期收益率有关。本例中，由于附息债券的价值大部分来自第5年的现金流量现值，因此，其到期收益率最接近于5年期零息债券5.08%的收益率。

通过了解零息债券的收益率情况，投资者可以很清楚地了解市场，根据市场及时调节自身的投资策略。此外，零息债券收益率曲线也可作为政府部门把握债券市场情况的参考和制定宏观调控决策的基础。

债券价值评估

5.2.3　利率决定因素

在债券的息票率、到期期限和票面价值一定的情况下，决定债券价值（价格）的唯一因素就是市场利率或债券投资者要求的收益率。市场利率反映了债券投资者要求的最低收益率，这一收益率主要由两部分构成：一是按投资者让渡资本使用时间长短要求的时间价值补偿；二是按投资者承担风险大小要求的风险价值补偿。

1）时间价值补偿

纯利率通常指无通货膨胀、无风险时的均衡利率，反映了投资者延期消费要求的补偿，或时间价值补偿。影响这一利率的客观因素是各种经济因素和资本市场发展水平等，如经济周期、国家货币政策和财政政策、国际关系、国家利率管制等，对利率的变动均有不同程度的影响，这些因素有些也是通过影响资本供求来影响利率的。影响这一利率的主观因素是投资者个人对收入进行消费的时间偏好。任何人进行投资都是以牺牲当前消费来换取未来消费的，由于未来消费具有不确定性，因此，人们看重现在消费甚于未来消费。这种时间偏好越强，对推迟消费要求的补偿就越大，要求的收益率就越高；反之亦然。

2）通货膨胀补偿

通货膨胀率是指预期未来的通货膨胀率而非过去已发生的实际通货膨胀率。由于通货膨胀的存在，货币购买力下降，从而影响投资者的真实收益率，因此，应将通货膨胀率视为风险溢价的一个因素。假设你对一项无风险投资要求4%的真实收益率，但预期在投资期内通货膨胀率为3%。在这种情况下，投资者的必要收益率应达到7%（1.04×1.03-1）的水平。如果不增加必要收益率，年末你只能获得1%的真实收益率。名义无风险利率和真实无风险利率之间的关系为：

名义无风险利率=（1+真实无风险利率）×（1+预期通货膨胀率）-1　　　　　　　　（5-25）

上例中的真实收益率为3.88%（1.07÷1.03-1），或近似等于名义无风险利率减去预期通货膨胀率，即为4%（7%-3%）。

3）风险溢价

风险溢价主要指与公司债券特征有关的违约风险、流动性风险、期限风险以及外汇风险和国家风险等引起的风险补偿。

（1）违约风险是指借款人无法按时支付利息、偿还本金而给投资者带来的风险。在实务中，其一般是根据公司的信用等级来确定违约风险，债券信用等级越低，违约风险溢价越高。在实务中，通常以国债利率与公司债券利率之间的利差作为违约风险溢价。例如，5年期国债利率为5%，同期公司债券利率为6.5%，则违约风险溢价为1.5%。

（2）流动性风险是指某项资产迅速转化为现金的可能性。衡量流动性的标准有两个：资产出售时可实现的价格和变现时所需要的时间长短。其判断基础是，在价格没有明显损失的条件下，在短期内大量出售的能力。资产的流动性越低，为吸引投资者所需要的利率就越高。

（3）期限风险是指因到期时间长短不同而形成的利率变化的风险。例如，在流动性和违约风险相同的情况下，5年期国库券利率比3年期国库券利率要高，其差别在于到期时间不同。一般来说，证券期限越长，其市场价值波动的风险就越高。因此，为鼓励对长期证券的投资，必须给予投资者必要的风险补偿。只有在利率预期剧烈下降时，投资者才愿意投资于长期证券而不愿意投资于中短期证券。

（4）外汇风险是指投资者购买不以本国货币标价的证券而产生的收益的不确定性。这种由于汇率波动导致的风险越大，投资者要求的汇率风险溢价就越大。

（5）国家风险也称政治风险，是指一个国家的政治或经济环境发生重大变化的可能性所导致的收益不确定性。

此外，税收和债券契约条款也会影响债券利率。通常，对债券和银行存款投资获得的利息，政府要征收一定的所得税，但对国库券利息免征所得税。因此，国库券比其他由公司或银行发行的债务工具更为优越。如果证券中包含某些契约条款，如抵押条款、偿债基金条款和含有期权特征的条款等，都会影响债券利率的大小。以期权条款为例，如果债券中含有可转换权或认股权，投资者可以运用该权利获得公司的普通股股票，因此，其利率较低；但如果证券含有赎回权，当利率下跌时，公司会提前偿还债务，使投资者蒙受再投资风险。因此，含有此种期权的债券，其利率相对较高，以弥补投资者的损失。

5.2.4　利率期限结构

不同期限债券与利率之间的关系，称为利率期限结构（term structure of interest rates）。在市场均衡的情况下，借款者的利率与贷款者的收益率是一致的，因此，利率的期限结构也可以说是收益率的期限结构。[①]

1）即期利率

给定期限的零息债券的到期收益率即为该期限内的即期利率（spot rate）。或者说，即期利率 r_t 表示的是从现在（t=0）到时间 t 的收益，其是定义期限结构的基本利率。由于一种期限的即期利率是单一的，即期利率可以准确地反映货币的时间价值和风险价值。在任何一个时点，资金需求和资金供给共同决定了每个期限的即期利率，这个即期利率可以用来为各种未来现金流量定价。

理解这一问题的方法是将附息债券看作一个不同期限零息债券的组合，这样就可以利用零息债券的利率期限结构进行计算。例如，在某个时点 t，市场有 P_{1t}，P_{2t}，…，P_{nt} 零息债券的市场价格，我们就可以根据公式（5-24）计算 r_{1t}，r_{2t}，…，r_{nt}，这就是一个时点 t 的利率期限结构。

假设有一张不能提前赎回的2年期债券，面值为100元，息票率为5%，目前市场报价为91.406元，则债券的现值可为：

$$P_d = \frac{5}{1+r_1} + \frac{105}{(1+r_2)^2} = 91.406$$

---

① 利率的期限结构有两个限制条件：一是其仅与债务性证券有关，因为只有债务性证券才有固定的偿还期限范围；二是其仅指其他条件（如风险、税收、变现能力等）相同而只是期限不同的债务利率之间的关系。

上述计算结果可以看作两张零息债券的现值之和，式中的 r_1, r_2 是零息债券的到期收益率，或称即期利率。最短期的即期利率可以从市场上观察到，然后依次计算各期的即期利率。假设 $r_1 = 8\%$，则2年期零息债券的利率为：

$$P_d = \frac{5}{1 + 8\%} + \frac{105}{(1 + r_2)^2} = 91.406$$

这个方程解出的即期利率或零息债券收益率为10%，高于第1期的即期利率，这表明收益率曲线是向上倾斜的，即期限越长，收益率越高。这一方式连续进行，就可以求出各期的零息债券利率或不同期限的即期利率。

2）远期利率

即期利率适用于贷款等这类现在投资而在以后偿还的债务合约，而远期利率则是现在签订合约而在未来借贷一定期限资金时使用的利率。因此，在任何一个时点上，可以有一个1年后发放1年期贷款的远期利率，另一个2年后发放1年期贷款的远期利率，也可以有一个1年或1年后发放2年期贷款的远期利率。即期利率与远期利率之间的关系如下：

$$f_n = \frac{(1 + r_n)^n}{(1 + r_{n-1})^{n-1}} - 1 \tag{5-26}$$

式中：f_n 表示n年后的远期利率；r_n 表示n年的即期利率；r_{n-1} 表示n-1年的即期利率。

假设投资者面临两种可选择的投资策略：（1）投资于一张面值为100元、年利率（折现率）为10%的2年期零息债券；（2）投资于一张面值为100元、年利率为8%的1年期债券，同时签订一个远期合约，以远期利率 f_1 在1年后再投资于一张1年期零息债券。

对于第一种选择，面值为100元的2年期零息债券的现值为82.64元，也就是说，将82.64元投资2年，每年利率为10%，2年后就可得到100元。事实上，一个2年期债券的支付可以看成以两个潜在的不同利率投资2年后的结果。这样，在第二种选择中，开始投入的82.64元在第1年年末为 $82.64 \times (1 + r_1)$，在第2年年末为 $82.64 \times (1 + r_1) \times (1 + f_2)$。如果第1年的利率为8%，2年后的投资所得为100元，则远期利率 f_2 的计算如下：

$$82.64 \times (1+0.08) \times (1+f_2) = 100$$

或 $(1+0.1)^2 = (1+0.08) \times (1+f_2)$

解得：$f_2 = 12.04\%$

上式结果表明，1年后再进行一个1年期的投资，其隐含的利率为12.04%。如果这一利率高于12.04%，投资者可以选择第二种方案；如果这一利率低于12.04%，投资者可以借入1年期的现金，同时卖出一个1年的远期利率合约，并以2年的即期利率进行投资，以获得无风险收益。即期利率与远期利率的关系也可用下式描述：

$$(1 + r_n)^n = (1 + f_1)(1 + f_2) \cdots (1 + f_n) \tag{5-27}$$

上式表明，即期利率是远期利率的几何平均数，而远期利率可以看成未来某一时期借款或贷款的边际成本。

3）利率期限结构理论

利率期限结构可以根据收益率曲线进行分析，图5-2描绘了四种假设国库券收益率曲线的形状。

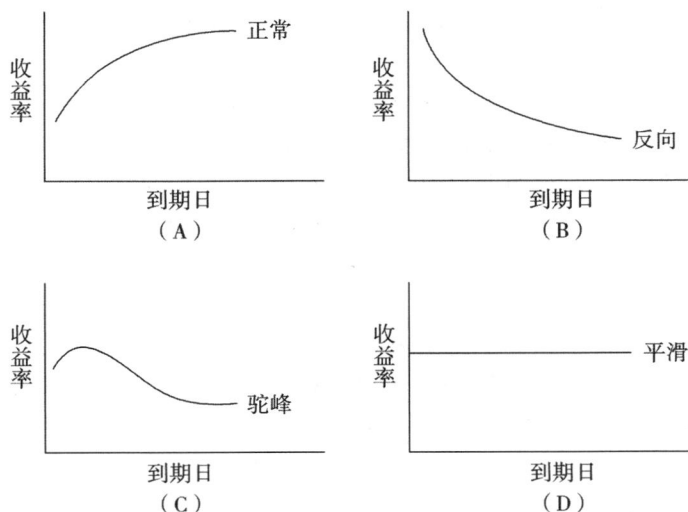

图 5-2 国库券收益率曲线图

图 5-2（A）中的收益率曲线自左下方向右上方延伸，这种形状的债券收益率曲线叫作正收益率曲线（positive yield curve）。债券的正收益率曲线是在整个经济运行正常，不存在通货膨胀压力和经济衰退的条件下出现的。它表示在其他条件一定的情况下，长期债券的即期利率高于短期债券的即期利率。或者说，未来债务合约的开始时间越远，远期利率越高。

图 5-2（B）中的收益率曲线从左上方向右下方延伸，这种形状的债券收益率曲线叫作反收益率曲线（inverse yield curve）。负斜率的收益率曲线意味着未来债务合约的开始日越远，远期利率越低。在市场供求关系支配下，当人们过多追求长期债券的高收益时，必然造成长期资本供大于求，引起长期债券利率下降而短期债券利率上升，最后导致短期利率高于长期利率的反收益率曲线现象。反收益率曲线通常不会仅靠资本的供求关系影响而自动调整为正收益率曲线。在投资人对长期债券的信心和兴趣恢复以前，中央银行必须首先采取有效的货币政策措施来消除利率混乱，修正收益率曲线。

当人们过分追求短期利率而将资本投入较短期限的债券时，短期利率因资本供应过多而下降，长期利率却因资本供应不足而上升，反收益率曲线恢复。在正反收益率曲线相互替代的利率变化过程中，经常出现一种长、短期收益率趋于一致的过渡阶段。这时，债券的收益率曲线同坐标系中的横坐标趋于平行，这种形状的收益率曲线叫作平收益率曲线（flat yield curve），如图 5-2（D）所示。

最后，收益率曲线还存在另一种形状，即在某个期限之前债券的利率期限结构是正收益率曲线，而该期限之后却变成了反收益率曲线，如图 5-2（C）所示。这种形状的收益率曲线叫作拱收益率曲线（humped yield curve），表示在某一时间限度内债券的期限越长，收益率越高，超过这一限度，期限越长，收益率越低。拱收益率曲线是短期利率急剧上升阶段所特有的利率期限结构现象。在西方经济极不稳定、市场利率起伏剧烈的 20 世纪 70 年代，拱收益率曲线成为美国债券市场和货币市场上一种最为常见的利率期限结构。

对于收益率曲线形状的解释，一般有三种理论：预期理论、流动性偏好理论和市场分割理论。其中，预期理论（expectation theory）最初是由 Fisher（1986）提出的，而后由 Friedrich A. Lutz（1940）进行了进一步的发展。[①]这一理论假设远期利率代表市场对未来即期利率的预期。也就是说，正收益率曲线意味着投资者预期未来利率将上升；反收益率曲线意味着投资者预期未来利率将下降。这一理论认为：（1）隐含远期利率是未来即期利率的无偏差估计值。（2）长期债券的收益率等于当前短期债券收益率加上短期债券展期后预期远期收益率的加权平均数，或者说，长期即期利率是当前短期利率和一系列远期利率或预期即期利率的几何平均数。（3）无论采取何种债券投资策略，任意一个投资持有期限都只有一种期望收益率。

上例中，对于 2 年期债券，投资者可以选择投资策略（1），也可以选择连续进行两次 1 年期的投资策略（2）。预期理论认为，在市场均衡的条件下，这两种投资均能获得同样的期望收益率，或者说，远期利率 f_2 必定等于第 2 年预计的即期利率 $_1f_2$[②]，如图 5-3 所示。

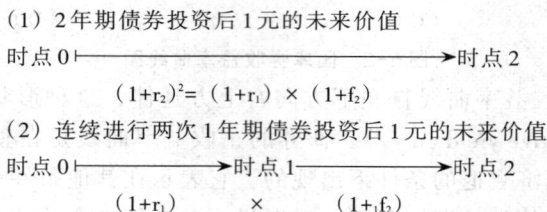

（1）2 年期债券投资后 1 元的未来价值

时点 0 ⊢————————————→ 时点 2

$$(1+r_2)^2 = (1+r_1) \times (1+f_2)$$

（2）连续进行两次 1 年期债券投资后 1 元的未来价值

时点 0 ⊢————————→ 时点 1 ————————→ 时点 2

$$(1+r_1) \times (1+{_1f_2})$$

图 5-3　债券投资未来价值

如果以 $_{t-1}f_t$ 表示 t-1 到 t 期间的隐含的远期利率，f_n 表示距离现在 n 期的即期利率（零息票利率），则可将零息票利率分解为一个隐含远期利率的数列如下：

$$1 + r_n = \sqrt[n]{(1 + {_0f_1})(1 + {_1f_2})(1 + {_2f_3}) \cdots (1 + {_{n-1}f_n})} \tag{5-28}$$

预期理论隐含着债券市场是高度有效的假设，如果远期利率与预期未来即期利率存在差别，市场中存在足够多的投机因素促使两种利率走向一致，这些市场参与者追求利润的行为将导致期限结构仅仅取决于对未来利率的预期。

流动性偏好理论（liquidity preference theory）认为，每个远期利率等于该期限的即期利率的预期值加上一个期限风险溢价，这个风险溢价附加在当期平均短期利率和未来短期利率之上。因此，远期利率是对未来即期利率有偏差的估算。流动性偏好假设是纯粹预期假设的扩充，其认为投资者在投资决策时都偏好持有短期证券，为了吸引投资者持有期限较长的债券，必须向他们支付流动性补偿，其数额是市场为将期限延长至预定年限所需要的超额收益。其计算公式为：

$$1 + r_n > \sqrt[n]{(1 + {_0f_1})(1 + {_1f_2})(1 + {_2f_3}) \cdots (1 + {_{n-1}f_n})} \tag{5-29}$$

$$1 + r_n = \sqrt[n]{(1 + {_0f_1})(1 + {_1f_2})(1 + {_2f_3}) \cdots (1 + {_{n-1}f_n})} + 流动性溢价 \tag{5-30}$$

由于远期利率中包含期限溢价，因此，收益率曲线会向上倾斜，即长期债券投资会产生更高的预期收益。

---

① FISHER I. Appreciation and interest［M］. Publication of American Economic Association，1896：11，23-29，91-92.

② 注意区别 $_1r_2$ 和 r_2：r_2 为从时点 0 到时点 2 持有的 2 年期债券的即期利率，而 $_1r_2$ 则是在时点 1 确定的 1 年预期即期利率或隐含的远期利率。

市场分割理论（market segmentation theory）认为，贷款者和借款者分割的市场行为基本上决定了收益率曲线的形态。Culbertson J. M.（1957）[①]认为，由于法律限制和行为方式限制，机构贷款者偏好其所经营的期限范围。例如，商业银行受存款负债的性质以及传统上强调流动性的影响，通常偏好中短期贷款，拥有长期负债的保险公司和其他贷款者则偏好较长期限的贷款。另外，借款者的债务期限通常与资本需求期限相匹配，与该项借款投资产生的预期现金流量相对应。市场分割理论认为，某种特定期限的利率完全取决于该期限的供求情况，与其他期限的供求状况不相关。

● 5.3　债券期权特征与定价

5.3.1　附认股权证债券

附认股权证债券（bond with attached warrant 或 equity warrant bonds）是指公司债券附有认股权证，持有人依法享有在一定期间内按约定价格认购公司股票的权利，是债券加上认股权证的产品组合。对于发行人来说，附认股权证的公司债券可以起到一次发行、二次融资的作用，可以有效降低融资成本。相对于普通可转债，这一融资品种的不同之处表现为：第一，发行人一直都有偿还本息的义务；第二，如果债券附美式权证，会给发行人的资金规划带来一定的不利影响；第三，无赎回和强制转股条款，在发行人股票价格高涨或者市场利率大幅降低时，发行人需要承担一定的机会成本。

附认股权证债券的价值由纯债券价值和认股权证价值两部分构成，其中纯债券价值可根据公式（5-21）计算。认股权证作为期权的一种变形，其价值主要由内含价值和时间价值构成，采用 B-S 模型确定认股权证内含价值的计算公式如下：

$$c_w = \max[\,n(S - K),\ 0\,] \tag{5-31}$$

式中：c_w 表示认股权证的内含价值；n 表示行权比率，即每份认股权证能够购买的普通股股数；S 表示普通股每股市价；K 表示行权价格。

认股权证的持有者无投票权，也不能分得股利，但如果公司发行股票或进行股票分割，认股权证的行权价格将会自动调整。由于套利机制，认股权证的内含价值构成了认股权证的最低极限价格。由于普通股的市场价值随着时间的推移而变动，因此，认股权证的内含价值也会随之变动。

时间价值反映股价在到期日前可能朝着有利于投资者方向变动而产生的价值，其主要与权证剩余时间和股票价格波动率有关。对于权证投资者，距离到期日时间越长，股票价格波动的可能性就越大，其时间价值也越大。随着时间的消逝，权证时间价值逐渐下降。由于股本波动率的增加会增加权证持有人获利的机会，因此，股票波动率越大，认股权证的价值越高。

影响权证价值的因素与影响股票期权价值的因素基本相同，此外，在确定认股权证价值时，还应考虑股利因素。由于权证持有者不享有股利分配权，因此，权证持有时间越长，丧失的股利收入就越多。当权证杠杆效应所带来的收益不足以弥补其所丧失的股利

①　CULBERTSON J M. The term structure of interestrate［J］. Quartely Journal of Ecnomics, 195: 71, 489-504.

时，权证价值就会下跌。

当认股权证持有者行使转换权利时，将增加公司流通在外的普通股股数，其结果是普通股每股收益降低，这种潜在的每股收益稀释也将导致认股权证价值下跌。认股权证内含价值的计算步骤如下：

第一步，根据认股权证被执行后的预期稀释效应对股票价格进行调整，稀释后普通股每股预期价格为：

$$稀释后普通股每股预期价格 = \frac{S \cdot N + n \cdot W \cdot K}{N + n \cdot W} \tag{5-32}$$

式中：S表示普通股当前每股价格；N表示认股权证行使前公司发行在外的普通股股数；n表示每张认股权证可以购买普通股股票的数量；W表示发行认股权证的数量；K表示认购价格。

第二步，根据B-S模型计算普通股买权价值，B-S模型中所用的方差是公司股票价值的方差。

第三步，根据认股权证与普通股买权价值的关系计算认股权证价值，每份认股权证的内含价值为：

$$\max\left[n\left(\frac{S \cdot N + n \cdot W \cdot K}{N + n \cdot W} - K\right), 0\right] = \max\left[\frac{N \cdot n}{N + n \cdot W}(S - K), 0\right]$$

$$= \frac{N \cdot n}{N + n \cdot W}\max[S - K, 0] \tag{5-33}$$

公式（5-33）中的 $\max[S-K, 0]$ 为普通股买权价值，公司认股权证内含价值等于公司普通股买权价值的 $\frac{N \cdot n}{N + n \cdot W}$ 倍。

【例5-3】2008年4月2日，青岛啤酒发行1500万张附认股权证的债券（或分离交易可转债），募集资金共计15亿元，其中每张债券的持有人可以获得公司派发的7份认股权证。债券面值为100元，票面利率为0.8%，期限为6年，信用等级为AA+。认股权证部分的存续期为18个月，行权日为2009年10月13日，初始行权价为28.32元，行权比例为2:1。

（1）认股权证价值。

假设现在是2008年8月21日，青岛啤酒股票（正股）收盘价格为21.09元。为测算每份认股权证的理论价值，对B-S模型中的参数做出如下设定：行权价格（K）为28.06元，无风险收益率（r）取2年期国债利率2.88%，按连续复利计算为2.92%，股票波动率（σ）为青岛啤酒股票收益率的隐含波动率104.90%，权证存续期（T）为1.16年。将上述参数代入B-S模型，采用Excel函数计算出青岛啤酒股票买权价值为7.52元，具体见表5-15。

根据青岛啤酒分离交易可转债的公告，该次认股权证发行总量为10500万份，行权比例为2:1，即2份认股权证可认购1股青岛啤酒A股股票，流通股为23575.55万股。结合表5-15中的数据，青岛啤酒认股权证内含价值的计算如下：

$$认股权证内含价值 = 7.52 \times \frac{N \cdot n}{N + n \cdot W}$$

$$= 7.52 \times \frac{23\,575.55 \times 0.5}{23\,575.55 + 0.5 \times 10\,500} = 3.08(元)$$

表 5-15　　　　　　　　　　　**青岛啤酒股票买权价值计算表（B-S）**　　　　　金额单位：元

参数	数额	说明
S	21.09	股票当前市场价格（2008 年 8 月 21 日）
K	28.06	行权价格
r	2.92%	无风险利率（按 2 年期国债利率连续复利计算）
T	1.16	期权到期时间（以年为单位）
Sigma	104.90%	股票隐含波动率（σ）
d_1	0.3422	<-- (LN (S/K) + (r+0.5*sigma^2)*T) / (sigma*SQRT (T))
d_2	-0.7876	<--d_1-sigma*SQRT (T)
N (d_1)	0.6339	<--NormSDist (d_1)
N (d_2)	0.2155	<--NormSDist (d_2)
买权价值	7.52	<--S*N (d_1) -K*EXP (-r*T)*N (d_2)

在实务中，通常是根据认股权证合理的溢价率水平确定其市场定价。溢价率是认股权证一个重要的风险指标，表示以当前价格买入权证并持有至到期，标的股票需要向有利的方向变动多少（百分比），投资者才可以不盈不亏。举例来说，假设青岛啤酒认股权证溢价率为 60%，如果投资者以现价买入青岛啤酒认股权证并持有至到期，则青岛啤酒股价必须上涨 60%，投资者才可以保本。溢价率的计算公式如下：

$$\lambda = \frac{K + c/n}{S} - 1 \tag{5-34}$$

式中：λ 表示溢价率；其他符号含义与前述相同。

根据公式（5-34），可以推导出认股权证的上市估值为：

$$1 + \lambda = \frac{k + c/n}{S}$$

$$S(1 + \lambda) = k + c/n \tag{5-35}$$

$$c = \left[S(1 + \lambda) - k \right] \cdot n$$

根据估价时市场上流通的认股权证的溢价率水平，考虑青岛啤酒股价走势，假设青岛啤酒认股权证上市初期的溢价率水平预计为 60%～80%。以青岛啤酒 2008 年 8 月 21 日收盘价 21.09 元测算，其认股权证在二级市场上的价格为 2.77～5.77 元，具体见表 5-16。

如果市场是完善的，认股权证的溢价率是行权价 K 和股票价格 S 的比值的函数，反映权证价格与其行权价格相对于股票价格的偏离程度。

（2）债券价值。

公司债券价值主要取决于到期收益率和债券票面利率。2008 年 8 月，沪市企业债券交易市场上交易 5～6 年期企业债共有 20 种，到期收益率的平均值为 5.08%，以此作为折现率；青岛啤酒债券剩余年限为 5.611 年。根据上述数据，青岛啤酒债券价值为 79.86 元（依据表 5-17 最后一行合计数）。

表5-16　　　　　　　　　　青岛啤酒不同股价对应的认股权证上市估值　　　　　　　　　单位：元

青岛啤酒股价	20	21	22	23	24	25
60%溢价率对应的青岛啤酒认股权证的价格	1.97	2.77	3.57	4.37	5.17	5.97
80%溢价率对应的青岛啤酒认股权证的价格	3.97	4.87	5.77	6.67	7.57	8.47

表5-17　　　　　　　　　　　　青岛啤酒债券价值

剩余年限（年）	0.611	1.611	2.611	3.611	4.611	5.611
利息及到期本金（元）	0.800	0.800	0.800	0.800	0.800	100.800
现值（元）（5.08%）	0.776	0.739	0.703	0.669	0.637	76.333

5.3.2　可转换债券估价

含期权债券价值

可转换债券（convertible bonds）是一种以公司债券（包括优先股）为载体，允许持有人在规定的时间内按规定的价格转换为发行公司或其他公司普通股的金融工具。

1）可转换债券的基本概念

纯债券价值（straight-debt value）：指非转换债券所具有的价值，即不含转换权债券的价值，一般根据债券估价模型计算。

转换价值（conversion value）：指可转换债券能以当前股票价格立即转换为普通股时可转换债券所能取得的价值。其计算公式为：

转换价值=转换比例×股票当前市场价格　　　　　　　　　　　　　　　　（5-36）

转换价格（conversion price）：指可转换债券转换为股权时的行权价格，可转换债券合约中规定的这一价格为初始转换价格。

转换比率（conversion ratio）：指每份可转换债券可转换成普通股的股数。

转换比率与转换价格之间的关系可用下式表示：

$$转换比率 = \frac{可转换债券的发行价格}{转换价格} \qquad\qquad (5-37)$$

转换时间：指债券持有人行使转换权利的有效期限。通常有两种规定：一种是发行公司制定一个特定的转换期限，只有在该期限内，公司才受理可转换债券的换股事宜；另一种是不限制转换的具体期限，只要可转换债券尚未还本付息，投资者就可以任意选择转换时间。

转换权：指债券持有人在规定的时间内可以按规定的转股价格将可转换债券转换为股票的权利。转换权是可转换债券的基本特征。

赎回权（callable option）：指发行人在一定的时期内可以提前赎回未到期的可转换债券的权利而非义务，赎回价格一般高于面值。赎回权一般在公司与投资者之间关于赎回行为的赎回条款中书面约定。

回售权（putable option）：指在股票价格表现欠佳时，投资者要求发行人收回发行在外的可转换债券，并在指定日期内以高于面值一定的溢价出售给发行人的权利。回售权一般在公司与投资者之间关于回售行为的回售条款中书面约定。

2）可转换债券价值

可转换债券可以看作一份债券和一份公司股票的看涨期权的组合，这与前述的附认股权证债券的组合几乎相同。只不过可转换债券持有者行权时必须放弃债券，而附认股权证债券持有者在行权后可继续持有债券。

可转换债券价值主要由纯债券价值（或转换价值）加上期权价值构成。在可转换债券到期日前，如果纯债券价值>转换价值，投资者不会行使转换权，而会继续持有债券以赚取高额利息收入；如果转换价值>纯债券价值，投资者会将债券转换为股票，并从中获利。在可转换债券到期日，可转换债券持有人要么立即转换，成为公司的股东，要么接受公司支付的债券本息。因此，可转换债券到期日的价值是纯债券价值和转换价值中的最大者，这一价值也是可转换债券的最小值或底价。

在可转换债券到期日前，可转换债券持有人不必立即做出选择，他们可以等待获利机会，再行决断。这样，尚未到期的可转换债券的价值总是大于其底价，之间的差额称为可转换债券期权价值或溢价，该溢价相当于公司股票的美式买权价值。假设不考虑债券违约情况，纯债券价值、转换价值、期权价值、可转换债券价值之间的关系，如图 5-4 所示。

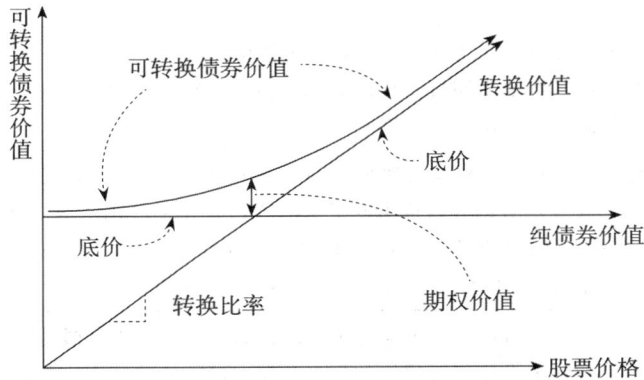

图 5-4　纯债券价值、转换价值、期权价值、可转换债券价值关系图

图 5-4 中，纯债券价值与转换价值越接近（无论两者谁高），可转换债券期权价值越大；纯债券价值与转换价值之间的差距越大，期权价值越小；纯债券价值与转换价值相等时，期权价值最大。随着债券到期日（或转换日）的接近，可转换债券的市场价值与转换价值几乎相等，即可转换债券期权价值为零。在可转换债券到期日前，其价值等于纯债券价值和转换价值二者中的较大值与期权价值之和，其计算公式为：

$$可转换债券价值 = \max（纯债券价值或转换价值）+ 期权价值 \tag{5-38}$$

【例 5-4】2018 年 12 月 13 日晚间，海尔股份有限公司发布公告，将于 2018 年 12 月 18 日发行 30.0749 亿元可转债，可转换债券按面值发行，每张面值为 100 元，债券期限为 6 年。海尔转债的债券条款、转股条款和特殊条款见表 5-18。

（1）海尔转债纯债券价值。

海尔转债发行时，按照中债 6 年期 AAA 企业债到期收益率（2018/12/17）4.1578% 作为折现率，海尔转债的纯债券价值为 86.51 元（依据表 5-19 最后一行合计数，有尾差调整），按面值计算的溢价率为 15.59%（100÷86.51−1）。

表 5-18   海尔转债（110049.SH）条款

发行规模	可转债张数	发行价	网上申购日	缴款日
30.07亿元	3 007万张	100元	2018/12/18	2018/12/20

债券条款				
债券期限	2018/12/18—2024/12/17		起息日	2018/12/18
到期赎回价格	105元/张（含最后一期利息）		付息频率	1年1次
票面利率	0.2%，0.5%，1.0%，1.5%，1.8%，2.0%			
信用评级	主体"AAA"，债券"AAA"			

转股条款				
初始转股价格	14.55元/股		初始转股比例	6.8729（100/14.55）
转股期	2019/6/25—2024/12/17			

特殊条款	
向下修正条款	在本次可转债存续期间，当公司A股股票在任意连续30个交易日中有15个交易日的收盘价低于当期转股价格的80%时，公司董事会有权提出转股价格向下修正方案并提交公司股东大会审议表决
赎回条款	在本次发行的可转债转股期内，如果公司A股股票在任意连续30个交易日中至少有15个交易日的收盘价不低于当期转股价格的120%（含120%），或当本次发行的可转债未转股的余额不足3 000万元（含）时，公司有权决定按照债券面值加上当期应计利息的价格赎回全部或部分未转股的可转债
回售条款	在本次可转债最后两个计息年度内，如果公司A股股票的收盘价在任意连续30个交易日低于当期转股价格的70%，本次可转债持有人有权将其持有的本次可转债全部或部分以面值加上当期应计利息回售给公司

数据来源：根据Wind国泰君安证券研究相关资料整理而得．

表 5-19   海尔转债纯债券价值   金额单位：元

日期	2019/12/18	2020/12/18	2021/12/18	2022/12/18	2023/12/18	2024/12/18
利率	0.2%	0.5%	1.0%	1.5%	1.8%	2.0%
现金流量	0.20	0.50	1.00	1.50	1.80	105.00
现值（4.1578%）	0.19	0.46	0.88	1.27	1.47	82.23

如果投资者按债券面值100元购买海尔转债，并一直持有至到期，则纯债券到期收益率（YTM）为1.63%。

（2）海尔转债转换价值。

根据转股条款，初始转换价格为14.55元，转换比率为6.8729（100÷14.55），2018年12月17日，海尔股票市场价格为14.43元，转换价值为99.18元（14.43×6.8729），按债券面值计算的转换价值溢价率为 0.8268%（100÷99.18-1）。

（3）海尔转债买权价值。

根据 B-S 模型，有关参数的确定方法和买权价值的计算结果见表 5-20。

表 5-20 海尔转债买权价值 金额单位：元

参数	数额	说明
S	14.43	股票当前市场价格（2018年12月17日）
K	14.55	执行价格
r	3.1691%	6年期（2018年12月中债国债收益率）
T	6.00	期权到期时间（以年为单位）
Sigma	29.00%	股票隐含波动率（国泰君安证券研究，2018年12月15日）
d_1	0.6112	<-- （LN（S/K）+（r+0.5*sigma^2）*T）/（sigma*SQRT（T））
d_2	-0.0992	<--d_1-sigma*SQRT（T）
N（d_1）	0.7295	<--NormSDist（d_1）
N（d_2）	0.4605	<--NormSDist（d_2）
买权价值	4.99	<--S*N（d_1）-K*EXP（-r*T）*N（d_2）

（4）海尔转债理论价值。

2018年12月17日，海尔转债纯债券价值为86.51元，转换价值为99.18元，买权价值为4.99元，根据公式（5-38），海尔转债理论价值为104.17元（99.18+4.99）。

从价值构成来看，可转换债券可以看作普通的公司债券与看涨期权的组合。但可转换债券的结构极为复杂，通常隐含转股权、赎回权和回售权等，这些都会影响海尔转债的期权价值。

由于可转换公司债券赋予投资者在一定时间的转换期内都具有可转换的权利，所以，采用美式期权定价应该说是最适合的。此外，采用 B-S 欧式期权定价模型估计的转债期权价值只是一个参考值，还应结合其他各种因素进行调整。

5.3.3 可赎回债券

公司在发行债券时，可以对债券附加一些条款，以便减少发行者的风险或增加债券投资者的吸引力，最常见的条款之一就是可赎回条款。这一条款允许发行人（公司）在某一规定的期间内以事先确定的价格从债权人手中赎回全部债券。一般而言，赎回价格会超过债券的票面价值100元。赎回价格与票面价值之间的差价，称为赎回溢价（call premium）。例如，债券的赎回价格为面值的105%，则债券的赎回溢价等于面值的5%。初始赎回价格通常设定为债券面值加上年利息，并且随着到期时间的减少而下降，逐渐趋近于面值。赎回条款一般有两种：随时赎回条款和推迟赎回条款。随时赎回条款规定，债券一经发行，债券发行人即有权随时赎回债券；推迟赎回条款规定，债券发行人只能在一定时间后才能赎回已发行的债券。

从期权的角度分析，可赎回债券的发行人可以在利率下跌（债券价格上升）时以约定的价格赎回旧债券，这表明可赎回债券相当于在纯债券上附加了一份在标的资产（债券）价格上涨时以某固定价格（赎回价格）购买该资产的看涨期权。

如果债券契约中载明允许发行公司在到期日前将债券从持有者手中赎回的条款，则当市场利率下降时，公司会发行利率较低的新债券，并以所筹措的资金赎回高利率的旧债券。在这种情况下，可赎回债券持有者的现金流量包括两部分：（1）赎回前正常的利息收入；（2）赎回价格（面值+赎回溢价）。

【例5-5】ABC公司拟发行债券融资，债券面值为100元，息票率为12%，期限为20年，每年付息一次，到期偿还本金，目前同类债券投资者要求的预期收益率为12%。

（1）如果债券没有赎回条款，则债券的价值为：

$$P_d = \sum_{t=1}^{20} \frac{100 \times 12\%}{(1 + 12\%)^t} + \frac{100}{(1 + 12\%)^{20}} = 100(元)$$

（2）假设债券契约规定，5年后公司可以112元的价格赎回。如果5年后市场利率下跌，假设降至8%，ABC公司一定会以112元赎回债券。如果债券被赎回，则可赎回债券的价值为：

$$P_d = \sum_{t=1}^{5} \frac{100 \times 12\%}{(1 + 12\%)^t} + \frac{112}{(1 + 12\%)^5} = 106.81(元)$$

假设债券按面值发行，那么，债券被赎回时的预期收益率（YTC）计算如下：

$$100 = \sum_{t=1}^{5} \frac{100 \times 12\%}{(1 + YTC)^t} + \frac{112}{(1 + YTC)^5}$$

上式解得，投资者的预期收益率（YTC）为13.82%。从表面上看，债券赎回收益率大于不可赎回债券的预期收益率12%（债券按面值发行，到期收益率与息票率相同）。但是，债券被赎回后，投资者收到的赎回价（112元）只能按8%的利率再进行投资，则持有20年债券的预期收益率计算如下：

$$100 = \sum_{t=1}^{5} \frac{100 \times 12\%}{(1 + YTC)^t} + \sum_{t=1}^{15} \frac{112 \times 8\%}{(1 + YTC)^t} \times \frac{1}{(1 + YTC)^5} + \frac{112}{(1 + YTC)^{20}}$$

上式解得，投资者的预期收益率为10.54%。事实上，这一数值相当于可赎回债券投资者前5年获得了13.82%的预期收益率、后15年获得了8%的预期收益率的平均预期收益率。因此，相对于不可赎回债券，投资者的预期收益率下降了1.46%（12%-10.54%）。如果投资者是理性的，他们会认知，一旦债券被赎回，他们将遭受再投资损失。因此，他们不会花费100元购买利率为12%的可赎回债券。赎回条款的存在，降低了该类债券投资者的实际预期收益率。为弥补被赎回的风险，这种债券发行时，通常有较高的息票率和较高的承诺到期预期收益率。

可赎回债券含有的期权价值，一般可以通过蒙特卡罗模拟等方法进行定价。

5.3.4 可回售债券

可回售债券给予债券投资人在债券到期日前的某一时点将持有的债券以一定的价格回售给发行人的权利。当利率上升、债券价格下跌时，债券投资人可以行使回售权，将资金重新投资于收益率更高的债券或其他投资产品。同时，回售价格是债券价格的下限，有助于在债券价格下跌时保护投资者。因此，可回售债券可以看作一份纯债券加上一份看跌期权的组合。与可赎回债券相反，可回售债券有利于投资者、不利于融资者，因为其需要承担更大的市场风险。例如，海尔转债也包含了回售条款（详见表5-18）。

大多数可回售债券还会有利率跳升条款，即在回售时点前，发行人可提高票面利率以满足投资人的要求。例如，北京同仁堂科技发展股份有限公司于2016年8月30日发行公司债券（136594.SH），面值8亿元。"16同仁堂"债是5年期债券，由于期限较长，可能跨越一个以上的利率波动周期，债券的投资价值在其存续期内可能随着市场利率的波动而发生变动，从而使债券投资者持有的债券价值具有一定的不确定性。为此，该债券附第3年年末发行人调整票面利率选择权及投资者回售选择权。该债券采用累进利率[1]，在债券存续期前3年利率为2.95%，固定不变；在债券存续期第3年年末，如发行人行使调整票面利率选择权，未被回售部分的债券票面利率在债券存续期前3年票面利率的基础上调整，利率为2.95%加上调基点，在债券存续期后2年固定不变。

作为给予投资人回售选择权的交换，发行人可用更低的票面利率再融资。例如，一只5年期、含投资人3年期期末回售选择权的债券（3+2）票面利率不仅应低于5年期债券票面利率，也应低于3年期债券票面利率。这是因为上述可回售债券等价于一个3年期纯债券加上一个投资者按照同样或更高（若存在利率跳升）的利率将现有债券继续持有2年的选择权，从而使得可回售债券的价值更高。

可回售债券含有的期权价值，一般可以通过蒙特卡罗模拟等方法进行定价。

● 5.4　股票、债券期权价值分析

5.4.1　股票、债券与公司价值

Fischer Black and Myron Scholes（1973）在《期权估值与公司债务》一文中首次提出负债公司的股权实际上是公司价值的看涨期权。此后，大量的研究进一步说明了如何将期权定价理论应用于解决公司财务问题，例如，含期权融资产品、资本结构、兼并与收购、投资决策、风险管理等。

如果以公司资产作为期权标的资产，站在不同的角度进行分析，股票、债券持有者具有不同的权利和义务，现从买权和卖权两方面进行分析。

1）买权分析

假设公司资本总额由股权资本（普通股）和负债资本（零息债券）两部分组成。假设公司债券面值为 D，期限为 T，债券到期时，股票总价值 E_T 与公司资产价值 V_T 的关系如下：

$$E_T = \max[V_T - D, 0] \tag{5-39}$$

公式（5-39）与买权的到期价值为同一形态，因此，公司的股票可以解释为以公司资产为标的资产、以债券面值为行权价、以债券期限为权利期间的一种欧式买入期权。而以股票为标的资产的买权变成了买权的买权，称为复合买权（compound option）。此时，

---

[1]　累进利率债券是指以利率逐年累进方法计息的债券。其利率随着时间的推移，后期利率将比前期利率更高，有一个递增率，呈累进状态。例如，第一年为5%，第二年为6%，第三年为7%等。累进利率债券的期限一般是浮动的，投资者可以自行选择，但须符合最短持有期和最长持有期的限制。

买权的真正标的资产是公司资产，而不是公司股票，通过以股价为中介，买权（股票价值）主要与公司资产价值及债券面值有关，如图5-5所示。

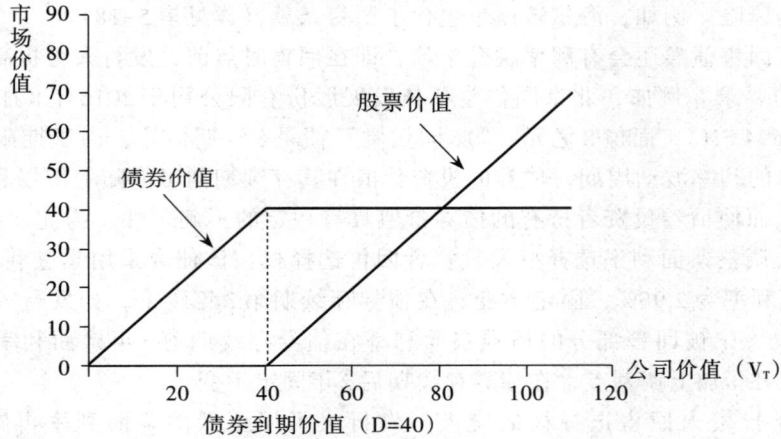

图 5-5　股票价值与公司价值

根据买权定价理论，债券到期时，股票持有人（股东）具有两种选择：偿还债券或宣告破产。如果 $V_T>D$，债券将被偿还，即股东执行期权；如果 $V_T<D$，公司将无力偿还债券，按股东承担有限责任的观点，债权人将接受公司的全部资产，或者说股东将不行使买权，此时的买权一文不值（股票价值为零）。从理论上说，股票持有人的上方收益是无限的（他们分享了公司资产价值超过债券账面价值的所有部分），而下方风险是锁定的。

从债权人的角度看，债券到期时，如果 $V_T>D$，债权人将公司资产以债券面值出售给股东；如果 $V_T<D$，债权人将得到小于债券面值的公司资产。此时，债权人有两项权益：（1）他们是公司资产的持有者；（2）他们是公司资产买权的出售者，即承担将公司资产出售给股东的义务。

$$债券价值=公司资产价值-公司资产买权价值 \tag{5-40}$$

从理论上说，债券持有人的上方收益和下方风险是有限的（以债券面值为限）。图5-6中的粗折线描述了债权人的损益状况。

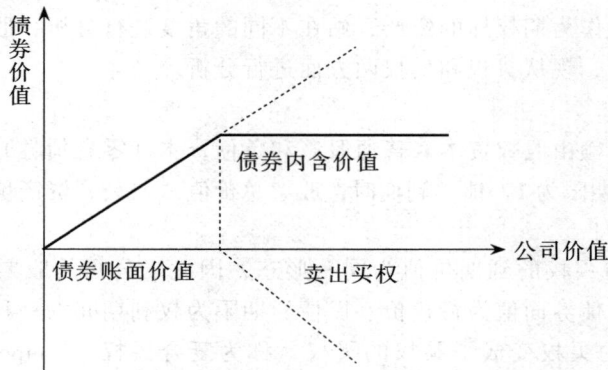

图 5-6　债券价值——解释 1

2）卖权分析

从股东的角度看，股东对公司资产具有三项权益：（1）他们是公司资产的持有者；（2）他们是公司债券的偿还者；（3）他们持有一份以公司债券为行权价的卖权。债券到期时，如果 $V_T < D$，股东则行使期权，以债券面值将公司资产出售给债权人，此时，仅仅是公司资产与债券的交换，并没有发生任何现金流动，交易结束后股东一无所有；如果 $V_T > D$，股东则放弃期权，按债券价值偿还债券后，股东仍是公司资产的所有者。

股票价值=公司资产价值−预期债券现值+公司资产卖权价值   （5-41）

从债权人的角度看，持有人有两项权益：（1）他们拥有债券索偿权；（2）他们是公司资产卖权的出售者。债券到期时，如果 $V_T < D$，股东则行使卖权，此时，债权人必须以债券面值将公司资产买回，交易结束后，股东和债权人的权利和义务相互抵消；如果 $V_T > D$，股东则放弃期权，此时，债权人仅按债券面值收到偿还额。图 5-7 中的粗折线显示了公司债权人的损益。

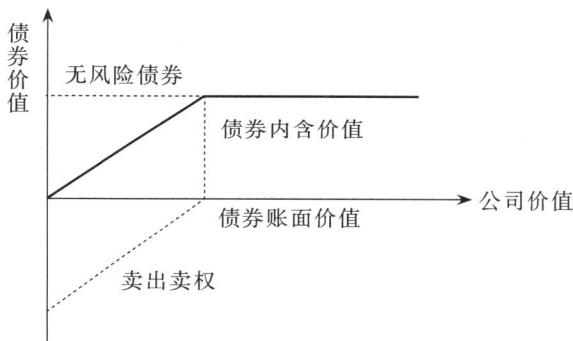

图 5-7   债券价值——解释 2

图 5-7 表明，对某有限责任公司进行资本放款，相当于进行了一项风险投资。为了避免风险，债权人会在购买一张以无风险利率（无违约风险）折现的公司债券的同时，出售给公司股东一份以债券面值为行权价格的卖出期权，以便将风险债券调整为无风险债券。对于债权人来说，他们愿意将来取得债券面值而现在所支付的金额为：

债券价值=预期债券现值−公司资产卖权价值   （5-42）

将公式（5-40）和公式（5-42）结合起来，可以得到：

预期债券现值−公司资产卖权价值=公司资产价值−公司资产买权价值   （5-43）

公式（5-43）反映了债券价值和股权价值（公司资产买权价值）之间的关系，即前述买−卖权平价关系，其对于正确评价债券和股票的市场价值具有重要作用。

3）股票、债券期权估价

关于股票和债券的价值评估，可以通过对 B-S 模型进行一定的变量替换，即用公司资产价值和公司资产收益率的标准差分别替换模型中的股票价格和股票收益的标准差；用公司债券账面价值和公司债券偿还期分别替换行权价格和到期日。或者说，模型中的 S 表示公司资产市场价值；K 表示债券账面价值；r 表示无风险利率；σ 表示公司未来市场价值的标准差；T 表示公司债券期限；c 表示股权价值（买权价值）。据此，可以计算公司股票价值，进而计算债券价值和公司总价值。

【例5-6】APX公司目前资产价值预计为1亿元，公司价值的标准差为35%；债券面值为8 000万元（10年期零息债券），10年期国债利率为8%。根据B-S模型分三种情景估计该公司股权价值、债券价值、债券利率，具体见表5-21。

表5-21　　　　　　　APX公司不同情景下股权价值、债券价值、债券利率

项目	情景1	情景2	情景3
公司价值S（万元）	10 000	5 000	9 800
零息债券K（万元）	8 000	8 000	8 000
无风险利率r	10%	10%	10%
到期时间T（年）	10	10	10
年波动率σ	35%	35%	50%
d_1	1.6585	1.0323	1.5514
d_2	0.5517	−0.0745	−0.0298
$N(d_1)$	0.9514	0.8490	0.9396
$N(d_2)$	0.7094	0.4703	0.4881
股权价值（买权价值）c（万元）	7 426	2 861	7 771
债券价值（万元）	2 574	2 139	2 029
债券利率	12.01%	14.10%	14.71%

情景1——根据B-S模型，APX公司股权价值计算如下：

股权价值 = $10\,000 \times 0.9514 - 8\,000 \times e^{-0.10 \times 10} \times 0.7094 = 7\,426$(万元)

债券价值等于公司价值减去股权价值：

债券价值=10 000-7 426=2 574（万元）

根据债券的市场价值计算10年期零息债券的市场利率如下：

债券利率 = $\left(\dfrac{8\,000}{2\,574}\right)^{1/10} - 1 = 12.01\%$

上述计算结果表明，10年期零息债券的违约风险溢价为2.01%（12.01%-10%）。

采用B-S模型估计股权价值的一个隐含意义在于，股权资本总是具有价值的，即使在公司价值远远低于债券面值时，只要债券没有到期，股权资本仍然具有价值。其原因是标的资产价值在期权剩余期限内仍具有时间价值，或在债券到期前资产价值仍有可能超过债券面值。

情景2——APX公司价值下跌到5 000万元，低于流通在外的债券价值，在其他因素不变的条件下，APX公司股权价值、债券价值、债券利率计算如下：

股权价值 = $5\,000 \times 0.8490 - 8\,000 \times e^{-0.10 \times 10} \times 0.4703 = 2\,861$(万元)

债券价值=5 000-2 861=2 139（万元）

债券利率 = $\left(\dfrac{8\,000}{2\,139}\right)^{1/10} - 1 = 14.10\%$

事实上，即使公司资产价值下跌到 1 000 万元或更低，股权资本在本例中仍具有价值，如图 5-8 所示。

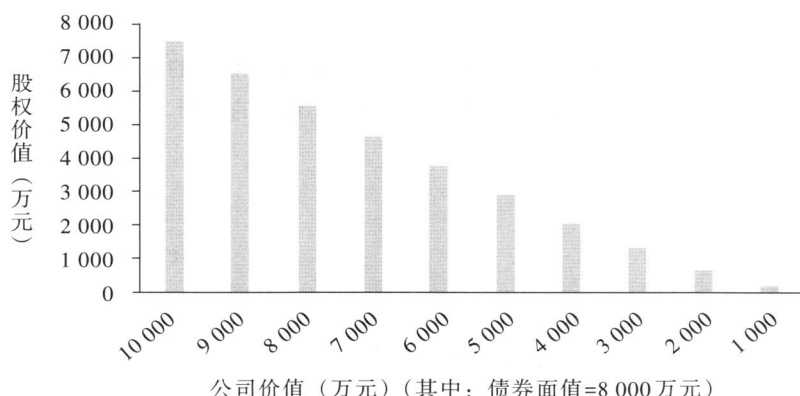

图 5-8　公司价值与股权资本价值

在上述分析中，假设公司只存在一次性发行的零息债券，这与大多数公司不相符，因此采用 B-S 模型时需要进行一定的调整。对公司价值而言，一般有三种调整方式：（1）如果公司所有的债券和股票都在公开市场上进行交易，可以据此确定公司总价值（股票与债券市场价值之和），然后根据期权定价模型将这一价值在股权价值和债券价值之间进行重新分配。这种方法虽然简单，但得到的却是与市场价值完全不同的股权价值与债券价值。（2）根据资本成本对预期现金流量进行折现，以确定公司资产的市场价值。在这种方法下，期权定价模型中的公司价值应该是其在清算时获得的价值，因此有可能忽略了公司未来投资的增长价值，也可能降低了清算成本。（3）选择同行业可比公司，根据价格乘数法计算公司价值。

对于公司价值方差，如果公司的股票、债券都是上市的，可以直接获得公司价值的方差为：

$$\sigma_{公司}^2 = w_s^2\sigma_s^2 + w_b^2\sigma_b^2 + 2w_sw_b\rho_{sb}\sigma_s\sigma_b \tag{5-44}$$

式中：w_s 和 w_b 分别表示股权和债权的市场价值权数；σ_s 和 σ_b 分别表示股票价格和债券价格的标准差；ρ_{sb} 表示股票价格和债券价格的相关系数。

如果公司债券不在市场上交易，可以采用相似等级债券的标准差作为对 σ_b 的估计值，而将相似等级债券与公司股票价格之间的相关系数作为对 ρ_{sb} 的估计值。如果公司股票或债券价格波动幅度比较大，采用上述方法可能得出错误的结论。在这种情况下，可以采用同行业平均方差作为估价值。

对于公司债券来说，假设公司债券是由不同期限、不同利率的债券构成的，采用期权估价法时，需要将多次发行的债券调整为一次性的零息债券。对于不同期限的公司债券，一般有两种调整方法：一种是估计每一次债券的持续期或久期，然后计算不同债券持续期的加权平均数；另一种是以不同期限债券的面值为权数计算的加权平均期限作为零息债券的到期期限。

在期权定价法下，对债券面值可以采用两种方式确定：一是将公司所有债券到期本金视为公司已发行的零息债券面值。这种方法的局限性在于忽略了公司在债券期间必须支付的利息。二是将公司预期的利息支付加总到到期本金上，从而获得债券的累积性面值。这种方法的局限性在于混合了不同时点上产生的现金流量。

5.4.2 股权价值与违约概率

一般来说，股权价值和债券利率是公司资产价值标准差的增函数。根据【例5-6】的资料，在其他因素不变的条件下，随着公司价值标准差的上升，股权价值和债券利率随之上升，如图5-9所示。

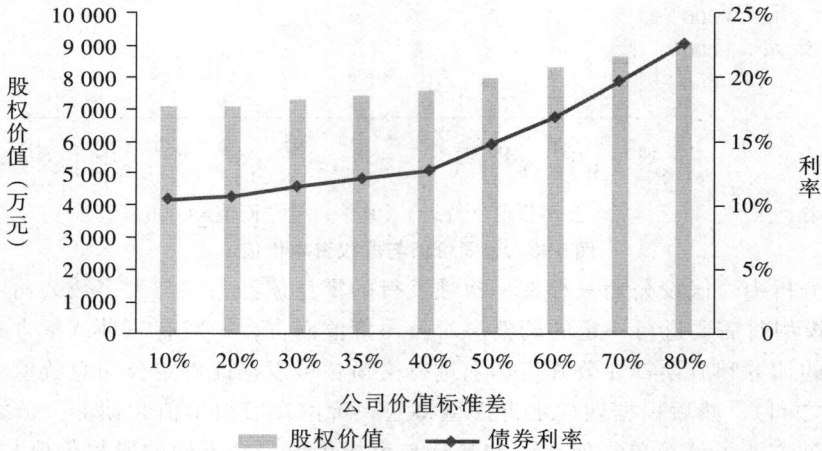

图5-9 公司价值标准差与股权价值和利率

B-S模型不仅可以用于估价，还可以估计公司违约风险的中性概率。在B-S模型中，$N(d_2)$ 是 $S_T > K$ 的风险中性概率。在这里，其是公司资产价值超过债券面值的概率。因此，违约风险中性概率为"$1-N(d_2)$"，而债券违约风险溢价则是公司债券利率与无风险利率之间的差额。图5-10描述了公司违约风险中性概率和违约风险溢价与公司价值标准差之间的关系。

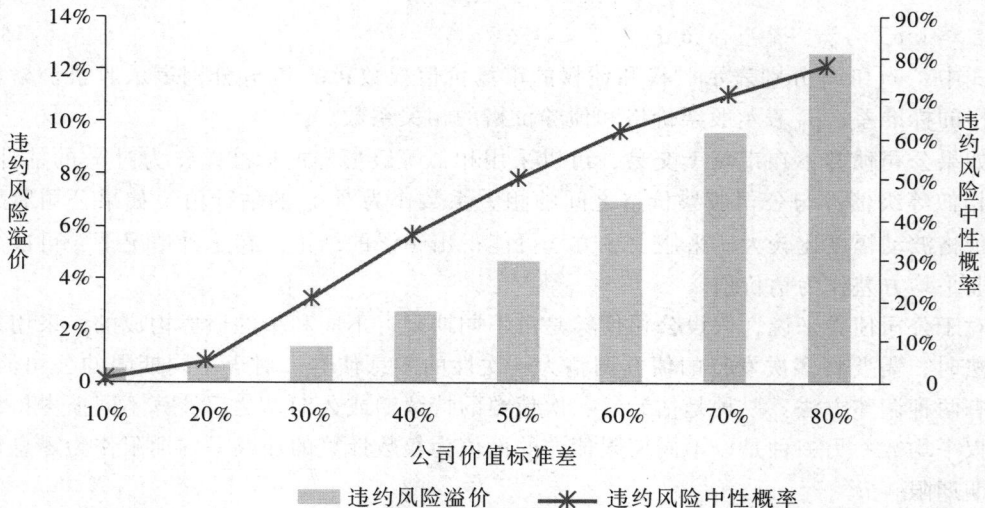

图5-10 违约风险中性概率和违约风险溢价与公司价值标准差

图5-10中，公司资产价值标准差越大，违约风险中性概率和违约风险溢价就越大，

而且上升的幅度越快。

5.4.3　期权与代理问题

从股东和债权人之间的关系来看，股东相当于公司资产价值的买权持有者，债权人则是这一买权的出售者。根据 B-S 模型，股票价值（买权价值）与公司资产价值（标的物）标准差呈同向变化，标准差越大，风险越高，股票价值就越大，债券价值就越小。图 5-11 描述了情景 1（见表 5-21）下公司资产价值标准差对股票或债券价值的影响。因此，负债公司的股东通常比无负债公司的股东更愿意从事高风险项目，或者为了获得高报酬，或者为了向债权人转移风险。

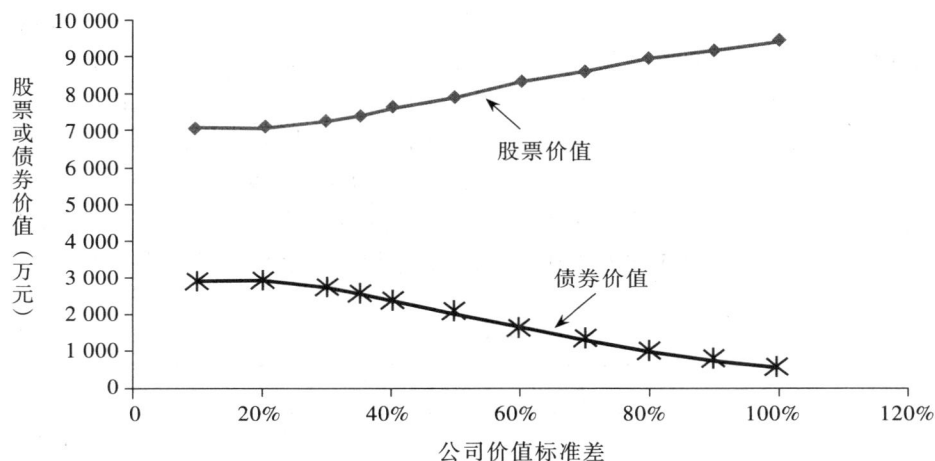

图 5-11　公司价值标准差与股票或债券价值

表 5-21 中，情景 3 下假设公司进行项目投资，净现值为 -200 万元，公司价值标准差由 35% 提高到 50%。在公司价值降低、标准差上升的情况下，即使其他因素保持不变，股权价值也将由 7 426 万元增加到 7 771 万元，增加了 345 万元；债券价值将由 2 574 万元降低到 2 029 万元，下降了 545 万元。这意味着债券持有人不但承担了项目投资的全部损失（200 万元），而且将价值 345 万元的财富转移给了股东。上述分析表明，当标的资产价值风险增大时，债券持有人承担了更大的风险，而股权价值（买权价值）变得更有价值，这也是股东愿意从事高风险投资的主要原因。

不仅如此，当公司发生财务危机时，股东会想方设法地将资本转移出去，这种策略可以用卖权理论来解释。根据期权定价理论，股东可以将公司资产出售给债权人，公司资产价值越小，卖权价值就越大。当公司发放现金股利减少公司资产时，卖权价值会增加，由于风险债券价值等于无风险债券价值与卖权价值之差，因此，当卖权价值增加时，风险债券价值会减少。

从股东与经营者之间的关系看，由于股东和经营者之间存在着信息不对称，以及股东与经营者的追求目标存在着差异，就可能会出现经营者滥用职权，或在其位不谋其政，或风险经营造成亏损，损害所有者利益的情形。原则上，股东可以监督经营者，但监督成本高、缺乏效率，而且许多行为也是不可观测的。因此，"激励"就成为解决代理冲突的主要手段，而"经理人股票期权"（executive stock option，ESO）正是一种有效的激励措施。

它授予经营者（主要指经理人）未来以预先设定价格（行权价格）购买本公司股票的权利，这种权利不能转让，但所得股票可以在市场上出售。其激励的逻辑是：提供期权激励，使经营者努力工作，实现公司价值最大化；公司股价上升，使经营者行使期权获得利益。反之，经营者利益受损。这就使得经营者的个人收益成为公司长期利润的增函数，使其像股东一样思考和行事，从而有效地降低了代理成本，矫正了经营者的短期行为。所以，有的管理学者将经理人股票期权比喻为"金手铐"。由于股票可以看作对公司资产价值的一种买权，所以，这种方法也可以看作期权原理的一种应用。

5.4.4　期权与资本结构

公司发行股票回购债券，或发行债券回购股票是改变资本的方式之一。现从期权的角度说明在资产总额一定的情况下发行债券回购股票对公司资本结构的影响。

【例5-7】假设某一无负债公司准备通过发行债券、回购股票的方式改变公司的资本结构。目前该公司的价值为1 400万元，公司资产价值的标准差为0.2，无风险利率为8%。现有三个方案：（1）计划发行面值为500万元、期限为6年的零息债券；（2）计划发行面值为1 000万元、期限为6年的零息债券；（3）计划发行面值为1 000万元、期限为6年的零息债券，公司资产价值的标准差为0.4。根据B-S模型计算的股票价值、债券价值、负债比率等见表5-22。

表5-22　　　　　　　　　　　　　　　　资本结构

项目	方案1	方案2	方案3
公司价值S（万元）	1 400.00	1 400.00	1 400.00
零息债券K（万元）	500.00	1 000.00	1 000.00
无风险利率r	8.00%	8.00%	8.00%
到期时间T（年）	6.00	6.00	6.00
年波动率σ	20.00%	20.00%	40.00%
d_1	3.3264	1.9116	1.3232
d_2	2.8365	1.4217	0.3434
$N(d_1)$	0.9996	0.9720	0.9071
$N(d_2)$	0.9977	0.9224	0.6344
看涨期权价格（万元）	1 090.70	790.06	877.43
看跌期权价格（万元）	0.09	8.84	96.22
股票价值（万元）	1 090.70	790.06	877.43
债券价值（万元）	309.30	609.94	522.57
债券利率	8.33%	8.59%	11.42%
负债/资产价值	35.71%	71.43%	71.43%
单位债券价值（债券现值/面值）（元）	0.6186	0.6099	0.5226

如果市场是有效的，根据方案 1，公司可以按 309.30 万元折价发行面值为 500 万元的债券，并用所得款项回购公司股票；根据方案 2 和方案 3，公司分别以 609.94 万元和522.57 万元折价发行面值为 1 000 万元的债券，并用所得款项回购公司股票。

通过比较方案 1 和方案 2 可以发现：在其他因素一定的情况下，随着负债比率的提高（从 35.71% 提高到 71.43%），债券利率由 8.33% 提高到 8.59%；单位债券价值由 0.6186 元降低到 0.6099 元。这是因为公司的负债越多，风险越大，债权人要求的收益率就会越高，从而降低了单位债券价值。

同理，通过比较方案 2 和方案 3 可以发现：在其他因素一定的情况下，经营风险由 0.2上升到 0.4，公司股票价值由 790.06 万元上升到 877.43 万元。这表明当标的资产价值风险加大时，期权变得更有价值。与此相对应的是，负债价值由609.94 万元下降到 522.57 万元，债券利率由 8.59% 上升到 11.42%。这意味着债券持有人承担了更大的风险，而股东却可能占有最大的潜在利益，这也是股东愿意从事高风险投资的主要原因。

股票、债券期权
定价

本章小结

1.股权自由现金流量与现金股利都是归属于股东的现金流量，由于现金股利稳定性偏高、未来投资的需要、税收因素的影响、信号传递作用等因素，两者有时并不相等。公司自由现金流量是指公司在支付经营费用和所得税之后，向公司权利要求者（普通股股东、公司债权人和优先股股东）支付现金之前的全部现金流量。

2.债券的内在价值等于其预期现金流量的现值，债券价值既可以用金额表示，也可以用发行者预先承诺的收益率描述。前者可采用现值模型，以市场利率或投资者要求的收益率作为折现率计算债券价值；后者可采用收益率模型，根据债券当前市场价格计算预期收益率。

3.附认股权证债券包括认股权证价值和纯债券价值两部分。当认股权证持有者行使转换权利时，将增加公司流通在外的普通股股数，其结果是普通股每股收益降低，这种潜在的每股收益稀释也将导致认股权证价值下跌。

4.可转换债券价值主要由纯债券价值（或转换价值）加上期权价值构成。纯债券价值与转换价值越接近（无论两者谁高），可转换债券期权价值越大；纯债券价值与转换价值之间的差距越大，期权价值越小；纯债券价值与转换价值相等时，期权价值最大。随着债券到期日（或转换日）的接近，可转换债券的市场价值与转换价值几乎相等，即可转换债券期权价值为零。在可转换债券到期日前，其价值等于纯债券价值和转换价值二者中的较大值与期权价值之和。

5.公司的股票可以解释为以公司资产为标的资产、以债券面值为行权价、以债券期限为权利期间的一种欧式买入期权。而以股票为标的资产的买权变成了买权的买权，称为复合买权。此时，买权的真正标的资产是公司资产而不是公司股票。通过以股价为中介，买权（股票价值）主要与公司资产价值及债券面值有关。

基本训练

1.我国证券市场上的市盈率究竟以多少为宜，一直是经济学界和投资学界争论的焦点之一。由于分析的视角不同、参考的数据不同，每位专家估计出的市盈率都不相同。有人认为，我国市盈率过高，股市泡沫严重；有人认为，考虑到中国经济的快速发展，市盈率水平基本合理。你认为判断市盈率水平是否合理的因素有哪些？

2.1981年6月，美国通用汽车承兑公司（GMAC）首次向公众发行面值为1 000美元、期限为10年的零息债券，每张债券发行价格为252.5美元。1982年，美国百事可乐公司发行面值总额为8.5亿美元、期限为30年的零息债券，每张面值为1 000美元，售价为60美元。两种债券发行均获得成功。这两种零息债券的到期收益率是多少？你认为两种债券收益率不同的原因是什么？如果你是一位投资者，你会购买哪种债券？为什么？

3.A公司估计的β系数为1.6，该公司正在考虑收购B公司，B公司的β系数为1.2。两家公司的规模相同。

要求：

（1）计算收购后预期的β系数。

（2）若国库券收益率为6%，市场收益率为12%，A公司收购前的投资者必要收益率为多少？收购后为多少？

（3）该公司预计下一年支付1元的股利，若收购失败，股利固定增长率为每年6%，若收购成功，则不改变预期股利，但未来股利增长率为7%。该公司收购前的每股股票价值为多少？

（4）收购完成后，每股股票价值为多少？

（5）你认为该公司是否应该收购B公司？

4.巴菲特在购买一家公司的股票之前，他要确保这只股票在长期内至少获得15%的年复合收益率。也就是说，15%是巴菲特要求的最低收益率。为确定一只股票能否给他带来15%的年复合收益率，其通常的计算方式如下：

（1）目前股票价格按照每年15%的增长率增长一段时间，比如10年，计算出一个10年后的目标股价。

（2）利用每股收益并结合过往若干年的年平均收益增长率，可以计算出10年后的每股收益。

（3）根据各年每股收益和股利支付率确定各年股利。

（4）将10年后的每股收益乘以平均的（合理的）市盈率P/E，所得到的股价与目标股价对比。如果其远远超过目标股价，则以当前股价买入是合理的。如果不能实现15%的年复合收益率，巴菲特就倾向于放弃它。这一股票估价方法称作"巴菲特15%原则"。这一选股策略主要有四个变量：现行每股收益、净利润增长率、市盈率（现行市盈率、长期平均市盈率）、股利支付率。

假设2025年4月美国可口可乐公司的股票成交价为89美元，最近连续12个月的每股收益为1.30美元，分析师预期收益增长率为每年14.50%。根据历史数据，可口可乐公司的股利支付率为40%，股票预期股利见表5-23。

表 5-23　　　　　　　　　　可口可乐股票预期股利

年度	收益增长率	每股收益（美元）	股利（美元）
2024		1.30	
2025	14.50%	1.49	0.60
2026	14.50%	1.70	0.68
2027	14.50%	1.95	0.78
2028	14.50%	2.23	0.89
2029	14.50%	2.56	1.02
2030	14.50%	2.93	1.17
2031	14.50%	3.35	1.34
2032	14.50%	3.84	1.54
2033	14.50%	4.40	1.76
2034	14.50%	5.03	2.01
合计		30.78	11.79

由于无法预测 10 年后的市场状况，必须通盘考虑在景气阶段和衰退阶段的较高和较低的市盈率，以及处于牛市和熊市的不同的市盈率。因此，需要选择一个长期平均市盈率，预计可口可乐公司的长期平均市盈率为 22。

要求：

（1）假设你在 2025 年 4 月以 89 美元购买了可口可乐公司股票，一直持有了 10 年，10 年后可口可乐公司股票的价格为多少时，可以获得 15% 的年复合收益率？

（2）根据长期平均市盈率，10 年后可口可乐公司最可能的股票价格约为多少？

（3）投资者在此期间获得的预期股利（假设不考虑货币时间价值）为多少？投资者预期现金流量（股利加上期末股票价格）为多少？

（4）投资者的预期复合收益率为多少？

（5）为达到 15% 的年复合收益率，可口可乐股票当前（2025 年 4 月）的合理价格为多少？

（6）请上网查询并跟踪可口可乐公司股票价格，说明"巴菲特 15% 原则"，并分析这四个变量在股票估价中的作用。

5.假设 A 公司资产的现值为 2 000 万元，公司资产价值变动的标准差为 40%；公司债券账面价值为 1 600 万元（10 年到期的零息债券）；假设 10 年期国库券利率为 10%。

要求：

（1）计算公司股权资本价值、公司债券价值和债券利率。

（2）假设 A 公司的价值仅为 1 000 万元，低于债券面值 1 600 万元，以股权作为买权时的各参数保持不变，在这种情况下，公司股权资本价值为多少？为什么股权仍有价值？

（3）假设 A 公司资产的价值为 2 000 万元，有 10 年期零息债券 1 600 万元，公司价值的标准差为40%。假设A公司有机会投资一项净现值为-40万元的项目，该项目风险很大，将使公司价值的标准差上升到50%。计算股权资本价值和债券价值，将其计算结果与（1）的结果进行对比，并说明原因。

案例分析

1.2012年3月27日，柳化股份在上交所公开发行5.10亿元的公司债，票面利率为7.0%，期限5+2年，第5年年末附有调整票面利率和回售权，中证鹏元给予债券AA评级。该债券简称"11柳化债"，于2012年4月16日在上交所挂牌上市。2018年3月20日，柳州化工发布公告，因无力清偿到期债务且明显缺乏清偿能力，柳州中院已裁定公司重整，公司债券"11柳化债"及其利息存在不能全额清偿的风险；法院已通知截至目前持有公司债券的债券持有人向管理人申报债权。另外，公司存在因重整失败而被宣告破产的风险，公司债券将可能被终止上市交易。

（1）债券发行时，债券信用评级为AA，跟踪"11柳化债"发行至今的信用评级变化，查阅公司财务报表分析信用等级变化的原因。

（2）"11柳化债"含有回售条款，即"本期债券持有人有权在第5个付息日将其持有的全部或部分本期债券按票面金额回售给发行人"。你认为"11柳化债"的投资者是否会行使回售权，一旦债券发生违约，他们会采取什么措施保障自身的利益？

2.合成股票：法国某国企私有化过程中的股票设计[①]

1993年，在私有化的过程中，法国最大的化学公司Rhone-Poulenc（简称RP公司）试图推行的员工持股计划遭遇挫败。1993年1月，当该公司部分私有化时，法国政府给予员工10%的折扣来购买股本，公司除了允许在12个月内付款之外，还额外给予员工15%的折扣。尽管如此，只有不到20%的员工参与购买，分配给员工的配额也只完成了75%。1993年底，当该公司全面私有化需要进一步推进员工持股时，法国政府和公司考虑了更有力的传统激励方式：折扣、送股和无息贷款。然而，这些措施并未解决员工持股难题中的关键问题：公司员工不希望其工资收入和投资收入均来自同一个公司，他们不愿意将鸡蛋放到一个篮子里，承担过高的风险。

法国政府开始大规模地推行国营企业私有化，吸引了各国投资银行的兴趣，美国信孚银行（Bankers Trust）也跻身其中。这家银行在买卖衍生金融产品方面素有成就，但就其规模而言只算是一家中小型的投资银行。信孚银行研究发展部认为，如果能够设计一套方案，让工人持股后既能享有股票涨价带来的利益，又能同时保证其免受跌价损失，问题就可以迎刃而解。同年7月，信孚银行为此设计出一套完整的解决方案，向法国财政部以及RP公司提出申请，并最终成功地承办了该公司私有化的金融服务。

信孚银行的具体操作办法是：由其出面负责向员工安排购股融资，每名员工凡购买1股，一家法国银行就可以借予其资金再购9股。股票认购后至少需要持有5年，5年后若股票市价下跌至原购买价及以下，信孚银行则保证将以该价购入；若股价上涨，收益中的

---

① 丁丽. 金融工程：金融创新的技术保证 [J]. 市场与发展，1998（11）：14-16.

2/3 归持股人，另外 1/3 将归信孚银行所有。

信孚银行以借贷员工所购的 RP 公司股票作抵押，向一家法国银行申请贷款。5 年后若股价下跌至原购买价及以下，它承诺补偿跌价部分。由于信孚银行资信等级是标准普尔 AA 级，因此其能够较顺利地获得法国银行的贷款。而对于员工来说，既能利用贷款购买股票，又能充分避免投资风险，因而认购踊跃，申购数量大大超过出售股票。

最后的问题是，信孚银行如何解决自身面临的风险，即 5 年后如果股票真的下跌至原购买价及以下，它将蒙受损失。对此，信孚银行只需以其早已轻车熟路的各种避险技术来冲销风险。具体操作思路是：信孚银行将无法预知的 5 年后 RP 公司股票的涨跌率确定为各 50%，在 RP 公司私有化改造之后，立即卖出员工所购股票的一半，然后根据股市情况和公司状况等因素，持续不断地对 RP 公司 5 年期股票市价进行评估，对股票进行相应的操作。如果股价下跌，就多买一些，使股价上升；反之亦然。

可是，这一步之后又有新的困难出现：RP 公司股票出售后已归其员工所有，并已充当法国银行贷款的担保品，信孚银行怎么可能买卖自己并不拥有的股票来进行避险操作呢？另外，法国政府也不希望股票被售出后就立即被大量抛售，这会对本国股市造成较大冲击。

信孚银行通过自己创造的衍生金融工具 "合成股票"（synthetic product）成功地解决了这一难题。"合成股票" 的设计方法受到了股票指数期货的启发。"合成股票" 的价值与 RP 公司股票价格挂钩，价值为股票市场上 RP 公司股票价格乘以一个固定数额。进行 "合成股票" 的买卖时，并不涉及实际 RP 公司股票的买卖，而是采取现金交收的方式。因此，"合成股票" 的风险收益与真正的 RP 公司股票交易完全一样。信孚银行了解到法国证券市场上一批机构投资者希望拥有 RP 公司的股票，但由于政府的某些限制而未能申购，信孚银行与他们就 "合成股票" 进行交易，"合成股票" 的交易市场得以形成。信孚银行通过这种衍生工具代替股票交易，贯彻其避险策略。

此后，信孚银行又以同样的方式承担了法国一家石油公司的相同业务。无疑，这些业务最终可为其带来可观的收入。通过这个案例不难看出，帮助客户解决这类奇异而复杂的实际问题，不仅需要高度的数学技巧，设计和运用新型的金融工具，还需要有高超的风险管理技术和各类繁杂的法律服务，以明确的契约条文来规范各方的权利和义务。

根据上述资料，回答以下几个问题：

（1）如果你是 RP 公司的员工，你会借钱购买股票吗？这一投资的结果对你的风险与收益有何影响？

（2）请解释信孚银行创造的衍生金融工具 "合成股票" 的基本特点。为什么该银行能够成功地承办 RP 公司私有化的金融服务？

（3）信孚银行是如何规避承销风险的？这种金融创新对我们有什么启发？

基本训练与案例
分析参考答案

第6章

经济增加值与价值管理

著名的管理学大师彼得·德鲁克在1995年《哈佛商业评论》上撰文指出："我们通常所说的利润，其实并不是真正意义上的利润。如果一家企业未能获得超出资本成本的利润，那么它就是处于亏损状态。缴纳税款看似产生了真正的利润，但其实这一点毫无意义，企业的回报仍然少于资源消耗……这并不创造价值，而会损害价值。"20世纪80年代，美国Stern & Stewart咨询公司引入EVA并向可口可乐公司首次推介了这一理念，使其在实际运作中见到成效。此后，EVA在全球范围内得到了广泛应用。至今，全世界已有300多家公司（包括西门子、索尼等）在运用EVA的管理体系，其效率以及增长率均得到大幅度的提高。EVA被美国《财富》杂志称为"创造财富的密钥"。EVA不仅可以评价公司是否为股东创造价值，还可以识别公司价值创造的驱动因素，实施价值导向管理。魏斌曾任华润集团CFO，根据多年的财务管理实践，按照公司价值创造的逻辑，提出了"5C价值管理体系"，即由资本结构（capital structure）、现金创造（cash generation）、现金管理（cash management）、资金筹集（capital raising）、资产配置（capital allocation）五个模块组成，这五个模块是构成公司价值的五个关键因素。其中，现金创造和现金管理与公司的回报与增长水平直接相关，资本结构和资金筹集体现公司的财务能力，或者说是主要风险水平，资产配置推动公司的持续发展。5C价值管理体系涵盖了从获得资本来源到进行业务经营和日常管理，再到进一步成长，最终实现可持续发展的完整价值创造与管理循环。[①]5C价值管理体系使价值管理可以系统地在公司落地实施。

通过本章的学习，你可以掌握经济增加值的经济意义和基本模型；了解从会计利润到经济增加值的主要调整项目与方法；熟悉经济增加值与净现值、市场增加值的关系；掌握公司价值创造的动因及财务战略矩阵的基本内容；熟悉价值创造、价值评价与价值分享体系的基本内容。

● 6.1 经济增加值调整方式

6.1.1 经济增加值基本模型

经济增加值（economic value added，EVA）是一种剩余价值指标，在数量上等于税后

---

① 魏斌. 价值之道——公司价值管理的最佳实践［M］. 北京：中信出版集团，2018.

净经营利润超过资本成本的价值。其计算公式为：

$$EVA = NOPAT + Adj_{op} - WACC \times (IC + Adj_{ic}) \qquad (6-1)$$

式中：NOPAT（net operating profit after taxes）为税后净经营利润；Adj_{op} 为 NOPAT 调整数；WACC 为公司加权平均资本成本；IC 为投入资本总额；Adj_{ic} 为投入资本调整数。

假设不考虑各种调整因素，经济增加值可表述为：

$$EVA = IC \times \left(\frac{NOPAT}{IC} - WACC \right)$$
$$= IC \times (ROIC - WACC) \qquad (6-2)$$

式中：ROIC 为投入资本收益率；IC 为投入资本平均余额；NOPAT 可以根据 EBIT 直接计算为：

NOPAT=净利润+利息费用×（1-所得税税率）=息税前利润×（1-所得税税率）

公式（6-2）中的（ROIC-WACC）称作收益率差（return spread），正的收益率差创造价值，负的收益率差损害价值。单纯的增长并不一定创造价值，只有收益率差为正时，增长才有意义。因此，管理的目标不是预期的收益率最大，而是预期的收益率差最大。在其他因素保持不变的情况下，提高投入资本收益率、降低资本成本、增加资本投入（假设新投资的 ROIC 大于 WACC）或减少资本投入（如果被剥离资产的投资收益率小于资本成本），就会增加 EVA，为股东创造价值。

【例6-1】现以第5章 ESP 公司价值评估为例，说明 EVA 的计算方法。根据第5章相关数据，ESP 公司预测期投入资本详见第5章表5-3，税后净经营利润、ESP 公司经济增加值计算结果见表6-1（表中数据存在尾差调整）。

表6-1　　　　　　　　　　　　ESP公司经济增加值　　　　　　　金额单位：亿元

年份	2025年	2026年	2027年	2028年	2029年	2030年
净利润	36.63	40.29	43.51	46.12	48.43	50.85
加：利息×（1-所得税税率）	4.77	5.24	5.66	6.00	6.30	6.62
税后净经营利润	41.40	45.53	49.18	52.13	54.73	57.47
投资资本（年初）	320.00	358.40	394.24	425.78	451.33	473.89
投资资本收益率	12.94%	12.70%	12.47%	12.24%	12.13%	12.13%
加权平均资本成本	9.98%	9.98%	9.98%	9.98%	9.98%	9.03%
经济增加值	9.48	9.78	9.85	9.66	9.71	14.68

6.1.2　标准会计调整

EVA 与会计利润的主要区别在于，后者只考虑了以利息形式反映的债务资本成本，忽略了股权资本成本。EVA 是扣除全部资本成本后的收益，反映了使用全部资本的机会成本。为此需要对经营利润和投入资本进行一定的调整。

1）主要调整项目

EVA的倡导者——Stern & Stewart咨询公司列出了多达164个调整项目，这些调整主要有三个目的：（1）消除会计稳健原则的影响，如对研发费用、商誉等的调整，使调整后的数据能够反映公司的真实业绩；（2）消除或减少管理层进行盈余管理的机会，如对各种准备金（如坏账准备）的调整；（3）使业绩计量免受过去会计计量误差的影响，如将研发费用和商誉资本化，而不是在费用发生当期冲减利润，消除了经营者对这类投资的顾虑。以对外报告的会计数据为基础进行调整，常见的调整项目主要有资本化研发费用、商誉、递延税项、存货跌价准备等各种准备金等。

（1）研发费用

研发费用与其他有形资产投资一样，旨在提高公司未来的经营业绩。但会计稳健性原则要求公司在研发费用发生的当年将其作为费用一次性摊销，这种会计处理方法可能降低研发费用发生当年公司的经营业绩，同时低估公司资本占用额。因此，应将研发费用资本化，在支出的当年，将全部的研发费用加回到经营利润和投入资本中，以后逐年摊销的研发费用从NOPAT中扣除，而未摊销的余额部分仍然包括在投入资本总额中。

假设某公司2023年度财务报表披露的2019年至2023年研发费用和各年摊销额见表6-2，假设研发费用在发生时即资本化，分5年摊销。

表6-2 　　　　　　　　　　　各年研发费用与摊销费用　　　　　　　　　　单位：万元

年度	研发费用	摊销费用				
		2019年	2020年	2021年	2022年	2023年
2019年	990	198	198	198	198	198
2020年	1 020		204	204	204	204
2021年	1 130			226	226	226
2022年	1 520				304	304
2023年	960					192
合计	5 620	198	402	628	932	1 124

为计算2023年的EVA，将该年度960万元的研发费用加回到NOPAT中，2023年摊销的研发费用1 124万元，将其从NOPAT中扣除。同时，将2023年和以前未摊销的研发费用2 336万元（5 620−198−402−628−932−1 124）加入投入资本。

（2）商誉

对商誉的会计处理有两种方法：一种是将商誉逐年摊销；另一种是在商誉产生时作为费用一次性核销。这两种方法都将这部分投资从资产负债表中扣除，从而不能真正反映公司实际占用的资本额，消除了经营者对这部分资本负有的增值责任。因此，在计算EVA时，对商誉不进行摊销，而是将其视为一项永久性无形资产，且在整个经济寿命期内发挥作用。如果在会计处理时已将商誉作为费用进行摊销，应将其每年的摊销额加回到NOPAT中，并将累计的摊销额加入投入资本。这样，不仅可以真实反映公司占用的所有资本，也可以使利润不受商誉摊销的影响。

（3）递延税项

根据会计准则计算的利润与按照税法计算的应纳税所得额存在差异时，就会产生递延税项。当会计利润大于应纳税所得额时，形成"递延所得税负债"（反之，形成"递延所得税资产"），公司的纳税义务向后推延。只要公司持续发展并不断更新设备，递延税款实际上一直保持一个余额，相当于公司永久性占用的资本，和其他资本一样可用于生产经营。会计利润与应税所得的时间性差异产生的原因，如图6-1所示。

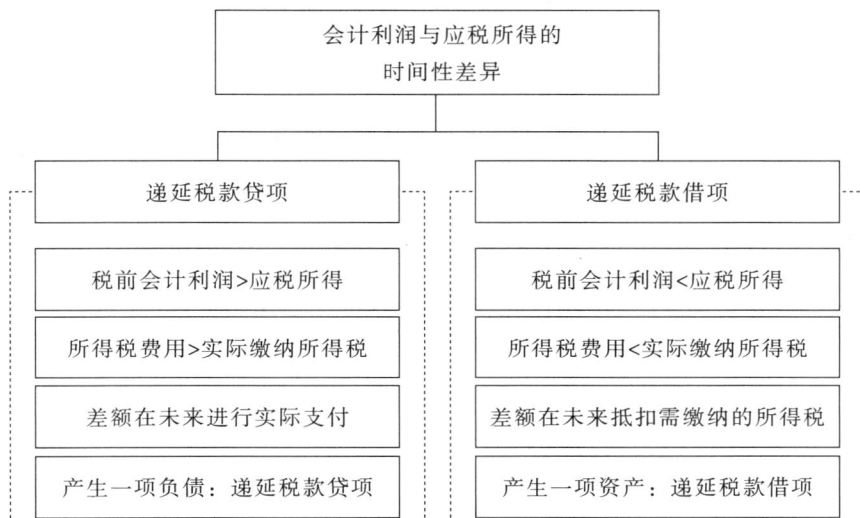

图6-1　会计利润与应税所得的时间性差异产生的原因

对递延税项的调整，是将其贷方余额加回到投入资本总额中；若为借方余额，由于递延所得税资产并不是公司真正意义上的资产，应从资本总额中扣除。同时，将当期递延税项贷方余额增加值加回到当期的 NOPAT 中，或将其借方余额的增加值从 NOPAT 中扣除。通过调整后计算得出的 EVA，能够更准确地反映公司的经营业绩。

（4）存货跌价准备等各种准备金

如果公司采用后进先出法确定存货成本，应按先进先出法进行调整。对于各种准备金，如坏账准备、存货跌价准备、长期股权投资减值准备、固定资产减值准备、无形资产减值准备等，出于稳健性原则，我国会计制度规定公司要为将来可能发生的损失预先提取准备金，准备金余额抵减对应的资产项目，余额的变化计入当期费用冲减利润。但这些准备金并不是公司当期资产的实际减少，准备金余额的变化也不是当期费用的现金支出。提取准备金的做法，一方面低估了公司实际投入经营的资本总额，另一方面低估了公司的利润，因此不利于反映公司的真实盈利能力；同时，公司管理人员还有可能利用这些准备金账户操纵账面利润。因此，计算 EVA 时应将准备金账户的余额加入资本总额，同时将准备金余额的当期变化加入税后净经营利润。

（5）经营性租赁

根据会计制度，将租赁付款作为租金费用处理，通过租赁得到的资产不用资本化。这种会计处理方法的结果低估了投入资本，低估了经营利润。由于租赁付款中隐含了部分租赁利息成本，因此，EVA 方法认为不可取消的经营性租赁资产是"债务等同物"，不应将这种"债务"置于资产负债表之外。调整利息支出的计算方法是用经营性租赁现值乘以借款利率,然后将其税后值加回到经营利润中,将经营性租赁现值加入投入资本。

为了与国际会计准则趋同,2018年12月7日,财政部对《企业会计准则第21号——租赁》进行了修订。在新租赁准则下,承租人不再将租赁区分为经营租赁或融资租赁,而是采用统一的会计处理模型,对短期租赁和低价值资产租赁以外的其他所有租赁均确认使用权资产和租赁负债,并分别计提折旧和利息费用。其中,短期租赁是指在租赁期开始日,租赁期不超过12个月的租赁;低价值资产租赁是指单项租赁资产为全新资产时价值较低的租赁。如果会计事项已按新租赁准则进行会计处理,则不需要调整。

2)调整净经营利润

计算公司 EVA 时,需要对税后净经营利润和投入资本总额进行调整。税后净经营利润反映了公司资产的盈利能力,为纠正会计信息对真实业绩的扭曲,调整后的税后净经营利润可按下式计算:

$$
\begin{aligned}
\text{调整后的 NOPAT} = &\text{息税前利润} + \text{本年发生的研发费} - \text{本年研发费摊销额} + \text{本年发生的商誉} - \text{本年商誉摊销额} + \text{存货跌价准备等各种准备金增加额} + \\
&\text{经营性租赁隐含利息费用} - \text{调整后所得税}
\end{aligned}
\tag{6-3}
$$

$$
\text{式中:} \quad \text{调整后所得税} = \text{利润表中所得税} - \text{递延税款贷方增加额} - \text{非经营收益(费用)所得税} + \text{利息费用所得税} + \text{经营性租赁隐含利息费用所得税}
$$

对所得税进行调整,其目的是剔除非经营活动对税金的影响,主要是来自利息费用、经营性租赁隐含利息费用、非经营收益(费用)对报表中所得税的影响。通常,非经营收益(费用)被看作不再重复发生的项目,为了消除对这些项目的影响,要在税前经营利润中排除这些项目。为了保持计算的一致性,必须消除这些项目对所得税的影响。如果这些非经营净利润为正,则净利润越大,意味着公司的纳税义务越高;反之则越低。

3)调整投入资本

投入资本总额是指投资者投入公司资本的账面价值,包括债务资本和股权资本。其中,债务资本是指债权人提供的短期和长期贷款,不包括应付账款、其他应付款等商业信用负债;股权资本主要由普通股、优先股以及少数股东权益构成。投入资本总额也可以理解为公司全部资产减去商业信用后的净值。为真实反映资本投入额,可以采用资产法或融资法两种方法进行调整,两种方法的结论可以相互核对。

(1)采用资产法,投入资本可按下式调整:

$$
\text{调整后投入资本} = \text{经营性营运资本} + \text{固定资产净值} + \text{无形资产} + \text{其他资产} + \text{累计商誉摊销} + \text{未摊销资本化研发费用} + \text{存货跌价准备等各种准备金余额} + \text{经营性租赁现值}
\tag{6-4}
$$

(2)采用融资法,投入资本可按下式调整:

$$
\begin{aligned}
\text{调整后} \atop \text{投入} \atop \text{资本} = & \text{普通股} \atop \text{权益} + \text{少数} \atop \text{股东} \atop \text{权益} + \text{递延税项} \atop \text{贷方余额(借方} \atop \text{余额为负值)} + \text{累计} \atop \text{商誉} + \text{未摊销} \atop \text{资本化} \atop \text{摊销} + \text{存货跌价} \atop \text{准备等各种} \atop \text{研发费用} \atop \text{准备金余额} \\
& + \text{短期} \atop \text{借款} + \text{一年内} \atop \text{到期的} \atop \text{长期借款} + \text{长期} \atop \text{借款} + \text{融资性} \atop \text{租赁} \atop \text{债务} + \text{经营性} \atop \text{租赁} \atop \text{现值} - \text{超额} \atop \text{现金}
\end{aligned}
\tag{6-5}
$$

【例 6-2】现以 GMS 公司为例，说明经济增加值调整方式。根据 GMS 公司利润表（见表 6-3）和资产负债表（见表 6-4），以及与估价有关的报表附注，计算 GMS 公司的 EVA。

表 6-3　　　　　　　　　　**GMS 公司利润表（简表）**　　　　　　　金额单位：万元

项目	2023 年	2024 年
销售收入	180 000	185 000
销售成本	128 095	130 830
销售和管理费用	18 845	22 252
折旧前经营利润	33 060	31 918
折旧和摊销	12 318	13 411
息税前利润（经营利润）	20 742	18 507
利息费用	7 750	9 552
非经营收益（费用）和特殊项目	1 036	2 333
税前利润	14 028	11 288
所得税（25%）	3 507	2 822
少数股东权益	28	0
非常项目前收益	10 493	8 466
非常项目和非持续经营业务收益	426	0
净利润	10 919	8 466
发行在外的股数（万股）	619	548
每股收益：不包括非常项目（元）	16.95	15.45
每股收益：包括非常项目（元）	17.64	15.45

表6-4 　　　　　　　　　　GMS公司资产负债表（简表）　　　　　　　　单位：万元

项目	2023年	2024年
流动资产		
现金和短期投资	10 442	10 284
应收账款	94 788	110 788
存货	16 316	16 704
其他流动资产	9 006	8 388
流动资产合计	130 552	146 164
固定资产总额	119 418	120 815
折旧和摊销（累计）	43 798	42 972
固定资产净值	75 620	77 843
无形资产	14 847	14 795
其他资产	53 711	64 298
资产总额	274 730	303 100
负债		
一年内到期的负债	15 677	19 018
应付票据（含息票据）	53 266	59 933
应付账款	21 516	25 725
应交所得税	1 445	1 016
应计费用	24 723	24 810
其他流动负债	1 001	2 001
流动负债合计	117 628	132 503
长期负债	62 963	65 843
递延所得税	6 656	6 451
其他负债	66 243	67 421
负债总额	253 490	272 218
股东权益		
普通股	1 033	914
资本公积	13 808	21 108
留存收益	5 803	8 153
普通股权益	20 644	30 175
少数股东权益	596	707
股东权益总额	21 240	30 882
负债和股东权益总额	274 730	303 100

为估计调整后的税后净经营利润（NOPAT）和投入资本（IC），根据GMS公司财务报表的披露，与估价有关的附注如下：

附注（1）：GMS公司在2023年、2024年的经营性租赁现值分别为1 865万元和1 738万元。假设经营性租赁隐含利率为6%，以2023年年初经营性租赁现值为基础，2024年利息费用为111.9万元（1 865×6%）。

附注（2）：GMS公司在2023年、2024年的存货跌价准备分别为1 890万元和1 929万元。

附注（3）：假设GMS公司的研发费用在发生时即已资本化，假设研究开发费用分3年直线摊销，GMS公司研发费用及未摊销研发费用见表6-5。

表6-5　　　　　　　　　　GMS公司研究开发费用及其摊销　　　　　　　　　　单位：万元

项目	研发费用	摊销费用			
		2021年	2022年	2023年	2024年
2021年	8 200	2 733	2 733	2 733	
2022年	7 900		2 633	2 633	2 633
2023年	6 800			2 267	2 267
2024年	6 600				2 200
合计	29 500	2 733	5 366	7 633	7 100
2024年年初未摊销的研发费用				7 168	
2024年年末未摊销的研发费用					6 668
未摊销的研发费用的净变化					−500

表6-5中，2024年年初、年末未摊销的研发费用计算方式如下：

2024年年初未摊销的研发费用=29 500−2 733−5 366−7 633−6 600=7 168（万元）

2024年年末未摊销的研发费用=29 500−2 733−5 366−7 633−7 100=6 668（万元）

附注（4）：公司最低现金按销售收入的3%计算，公司超额现金为资产负债表中"现金和短期投资"与最低现金的差额，经营性营运资本等于经营性流动资产减去经营性流动负债，有关数据见表6-6。

表6-6　　　　　GMS公司最低现金与经营性营运资本（2024年年初）　　　　　金额单位：万元

项目	2024年年初	说明
最低现金为销售收入的3%	3%	
最低现金	5 400	利润表：180 000×3%
超额现金	5 042	资产负债表：10 442−5 400
经营性流动资产	125 510	资产负债表：130 552−5 042
经营性流动负债	48 685	资产负债表：117 628−15 677−53 266
经营性营运资本	76 825	125 510−48 685

根据上述资料，计算 GMS 公司的 EVA 如下：

第一，根据利润表、资产负债表和报表附注，估计调整后的 NOPAT 见表 6-7。

表 6-7　　　　　　　　　　GMS 公司调整后 NOPAT（2024 年）　　　　　　　金额单位：万元

项目	金额	说明
息税前利润	18 507	利润表
加：本年研发费用增加额	6 600	附注（3）
减：本年研发费用摊销额	7 100	附注（3）
加：商誉摊销增加额	0	
存货跌价准备增加额	39	附注（2）（1 929－1 890）
经营性租赁中隐含利息费用	111.9	附注（1）
调整后税前净经营利润	18 158	取整数
报表上的所得税	2 822	利润表
减：递延所得税增加额	－205	资产负债表（6 451－6 656）
加：利息费用抵税收益	2 388	9 552×25%
经营性租赁中隐含利息费用抵税收益	28	附注（1）（111.9×25%）
减：非经营收益（费用）和特殊项目抵税收益	583	2 333×25%
现金税费	4 860	2 822－（－205）+2 388+28－583
调整后税后净经营利润	13 298	18 158－4 860

第二，采用资产法和融资法分别估计 GMS 公司 2024 年年初的投入资本，分别见表 6-8、表 6-9。

表 6-8　　　　　　　　GMS 公司调整后投入资本（资产法）（2024 年年初）　　　　　单位：万元

项目	金额	说明
经营性营运资本	76 825	附注（4）
固定资产净值	75 620	资产负债表
无形资产	14 847	资产负债表
其他资产	53 711	资产负债表
未摊销资本化研发费用	7 168	附注（3）
存货跌价准备	1 890	附注（2）
经营性租赁现值	1 865	附注（1）
投入资本	231 926	

表 6-9 　　　　　GMS 公司调整后投入资本（融资法）（2024 年年初）　　　单位：万元

项目	金额	说明
股东权益		
普通股权益	20 644	资产负债表
加：少数股东权益	596	资产负债表
递延税项贷方余额	6 656	资产负债表
未摊销资本化研发费用	7 168	附注（3）
存货跌价准备	1 890	附注（2）
减：超额现金	5 042	附注（4）
股东权益总额	31 912	
付息债务		
付息短期负债	68 943	资产负债表（应付票据+一年内到期的负债）
长期负债	62 963	资产负债表
其他负债	66 243	资产负债表
经营性租赁现值	1 865	附注（1）
付息债务总额	200 014	
调整后投入资本	231 926	

第三，根据调整后的 NOPAT 和调整后的投入资本，结合资本成本，计算 GMS 公司的经济增加值，具体见表 6-10。

表 6-10 　　　　　　　　GMS 公司经济增加值（2024 年）　　　　　　　金额单位：万元

项目	金额	说明
付息债务	200 014	付息债务÷投入资本：86.24%
股东权益	31 912	股东权益÷投入资本：13.76%
投入资本	231 926	表 6-9
公司债务税前成本	6.00%	
所得税税率	25.00%	
债务税后成本	4.50%	6%×（1-25%）
无风险收益率	5.00%	
市场风险溢价	6.00%	
β 系数	1.10	
股权资本成本	11.60%	CAPM：5%+1.10×6%
加权平均资本成本	5.48%	WACC：86.24%×4.50%+13.76%×11.60%
投入资本收益率	5.73%	ROIC：13 298÷231 926
EVA	580	EVA：231 926×（5.73%-5.48%）

上述计算表明，在 2024 年 GMS 公司实现的净利润为 8 466 万元，为股东创造的经济增加值为 580 万元。

EVA 的最大贡献就是采用经济利润而不是会计利润进行财务决策，其克服了会计准则只确认和计量债务成本，而对股权成本只作利润分配处理的缺陷，充分体现了资本保值增值的要求。

GMS公司经济
增加值

6.1.3　EVA 调整在我国的实践

2006 年 12 月 30 日，国务院国资委发布了修订的《中央企业负责人经营业绩考核暂行办法》，并于 2007 年 1 月 1 日正式实施。2012 年 12 月 29 日，国务院国资委再次发布了修订的《中央企业负责人经营业绩考核暂行办法》，对考核暂行办法进行了一定的调整。2019 年 3 月 1 日，国务院国资委发布了《中央企业负责人经营业绩考核办法》。在 EVA 调整细则中，主要对利息支出、研究开发费用、非经常性收益、无息流动负债和在建工程等项目进行了调整。有关项目的计算方式如下：

$$经济增加值=税后净经营利润-资本成本$$
$$=税后净经营利润-调整后资本×平均资本成本率$$

式中：税后净经营利润=净利润+（利息支出+研究开发费用调整项）×（1-25%）

公司通过变卖优质资产等取得的非经常性收益，在税后净经营利润中全额扣除。

调整后投入资本=平均所有者权益+平均负债合计-平均无息流动负债-平均在建工程

根据经济增加值考核细则，有关项目的确定方式如下：

（1）利息支出是指企业财务报表中"财务费用"项下的"利息支出"。

（2）研究开发费用调整项是指企业财务报表中"管理费用"项下的"研究与开发费"和当期确认为无形资产的研究开发支出。对于勘探投入费用较大的企业，经认定后，将其成本费用情况表中的"勘探费用"视同研究开发费用调整项按照一定比例（原则上不超过 50%）予以加回。

（3）无息流动负债是指企业财务报表中"应付票据""应付账款""预收款项""应交税费""应付利息""其他应付款""其他流动负债"；对于因承担国家任务等原因造成"专项应付款"和"特种储备基金"余额较大的，可视同无息流动负债扣除。

（4）在建工程是指企业财务报表中符合主业规定的在建工程。工程物资和在建工程作为不能为当期实际创造利润的长期持续性投资，不应包括在资本占用之中，当期完工并转入固定资产时才加以计入。

（5）其他重大调整事项。对那些由于重大政策变化、严重自然灾害等不可抗力因素，以及企业重组上市及会计准则调整等不可比因素进行调整。

资本成本是计算 EVA 的重要参数。从理论上讲，资本成本应采用加权平均资本成本（WACC），资本成本的高低应体现行业的风险差异。由于我国资本市场尚不成熟，股票交易价格的形成机制并不能充分反映上市公司的风险与价值。在估计 EVA 时，考核中央企业的资本成本原则上确定为 5.5%（基于长期贷款利率确定的）；承担国家政策性任务较重且资产通用性较差的企业，资本成本确定为 4.1%；资产负债率在 75% 以上的工业企业和 80% 以上的非工业企业，资本成本上浮 0.5 个百分点；资本成本确定后，3 年保持不变。

引入 EVA 指标评价企业业绩，向央企企业发出了清晰的信号：企业必须从以规模为导向的发展模式逐步向以价值创造为导向的发展模式转化。

6.1.4　经济增加值与净现值

在项目评估中，投资决策的法则之一是净现值法则。项目净现值是衡量投资项目对公司增量价值的贡献大小。投资于净现值为正的项目，将会增加公司价值；反之，则会损害公司价值。经济增加值是对净现值法则的简单拓展。或者说，项目净现值是其在寿命周期内所追加的经济增加值的现值，其计算公式为：

$$NPV = \sum_{t=1}^{t=n} \frac{EVA_t}{(1 + WACC)^t} \tag{6-6}$$

假设公司有一个投资项目，初始投资额为100万元，项目周期为4年，按直线法计提折旧，资本成本为10%，每年税后净经营利润（NOPAT）见表6-11的第二栏。采用折现现金流量法（DCF）计算的项目净现值和采用折现EVA法计算的各投资年度EVA现值之和均为74.34万元。由于投资年度的EVA现值等于投资项目的NPV，因此，投资项目的EVA现值也可作为投资决策的一种评价指标。

表6-11　　　　　　　　　　　　　投资项目NCF与EVA现值　　　　　　　　　　金额单位：万元

年份	NOPAT	折旧	NCF	资本成本费用	投资余额	EVA
0			−100.00		100	
1	30	25	55.00	10.00	75	20.00
2	30	25	55.00	7.50	50	22.50
3	30	25	55.00	5.00	25	25.00
4	30	25	55.00	2.50	0	27.50
NPV			74.34			74.34

6.1.5　市场增加值

市场增加值（MVA）是从总体上衡量公司为投资者创造价值的能力的指标，其大小不仅取决于公司当前经营创造价值的能力，还与公司未来创造价值的能力有关。

市场增加值是指一个公司的市场价值与其所占用的资本（投资额）之差，公式为：

$$MVA_t = MV_t - BV_t \tag{6-7}$$

式中：MV_t表示t时点公司市场价值，即债务与股权市场价值之和；BV_t表示t时点公司投入资本的账面价值，其是根据EVA的概念进行调整的。

由于公司资本由债务资本和股权资本两部分构成，MVA可以相应地分解为债务MVA和股权MVA，前者等于公司债务的市场价值减去账面价值的净额，后者等于公司股权资本的市场价值减去账面价值的净额。如果公司债务的市场价值等于账面价值，市场增加值就等于股权资本MVA。

根据MVA的定义，如果MVA大于零，说明公司资本的市场价值大于投资者投资于公司的资本数量，从而为投资者创造价值；反之，则说明公司损害了投资者的价值。从某一特定时点来说，MVA的大小反映了公司为投资者创造价值或损害价值的数量。因此，公司管理的目标是市场增加值最大化，而不是市场价值最大化，因为后者只关注公司在资本市场上的价值定位，忽略了公司的资本占用量，不能反映价值的创造。

从投资的角度分析，MVA 计算公式中的投入资本账面价值应当是公司过去和现在的所有项目投入资本总额。如果资本市场是理性的，则上述所有项目未来预期现金流量的现值之和等于公司投入资本的市场价值。因此，接受净现值大于零的投资项目，意味着MVA 的增加，该项目对公司 MVA 贡献的大小就是该项目的净现值。根据 MVA、NPV、EVA 之间的关系，公司市场价值为：

$$
\begin{aligned}
MV &= IC_0 + \sum_{t=0}^{\infty} \frac{NCF_t}{(1 + WACC)^t} \\
&= IC_0 + \sum_{t=1}^{\infty} \frac{EVA_t}{(1 + WACC)^t}
\end{aligned}
\tag{6-8}
$$

公式（6-8）中的公司市场价值等于投入资本账面价值加上所有未来 EVA 的现值。重新调整后，市场增加值 MVA 可按下式计算：

$$
MVA_0 = MV_0 - IC_0 = \sum_{t=1}^{\infty} \frac{EVA_1}{(1 + WACC)^t}
\tag{6-9}
$$

公式（6-9）描述了 EVA 和 MVA 的关系，即 MVA 等于未来 EVA 的现值，EVA 越大，公司价值的增值就越多，为股东创造的财富就越多。

从 MVA 和 EVA 的关系来看，MVA 作为经营业绩的衡量指标，反映了股东投入资本的增值部分，直接与股东财富的创造相关。MVA 标志着一家公司合理运用稀缺资源的能力。EVA 的作用在于其扣除了资本成本，减去了投资者期望的最低投资收益。因此，当市场认为公司的 EVA 为零时，公司收支平衡，投资者只获得了最低回报，从而公司的 MVA 等于零。此时，公司市值与资本的账面价值相等。

将前述的 NPV 与 EVA 和 MVA 结合起来，可以发现这些指标是从不同的角度反映了公司价值的增值。采用 NPV 分析公司价值的增值，实质上是项目投资决策分析中的 NPV 最大化原则，如果将股东投资于公司看成同一个投资期趋近于无穷大的投资项目时，公司价值最大化目标就是公司所有投资的子项目累积 NPV 最大化目标，也就是 MVA 最大化目标。从本质上说，EVA 是公司价值实现的内在动力，MVA 是公司价值的外在市场表现，NPV 是公司价值实现的微观决策标准。可见，公司价值最大化与 EVA 直接相关，一些投资公司的研究报告表明，EVA 的长期变化是上市公司 MVA 变动的最重要原因。

● 6.2 经济增加值驱动因素

6.2.1 价值驱动因素分析的思路

价值驱动因素是影响或推动价值创造的一个决策变量。根据财务估价理论，公司价值创造的源泉来源于存量资产创造的价值和公司未来增长机会创造的价值。如果资产账面价值与投入资本相等，根据公式（6-8），公司市场价值为初始投入资本与未来 EVA 现值之和，其中未来 EVA 的现值来源于两个方面：存量资产创造的各期 EVA 现值和未来增量投资创造的各期 EVA 现值。因此，公式（6-8）可改写为：

$$
MV = IC_{存量资产} + \sum_{t=1}^{\infty} \frac{EVA_{t,存量资产}}{(1 + WACC)^t} + \sum_{t=1}^{\infty} \frac{EVA_{t,未来投资}}{(1 + WACC)^t}
\tag{6-10}
$$

　　上式中，存量资产的价值创造主要取决于公司存量资源的经营效率；未来增长价值主要取决于增量资源的投入与整合。因此，可以从经营效率和增长价值两个方面研究价值创造的驱动因素。

6.2.2　经营效率驱动因素

　　反映公司经营效率的关键业绩指标，既可以采用净资产收益率（ROE）或投入资本收益率（ROIC），也可以采用现金流量指标（FCFF）或经济增加值（EVA）以及影响这些指标的派生因素。

　　以 ROE 作为关键业绩指标，其价值驱动因素可分为销售利润率、总资产周转率、财务成本比率、权益乘数和税收效应比率等因素（参阅第 5 章公式（5-14））。为反映经营活动对净资产收益率的影响，也可根据杜邦财务分析体系，将 ROE 指标分解为总资产收益率和权益乘数。图 6-2 为东软集团杜邦财务指标分析图（2016 年度），图中的上一层指标是下一层指标的结果指标，下一层指标是上一层指标的动因指标。

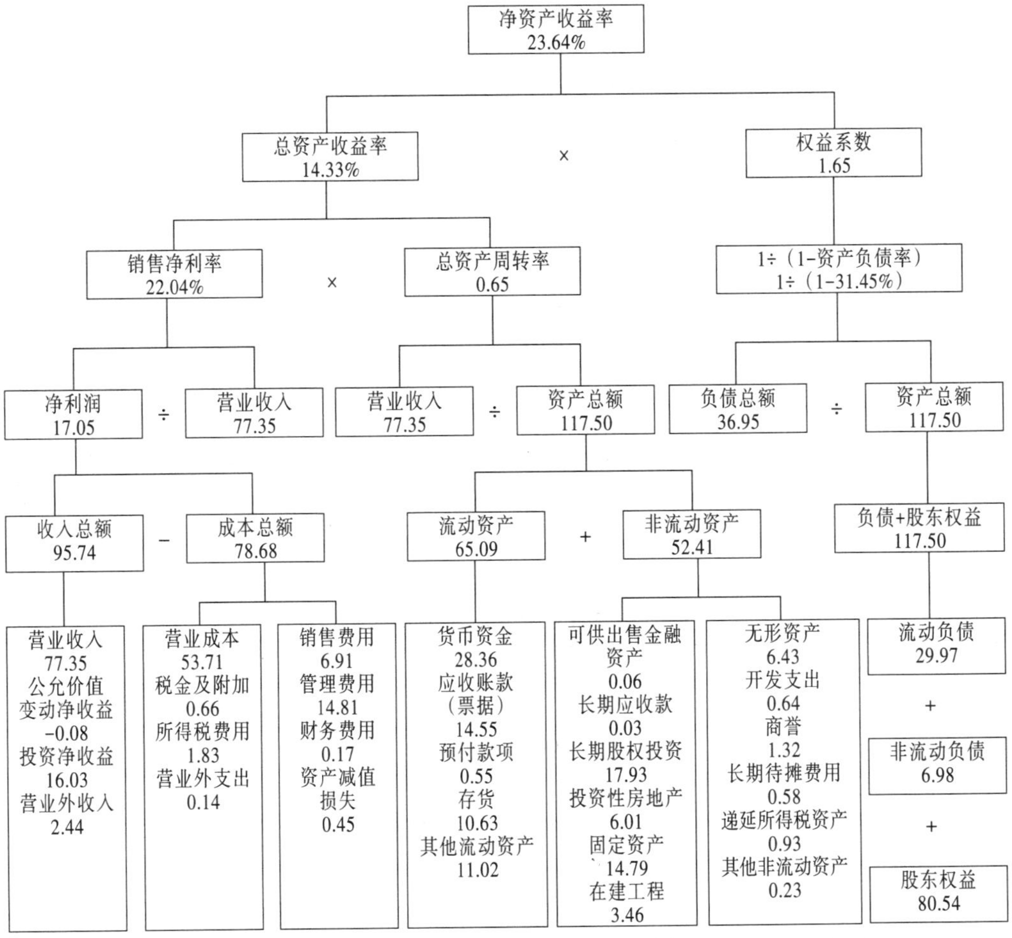

图 6-2　东软集团杜邦财务指标分析图（2016 年度）（金额单位：亿元）

　　数据来源：根据上市公司报表数据整理计算，图中的总资产收益率是根据净利润计算的。为简化，对其中一些项目进行了合并。

图 6-2 中，2016 年度东软集团的净资产收益率为 23.64%，影响这一指标的直接因素是总资产收益率（净利润/资产总额，14.33%）和权益乘数（1.65）；总资产收益率可以进一步分解为销售净利率（22.04%）和总资产周转率（0.65）。销售净利率的影响因素主要与利润表有关，如销售收入、成本费用和税收等；总资产周转率反映公司的营运能力，是利润表和资产负债表相关项目的函数；权益乘数反映公司的偿债能力，主要与资产负债表有关，通过结构百分比分析，可以进一步了解权益乘数的影响因素。

如果以 FCFF 作为关键业绩指标，价值驱动因素主要是现金流量、资本成本和增长率（参阅第 5 章图 5-1）。如果以 EVA 作为关键业绩指标，价值驱动因素是投入资本、税后净经营利润和资本成本等。在其他因素保持不变的情况下，提高投入资本收益率（ROIC）、降低资本成本（WACC）、增加资本投入（假设新投资的 ROIC 大于 WACC）或减少资本投入（如果被剥离资产的投资收益率小于资本成本），就会增加 EVA，为股东创造价值。

6.2.3 增长价值驱动因素

影响公司增长价值的因素不仅表现为较高的增长率，还表现为高增长率的持续期或竞争优势持续期。在其他因素不变的情况下，伴随着超额收益，高增长时期持续得越长，公司的价值增值就越大。公司收益增长率一方面受商品市场和管理效率的双重影响，另一方面受金融市场和财务政策的影响，如负债水平、投资规模、融资方式、股利政策等。因此，某一销售增长率是否能够实现，不仅取决于公司的经营效率，还取决于公司的财务政策或财务资源。

需要注意的是，如果公司的增长率是通过增加投资或资本扩张（如并购与重组）等实现的，应特别注意这种增长必须是能够带来现金流量或收益的增长，单纯的快速增长不一定会创造价值，只有当增长创造的增量价值大于增量成本时，才会为公司创造价值。

【例 6-3】假设 ABC 公司存量资产的投入价值（IC）为 10 000 万元，税后净经营利润为 1 500 万元，预期投入资本收益率（ROIC）为 15%，资本成本为 12%。为扩大收益、增加公司价值，该公司预期在未来 5 年每年年初追加投资 1 000 万元，预计这些投资的预期收益率为 15%，预期资本成本仍保持在 12% 的水平。第 5 年之后，该公司将继续投资 1 000 万元，且收益每年增长 5%，新投资收益率与资本成本均为 12%。假设公司持续经营，根据 EVA 模型，ABC 公司市场价值的计算见表 6-12。

表 6-12 ABC 公司市场价值计算表（EVA） 金额单位：万元

项目	现值	计算方法
现有资产		
投入资本	10 000.00	
EVA 现值	2 500.00	←10 000×（15%−12%）÷0.12
第 1 年年初投资的 EVA 现值	250.00	←1 000×（15%−12%）÷0.12
第 2 年年初投资的 EVA 现值	223.21	←［1 000×（15%−12%）÷0.12］÷1.12
第 3 年年初投资的 EVA 现值	199.30	←［1 000×（15%−12%）÷0.12］÷1.12²
第 4 年年初投资的 EVA 现值	177.95	←［1 000×（15%−12%）÷0.12］÷1.12³
第 5 年年初投资的 EVA 现值	158.88	←［1 000×（15%−12%）÷0.12］÷1.12⁴
公司市场价值（MA）	13 509.34	

表 6-12 中，假设每年投资均发生在各年年初；各年投资的 EVA 为一个固定数额，且一直持续到永久。在调整时，可将各年的 EVA 按永续年金调整到各年投资的期初，然后调整到第 0 期。例如，对第 2 年年初投资的 EVA 的现值进行为期 1 年的折现。

表 6-12 中的计算结果表明，公司市场价值为 13 509.34 万元，其中，存量资产的投入资本为 10 000 万元，存量资产创造的 EVA 现值为 2 500 万元，第 1 年至第 5 年每年追加投资获得的 EVA 现值合计为 1 009.34 万元。据此，市场价值增加值为 3 509.34 万元（13 509.34−10 000）。需要注意的是，只有当 ROIC 大于资本成本时，才会为公司创造 MVA。尽管公司在第 5 年后将继续增加投资，但由于 ROIC 等于资本成本，投资的边际收益等于零。由此说明，增加投资并不意味着增加价值，只有当 ROIC 的增长率大于资本成本的增长率时，才会创造增量价值。如果公司投资的收益等于或低于资本成本，增加投资的结果只会损害公司价值。

根据【例 6-3】的数据，采用公司自由现金流量计算公司价值见表 6-13。

表 6-13　　　　　　　　　ABC 公司市场价值计算表（FCFF）　　　　　　单位：万元

年度	0	1	2	3	4	5	6
现有资产 EBIT（1−T）		1 500.00	1 500.00	1 500.00	1 500.00	1 500.00	
第 1 年年初投资的 EBIT（1−T）		150.00	150.00	150.00	150.00	150.00	
第 2 年年初投资的 EBIT（1−T）			150.00	150.00	150.00	150.00	
第 3 年年初投资的 EBIT（1−T）				150.00	150.00	150.00	
第 4 年年初投资的 EBIT（1−T）					150.00	150.00	
第 5 年年初投资的 EBIT（1−T）						150.00	
合计 EBIT（1−T）		1 650.00	1 800.00	1 950.00	2 100.00	2 250.00	2 362.50[*]
资本支出（再投资）	1 000.00	1 000.00	1 000.00	1 000.00	1 000.00	937.50	984.38[*]
公司自由现金流量	−1 000.00	650.00	800.00	950.00	1 100.00	1 312.50	1 378.12
FCFF 现值（前 5 年）	2 338.12						
稳定增长期 EVA 现值	11 171.22					19 687.50	
公司价值	13 509.34						

[*]按增长率 5% 计算。

依据表 6-13 中的数据，需要注意的是：（1）各年资本支出（再投资）发生在每年年初，从而第 1 年的 1 000 万元被列示在第 0 年，第 2 年的资本支出被列示在第 1 年，依此类推。（2）假设从第 6 年起税后净经营利润、资本支出增长率每年为 5%；第 5 年之后的投资收益率与资本成本均为 12%。因此，第 5 年的资本支出可按下式计算：

$$净投资_5 = \frac{EBIT_6(1-T) - EBIT_5(1-T)}{投入资本收益率} = \frac{2\ 362.50 - 2\ 250.00}{0.12} = 937.50（万元）$$

采用资本成本对公司自由现金流量进行折现得到的公司价值为 13 509.34 万元，与运用经济增加值方法得到的公司价值是相等的。这种情况仅在两种方法假设条件、调整方式基本一致的情况下可能出现。例如，采用 EVA 方法时，需要对研发费用进行调整，那么，采用 FCFF 方法时，也要对研发费用进行调整。也就是说，用于估计 FCFF 的税后净经营利润与用于估计 EVA 的税后净经营利润相一致。但在大多数情况下，由于增长率预测、各年投入资

市场价值与驱动
因素

本预测等原因，采用两种方法的结果是有差异的。

6.2.4　价值驱动因素分析

现以 EVA 为例说明不同价值驱动因素对公司价值的影响。根据公式（6-2），影响 EVA 的因素主要有投入资本总额、税后净经营利润和加权平均资本成本。在其他因素保持不变的情况下，提高投入资本收益率（ROIC）、降低资本成本（WACC）、增加资本投入（假设新投资的 ROIC 大于 WACC）或减少资本投入（假设被剥离资产的投资收益率小于资本成本），就会增加 EVA，为股东创造价值。

【例 6-4】假设 XYZ 公司目前投入资本（IC）为 2 000 万元，资本成本（r_w）为 10%，投入资本收益率（ROIC）第 1 年为 18%，以后每年递减 1%，到第 9 年时与资本成本相同。据此，XYZ 公司未来经济增加值（EVA）现值与公司市场价值计算见表 6-14。

表 6-14　　　　　　　　　　　　　经济增加值现值与市场价值　　　　　　　　　　金额单位：万元

年度	0	1	2	3	4	5	6	7	8	9
ROIC−WACC		8%	7%	6%	5%	4%	3%	2%	1%	0
EVA		160	140	120	100	80	60	40	20	—
PV（EVA）（10%）	533←=NPV（10%，160，140，120，100，80，60，40，20）									

根据表 6-14，假设公司资产的账面价值（BV）与投入资本（IC）相等，则市场价值计算如下：

$$MV = 2\,000 + \frac{160}{1+10\%} + \frac{140}{(1+10\%)^2} + \cdots + \frac{20}{(1+10\%)^8}$$

$$= 2\,000 + 533 = 2\,533(万元)$$

上述计算表明，该公司未来 EVA 的现值为 533 万元，公司的市场价值（2 533 万元）为投入资本与未来 EVA 的现值之和。以表 6-14 中的数据为基础，分析不同因素变化对公司价值的影响。

1）提高现有资本投资收益率（ROIC）

假设 XYZ 公司通过提高经营效率，如提高市场份额、降低成本、提高资产周转率等，使第 1 年的 ROIC 由 18% 提高到 20%，以后每年递减 1.25%，第 9 年的 ROIC 与资本成本相同。假设投入资本和资本成本等因素保持不变，ROIC 变化对公司价值的影响见表 6-15。

表 6-15　　　　　　　　　提高现有资本投资收益率对市场价值的影响　　　　　　金额单位：万元

年度	0	1	2	3	4	5	6	7	8	9
ROIC−WACC		10.00%	8.75%	7.50%	6.25%	5.00%	3.75%	2.50%	1.25%	0
EVA		200	175	150	125	100	75	50	25	—
PV（EVA）	666←=NPV（10%，200，175，150，125，100，75，50，25）									

根据表 6-15，在其他因素不变的情况下，提高 ROIC，未来 EVA 的现值增加了 133 万元（666−533），公司市场价值也随之由 2 533 万元增加到 2 666 万元，增加了 133 万元。

2）剥离不良资产，降低资本占用

假设 XYZ 公司的资产由 A、B 两类构成，A 类资产总额为 1 500 万元，投资收益率为

22%，B类资产总额为500万元，投资收益率为6%，A、B两类资产平均投资收益率为18%。假设该公司决定以账面价值出售B类资产。A类资产收益率每年递减1.5%，到第9年与资本成本相同。假设资本成本保持不变，公司剥离不良资产后的市场价值见表6-16。

表6-16　　　　　　　　　　　　**资产剥离后的市场价值**　　　　　　　金额单位：万元

年度	0	1	2	3	4	5	6	7	8	9
ROIC-WACC		12.0%	10.5%	9.0%	7.5%	6.0%	4.5%	3.0%	1.5%	0
EVA		180	158	135	113	90	68	45	23	—
PV（EVA）	600 ←=NPV（10%，180，158，135，113，90，68，45，23）									

　　根据表6-16，公司剥离不良资产500万元后，未来EVA的现值为600万元，市场价值下降为2 100万元（1 500+600）。与表6-14相比较，虽然市场价值减少了433万元（2 533-2 100），但资本减少了500万元，两者相比，相当于创造了67万元的价值，这与未来EVA的现值增加值67万元（600-533）正好相等。

　　上述计算表明，如果以比资本投入增加更快的速度增加市场价值，或者以比市场价值减少更快的速度减少资本投入，都会得到同样的效果，即增加股东价值。因此，价值创造的目标不是市场价值最大化，而是市场增加值最大化。

　　3）延长竞争优势期

　　上述各例中均假设竞争优势期为8年，假设延长至10年，每年收益率仍呈线性递减，假设其他因素保持不变，市场价值计算见表6-17。

表6-17　　　　　　　　　　　　**延长竞争优势期的市场价值**　　　　　　金额单位：万元

年度	0	1	2	3	4	5	6	7	8	9	10	11
ROIC-WACC		8.0%	7.2%	6.4%	5.6%	4.8%	4.0%	3.2%	2.4%	1.6%	0.8%	0
EVA		160	144	128	112	96	80	64	48	32	16	—
PV（EVA）	617 ←=NPV（10%，160，144，128，112，96，80，64，48，32，16）											

　　根据表6-17，公司竞争优势的期限延长2年，未来EVA的现值将增加84万元（617-533），同样公司的市场价值也增加84万元（2 000+617-2 533）。

　　任何公司经过一段时间的快速增长后，都会进入增长速度等于或小于经济平均增长速度的成熟期。当公司的资本投资收益率大于资本成本，即存在超额利润时，高速增长能够提高公司价值；同时，某一领域的超额利润会吸引竞争者进入，导致竞争加剧，最终导致高速增长期的结束。因此，若要延长高速增长期，公司必须建立并提高进入壁垒和竞争优势，并采取必要的措施延长竞争优势的持续期间，以提高公司价值。

　　4）降低资本成本

　　假设其他因素不变，资本成本降低为8%，则第1年ROIC与r_w之间的差额为10%（18%-8%），以后每年递减1.25%（10%÷8），到第9年即为零。表6-18列示了降低资本成本后的公司价值。

表6-18   **降低资本成本后的公司价值**   金额单位：万元

年度	0	1	2	3	4	5	6	7	8	9
ROIC-WACC		10.00%	8.75%	7.50%	6.25%	5.00%	3.75%	2.50%	1.25%	0
EVA		200	175	150	125	100	75	50	25	—
PV（EVA）（8%）	704←=NPV（8%，200，175，150，125，100，75，50，25）									

根据表6-18，降低资本成本2%，使未来EVA的现值增加171万元（704-533），公司市场价值由2 533万元增加到2 704万元（2 000+704），同样增加171万元。

● 6.3   财务战略矩阵与可持续增长

6.3.1   财务战略矩阵

在财务管理中，价值创造与可持续增长的组合分析是通过财务战略矩阵实现的。财务战略矩阵是通过两维的参数综合分析公司价值增长程度的工具：一是资本收益率差幅（ROIC-WACC）；二是销售增长率与可持续增长率之间的差幅（$G_{销售}$-SGR）。为分析方便，假设公司具有多个部门或业务单元，它们各自创造的价值构成了公司价值创造总额。根据不同的资本收益率差幅和增长率差幅，将财务战略矩阵分为四个象限，如图6-3所示。每一个象限对应于资本收益率差幅与增长率差幅的不同组合，对应于不同的经营状态。[①]

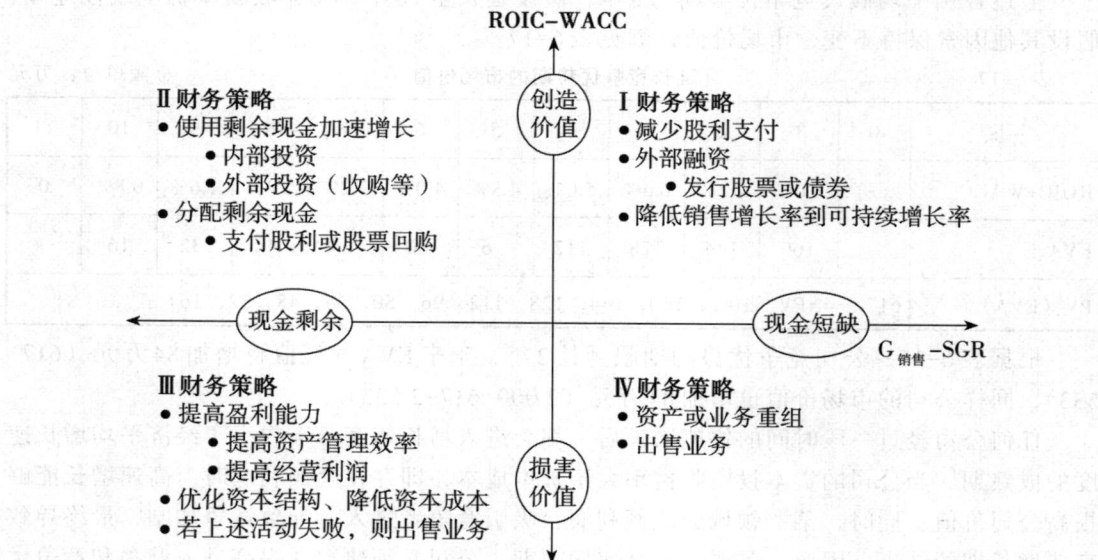

图6-3   财务战略矩阵

图6-3中，纵坐标表示资本收益率差幅，用于衡量公司某一特定业务单元创造价值的能力。如果资本收益率差幅大于零，则表明该业务单元为公司创造价值；反之，则损害公司价值。横坐标表示增长率差幅，用于衡量公司某一特定业务单元为销售增长提供现金的

---

① 哈瓦维尼，维埃里. 经理人员财务管理——创造价值的过程［M］. 王全喜，等译. 北京：机械工业出版社，2006：301.

能力。如果增长率差幅大于零，则表明该业务单元现金短缺；反之，则表明该业务单元现金剩余。对于处于不同象限的部门或业务单元，应采用不同的财务策略。

象限Ⅰ：处于这一象限的业务单元，资本收益率差幅与增长率差幅均大于零。该业务单元的经营活动创造价值，但现金短缺。对此，可供选择的财务策略有：①筹措资金，满足销售增长的需要；②缩小经营规模，使公司的可持续增长率与销售增长率相平衡。这个战略可以使公司通过进入更加细分的市场，提高留存业务的价值创造能力。

象限Ⅱ：处于这一象限的业务单元，资本收益率差幅大于零，但增长率差幅小于零。该业务单元的经营活动创造价值，并产生剩余现金。对此，可根据是否存在增长机会采取不同的财务策略。如果存在增长机会，可将多余的现金投资于现有业务单元，促进现有业务的扩张，或者通过收购实现外部增长；如果目前尚未发现有利的投资机会，可通过现金股利或股票回购的方式将多余的现金返还给股东。

象限Ⅲ：处于这一象限的业务单元，资本收益率差幅和增长率差幅均小于零。该业务单元虽然能够产生足够的现金流量维持自身发展，但是业务的增长反而会降低经营的价值，这是公司处于衰退期的前兆。对此，可采取的财务策略有：①将多余的现金用于该业务单元的业务重组，提高投入资本收益率；②通过扩大销售、提高价格、减少费用等途径提高边际收益；③通过有效的营运资本管理（加速收款、减少存货）等方法提高资产周转率；④通过业务重组降低资本成本；⑤将该业务单元出售，并将多余的现金返还给股东。

象限Ⅳ：处于这一象限的业务单元，资本收益率差幅小于零，但增长率差幅大于零。该业务单元的经营活动既不能创造价值，也不能支持其自身的发展。如果不能彻底改变这一局面，就必须出售该业务单元的资产，全面退出该业务。

EVA 作为一种评价指标，能够准确地反映经营者为股东创造的价值，但由于 EVA 对公司未来成长的估算是建立在既有的产品、技术和市场的基础上，同时，EVA 的计算对资本成本高度敏感，而资本成本的确定又依赖于历史数据分析。因此，EVA 的可操作性还有诸多问题需要解决，如对公认财务会计准则的调整、股权资本成本的确定等，这在一定程度上限制了公司的外部信息使用者。

6.3.2 增长率分析

在价值评估中，一个重要的参数是预测增长率，特别是销售收入增长率，它是影响其他指标的关键因素。为考察这一指标的合理性，通常将预期销售收入增长率与公司内含增长率和可持续增长率进行比较。

假设 XYZ 公司预计销售增长率为 10%，并假设公司主要通过外部融资（长期借款）和减少股利支付满足增加资产、扩大销售的资金需要。如果不追加外部资金，仅仅依靠新增的留存收益和自然融资形成的资金来源（假设折旧全部用于当年的更新改造）所能达到的最大增长率，称为内含增长率（internal growth rate）。假设用 g 表示销售增长率，用 Div 表示股利，则外部资金需要量可通过下式计算：

$$AFN = (A/S)gS_0 - (L/S)gS_0 - \left[M(1+g)S_0 - Div \right] \tag{6-11}$$

式中：AFN 为外部资金需要量；A/S 为基期资产（A 指与销售增长有关的资产项目）与期初销售收入（S_0）的比率，表示每增加 1 元的销售收入需要增加的资产，A/S

也可以表示为总资产周转率的倒数；L/S 为自然融资增加的负债（指应付账款和应计项目，不包括银行借款和债券）与期初销售收入的比率，说明销售收入每增加 1 元所自然产生的融资额；M 为基期销售净利率；Div 为股利支付额。

如果无外部追加资金，即 AFN=0，通过公式（6-11）即可求出内含增长率为：

$$AFN = (A/S)gS_0 - (L/S)gS_0 - \left[M(1 + g)S_0 - Div\right] = 0$$

$$g = \frac{MS_0 - Div}{S_0\left[(A/S) - (L/S) - M\right]}$$

假设公司每年股利支付率为 d，且保持不变，则下一年度的股利为：

$$Div = dMS_0(1 + g)$$

将 Div 代入上式，即可得到内含增长率 g 的计算公式为：

$$g = \frac{M(1 - d)}{(A/S) - (L/S) - M(1 - d)} \tag{6-12}$$

公式（6-12）说明，内含增长率（不使用外部资金的最大增长率）与销售净利率 M 正相关，与股利支付率 d 负相关。销售净利率越高，内含增长率越高；股利支付率越高，内含增长率越低。公式中的分母是每一单位增量销售收入所需追加的增量资金。

假设 XYZ 公司 2024 年销售净利率（M）为 6.6%，股利支付率（d）为 66.67%，A/S 为 0.6，L/S 为 0.1，如果这些财务指标保持不变，则公司内含增长率为：

$$g = \frac{6.6\% \times (1 - 66.67\%)}{0.6 - 0.1 - 6.6\% \times (1 - 66.67\%)} = 4.60\%$$

上述计算结果表明，XYZ 公司内部资金能使其维持在 4.60% 的增长水平上，超过这一增长水平，公司将不得不追加外部资金。

如果一个公司增长所需资金完全来自内部（留存收益和自然融资），那么经过一段时间后，公司资金总额中的股东权益不断增加，由此引起负债比率不断下降。如果公司希望继续保持原有的资本结构，就需要发行新债融资。可持续增长率（sustainable growth rate）是指在财务杠杆不变的条件下运用内部资金和外部资金所能支持的最大增长率。

如果公司新增的股东权益仅来自留存收益，而留存收益的高低又取决于下一年度的销售收入、股利支付率、销售净利率，则有：

留存收益增加额=下一年度净利润×（1-股利支付率）=$MS_0(1+g)(1-d)$

在长期负债与股东权益比率一定的情况下，公司追加债务数额取决于留存收益大小和杠杆比率（D/E）（有息债务/股东权益）两个因素，则有：

债务增加额=留存收益增加额×杠杆比率=$MS_0(1+g)(1-d)(D/E)$

如果资产增长与销售增长相等，则资产需求增加额等于自然融资增加额与留存收益增加额和债务增加额之和，则有：

$$(A/S)gS_0 = (L/S)gS_0 + MS_0(1 + g)(1 - d) + MS_0(1 + g)(1 - d)(D/E)$$

$$= (L/S)gS_0 + MS_0(1 + g)(1 - d)(1 + D/E)$$

整理上式后，增长率 g 可以表示为与财务政策（杠杆比率、股利支付率等）相一致的最大的销售收入增长率，即可持续增长率，通常用 g^* 表示，则有：

$$g^* = \frac{M(1 - d)(1 + D/E)}{(A/S) - (L/S) - M(1 - d)(1 + D/E)} \tag{6-13}$$

可持续增长率与杠杆比率（D/E）和销售净利率正相关，与股利支付率负相关。负债比率越大，增长率越高，利润率越高，增长越快；但股利支付率越高，增长率越低。

在其他因素一定的情况下，由于可持续增长率是运用内部和外部资金的最大增长率，因此，它一般会高于内含增长率。本例中，XYZ 公司基期杠杆比率为 66.67%，假设销售净利率、股利支付率保持不变，则有：

$$g^* = \frac{6.6\% \times (1 - 66.67\%) \times (1 + 66.67\%)}{0.6 - 0.1 - 6.6\% \times (1 - 66.67\%) \times (1 + 66.67\%)} = 7.91\%$$

上述分析中，如果杠杆比率保持不变，随着股东权益的增长，负债必须以相同的比率增长，负债和股东权益的共同增长决定了资产所能扩展的速度，当然，后者也会限制销售的增长。也就是说，限制销售增长的主要因素是股东权益的扩张速度。

上述计算结果表明，在各种比率保持不变的条件下，公司运用内外部资金的最大可持续增长率为 7.91%，低于预期销售增长率 10%，公司必须调整经营计划或改变财务政策，以平衡发展与资金之间的关系。

【课堂拓展】经济增加值动量分析

Stewart Bennett（2010）将经济增加值和营业收入增长率相结合，提出了经济增加值动量（EVA momentum）的分析方法。经济增加值动量的计算方法如下：

$$\text{经济增加值动量} = \frac{\text{本期经济增加值增量}}{\text{上一期营业收入}}$$

经济增加值动量可以进一步分解为经营效率指标（productivity gains）和盈利增长效率指标（profitable growth），具体公式为：

$$\text{经济增加值动量} = \Delta\left(\frac{\text{经济增加值}}{\text{营业收入}}\right) + \frac{\text{经济增加值}}{\text{营业收入}} \times \text{营业收入增长率}$$

$$= \text{经营效率} + \text{盈利增长效率}$$

根据格力电器财务报表计算实际的经济增加值动量变动趋势，如图 6-4 所示[①]。

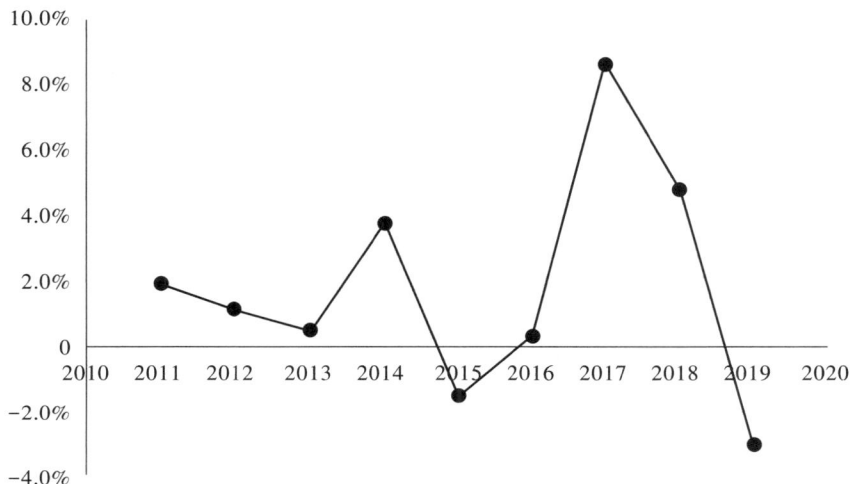

图6-4　格力电器经济增加值动量指标变动趋势（2010—2019 年）

① 图中的经济增加值动量是一个增量的数据，以 2010 年数据为基数，2011 年相对 2010 年的增量，以此类推。

经济增加值动量不仅可以衡量公司价值创造效率，而且可以判断公司成长类型，如图 6-5 所示。

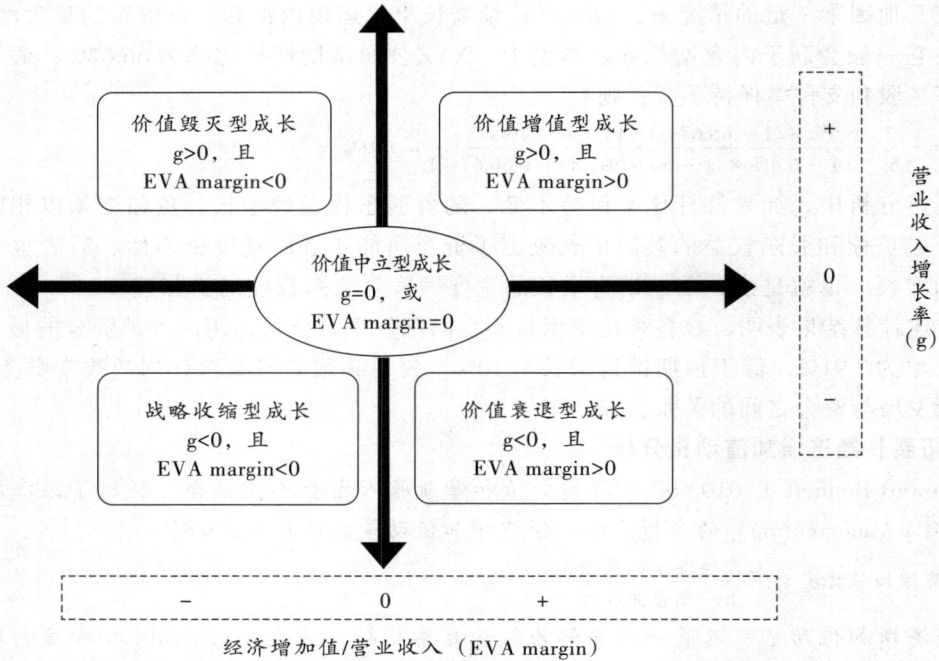

图 6-5　价值成长型矩阵（"profitable growth" grid）

资料来源：STEWART B. EVA momentum: The one ratio that tells the whole story ［J］. Journal of Applied Corporate Finance, 2010, 21（2）: 74-86.

价值中立型成长（value neutral）指的是营业收入增长率或营业收入增加值率（经济增加值/营业收入）二者中有一个指标为零，处在这种状态时对经济增加值动量无影响。

价值增值型成长（valuable growth）指的是营业收入增长率和营业收入增加值率均大于零。前者表明公司的市场份额在扩张，后者表明公司价值创造的效率在提高，处于这一象限的组合是公司经营的最佳状态。

价值毁灭型成长（destructive growth）指的是营业收入增长率大于零，但营业收入增加值率小于零。由于单位营业收入的价值创造为负，因此，营业收入越高，价值毁灭程度越高，公司应极力避免这一象限的组合。

战略收缩型成长（strategic retrenchment）指的是营业收入增长率和营业收入增加值率均为负值，表明公司所在的市场萎缩，且伴随着价值毁损。处于这一象限意味着公司的经营规模发生了收缩，可能是因为公司剥离部分业务造成的，也可能是由于经营环境等原因造成经营受阻。

价值衰退型成长（fading star）指的是营业收入增加值率大于零，但营业收入增长率小于零，在这一象限下，公司的营业收入虽然可以为股东创造价值，但市场竞争在下降。

根据经济增加值动量判断格力电器各年的成长类型，如图 6-6 所示。从中可以看出，除 2015 年、2019 年以外，格力电器各年的增长类型落在增值型成长区域内。这表明公司营业收入增长率和营业收入增加值率均大于零。

营业收入增长率

毁灭型成长　　　　　　　　　　　　　　　　　　　　增值型成长

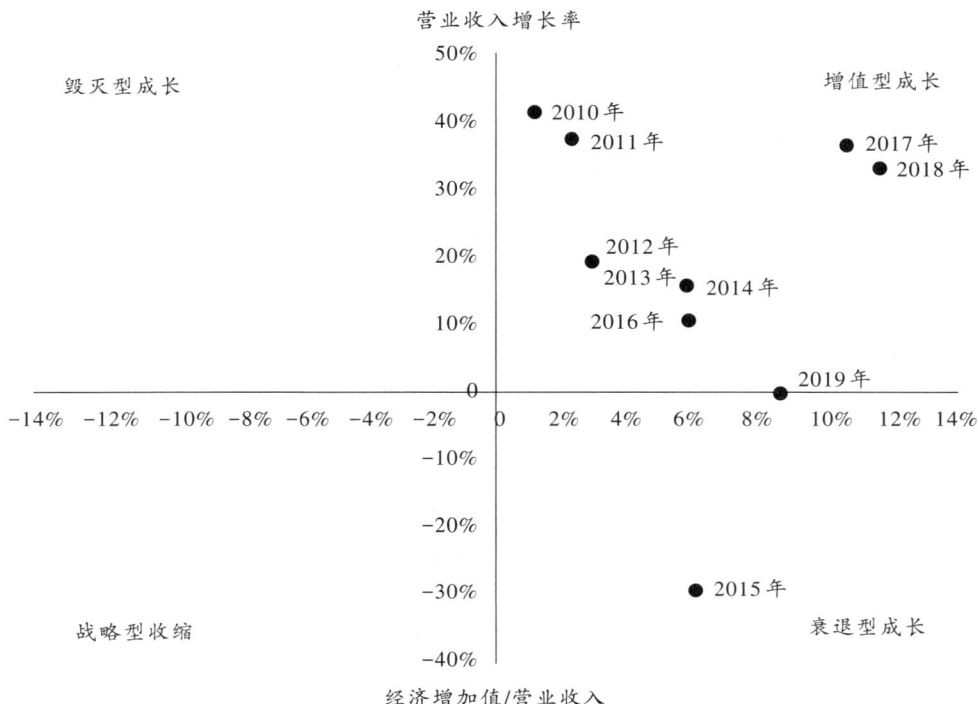

经济增加值/营业收入

图 6-6　格力电器成长类型

6.3.3　价值创造与财务支持策略

公司财务的研究框架主要有两个：一是通过资源的流动和重组实现资源的优化配置和价值增值，即如何在商品市场上进行实物资产投资，为公司的未来创造价值；二是通过各种金融工具的创新和资本结构的调整实现资本的扩张和增值，即如何在金融市场上筹措投资所需要的资本，为投资者创造价值。在实务中，公司财务管理主要表现为投资决策、筹资决策和营运资本管理三种形式，最终目标是实现市场增加值最大化，如图 6-7 所示。

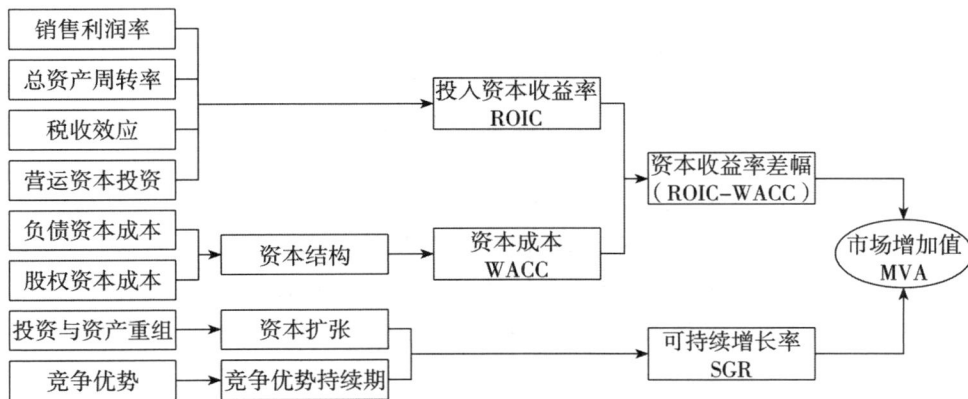

图 6-7　价值创造

图 6-7 中，MVA 的来源是公司的投资活动和经营活动，市场增加值主要是向市场或

投资者展示这种价值的度量结果，仅当投资活动和经营活动所创造的价值大于资本成本时，才能为投资者创造增量价值。可以说，价值创造与价值评价是一种动因和结果的关系。

投资决策是评价和选择投资项目、优化资源配置的一种经济活动。投资项目决策的目的是评价或选择能够创造公司价值的投资项目，以便提高公司价值的长期增长潜力。在投资决策中，除了选择和评价投资项目，财务部门也可以通过监控和量化公司股票价格与其内在价值的关系，识别价值创造的新机会。例如，当上市公司当前股价小于股票内在价值，即股票价值被低估时，财务部门可以寻找不同的方法消除差距，如通过加强与投资者的沟通或者回购股票，或者剥离或出售某些资产、并购其他业务、放弃某些与公司战略不符的业务等资产重组方式提高股票市场价格。

在融资决策中，由于竞争和套利机制的存在，很难找到净现值大于零的融资方案或融资机会。因此，公司必须通过其他方法（如证券创新）创造价值。[①]在实务中，融资决策创造价值可以直接通过节税或降低融资成本实现，也可以通过提高公司资金来源的可靠性和灵活性、降低公司风险等方式间接实现。20世纪90年代后期，美国安然公司的管理层为了达到增长目标，采用债务资本对宽带进行投机性投资。宽带投资失败后，巨额的债务将安然公司拖入了破产的泥潭。"安然事件"的教训之一是融资策略与投资策略是互补的，拟定融资策略之前要先充分考虑经营业务方面的风险，一旦经营业务发生变化，就要重新审视融资策略合适与否。这意味着财务部门还应掌握评估和监控与投资决策有关的风险管理技术与工具。例如，财务部门可以通过掉期、远期、期货、期权等衍生工具转移风险、降低风险或化解风险。由于公司的投资、融资可以看作某种期权的组合，根据期权理论设计的各种避险工具，既可以规避下方风险，又不会丧失上方收益。

如果说投资管理强调公司的发展，那么，融资管理强调的则是公司的生存。尽管保持合理的资本结构可以减少财务危机成本，但资本结构并不是一个关键的价值动因，对于已经达到合理杠杆水平的公司，资本结构创造价值的潜力有限，因此，管理者应确保公司拥有足够的财务灵活性，在支持公司战略的同时尽量减少财务危机，而不是通过调整达到"最佳"的资本结构。

在前述分析中，反映价值创造的一个重要指标是投入资本收益率（ROIC），这一指标又可分解为销售利润率和资产周转，而税后的 ROIC 与税率有关。因此，营运资本管理对提高 ROIC 或价值创造的贡献主要是提高资产管理效率或加速资本周转，如加速收款、减少存货等。

迈克·戴尔认为："库存不是资产，而是负债！在戴尔公司，库存的只是信息。"从某种意义上讲，存货占用的资金与公司的负债具有同等效应，如果存货销路不佳，则会因存货资金固定化而导致公司破产。为加强存货管理、降低存货风险，不同的公司创造了不同的存货管理模式，例如，美国通用电气开创了 ABC 库存方式，日本丰田公司发明了即时制或零库存管理等。随着计算机技术的发展与普及，订单处理、采购管理、日程管理、配

---

① 近年来，金融创新品种层出不穷，公司从开发和高价发行具有独创性的证券中获得益处，但是，从长远看，证券创新者所能从中获得的价值很小。因为证券创新者通常不能对其创新证券的思想申请专利或版权，所以，其他公司很快就能复制和发行类似的证券，最终迫使价格下跌。

销过程等作业的整合性和同步性得到进一步提高。目前，注重库存"物流"与"资金流"系统控制和管理，已经成为公司"第三大利润源泉"。

● 6.4 价值导向管理

6.4.1 价值创造体系

从历史渊源分析，管理是以下五种思想或理论为基础建立的：1211 年佛罗伦萨银行家发明的簿记法；20 世纪初泰勒发明的科学管理；20 世纪 20 年代斯隆提出的分权组织；20 世纪 50 年代德鲁克提出的公司战略和目标管理；20 世纪 90 年代布兰查德提出的价值导向管理。如果说簿记法使工业革命催生的大型公司组织得以迅速发展，那么，价值导向管理使传统的经营理念发生了革命性的变化。

价值导向管理作为一种价值管理体系，主要包括价值创造体系、价值评价体系和价值分享体系。价值创造体系主要回答公司价值创造的驱动因素；价值评价体系主要回答不同的价值驱动因素对公司价值创造的贡献程度；价值分享体系主要回答如何回报不同贡献程度的价值驱动因素。

根据核心能力理论，公司价值的持续增长来源于公司的持续竞争优势，持续竞争优势则来源于公司所拥有的战略资源。前述各节的讨论主要是从财务资源的角度分析价值创造的驱动因素，事实上，除投资者提供的财务资源外，人力资源和客户资源以及其他无形资产都是构成公司竞争优势所不可缺少的资源。因此，在价值管理中，不仅要为财务资源的提供者——股东——创造价值，也要为人力资源的提供者或财务资源的使用者——员工（包括经营者和其他员工）——创造价值，此外，还要为公司产品/服务的购买者——客户——创造价值。股东价值、客户价值和员工价值也可以看作结果与动因的关系，可参阅第 1 章图 1-20 的相关内容。

公司价值或股东价值的实现是通过为客户创造价值完成的，或者说，通过为客户提供超越竞争对手的价值，从而为公司或股东创造价值。为提高客户价值，公司不仅要在产品属性、服务质量、价格、品牌等客户价值收益来源上做出努力，而且要研究影响客户支出成本的因素，设法降低客户购买成本、时间成本、精神成本、体力成本以及风险承担（因信息不对称导致的客户所购与所需产生差异而带来的损失）；通过建立客户信息共享机制和内部沟通机制，实现公司与客户的双向沟通，建立基于共同利益的新型公司-客户关系，通过客户服务（争取客户、满足客户、保持客户）创造价值。

6.4.2 价值评价体系

价值评价体系是对资源创造的价值或价值创造的因素进行系统和科学评价的一整套标准、过程和方法，旨在度量不同价值驱动因素对价值创造的贡献程度，为经营业绩考核提供依据。价值评价体系是公司人力资源战略的重要组成部分，在此仅从评价标准或指标的角度分析关键业绩评价指标。

从业绩评价的角度分析，评价指标的设计必须反映公司的关键成功因素和关键绩效指标（key process indication，KPI）。其设计思路应遵循 SMART 原则：S（specific）代表具体，指业绩考核要切中特定的工作指标；M（measurable）代表可度量，指评价指标是数量化或行为化的，验证这些评价指标的数据或信息是可以获得的；A（attainable）代表可实现，指评价指标在付出努力的情况下可以实现，避免设立过高或过低的目标；R（relevant）代表相关性，指评价指标是相关的，可以证明和观察的；T（time-bound）代表时限，指注重完成业绩评价指标的特定期限。

为保证关键业绩指标的有效实施，其应具备以下特征：①能够将员工的工作与公司愿景、战略与部门工作相连接，能够层层分解、层层支持，使每一员工的个人业绩与部门业绩、公司整体效益直接挂钩；②保证员工的业绩与客户的价值相连接，共同为实现客户的价值服务；③员工业绩考核指标的设计基于公司的发展战略与流程，而非岗位的功能。因此，关键业绩指标与一般业绩指标相比，将个人的目标和部门的目标、公司的成败联系起来，更具有长远的战略意义。关键业绩指标能够集中测量员工的行为，使员工按照业绩的测量标准和奖励标准工作，真正发挥业绩考核指标的牵引和导向作用。

公司应根据所在行业特点、发展阶段、内部状况因素来确定关键业绩指标。通常，公司关键业绩指标的定位框架主要表现为八个方面：市场地位、创新、生产率、实物及金融资产、利润、管理人员表现和培养、工人表现和态度、公共责任感。

基于价值创造的驱动因素，价值评价指标主要包括股东价值、客户价值和员工价值评价指标。股东价值评价指标主要有 ROA、ROE、ROIC、EVA、MVA 以及与此有关的派生指标，可参阅有关章节的相关内容。

6.4.3　价值分享体系

在信息经济时代，管理发生了革命性的变化：公司资源由单一财务资源拓展为财务资源、人力资源和客户资源的结合；价值评价由注重股东价值的结果性指标发展为注重价值驱动过程且由过程性指标和结果性指标相结合的分层指标体系；财务管理机制由股东独享财权的单边治理发展为由股东、员工、客户共同分享财权的多边共同治理；公司收益分配机制由利润分享发展为价值分享。例如，美国可口可乐公司作为全球顶尖的价值创造者，其 1995 年年报显示，"可口可乐向每一个接触它的人提供价值"。这表明无论是向公司提供资源的投资者，还是公司价值的直接创造者（员工、供应商等），或是从公司品牌中获得享受的消费者，都会因可口可乐公司的存在而获益。

这里的价值分享主要是从员工业绩评价的角度进行分析的，价值分享体系主要解决两个问题：①如何回报价值创造的驱动因素，即如何确定公司的薪酬战略和薪酬政策；②以什么样的方式和什么样的水平回报和激励员工，即薪酬模式的选择问题。价值分享体系设计的目的是在实现公司价值或股东价值最大化的同时，实现个人价值最大化。公司价值最大化需要员工全力创造价值，如实现工作目标、提高工作技能、认同公司价值观等；个人价值最大化则需要帮助员工合理分配价值，如发放工资、奖金，授予荣誉，营造良好的工作氛围，乃至给员工配售股权/期权等。员工分配价值的依据是其所创造的价值，这就涉及如何对员工创造的价值或价值创造的要素进行评价。

虽然关键业绩指标中从不同的角度列示了许多考核指标，但最终都会落实到部门或员工对公司价值创造的贡献程度。相对于传统的会计业绩指标，EVA 是衡量公司价值创造能力的一个较准确的尺度，而且是一个容易被管理者理解和掌握的财务衡量尺度。以 EVA 为基础的薪酬激励计划，员工的奖金与 EVA 指标直接挂钩。EVA 对员工的激励一直可以渗透到管理层的底部，许多影响EVA的重要经营指标都与一线管理者甚至普通员工的行为相关，并且能被他们直接控制。这些指标反映的经营信息与一组财务业绩指标联系起来，直接解释了EVA的变化。以EVA为基础的薪酬激励计划，公司只对超过资本成本的增加值进行奖励，从而将奖金的数量与员工为股东创造的财富紧密地联系起来，使员工开始像公司的所有者一样思考。此外，EVA指标计算过程中对相关事项的调整有效地避免了会计指标短期化和过分稳健的影响，更加精确地说明了员工对价值的实际创造。

自1982年以来，有近300家大公司采用EVA体系作为下属业务单元业绩评估和经营者奖励的依据，包括Coca-Cola、AT&T、Quaker Oats、Briggs & Stratton以及CSX等巨型跨国集团。以德国西门子股份公司为例，公司44万名员工中参与激励计划的占15%~20%，前50名高层管理者60%的薪酬与价值指标挂钩。公司根据当年的股价来估计下一年度投资者对EVA的预期增加值，并以此作为标准。如果下一年度达到了预期的标准，高层管理者将得到全部的目标奖金。当然，公司还在其他方面（如市场份额）设定了标准，达到或超过这些标准，高层管理者将会得到更多的报酬。但是，公司实行的是价值创造"一票否决制"，即所有增加的奖金只有在EVA目标已经达到的基础上才能获得。在完成EVA指标的前提下，对照主要竞争对手的增长和市场份额，将会加倍奖励。

对于公司来说，只有解决好价值创造、价值评价、价值分享这一条价值链的连接和平衡问题，才能促使员工有持续的动力创造价值，换言之，才能构筑员工的动力机制。可以说，全力创造价值、科学评价价值、合理分享价值构成了价值导向管理的主线。

本章小结

1.EVA是扣除全部资本成本后的收益，反映了使用全部资本的机会成本。计算EVA时，需要对经营利润和投入资本进行一定的调整。其目的是：①消除会计稳健原则的影响，如对研发费用、商誉等的调整，使调整后的数据能够反映公司的真实业绩；②消除或减少管理层进行盈余管理的机会，如对各种准备金（如坏账准备）的调整；③使业绩计量免受过去会计计量误差的影响，如将研发费用和商誉资本化，而不是在费用发生当期冲减利润，消除了经营者对这类投资的顾虑。

2.价值驱动因素是影响或推动价值创造的一个决策变量。根据财务估价理论，公司价值创造的源泉是存量资产创造的价值和公司未来增长机会创造的价值。前者主要取决于公司存量资源的经营效率，后者主要取决于增量资源的投入与整合。因此，可以从经营效率和增长价值两个方面研究价值创造的驱动因素。

3.如果以EVA作为关键业绩指标，价值驱动因素是税后净经营利润和资本成本等，在其他因素保持不变的情况下，提高投入资本收益率（ROIC）、降低资本成本（WACC）、增加资本投入（假设新投资的ROIC大于WACC）或减少资本投入（假设被剥离资产的投资收益率小于资本成本），就会增加EVA，为股东创造价值。

4.财务战略矩阵是通过两维的参数综合分析公司价值增长程度的工具：一是资本收益率差幅（ROIC-WACC）；二是销售增长率与可持续增长率之间的差幅（$G_{销售}$-SGR）。

5.对于公司来说，只有解决好价值创造、价值评价、价值分享这一条价值链的连接和平衡问题，才能促使员工有持续的动力创造价值。可以说，全力创造价值、科学评价价值、合理分享价值构成了价值导向管理的主线。

基本训练

1.根据美国安然公司2000年年报，无论从哪个角度评估，安然公司在2000年度的业绩都是无可挑剔的。2000年，安然公司年度净利润达到历史最高。安然公司预计未来每股收益会持续走强。安然公司会计利润与经济增加值有关数据见表6-19。

表6-19 　　　　　　　　安然公司会计利润与经济增加值比较

项目	1996年	1997年	1998年	1999年	2000年
净利润（百万美元）	600	100	700	880	990
每股收益（美元）	1.250	0.185	1.155	1.400	1.200
EVA（百万美元）	-10	50	-200	-330	-650

安然公司作为世界上最大的电力、天然气以及电信公司之一，2000年披露的营业额高达1 010亿美元。安然公司连续六年被《财富》杂志评选为"美国最具创新精神公司"。但是，这个拥有上千亿资产的公司于2002年宣告破产。请查询安然公司相关信息，结合表6-19中的数据，从会计利润和经济增加值的角度分析安然公司破产的原因。

2.AAA公司2025年销售收入为1 000万元，销售利润率为15%，投入资本为1 000万元，该公司无负债，资本成本为10%。为提高收益，目前AAA公司正在考虑两个方案：

（1）引进新产品扩大销售：AAA公司正在考虑引入一条新产品线，根据市场预测，新产品会使销售收入提高10%，该产品的销售利润率为15%，但需要新增投资500万元。假设不考虑所得税，你认为AAA公司应该引入这条新产品线吗？

（2）改善采购：AAA公司拟通过改善采购流程、节约成本等措施，使销售利润率上升到17%，但同时要投入资本150万元。假设销售收入保持不变，不考虑所得税，你认为AAA公司是否应该执行这一方案？

3.假设ASS公司是一家处于高成长期的小型企业，该公司投入资本均为股权资本，2025年公司投入600万元，税后净经营利润为200万元，公司股权资本成本为15%。

（1）假设该公司未来5年的每年经济增加值增长15%，而且第5年之后将不存在超额收益，即5年后投资收益率与股权资本成本均为12%。请估计公司价值，并区分公司价值中有多少来自EVA，有多少来自投入资本。

（2）假设2025年公司将投入资本降低400万元，通过售后回租方式将资金租用回来。假设售后回租后税后净经营利润为180万元，资本成本保持不变，请估计公司价值，并区分公司价值中有多少来自EVA，有多少来自投入资本。

4.B公司2024年业绩平平，销售及利润的增长率均为5%左右，而竞争者增长率为10%，假设B公司聘用你作为总经理，其目标是使销售增长10%。预计利润表见表6-20，预计资产负债表见表6-21。投资类似企业预期要求的收益率（或股权资本成本）为20%。

公司与竞争者的相关数据见表6-22。请说明这一计划是否可行。

表6-20　　　　　　　　　　　　　　**预计利润表（简表）**　　　　　　　　　　　单位：万元

项目	2024年实际	2025年预计
销售收入	2 000	2 200
减：销售费用	1 780	1 920
折旧	20	50
息税前利润（EBIT）	200	230
减：利息费用（10%）	50	60
税前利润（EBT）	150	170
减：所得税（40%）	60	68
净利润	90	102

表6-21　　　　　　　　　　　　　　**预计资产负债表（简表）**　　　　　　　　　单位：万元

项目	2024年实际	2025年预计	项目	2024年实际	2025年预计
投入资本			资本来源		
现金	100	60	短期债务	200	300
经营性营运资本需求（WCR）	600	780	长期债务	300	300
净固定资产	300	360	所有者权益	500	600
合计	1 000	1 200	合计	1 000	1 200

表6-22　　　　　　　　　　　　　　**公司与竞争者相关数据**

指标	2024年实际	2025年预计	竞争者
销售增长率	5.00%	10.00%	9.00%
净利润增长率	5.00%	13.30%	10.00%
销售费用增长率	6.00%	7.90%	9.00%
投入资本增长率	8.00%	20.00%	10.00%
WCR增长率	8.00%	30.00%	25.00%
短期债务/WCR	33.30%	38.50%	25.00%
ROIC	12.00%	12.55%	14.00%

5. 根据【例6-3】的数据计算公司价值为 13 509.34 万元（见表6-12），现分别按下列情景计算ABC公司现存资产创造的EVA、各年再投资创造的EVA以及公司价值，并简要与【例6-3】的相关结论对比，分析EVA和公司价值产生差异的原因。

（1）减少投入资本。假设【例6-3】的投入资本降低至5 000万元（降低50%），税后净经营利润为1 500万元，预期投入资本收益率（ROIC）为30%，其他变量保持不变。

（2）减少投入资本。公司租赁资产而不是购买资产，假设公司资产中的50%通过租赁获得，租赁费为4 000万元，公司总投入资本为9 000万元（4 000+10 000×50%）；经过调整，公司年度税后净经营利润为1 480万元，投入资本收益率为16.44%；其他变量保持不变。

（3）投入资本收益率变动。假设公司现有资产收益率由15%提高到15.5%，每年再投资部分收益率降低为13.5%；其他变量保持不变。

（4）投资收益率和资本成本同时提高。假设现存资产和再投资的投入资本收益率从15%提高到16.25%，资本成本从12%提高到13%；其他变量保持不变。

6. 自1982年以来，许多大公司采用EVA体系作为下属业务单元业绩评估和经营者奖励的依据，包括Coca-Cola、AT&T、Quaker Oats、Briggs & Stratton以及CSX等巨型跨国集团。从2006年起，国务院国资委修订后的《中央企业负责人经营业绩考核暂行办法》正式对外公布并开始实施。自2019年4月1日起，《中央企业负责人经营业绩考核办法》正式施行。该办法鼓励企业使用经济增加值（EVA）指标进行年度经营业绩考核，并将逐渐增加EVA指标的考核范围和指标权重。你认为采用EVA指标（相对利润指标）考核经营者业绩的作用是什么？采用EVA指标考核经营者业绩需要注意哪些问题？

基本训练
参考答案

案例分析

假设你刚到一家咨询公司工作，你的领导要求你选择两家上市公司进行价值创造动因分析。

（1）登录相关网站，获取相关信息。登录网址和数据收集方法详见前几章有关内容。

（2）根据前几章讨论或案例分析时撰写的各种分析报告，分析这两家上市公司的业务特点与战略、主要经济因素和行业因素，分析该公司价值创造的驱动因素。

（3）计算各公司的留存收益比率，按简化公式计算可持续增长率、资本收益率差幅（ROIC-WACC）、销售增长率与可持续增长率之间的差幅（$G_{销售}$-SGR）。

（4）根据上述（3）的计算结果，说明各公司在财务战略矩阵中处于哪个象限，不同的公司应采用何种财务策略提高公司价值创造能力或改善价值毁损状况。

第7章

公司战略与实物期权

关于项目投资价值的评估，几十年来，这一领域一直处于驻足不前的状态。在学术领域和实务领域，已经有越来越多的人认识到有关公司资源配置的各种标准方法已然失效。其最主要的原因是这些标准无法恰当地把握管理者在应对未曾预见的市场变化时调整、校正后续决策的灵活性，无法把握由某一项已经获得论证的技术所产生的战略价值，无法把握各个项目之间的相互依存性和竞争性。在瞬息万变且不确定的市场经济中，管理者所拥有的经营灵活性以及战略适应能力，已经构成了能否准确利用有利于未来的投资机会、限制逆向市场变化和竞争活动所导致损失的关键。最初采用金融期权理论来审视战略投资的思想源于摩西·鲁曼发表在《哈佛商业评论》上的两篇文章：《视投资机会为实物期权：从数字出发》[1]和《实物期权投资组合战略》[2]。在后一篇文章中，摩西·鲁曼写道，"从金融观点来看，公司投资更似一系列的期权，而不是稳定的现金流"。实物期权所要探讨的是在不确定的状态下如何进行资源配置和项目评估，特别是对项目投资决策中的灵活性和战略性进行估价。对于公司来说，任何一项投资价值都是公司战略和风险的函数。决定项目的风险或不确定性因素可能是内生的，也可能是外生的。外生不确定性因素随着时间的推移可以被解决，而内生不确定性因素则需要通过战略投资加以降低。无论是外生不确定性还是内生不确定性，都会提高实物期权的经济价值。实物期权将公司战略和公司财务策略联系起来，为投资决策、投资模式选择等提供实质性意见，同时其也为解释、预测不确定性下的决策制定提供了良好视角。

通过本章的学习，你可以熟悉公司战略与价值驱动因素；了解实物期权分析与折现现金流量分析的联系与区别；了解扩展（战略）净现值的基本思想；熟悉实物期权的类型和分析方式；熟悉实物期权价值评估的基本理论与方法。

● 7.1 公司战略价值评价

7.1.1 公司战略与价值驱动因素

任何一家公司都可以被看作一个价值增值系统，通过各种生产要素的投入，如资本、

---

[1] LUEHRMAN T A. Investment opportunities as real options: Getting started on the numbers [J]. Harvard Business Review, 1998, 76 (4): 51-67.
[2] LUEHRMAN T A. Strategy as a portfolio of real options [J]. Harvard Business Review, 1998, 76 (5): 89-101.

土地、劳动力以及管理能力为公司创造价值。当最终的消费者支付的价格超过投入要素的成本时，公司的价值就发生了增值。一般来说，选择任何一个投资项目，其目的都是提高公司超过竞争对手的优势。例如，规模经济和范围经济、绝对成本优势和产品差异化能力，这些都是公司增长价值的驱动因素。事实上。任何一项投资，都是反映和实施公司战略的行动方案。

最有代表性的竞争战略理论是产业结构理论、战略资源理论和核心能力理论。以迈克尔·波特（Michael E. Porter）[①]为代表的产业结构理论认为，公司战略选择与其所处的市场环境高度相关。一个产业的竞争状态和盈利能力取决于公司竞争者、购买方、供应方、替代产品、潜在竞争者五种基本竞争力量之间的相互作用，而每种竞争力量又受到诸多经济技术因素的影响。在这种指导思想下，公司只能通过战略性投资，如投入新产品开发（产品差异化战略）、扩大生产规模（低成本战略），以此提高行业壁垒和打压竞争者，从而获得超额收益。

以巴莱（Barney）[②]、鲁梅尔特（Rumelt）[③]为代表的战略资源理论是以公司内部专有资源为基础研究公司战略的。这一理论认为，公司是一系列独特资源的组合，公司可以获得超出行业平均水平的收益的原因是其能够比竞争对手更好地掌握和利用某些核心资源或能力。公司战略研究的主要内容是如何培育公司独特的战略资源，以及最大限度地优化配置这种战略资源的能力。

以蒂斯（Teece，1997）[④]为代表的核心能力理论，将公司的资源分为四个层次：（1）公共资源，如基本的生产要素；（2）专有资源，如商业秘密、专利技术等；（3）组织与管理能力（将公司的生产要素与专有资源有机地结合起来的组织与管理能力）；（4）创新能力。在核心能力理论下，资源的概念不再是你拥有多少资源，而是你能调度多少资源。资源概念的变化使管理引入了整合的概念，不仅要善于整合内部资源，更要善于整合外部资源为己所用。资源整合能力与创新能力是公司发展和价值创造的真正源泉。在信息时代，公司只有不断地进行技术创新、制度创新和组织创新，才能获得更多的战略性资源，持久地保持竞争优势。

事实上，公司竞争优势的形成可能归属于上述某一战略，也可能是不同战略组合的结果。例如，组装个人电脑的戴尔公司是通过直销、战略联盟、外包维修服务、选择性研究开发、弹性雇佣政策、订单制造法等六种方式实施低成本竞争战略而获得超额价值的。而位于个人电脑行业上游的微软公司，则是通过维护软件行业的领导地位、致力于技术创新、不惜代价保护版权、拒绝技术的授权使用、注重公司形象塑造与广告促销以及专有技术等六种方式获得超额价值的。从产业链的角度分析，微软和戴尔公司恰好处于 PC 产业微笑曲线的两端。图 7-1 描述的"微笑曲线"[⑤]上，价值的最低点是简单的装配，左边沿

---

①　PORTER M E. From competitive advantage to corporate strategy［J］. Harvard Business Review，1987（5）：43-59.
②　BARNEY J. The resource-based theories of competitive advantage: A ten-year retrospective on the resource-based view［J］. Journal of Management，2001（27）：643-650.
③　RUMELT R. Strategic management and economics［J］. Strategic Management Journal，1991（12）：5-29.
④　TEECE D J，PISANO G，SHUEN A. Dynamic capabilities and strategic management［J］. Strategic Management Journal，1997（14）：61-74.
⑤　20世纪90年代初，中国台湾宏基集团董事长施振荣提出了"微笑曲线"（smiling curve）的概念，用一个开口向上的抛物线来描述个人电脑制造流程中各个环节的附加价值。"微笑曲线"其实就是"附加价值曲线"，即通过品牌、营销渠道、运筹能力提升工艺、制造、规模的附加价值，也就是通过向"微笑曲线"的两端渗透来创造更多的价值。实际上，"微笑曲线"这一现象不仅在计算机制造企业存在，在其他行业也普遍存在。

着生产显示器、内存、CPU 以及提供软件等价值逐渐上升，右边沿着本土化配件生产、市场运作、销售渠道建立、电子商务等价值逐渐上升。微软公司位于左边的产业价值链最高端，因此，在 PC 领域获得了较高的附加值。戴尔公司处于产业链的右端，它的成功并不在于其直销模式，而是建立在直销模式上的低成本配件供应与装配运作体系的实施能力，这种运营能力使得消费者能够以低价接受个性化服务。

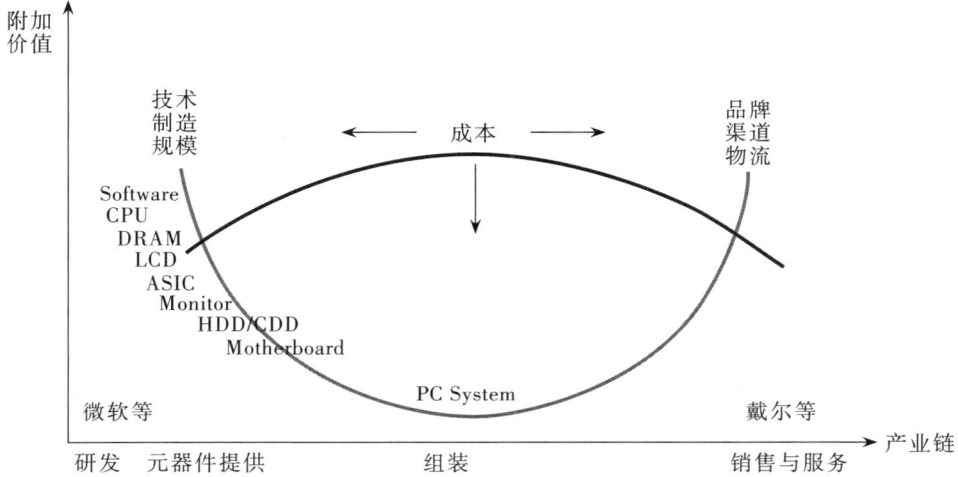

图 7-1　PC 产业链的"微笑曲线"

微笑曲线的突破重点是技术、品牌/服务等，强调的是创造"与众不同"，但问题的关键是创造"与众不同"的策略是技术至上的"自上而下"型，还是客户至上的"自下而上"型。从实物期权角度分析，一个产业链条上的上游公司拥有下游公司的一个增长期权。图 7-2 描述了微软、英特尔（生产个人电脑微处理器）、戴尔等公司在 PC 产业链中所处的地位及其影响。

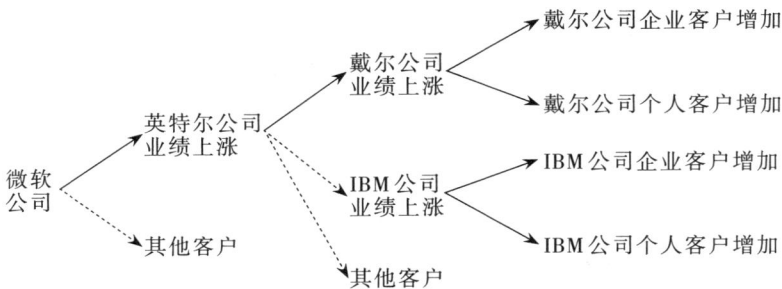

图 7-2　PC 产业价值链

资料来源：周洛华. 中级金融工程学 ［M］. 上海：上海财经大学出版社，2005：265-266.

从市场价值的表现看，英特尔公司拥有戴尔公司业务增长的买方期权，其价值等于自身业务创造的价值加上戴尔公司和其他客户的增长期权价值，因而英特尔公司的市场定价高于戴尔公司；而盘踞在个人电脑产业链最上方的微软公司持有英特尔公司的增长期权，如果英特尔公司业务发展迅速，微软公司也会从中受益。由此，一个产业链上游公司的市场定价普遍高于下游公司。这也是为什么许多公司将"呆在食物链的上方"（stay at the upstream of the food chain）视为自身的经营哲学。

从产业链的角度研究公司价值创造与分配，强调技术至上，这是一种自然竞争法则在工业时代商业运作中的应用。在信息社会，商业运作的规则发生了很大的变化，即使处在产业链下游的公司，也可能通过创新获得附加价值。这种战略的价值取向不是立足已知市场空间开展竞争，而是力图开辟一个全新的、非竞争性的市场空间。例如，在大型电脑流行时代，苹果公司没有选择与其对手竞争，而是开拓了个人电脑的新领域；在个人电脑盛行时代，康柏公司没有选择与苹果电脑逐鹿中原，而是开拓了个人电脑服务器的新时代；在后个人电脑时代，戴尔公司也没有将康柏、苹果等著名公司直接列为竞争对手，而是通过压缩库存、倾听顾客意见和直接销售等，在产品、客户和地域上创造竞争优势。

在战略性投资决策中，公司可以根据自己的产品优势、技术优势、资本优势、成本优势等发现具有正净现值的投资机会。创造净现值大于零的策略主要有：率先推出新产品，建立比竞争对手更低的成本，提供产品或服务的核心竞争力，设置其他公司难以有效竞争的进入壁垒，革新现有产品以满足市场尚未满足的需求，通过创意广告和强势营销网络以强化服务和品牌的差别化，变革组织结构以利于上述策略的有效实施等。

7.1.2 战略性投资评价

根据公司战略选择投资项目是优化资源配置、提高竞争优势的一种经济活动，其目的是提高公司价值的长期增长潜力。根据传统的折现现金流量法，公司应选择净现值大于零的投资项目，这一法则与市场增加值最大化的目标相一致。这种方法的优点是对所有项目具有清晰、一致的决策标准，只要项目的净现值大于零，项目就是可行的。因此，其广泛应用在投资项目的价值评价领域。但是，这种方法隐含着对未来机会的预先假定，即投资决策是"现在投资或永远不投资"；没有考虑不确定环境下，公司"等等再看"的决策价值；没有考虑公司不仅有权决定是否投资于一个新项目，而且有权决定在何时扩大或放弃这个新项目的价值。

事实上，项目投资价值，特别是专利、品牌等无形资产的价值，并不是来自直接的现金流，而是来自未来增长投资的期权。迈尔斯（Myers，1977）认为一个项目的初始投资不仅给公司直接带来了现金流量，而且赋予了公司对有价值的"增长机会"进一步投资的权利，即未来以一定价格取得或出售一项实物资产或投资项目，所以，实物资产的投资可以应用类似评估一般期权的方式进行评估。同时，因为其标的物为实物资产，因而将此性质的期权称为实物期权。

在项目投资分析中，战略规划经常包括一些NPV小于零的投资，现时投资虽然无法获得，但这些先行投资可以为公司奠定后续投资的前提和战略地位。例如，研发中的先行投资，可以看作未来增加投资的增长期权，如果研发成功，且具有商业价值，公司可以选择进入下一个投资阶段。研发投资、试验项目或进入新领域的市场都有附加战略价值，因为它们都有可能创造未来投资的机会。

假设有客户向IIT公司订购价值3 000万元的特殊电脑系统。而IIT公司目前尚不具备能力提供全套解决方案。该公司的技术中心提出：需要150万元的研究经费，以便设计出一套生产方案。但是，技术中心不能保证其设计的方案最终在经济上是可行的。技术中心设计出的特殊电脑系统有可能需追加投资1 000万元（经济上可行），也有可能需追加投资5 000万元（经济上不可行），概率均为50%。那么，是否要给技术中心拨款150万元呢？

采用折现现金流量法、实物期权法两种方法计算的项目净现值见表7-1。

表7-1   不同方法下的项目决策   金额单位：万元

项目	折现现金流量法	实物期权法
预期订单收益	3 000	1 500=3 000×50%
预期成本现值	3 150=150+（1 000×50%+5 000×50%）	1 150=150+1 000
净现值	−150	350
项目决策（是否拨款）	不拨款	拨款

表7-1中，采用不同方法得出的结论完全不同。从期权角度分析，对IIT公司而言，给技术中心拨款进行研发，就等于花费150万元购买了一项期权，这项期权对IIT公司而言，其价值为350万元。在这个例子中，IIT公司将一个订单分成了"研发"和"生产"两个阶段，使其在完成"研发"阶段工作，并收到新信息后，才能决定是否进入"生产"阶段。图7-3中，只有技术中心设计的特殊电脑系统的追加支出为1 000万元时，才选择接受订单，反之则拒绝订单。而在折现现金流量法下，不论设计成本为多少，都选择接受订单，而忽略了项目决策的灵活性。

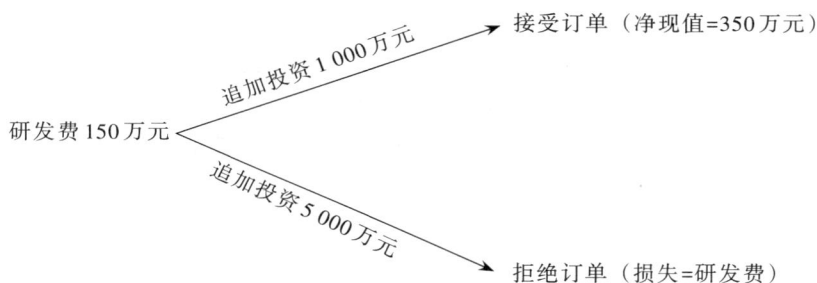

研发费150万元　　追加投资1 000万元　→　接受订单（净现值=350万元）

　　　　　　　　　　追加投资5 000万元　→　拒绝订单（损失=研发费）

图7-3 IIT公司接受订单与否的决策

7.1.3 实物期权法与折现现金流量法的关系

实物期权分析（real option analysis，ROA）有利于管理者在高度不确定性下更为睿智地做出投资决策。

这一分析技术与传统的折现现金流量法（DCF）的区别主要表现在以下两个方面：

第一，不确定性与投资价值的关系。在项目投资分析中，折现现金流量法隐含了一个假设：未来以现金流量度量的收益是可以预测的，或者说，未来收益是确定的。如果出现不确定性，则会降低这项投资的价值。不确定性越大，投资的价值就越小。实物期权法认为投资项目的不确定性具有两种含义：一方面意味着以现金流量度量的未来收益仅仅是一个粗略的估计，因此，不足以准确反映投资项目的真实价值；另一方面认为许多投资决策的机会往往取决于项目的发展状况，未来投资的不确定性越大，期权就越有价值。其原因是盈亏不平衡（这与期权买卖双方的不对等合约相似），如果项目顺向发展，盈利的可能性为"无限大"；如果项目逆向发展，净现值为负数，期权不行使从而限制亏损，即亏损不会随着风险的加大而增加。例如，外国航空公司即使亏损经营也要维持飞往中国的航线，因为航线也是一种权利，一旦停飞，就会被取消航权。外国航空公司虽然经营亏损，但其获得了一个买方期权，待未来飞往中国航线的需求上升而获利。

第二，折现现金流量法否认项目"灵活性"价值，将项目决策看作一种当期的决策，而与决策后可能出现的新信息无关。而期权分析法假设，即使接受某些投资项目后，这些项目也不一定一成不变。随着时间的推移，有关项目商业价值的信息逐渐明朗，管理者可以根据新信息做出某种改变（扩大、收缩、放弃等）来影响后续的现金流量或项目寿命期。在投资分析中，可以用"如果发生某种情况，则将有机会做某事"等诸如此类的表述来描述这种选择权。

例如，在实物期权分析中，将公司的投资视为购买了一份看涨期权，在特定期间内支付一定的费用可以行使看涨期权并得到标的资产。如果等待没有机会成本或者持有特定资产能够得到类似于"股利"的收益，持有者将会推迟到期权到期日 t 才做出是否行使权利的决策。在实物期权中，标的资产是项目投资后预期现金净流量的现值 V_t，行权价格是在时间 t 时的投资额 I_t。在时间 t 时，如果 $V_t > I_t$，公司进行投资，并在此时获得项目的净现值 $NPV = V_t - I_t$；如果 $V_t < I_t$，公司放弃投资，项目价值为零，在这种情况下，公司仅仅损失了购买期权的费用。如果项目的价值不确定，公司也可推迟项目投资，有时持有期权等待最有利时机再行投资可能具有更高的价值。

虽然折现现金流量法受到越来越多的批评，但实物期权法并不是替代传统方法的全新框架。DCF 与 ROA 应视为具有互补性质的决策工具。DCF 更适合分析确定环境中并不复杂的项目，其预测在相对稳定的环境中更为可靠。ROA 更适合分析不确定环境中的复杂项目，管理者可以利用新信息，积极管理项目。林特和彭宁斯（Lint & Pennings，2001）[①]以 ROA 与 DCF 具有互补性为基础，提出了四象限分析法。他们根据收益和风险的不同将项目分为四个象限，如图 7-4 所示。

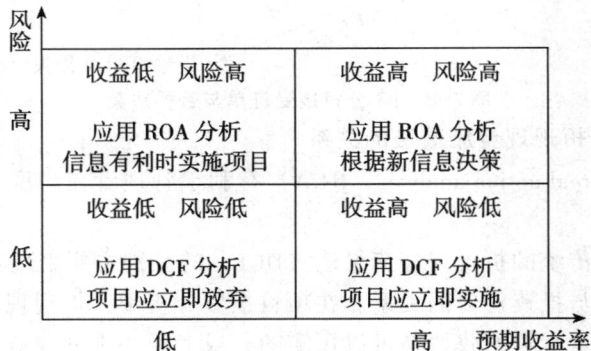

风险高	收益低　风险高	收益高　风险高
	应用 ROA 分析 信息有利时实施项目	应用 ROA 分析 根据新信息决策
低	收益低　风险低	收益高　风险低
	应用 DCF 分析 项目应立即放弃	应用 DCF 分析 项目应立即实施
	低	高　预期收益率

图 7-4　项目分类与适用技术

图 7-4 中，根据项目投资收益与风险的关系，采用不同的分析技术和投资策略。如果项目的风险较低，可根据 DCF 进行决策，或立即实施该项目，或选择放弃该项目；如果项目的风险较高，可采用 ROA 进行决策，或根据新信息重新进行项目决策，或在有利信息来临时实施项目。

---

① LINT O，PENNINGS E. An options approach to the new product development process：A case study at Philips Electronics［J］. R & D Management，2001，31（2）：163-172.

【课堂拓展】扩展（战略）净现值模型[①]

斯密特和特里杰奥吉斯（Smit and Trigeorgis，2006）在《战略投资学——实物期权和博弈论》一书中将折现现金流量法、实物期权理论、博弈论和战略规划方法纳入一个分析框架。图7-5中的三个层次都会对投资机会创造的NPV产生影响：第一，从公司竞争优势的角度，采用DCF法评估投资项目产生的预期现金流量的价值；第二，从成长机会的角度，采用实物期权法评估公司应变能力所带来的灵活性价值；第三，从战略博弈的角度，采用博弈论或产业组织经济学等方法评价公司战略决策价值，这部分价值是公司通过建立、加强或保护自己的战略地位而产生的。据此，特里杰奥吉斯将传统的公司财务理论与战略规划相连接，提出一个扩展（战略型）的NPV估值模型。

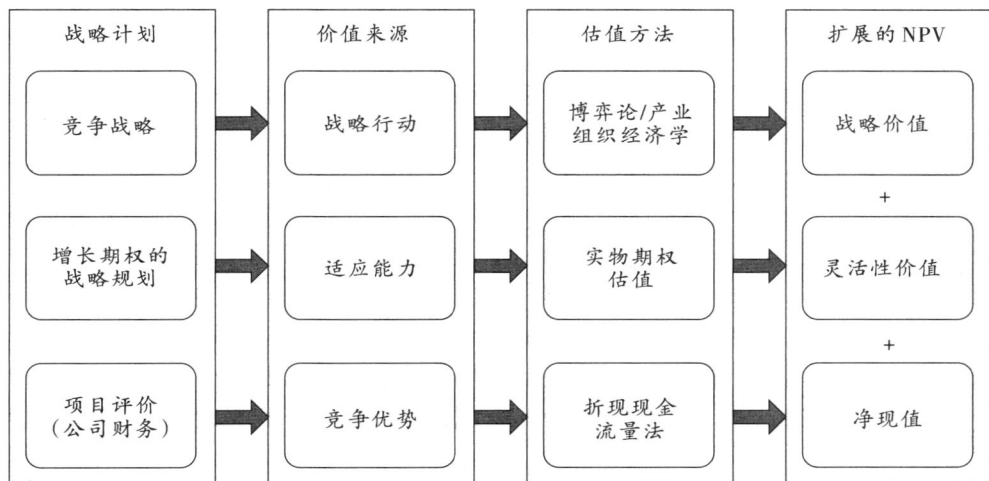

图7-5　公司财务价值与战略价值的关系

资料来源：斯密特，特里杰奥吉斯. 战略投资学——实物期权和博弈论［M］. 狄瑞鹏，译. 北京：高等教育出版社，2006.（对图中部分项目进行了一定的调整）

该估值模型为：

扩展（战略型）的NPV=（静态的）NPV+灵活性（期权）价值+战略（博弈论）价值

上式中，传统的DCF法可以估计公司在预期情况下的现金流量的价值，由于传统的NPV标准没有包含实物期权的投资战略的价值，故被称为静态NPV。实际上，项目的投资机会类似于拥有看涨期权，实物期权法给出了一种当未来的发展可能与预期情况不一致时的估值方法，因此，在项目的价值中要考虑期权的价值。如果市场上的竞争者可能会影响彼此的行为，就需要一种扩展的战略分析（通常是通过博弈论的原理）。扩展的NPV模型试图分析除了未来预期现金流量的净现值以外的灵活性价值和战略价值。

Smit and Trigeorgis指出，项目价值的驱动因素可以被看作公司财务的定量评估工具和战略规划的定性分析相结合的过程。因此，必须考察净现值（NPV）、灵活性价值和战略价值的驱动因素，以便了解为何一个特定的项目对于一个公司要比对于其他竞争者更有价值。

---

① 这部分内容主要参考：斯密特，特里杰奥吉斯. 战略投资学——实物期权和博弈论［M］. 狄瑞鹏，译. 北京：高等教育出版社，2006. 感兴趣的读者可以阅读此书，以获得更多关于战略博弈方面的相关知识。

净现值的价值驱动因素主要来源于公司的可持续竞争优势，这种竞争优势带来的价值创造可以通过多种战略获得。例如，成本优势和差异化优势都可以使公司比其他竞争者获取更高的价格溢价。如果公司能够拥有独特的能力和核心竞争力来保证获取更高的价格溢价，那么，这种差异化就可以成为一种主要的竞争优势。如果需求的价格灵活性比较低，产品性质或服务的差异化就可以在客户愿意支付的价值中显现出来，那么，这种策略是相对更有吸引力的。

在实物期权的视角下，项目投资价值主要来源于一系列公司未来投资机会的期权集合。战略规划中可能会出现采用传统的 DCF 法计算的净现值小于零的项目，但实际上其可能会通过创造一个后续的投资机会来帮助公司获得有利的竞争地位。例如，如果对于研发这样的多期投资拥有足够的信息，那么，管理层就可以根据有价值的灵活性来决定是对下一阶段进行投资还是终止投资，甚至改变未来的投资计划。对于一个研发投资、一个试验性项目、一个新地理区域的市场方案来说，之所以具有附加的战略价值，是因为它们可以创造更多的未来投资机会。类似于一个看涨期权，灵活性或成长期权的价值驱动因素主要有不确定性、到期时间（或对项目的支出能够推迟的时间）和利率等。

关于战略行为和战略价值，Smit and Trigeorgis 主要从博弈论的视角对公司之间的竞争性反应进行了深入的分析。博弈论描述了公司与竞争者战略相互之间产生影响时的决策关系。这种博弈可能是一个零和博弈，大家共同分享一个经济"蛋糕"；或者为了提高整体价值而合作和做出符合共同利益的决策。在零和博弈中，一个公司的收益就是其他公司的损失。例如，一家电子或医药公司获得了一项专利权，从而提高了其竞争地位和行业未来发展中的能力。因此，公司在确定投资战略时必须考虑竞争对手的反应以及投资对自身价值可能产生的积极或消极影响。一个战略性的行为可能会在某种意义上影响竞争者的行为。例如，一个先行者在存在规模经济的市场上进行大规模的投资，其投资产生的超额生产能力就可以被看作一个可信的承诺，后来的进入者就面临着价值较小的扩张机会。因此，早期的投资承诺能够给先行公司带来更高的利润。类似地，先发优势也可以通过独占的技术、经验曲线效应、客户忠诚度、购买者转换成本、网络外部性、声誉以及在不确定条件下买方的选择权等获得。但在做出早期投资承诺时，还需要分析早期投资可能会失去的等待和将来进行投资的潜在期权价值。当然，也可能会出现先行者的劣势或后发者的优势，例如，当战略投资的收益可以分享时，后发者就可能搭乘先行者投资的便车，特别是在研发投资、基础设施投资等方面。除了这种搭乘先行者便车的能力之外，后发者还可能等待开发一项新技术时由于发展不连续而导致的市场和技术的不确定性消失所带来的优势。当未来不确定性很高，等待不确定性消失之后进行投资可以获得很大收益时，等待期权就是非常重要的。如果不能建立可持续的竞争优势，这些先行者就可能遭受失败，但从另一方面来说，一旦公司可以影响未来不确定性的解决过程，先行进入就是非常具有吸引力的。

在上述分析的基础上，Smit and Trigeorgis 提出了连接实物期权和博弈的方法思路的动态战略评估方法。在这种方法下，传统的 NPV 法只是一种特殊情况，还应包括实物期权和博弈论的决策树方法。NPV 法用于评估确定情况下战略规划的价值和项目现金流的价值，实物期权法用于评估不确定情况下未来机会的价值，博弈论方法则用于分析竞争性互动情况的价值。

● 7.2　期权投资法

7.2.1　实物期权的类型

实物期权是处理一些具有不确定性投资结果的非金融资产的一种投资决策工具，是将现代金融领域中的金融期权定价理论应用于实物投资决策的分析方法和技术。目前，实物期权理论已被广泛地运用在自然资源投资、海上石油租赁、柔性制造系统等涉及资本预算的研究领域。

夏普（Sharp，1991）将实物期权分为递增期权（incremental option）和柔性期权（flexibility option）。他认为递增期权为公司提供获得有利可图的逐渐增加投资的机会。面对不确定的环境，公司首先做出小额试探性投资，当不确定性消除且呈现增长潜力时，公司利用先动优势全面投资。柔性期权是指公司多阶段投资以后，根据不同情景选择不同行为的灵活性期权。夏普认为，递增期权需要额外投资，而柔性期权可以充分利用已有投资。递增期权一般仅需要小额的初始投资，在获得信息之后决定是否进一步投资；柔性期权通常需要比较大额的初始投资以覆盖可能的或有情景。

柔性生产一直是工业界积极追求的重要目标之一，其原因主要是客户的需求很难预测，造成产品的需求也存在一定程度的不确定性。实现了柔性生产和经营之后，公司就能够灵活地应对不断变化的客户需求。例如，一家公司在进行购买工业锅炉的投资决策时，面临三种选择：燃油锅炉 A，燃气锅炉 B，可以使用油、气两种燃料的锅炉 C。如果公司购买了锅炉 C，则无论将来柴油和天然气的价格如何变化，公司总能拥有权利选择使用最便宜的那一种燃料（忽略燃料变更成本）。这种选择的权利就是一个"柔性期权"，如果这个期权的价值超过锅炉 C 与锅炉 A 或锅炉 B 的价格差，则投资购买锅炉 C 是正确的选择。

美国学者 Eugene F. Brigham 和 Louis C. Gapenski 在其合著的《财务管理》一书中，将与实物期权有关的项目投资机会分为五种：（1）开发后续产品的机会；（2）扩大产品市场份额的机会；（3）扩大或更新厂房、设备的机会；（4）延缓投资项目的机会；（5）放弃项目投资的机会。这些投资机会对于某些具有战略性的投资项目，诸如研究开发、商标或网络投资具有重要的意义。上述五种投资机会也可归纳为扩张（缩小）期权、放弃期权、延期期权三类。

7.2.2　扩张（缩小）期权分析

假设公司正在评估一种新药，管理层认为这种新药完全开发后可以作为口服药物，也可以直接注射进入血液，这样的效果更佳。因为研发新药存在一些不确定性，公司决定现在开发口服药剂，几年后再决定是否追加投资研发注射剂形式的药物。这样，公司就创造了一个扩张期权。也就是说，从现在到几年后的任何时候，可以选择（而不是必须）研发作为注射剂形式的新药。利用这种投资决策的灵活性，公司降低了最初研发口服剂形式和注射剂形式的风险。从实物期权的角度分析，口服剂形式的新药可以为研发注射剂形式的新药提供一种增长期权。口服剂的研发费可视为期权价格，注射剂形式的新药投资可视为行权价格，公司是否投资取决于口服药剂的效果，而不承担必须"履约"的义务。如果口服剂形式的新药失败或没有商业价值（如产品价格或市场发生逆向变动等），公司会放弃投资，最大损失是支付的研发费、试制费和市场调研费；反之则行使期权，扩大投资。由于期权费是一种无法收回的成本，投资者必须在期权实现取得利润时加以补偿，这使期权的购买价格成为一种风险投资。

又如，一个现时投资净现值为负数的项目之所以有价值，就在于这个项目能够给投资者未来继续投资提供一种决策的弹性。设想一个公司决定购买一片尚未开发但储藏大量石油的荒地，但此时开采石油的成本远远高于其现行的市场价格。那么，石油公司为何愿意支付一大笔资金购买这片看似无利可图的荒地呢？其答案就在于该荒地给予投资者一种看涨期权，公司并不负有必须开采石油的义务。如果石油价格一直低于其开采成本，公司将不会开发这片荒地，此时期权无价；如果未来油价上升且超过开采成本，则荒地投资者会获利丰厚，此时期权有价。根据期权理论，荒地投资者的上方收益是"无限"的，而下方风险是锁定的（最大损失为购买荒地的支出）。

扩张期权的特点是，如果投资项目出现"有利机会"，则采取扩大投资策略；如果投资项目出现"不利情况"，就选择终止项目。一般来说，扩张项目期权对处于变化剧烈、收益较高行业的项目（如生物技术或计算机软件），要比所处行业较为稳定且收益率较低的项目（如器具、汽车制造）明显更有价值。

【例7-1】假设ACC公司正在计划建立一家工厂，两年后该项目产生的现金流量及其概率，如图7-6所示。项目初始投资为1.4亿元（A点）。如果前两年项目运行情况良好，则现金流量为2亿元（D点）；如果前两年项目运行情况一年好、一年不好，则现金流量为1.5亿元（E点）；如果前两年项目运行情况不好，则现金流量为1亿元（F点）。

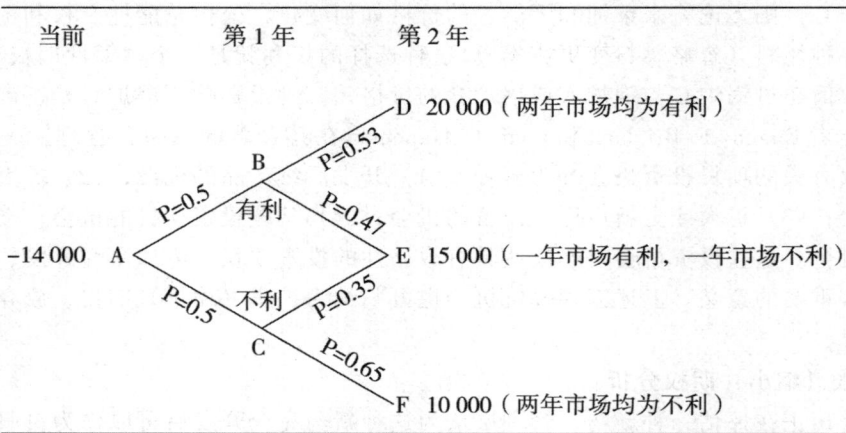

图7-6 生产能力不变时的现金流量（金额单位：万元）

项目运营一年后，如果经营情况良好，则公司再投资1.4亿元，使生产能力扩大1倍，期末现金流量也增加1倍。各种情况出现的概率与生产能力扩大前相同，如图7-7所示。

假设折现率为6%，计算两种情况下项目的价值：第一种情况，忽略项目可能扩大生产能力的期权；第二种情况，考虑项目可能扩大生产能力的期权。

第一种情况：

图7-6中B点（经营情况良好）项目价值：

当前　　　　　　　第 1 年　　　　　　　第 2 年

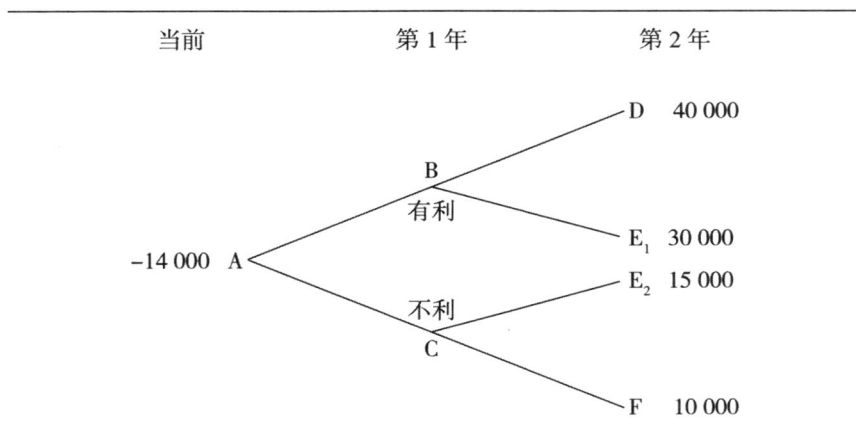

图 7-7　生产能力扩大 1 倍时的现金流量（金额单位：万元）

$$\frac{0.53 \times 20\,000 + 0.47 \times 15\,000}{1.06} = 16\,651(万元)$$

图 7-6 中 C 点（经营情况不好）项目价值：

$$\frac{0.35 \times 15\,000 + 0.65 \times 10\,000}{1.06} = 11\,085(万元)$$

图 7-6 中 A 点项目净现值：

$$NPV_1 = -14\,000 + \frac{0.5 \times 16\,651 + 0.5 \times 11\,085}{1.06} = -917(万元)$$

第二种情况：

图 7-7 中 B 点（经营情况良好）项目价值：

$$-14\,000 + \frac{0.53 \times 40\,000 + 0.47 \times 30\,000}{1.06} = 19\,302(万元)$$

图 7-7 中 C 点（经营情况不好）项目价值与第一种情况相同，为 11 085 万元。

图 7-7 中 A 点项目净现值：

$$NPV_2 = -14\,000 + \frac{0.5 \times 19\,302 + 0.5 \times 11\,085}{1.06} = 333(万元)$$

以上计算结果表明，在第一种情况下，即不考虑增加项目生产能力的期权，投资项目的净现值为负数，根据传统的资本预算方法，应放弃净现值小于零的项目。但如果考虑项目价值未来的增长机会，则应进行投资。实际上，公司现在应做出的决策是：是否投资第一个 1.4 亿元。至于是否投资第二个 1.4 亿元，则取决于一年后的实际情况。如果现在进行投资，一年后就有机会进行第二次投资，否则，公司将失去第二次投资的机会。或者说，一年后如果机会看好（NPV>0），而公司现在没有进行投资，那么，公司将会错失良机。本例中，当考虑公司拥有可灵活增加产量的期权时，项目的价值增长了近 1 250 万元，足以使净现值由负变正。

7.2.3　放弃期权分析

如果说扩大投资期权是一种看涨期权，旨在扩大上方投资收益，那么，放弃投资期权则是一种看跌期权，旨在规避下方投资风险。例如，公司支付的财产保险费就相当于一种看跌期权，期权的行权价格就是保险合同规定的偿付额。如果财产未受损失，就不需要履行保险契约；如果发生意外灾害（如火灾或地震等）使财产遭受损失，其价值低于保险赔款，公司将放弃财产并按照保险合同规定收取赔款。又如，当租赁资产的价值低于租赁费价值时，承租人就会取消租赁，而将资产归还给出租人。这类似于股票降到某种价值后，持有者就会行使卖权。某投资项目是继续进行还是中途放弃，主要取决于继续使用是否具有经济价值。如果该项目不能提供正的净现值，就应放弃这一项目，或将项目资产出售，或将项目资产另作他用。一般来说，当发生以下两种情况时，投资项目应被放弃：（1）其放弃价值（项目资产出售时的市场价值）大于项目后续现金流量的现值；（2）现在放弃该项目比未来某个时刻放弃更好。当放弃的可能性存在时，投资项目的价值就会增加。同其他实物期权一样，放弃期权可以使公司在有利条件下获得收益，在不利条件下减少损失。

放弃期权相当于公司持有一个投资项目的卖权，如果市场情况恶化或公司生产出现其他原因导致当前投资项目出现巨额亏损，管理者可以根据未来投资项目的现金流量大小与放弃目前投资项目的价值来考虑是否结束此投资项目。放弃期权主要应用于资本密集型产业，如航空、铁路、金融服务、新产品开发等领域。

【例7-2】假设RIC公司正在考虑为电视机生产厂家生产工业用机器人，这一项目的投资支出可分为三个阶段：（1）市场调研，即对电视机装配线上使用机器人的潜在市场进行市场调查研究，调研费50万元在项目初始（t=0）时一次支付。（2）如果该项产品未来市场潜力较大，则在t=1时支付100万元，设计和装配不同型号的机器人模型，并交由电视机厂家进行评价，RIC公司将根据反馈意见决定是否继续实施该项目。（3）如果对机器人模型评价良好，那么，在t=2时再投资1 000万元建造厂房，购置设备。在此基础上，项目分析人员预计该项目在以后的4年内每年的现金净流量及其概率分布，如图7-8所示。

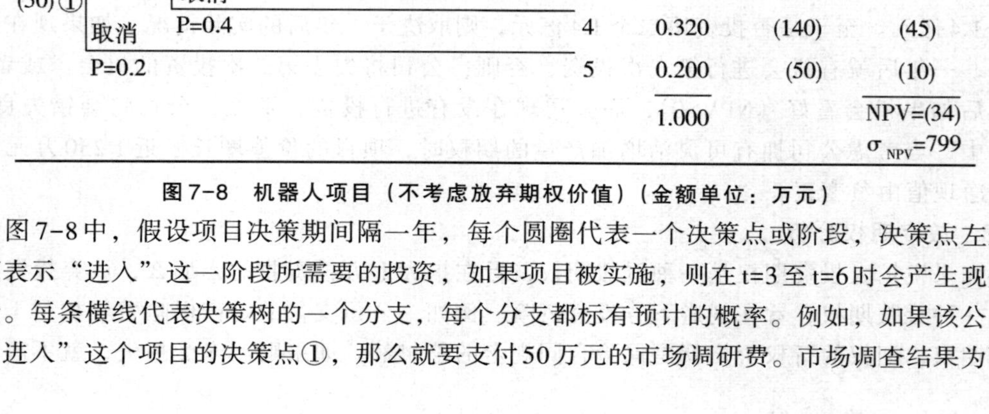

t=0	t=1	t=2	t=3	t=4	t=5	t=6	组合	联合概率	净现值(11.5%)	期望净现值
		P=0.3	1 000	1 000	1 000	1 000	1	0.144	1 525	220
	(1 000)	P=0.4	400	400	400	400	2	0.192	44	8
	(100) P=0.6	P=0.3	(200)	(200)	(200)	(200)	3	0.144	(1 438)	(207)
(50) P=0.8	取消 P=0.4						4	0.320	(140)	(45)
取消 P=0.2							5	0.200	(50)	(10)
								1.000	NPV=(34)	
									$\sigma_{NPV}=799$	

图7-8　机器人项目（不考虑放弃期权价值）（金额单位：万元）

图7-8中，假设项目决策期间隔一年，每个圆圈代表一个决策点或阶段，决策点左边的金额表示"进入"这一阶段所需要的投资，如果项目被实施，则在t=3至t=6时会产生现金流入量。每条横线代表决策树的一个分支，每个分支都标有预计的概率。例如，如果该公司决定"进入"这个项目的决策点①，那么就要支付50万元的市场调研费。市场调查结果为可行

的概率是 0.8，表示项目可进入第二阶段；市场调查结果为不可行的概率是 0.2，表示项目进行到第一阶段后应予以取消。如果项目就此停止，RIC公司的损失为 50 万元的市场调研费。

如果市场潜力较大，RIC公司将"进入"决策点②，支付 100 万元用于机器人模型的设计和装配。管理者在此时（甚至早在做出市场调查之前）预计电视机厂家愿意使用机器人的概率为 0.6，不愿意使用的概率为 0.4。如果电视机厂家接受机器人，RIC公司将"进入"决策点③，再投资 1 000 万元，如果机器人不受欢迎，这个项目就被放弃。最后，如果 RIC 公司投入生产，各年经营现金流量的多少取决于届时的经济形势和市场情况。预计项目的生产期为 4 年（t=3 至 t=6），每年现金净流量为 1 000 万元的概率是 0.3，现金净流量为 400 万元的概率是 0.4，每年损失 200 万元的概率是 0.3。注意，在生产期内，RIC公司也可根据情况停止机器人的生产。

假设项目资本成本为 11.5%，图 7-8 中组合 1 有关指标的计算如下：

联合概率=0.8×0.6×0.3=0.144

$$NPV = -50 - \frac{100}{1.115} - \frac{1\,000}{(1.115)^2} + \sum_{t=1}^{4} \frac{1\,000}{(1.115)^t} \times \frac{1}{(1.115)^2} = 1\,525（万元）$$

期望净现值=0.144×1 525=220（万元）

这是其中的一种可能结果，采用同样的方法对其他各种组合依次进行计算，然后汇总，最后得到期望净现值为-34 万元。

根据图 7-8 可知，项目期望净现值为负数，净现值标准差为 799 万元，其亏损的概率为 0.664（0.144+0.320+0.200），这表明该项目本身的风险比较大，从一般的决策规则看，应放弃该项投资。

但在进行项目决策时，特别是阶段性项目决策时，往往还要考虑决策时的经济形势或市场情况，如果经济形势比较好，则继续投资或生产，反之则放弃。即使公司在决策点③时投资了 1 000 万元，第 3 年投产后现金净流量为-200 万元，公司也可在第 4 年放弃项目。假设公司在第 4 年不再生产亏损产品，并将与项目有关的厂房或设备出售，获得现金净流量 300 万元，则修正后的现金流量、净现值、净现值标准差，如图 7-9 所示。

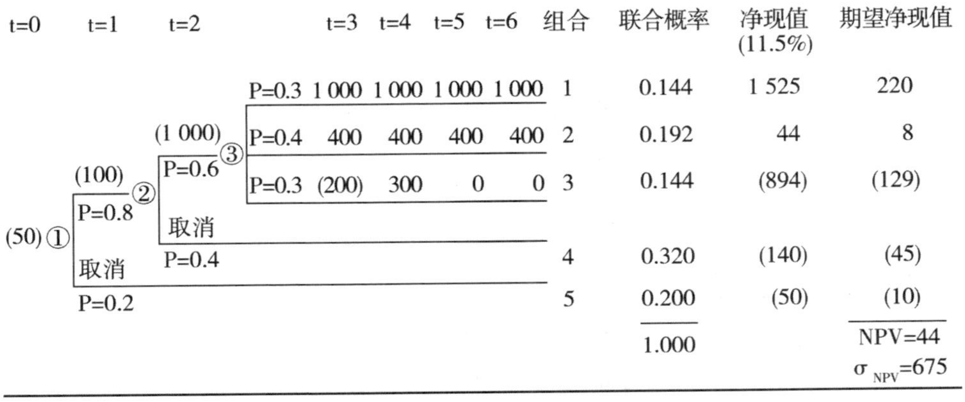

t=0	t=1	t=2		t=3	t=4	t=5	t=6	组合	联合概率	净现值 (11.5%)	期望净现值
			P=0.3 1 000	1 000	1 000	1 000	1 000	1	0.144	1 525	220
		(1 000)	P=0.4 400	400	400	400	400	2	0.192	44	8
	(100)②	P=0.6 ③	P=0.3 (200)	300	0	0		3	0.144	(894)	(129)
(50)①	P=0.8	取消									
	取消	P=0.4						4	0.320	(140)	(45)
	P=0.2							5	0.200	(50)	(10)
									1.000		NPV=44
											σ_{NPV}=675

图 7-9　机器人项目（考虑放弃期权价值）（金额单位：万元）

如果在第 4 年、第 5 年、第 6 年停止机器人产品的生产，且出售与项目有关的设备，则项目期望净现值将由-34 万元变为 44 万元，净现值标准差则由 799 万元降为 675 万元。因此，根据情况变化，放弃投资项目，可能会使一个净现值为负数的项目变为有利可图的项目，从而减少损失或风险。当然，公司也可将该项目的资产用于生产其他产品。例如，RIC公司可将用于生产电视机装配线机器人的设备改为生产其他产品装配线机器人。由于项目投资的收益和风险都是不确定的，因此，投资决策不应该也不可能是一次性的，公司可以根据不同的情况做出扩大投资、减少投资或取消投资等不同的选择。

7.2.4 延期期权分析

对于某些投资项目，有时存在着一个等待期权，也就是说，不必立即实行该项目，等待不但可使公司获得更多的相关信息，而且在某些情况下（即持有期权而不急于行使）具有更高的价值。例如，某项新技术用以生产一种新产品，立即投产，净现值为负数，此项投资应被否决。但这并不等于该项技术没有价值，持有该技术可能给公司带来新的机会，如果未来情况发生变化，如材料价格下跌、市场需求突然变化以及相应生产工艺得到改善等，则这项新技术所带来的新产品项目有可能成为正净现值的项目。由于未来是不确定的，等待或推迟项目可使项目决策者有更多的时间研究未来的发展变化，避免不利情况发生所引起的损失。但等待也可能减少或延缓项目的现金流量，或引发更多的竞争者进入同一市场。因此，在进行项目决策时，应权衡立即行使期权或等待的利弊得失。

【例7-3】ADD公司正在计划投资建立一家工厂，投资总额为200万元，项目周期为5年，项目出现最差情景、正常情景、最好情景的概率分别为20%、50%、30%，不同情景下各年的现金净流量见表7-2。假设项目投资要求的最低收益率为20%，根据折现现金流量法，项目立即投资的净现值为-18.04万元。

表7-2　　　　　　　　　　　　投资开发时间与现金流量　　　　　　　　　　金额单位：万元

A.最差情景	概率0.2					
年份	0	1	2	3	4	5
现金净流量	-200	15	18	35	40	55
净现值（20%）	-113.35					
B.正常情景	概率0.5					
年份	0	1	2	3	4	5
现金净流量	-200	30	36	70	80	110
净现值（20%）	-26.70					
C.最好情景	概率0.3					
年份	0	1	2	3	4	5
现金净流量	-200	45	54	105	120	165
净现值（20%）	59.94					
项目净现值	-18.04	←=20%×（-113.35）+50%×（-26.70）+30%×59.94				

　　ADD公司管理层有权决定是立刻投资200万元，还是推迟一年，等到第二年年初再决定是否投资。图7-10上半部分描绘了项目推迟一年再投资情形，如果一年后项目出现最好情景，可在第一年年末进行投资，各年现金流量顺序后移。采用被动等待和观察战略，项目的净现值为49.95万元。假设公司支付5万元进行市场调研，可以观察到项目出现最好情景将在半年后，则公司可以在半年后进行项目投资，扣除调研费后，项目的净现值为49.72万元，如图7-10下半部分所示。

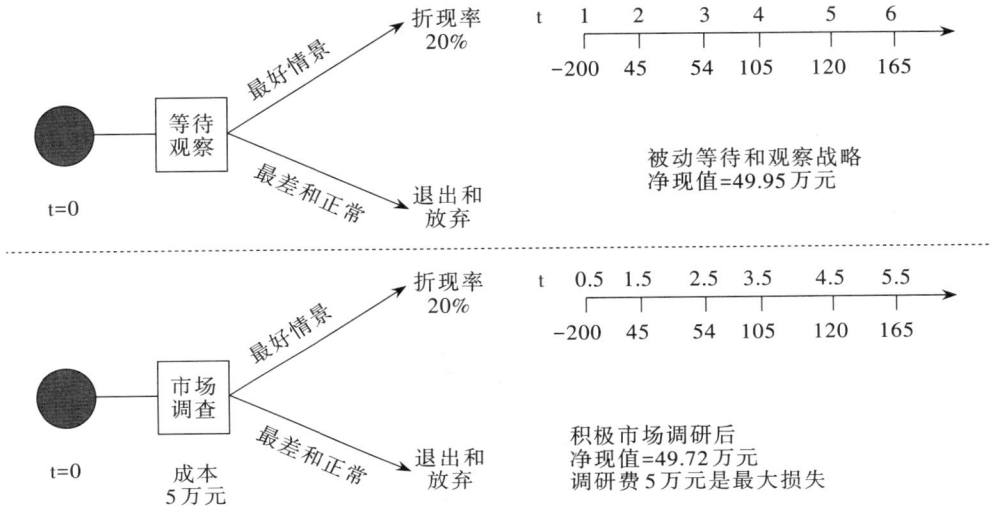

图 7-10　延期期权

　　经比较后发现，延迟一年、延迟半年投资，项目的净现值大于立即投资的净现值，因此，推迟开发项目是有利的。但是，管理层需要找出愿意支付的市场调查价格的最大值，以减少在做出明智决策前必须等待的时间，即市场调查价格为多少时，第一个等待期权与第二个等待期权相等。将49.95万元与49.72万元之间的差额（0.23万元）确定为市场调查成本的减少，成本就从5万元减少到4.77万元。企业支付市场调研费的最大值不能超过4.77万元，否则，明智决策是跟随被动战略并且等待一年。本例中，项目投资的最大后悔值为：在DCF法下，最大损失为113.35万元；在实物期权法下，最大损失为市场调研费4.77万元。

　　延期期权实质上相当于公司获得了一个以该投资项目的未来现金流量现值为标的资产的美式看涨期权。根据期权定价理论，提前执行不付股利的美式看涨期权是不明智的，投资者持有该期权将会获得更高的价值。也就是说，在某些情况下，不必立即实行该项目，等待可使公司获得更多的相关信息，使项目决策者有更多的时间研究未来的发展变化，从而避免不利情况发生所引起的损失。但等待意味着公司将放弃项目早期的现金流量，而且可能失去先发优势。也就是说，项目早期的现金流量类似于美式买入期权的股利，如果有足够多的股利，则美式买入期权提前执行也许是最佳的选择。因此，公司管理者对一个新项目进行决策时，其就拥有了现在实施该项目或者推迟到将来实施该项目的延期期权。延期期权是否提前执行，取决于项目早期产生的现金流量的延期期权内含价值的大小。延期期权主要应用于自然资源开采、房地产开发等领域。

● 7.3 实物期权价值评估

7.3.1 实物期权分析

　　实物期权分析（real option analysis，ROA）主要解决两个问题：一是公司应该以多少成本或代价获得或卖出一项期权。例如，为了在未来拥有一项新技术的期权，公司当前在研发上的支出是多少。二是公司应该在何时执行一项期权。例如，在研发和投资之间，产品投放的盈利性是多少。如果公司拥有在未来特定时间以最理想的方式支付一定的费用获取资产的选择权，那么，公司就拥有了一份实物看涨期权。图 7-11（a）中，研发活动为新产品或项目提供了进一步投资的机会。在研发上所发生的支出（500 万元）可以看作期权费，追加投资（1 500 万元）类似于金融期权中的行权价格。如果项目价值（项目现金流量现值）大于追加的投资支出，就应执行看涨期权，项目价值与追加投资之差构成了项目的净现值；反之，项目或产品就是不可行的，其盈利为零，项目的最大损失为支付的研发费。

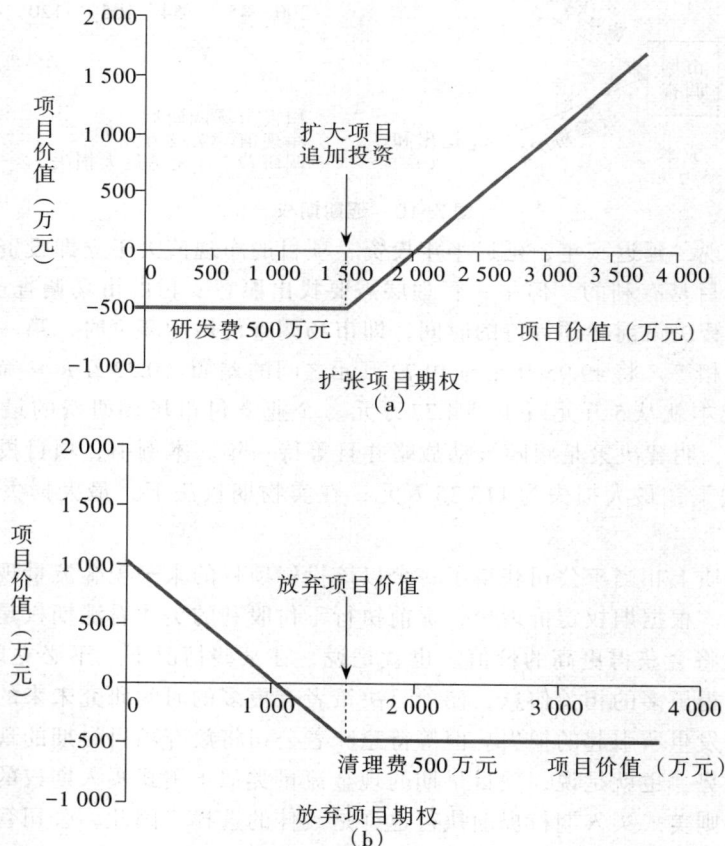

图 7-11 扩张（放弃）项目期权

　　如果公司在未来特定时间能够以最理想的方式处置一项资产，那么，公司就拥有了一份实物看跌期权。如果项目在 t 时，项目未来现金流量现值小于投入资本（NPV≤0），此时，公司可以考虑放弃该项目或将该项目的资产出售或转作他用。假设 V 代表项目在第 t 时的剩余价值，L 代表该项目在同一时点上将项目资产出售产生的价值（或残值），那么：

$$\begin{cases} \text{放弃期权价值} = 0, \ V > L \\ \text{放弃期权价值} = L - V, \ V \leqslant L \end{cases}$$

例如，图 7-11（b）中，假设在 t 时，项目的价值为 800 万元，初始投资为 1 000 万元，净现值小于零，且预期随后的项目价值将继续下跌。如果公司在 t 时停止该项目，且将项目的资产出售价值假设为 1 500 万元，出售价值大于项目继续经营的价值（1 500>1 000），则公司应行使放弃项目期权，项目价值越低，放弃项目期权的价值就越高。本例中，公司放弃项目的最大损失是出售资产发生的清理费。

投资于实物资产隐含的期权价值类似于金融期权的价值，当一项实物期权处于"平价"状态时，期权的时间价值最大。这意味着，如果一项投资当前处于获利或获利中间的边界上（等于零的预期净现值），那么，可以从延期投资中得到最大的价值。图 7-12 中，假设公司在某个时间点结束时（如在 t 时）拥有投资于一个项目的实物期权，横轴表示项目或标的资产价值（指项目未来预期现金流量在 t 时的现值）；纵轴表示项目产生的净现值（等于标的资产价值减去投入资本现值，即行权价格=2 400 万元）。图中带标记的折线表明了在不同的市场条件下，只有在投资预期的净现值至少等于零时才会投资（或执行期权）的情况下，公司所能获得的净现值，这条折线也可视为实物期权的内含价值。图中倾斜虚线表示不论项目价值大小都进行投资的情况下，公司所能获得的净现值，当标的资产价值等于项目投入资本（或行权价格）的现值时，净现值为零。图中最上端的曲线表示在实物期权还没有到期时，该实物期权的价值（内含价值加上时间价值）。

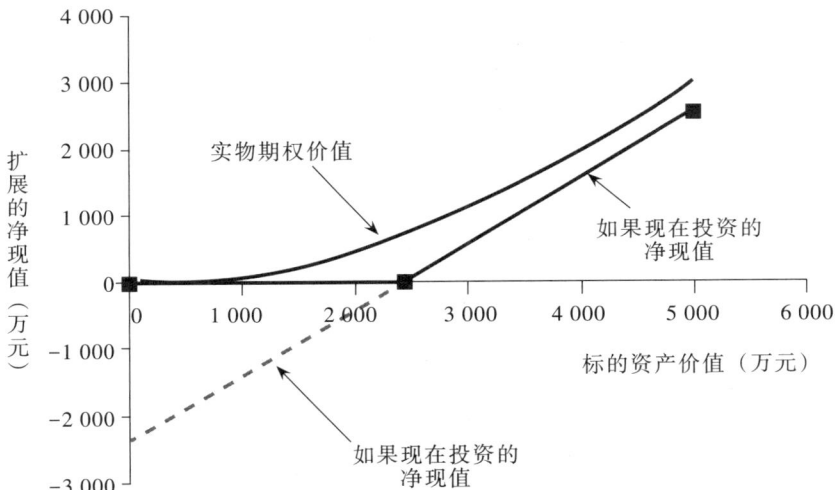

图 7-12 实物看涨期权与延迟期权价值

由于项目投资是一种风险投资，未来不确定性越大，项目的投资价值和期权价值就越大。如果未来项目的价值与预期值相同，可保持项目的初始计划；如果未来项目的价值高于预期值，可执行扩张期权；如果未来项目的价值低于预期值，可执行缩减或放弃期权。

【例 7-4】BIO 公司是一家生物技术公司，拥有一项新药生产的许可证。假设新药

的初始投资支出 $I_0 = 20$ 亿元，项目投资后预期现金流量的现值（V）将随着市场需求随机波动，假设在 t=1 时，$V^+ = 45$ 亿元，或 $V^- = 10$ 亿元（两者概率相同，q=0.5），项目预期在 t=1 时的预期价值 $E(V_1) = 27.5$ 亿元（45×0.5+10×0.5），项目风险折现率（资本成本）为 25%，则新药项目的现值 $V_0 = 22$ 亿元。在传统的折现现金流量法下，该项目的净现值为 2 亿元（$V_0 - I_0 = 22 - 20$），则项目是可行的。

（1）递延期权

在 NPV 法中，资本市场对高风险项目需要较高的收益率，因此，立即投资的项目市场价值较低。根据实物期权理论，投资机会价值与不确定性正相关。假设新药许可证产生的投资机会比立即投资更有价值，例如，延迟一年，在项目条件（如需求量或价格）有利时进行投资，（在 t=1 时，许可证投资机会期权价值 $V^+ - I = 45 - 20 = 25$（亿元）），或是在不利条件下放弃投资，损失为 0。这样，许可证提供的投资机会就类似于以开发或完成项目（V）的价值为标的资产的一个看涨期权，行权价格就是投资支出（I=20 亿元），项目等待的价值，如图 7-13 所示。

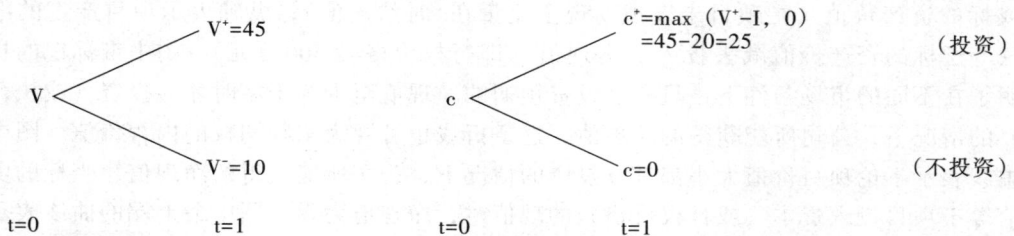

图 7-13　许可证等待投资机会价值（金额单位：亿元）

相对于标的资产的期权定价通常采用风险中性法，采用这种方法给投资机会定价，需要确定风险中性概率，以便采用无风险利率进行折现。风险中性概率是在风险中性的情况下，所有的资产都预期产生无风险的收益率。假设无风险利率为 8%，根据第 4 章相关计算公式，在 t=1 时，项目价值可能上升 2.05 倍（45÷22），或下跌 0.45 倍（10÷22）。本例的风险中性概率计算如下：

$$p = \frac{(1 + r) - d}{u - d} = \frac{(1 + 8\%) - 0.45}{2.05 - 0.45} = 0.3931$$

$$1 - p = \frac{u - (1 + r)}{u - d} = \frac{2.05 - (1 + 8\%)}{2.05 - 0.45} = 0.6069$$

运用风险中性概率估计出的现值与传统的 DCF 法是一致的：

$$V_0 = \frac{p \times V^+ + (1 - p) \times V^-}{1 + r_f} = \frac{0.3931 \times 45 + 0.6069 \times 10}{1 + 8\%} = 22(亿元)$$

$$V_0 = \frac{q \times V^+ + (1 - q) \times V^-}{1 + r} = \frac{0.5 \times 45 + 0.5 \times 10}{1 + 25\%} = 22(亿元)$$

这里的 p 是风险中性概率，r_f 是无风险利率；q 是实际的概率（需求上升），r 是风险调整后的资本机会成本。在考虑期权时，风险的状况就发生了变化。例如，由于可以控制不利的损失，因此，可以采用无风险利率折现。采用风险中性概率计算的许可证投资机会的期权价值为：

$$c = \frac{p \times c^+ + (1 - p) \times c^-}{1 + r_f} = \frac{0.3931 \times 25 + 0.6069 \times 0}{1 + 8\%} = 9.10(亿元)$$

这一期权也可以根据第4章所讲的套期保值方法估价：

首先计算保值比率：

$$\Delta = \frac{c_u - c_d}{S_u - S_d} = \frac{25 - 0}{45 - 10} = 0.7143$$

保值比率的倒数为1.4（1/0.7143），表示出售1.4份该项目的买权可以得到一个套期保值组合，具体见表7-3。

表7-3　　　　　　　　　　　套期保值组合　　　　　　　　　　金额单位：亿元

投资组合	初始现金流量	标的资产到期价值（t=1）	
		S_u=45	S_d=10
买入标的资产	-22	45.00	10.00
卖出1.4份买权	1.4c	-35.00=-25×1.4	0=0×1.4
合计	1.4c-22	10.00	10.00

无风险利率为8%，则投资组合到期价值的现值为：

10 ÷ (1 + 8%) = 9.2593（亿元）

投资组合的初始投资为（22-1.4c）亿元，则有：

22 - 1.4c = 9.2593

$$c = \frac{22 - 9.2593}{1.4} = 9.10(亿元)$$

上述计算结果表明，许可证投资机会的期权价值为9.10亿元，则扩展的期权价值为11.10亿元（静态的NPV+期权价值=2+9.10）。

在不确定的情况下，如果项目收益比预期差，且不能撤销投资和收回初始成本，就要谨慎选择做出投资决策的时机，只有当项目产生高于NPV的溢价时才应该投资。这时，递延投资的机会可以看作一个对标的资产的看涨期权，标的资产价值为项目预期现金净流量的现值，行权价格为投资支出的现值。在期权到期日（不可能再延迟的时候），期权价值可表述为：

扩展的NPV=max［净现值（V_t - I），放弃（0）］

（2）扩张（缩小）期权

在【例7-4】中，如果BIO公司执行递延期权，在期权到期时（如t=1），公司面临着三种决策：扩张规模、缩减规模或保持基础方案不变。在一个扩张期权中，以x代表扩张产能使项目价值增长的百分比，以I'_1代表扩张产能需要追加的投资（行权价格），在到期日，该期权价值可表示为：

$$c = \max[扩展的NPV(xV - I'_1), 0]$$

缩减生产规模的期权与扩大生产规模的期权类似，当产品在市场上的表现低于预期时，可以放弃或减少原计划的投入资本。因此，缩减生产规模的期权可以视为缩减规模的项目的看跌期权，行权价格就是减少的投入资本。如果需求低于原计划，那么就不需要使用全部的生产能力，甚至缩减经营规模，这样，通过缩减就能节省变动成本（或弥补转售损失）。假设y代表缩减规模使项目价值降低的百分比，R代表缩减规模节省的变动成本。

那么，缩小期权价值可表示为：

$$p = \max\left[\text{缩小的NPV}(R - yV), 0\right]$$

在【例7-4】中，假设项目从第0期开始，在初始投资1年后可以追加投资8亿元（$I'_1 = 8$），用于增加额外生产能力或提高广告费，这样将使项目价值扩大50%（x=50%）。在第1年内，公司除了进行投资维持现有的经营规模外，也可以选择将生产规模和该项目的价值缩小50%（y=50%），节省变动成本7亿元（R=7）。

上述两种情况的价值是多少？很明显，如果事情能够按照预期发展，就应该保持原计划的生产规模。如果下一年度的市场情况低于预期，就应该执行缩小项目规模期权。如果情况好于预期，就应该执行扩大项目规模期权。在到期日，是选择追加投资、缩减投资，还是选择维持原规模，主要取决于谁的收益更高。

$$\max\left[0, \left(xV - I'_1\right), \left(R - yV\right)\right]$$

（1）在到期日，市场情况好于预期，追加投资8亿元，项目价值增加50%，则有：

$$\max\left[0, (50\% \times 45 - 8), (7 - 50\% \times 45)\right] = 14.5$$

（2）在到期日，市场情况低于预期，缩小生产规模使项目价值下降50%，节约变动成本7亿元，则有：

$$\max\left[0, (50\% \times 10 - 8), (7 - 50\% \times 10)\right] = 2$$

当市场有利时，执行扩张期权，当市场不利时，执行缩减期权，则投资机会（期权价值）变为：

$$\text{扩展的NPV} = 2 + \frac{0.3931 \times 14.5 + 0.6069 \times 2}{1 + 8\%}$$

$$= 2 + 6.40 = 8.40(\text{亿元})$$

在不确定市场上引进新产品时，扩大和缩小生产能力的期权可能特别有价值。它们只有在未来市场的发展与预期不一致时才会被执行，使原本不值得进行的维持基础生产规模的投资（静态的NPV）变得有价值。在进行生产能力决策时，考虑扩大或缩小生产规模的期权，可使公司比竞争对手更容易进行调整以适应市场的变动。

7.3.2　实物期权估值：B-S模型

期权是一种衍生产品，其价值以标的资产的价格为基础。金融期权的标的资产是金融资产，如股票、债券、货币等。实物期权的标的资产是各种实物资产，如土地、设备、石油等。由于金融资产具有流动性、收益性和风险性，因此，金融资产容易标准化，便于形成市场性、规模化的连续交易。相对而言，实物期权不仅具有期权的某些特性，同时还具有投资的特性，因此，实物期权比金融期权更为复杂。

实物期权既可以类似于欧式或美式金融期权，也可以为两者的混合。例如，在对一种新药投资之前，其临床实验通常会持续一个固定的时期，这看起来像一个欧式期权。但是，当实验结束且成功后，公司拥有根据市场情况做出立即投资或等待再投资的灵活性，这相当于公司持有一个美式期权。

尽管金融期权估价（如二项式、B-S模型）的许多假设，如连续交易、常数利率、不提前执行等并不符合实物期权的特点，但实物期权与金融期权估价仍有许多相通之处。两种期权价值的决定因素及相互关系，如图7-14所示。

看涨期权	参数	投资机会
股票当前价格	S	投资项目未来现金流量现值
期权履约价格	K	项目投资成本现值
期权期限	T	项目投资机会存续期间
无风险利率	r_f	货币的时间价值
股票收益波动率	σ	投资项目收益波动率
股票红利	D	标的资产价值漏损

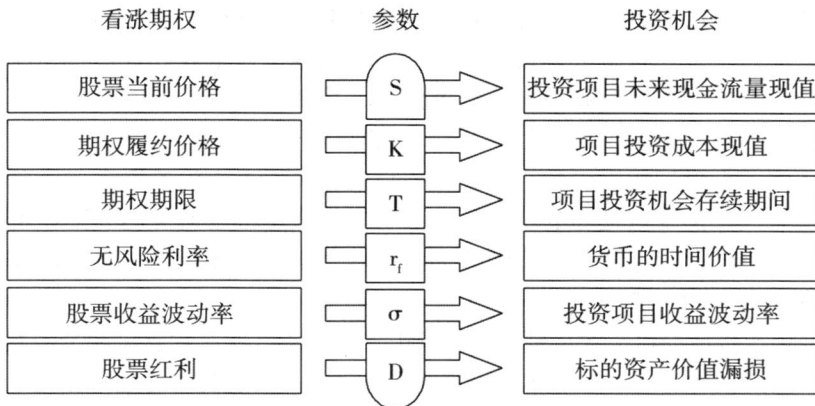

图 7-14 实物期权与金融期权各种参数的关系

期权价值主要受到六个参数的影响：标的资产当前价值、期权行权价格、实物期权的期限、波动率、折现率、标的资产价值漏损。根据实物期权的特点，下面对这些参数进行简单的说明。

（1）标的资产当前价值。金融期权的标的资产是股票等，并假设股票价格运动符合对数正态分布，这对股票而言是合理的。但在实物期权中，标的资产并不符合这一假设，因为实物资产或投资项目的价值有可能出现负数，而股价不会低于零。此外，金融期权定价的基本假设是标的资产能够在金融市场上以公平的市场价格自由交易，而实物资产通常不具备自由交易的特征。解决这一问题的方法就是在市场上找到"类似证券"来复制实物资产价值的变化。例如，对于自然资源的投资决策，如油田、铝矿等，可以在公开交易的商品期货市场上寻找类似的项目，据以构造一个类似的证券组合；多元化经营公司的某一产业部门在拆分、并购时的估价，可以参考最近从事单一该产业的公司股票构造类似的证券组合；如果实物资产对公司市场价值的影响非常大，公司可以选择本公司的股票作为类似的证券；如果上述条件都不能满足，通常假设实物资产价值是实物资产交易情况下其市场价值的无偏估计，且与其完全相关，因此可以直接将实物资产价值作为标的资产价值。

（2）期权行权价格。金融期权的行权价格是事先约定且到期一次性支付的。实物期权的行权价格不是事先约定的，其根据期权类型的不同而有所不同（如进一步投资的成本或放弃原投资所能收回的价值），并随着时间的延续而变化。行权价格具有不确定性，这使得公司在执行实物期权时并不能确保获得超额利润。

（3）实物期权的期限。金融期权的执行时间一般通过合约详细规定，而实物期权的执行期限事先可能并不知道，期权的执行可能会受到其他期权是否执行的影响，还会受到不确定状况的影响，如竞争态势与格局、技术创新与升级、宏观经济环境等。

（4）波动率。金融期权标的资产收益的波动率可以通过观察历史数据得到，或通过期权的市场价格计算隐含波动率。但对实物期权而言，既不存在历史收益率信息，也不存在期权的市场价格。因此，对波动率的估计就成了实物期权方法中的重要问题。解决这一问题有两种方法：近似资产的收益分布和蒙特卡罗模拟。如果可以找到类似的证券，例如，其产品存在期货市场的自然资源开发项目,可用类似证券的历史收益率波动性来代替该实物资产项目的波动性。蒙特卡罗模拟是通过构造预测现金流量表,分析影响经营的各项因素,对各种输入变量的概率分布做出一定的假设,然后通过蒙特卡罗模拟得到项目价值的概率分布,其中包括项目价值的均值和标准差信息。

(5)折现率。金融期权定价的一个关键假设是存在一个由标的资产和无风险债券组成的用于对冲所有风险的复制证券的组合。由于所有的风险都被所复制的证券组合对冲,因此,金融期权定价中所运用的折现率即为无风险利率。如果实物期权定价能够满足上述假设,则实物期权定价中的折现率也可采用无风险利率。

(6)标的资产价值漏损。在金融期权定价中,标的资产的股利支付减少了看涨期权的价值,提高了看跌期权的价值。金融期权的股利支付是事先知道的,可以直接在期权定价公式中调整。而实物期权的股利支付表现为现金的支付、租金、保险费用以及版税等多种形式,其数量和时间难以事先预知,因此,一些学者将其称为"价值漏损"(value leakage)。

下面根据 B-S 期权估价模型,说明扩张期权、递延期权、放弃期权的定价方法。

【例 7-5】假设现在是 20×0 年,XYZ 公司预计投资 1 000 万元新建一条生产线,生产 A1 型产品,预计 20×1—20×5 年各年的现金净流量见表 7-4。该公司预计到 20×3 年,替代 A1 型产品的 A2 型产品技术将达到成熟,届时公司可以建设 A2 型产品生产线。目前(20×0 年)公司对 20×3 年及之后的 A2 型产品的现金流量做出了最为保守的预测,具体见表 7-5。假设同类项目的风险调整折现率为 18%,该公司现在需要做出的决策是:是否应该进行 A1 项目的投资。

表 7-4   **A1 项目投资现金流量**   单位:万元

年份	20×0 年	20×1 年	20×2 年	20×3 年	20×4 年	20×5 年
初始投资	-1 000					
现金净流量		300	400	340	320	190

表 7-5   **A2 项目投资现金流量**   单位:万元

年份	20×3 年	20×4 年	20×5 年	20×6 年	20×7 年	20×8 年
初始投资	-2 400	500	1 000	1 200	600	400
现金净流量	-2 400					

(1)折现现金流量法(DCF)分析

$$\text{NPV}_{A1} = -1\,000 + \frac{300}{1+18\%} + \frac{400}{(1+18\%)^2} + \cdots + \frac{190}{(1+18\%)^5}$$

$$= -1\,000 + 996.55 = -3.45(万元)$$

对于 A2 项目,以 20×3 年为预测基点:

$$\text{NPV}_{A2} = -2\,400 + \frac{500}{1+18\%} + \frac{1\,000}{(1+18\%)^2} + \cdots + \frac{400}{(1+18\%)^5}$$

$$= -2\,400 + 2\,356.59 = -43.41(万元)$$

以 20×0 年为预测基点:

$$NPV = \frac{-2\,400}{(1 + 18\%)^3} + \frac{2\,356.59}{(1 + 18\%)^3} = -1\,460.71 + 1\,434.29 = -26.42(万元)$$

在 DCF 法下，现在建设 A1 型产品生产线的投资价值为 996.55 万元，净现值为 -3.45 万元，净现值小于零，说明此项投资不可行。根据预测数据，公司在 20×3 年投资 2 400 万元建设 A2 型产品生产线，其投资价值为 1 434.29 万元，净现值为 -26.42 万元。按照传统的投资分析法，此项投资也不可行。

（2）实物期权法分析

从期权角度分析，A2 型产品生产线投资价值（现在为 1 434.29 万元）具有较大的不确定性。假设随着市场情况的变化，投资价值波动率（年标准差）估计为 35%。这意味着其净现值存在大于 0 的可能性。3 年后，A2 型产品的市场前景会较为明朗和确定，其净现值是否大于 0 将更为明确。

实际上，该公司现在需要做出的决策为是否建设 A1 型产品生产线，至于是否建设 A2 型产品生产线，则要视 3 年以后的情况而定。如果现在建设 A1 型产品生产线，3 年后就有机会建设 A2 型产品生产线，否则，公司将失去建设 A2 型产品生产线的机会。或者说，如果现在建设 A1 型产品生产线，除了可以获得 5 年的现金流入量外，还有一个 3 年后建设 A2 型产品生产线的机会。那么，这个机会的价值是多少呢？利用期权的概念加以解释，这样一个机会的价值相当于一个期限为 3 年、行权价格为 2 400 万元、标的资产当前价值为 1 434.29 万元的期权。假设无风险利率为 5%，根据 B-S 模型，这个机会的价值为 171.15 万元（见表 7-6），因此，20×0 年投资 A1 型产品生产线提供的净现值为 167.70 万元（A1 项目净现值+期权价值=-3.45+171.15），其净现值大于零，说明该公司应该投资 A1 型产品生产线。

表 7-6 B-S 模型项目期权价值 金额单位：万元

B-S 模型参数	数额	说明
S	1 434.29	投资 2 400 万元价值（标的资产当前价值）
K	2 400.00	投资额（履约价格）
r	5%	无风险利率
T	3	期权执行期限（年）
Sigma	35%	投资项目收益波动率
d_1	-0.2987	<--=（LN（S/K）+（r+0.5*sigma^2）*T）/（sigma*SQRT（T））
d_2	-0.9049	<--=d_1-sigma*SQRT（T）
N（d_1）	0.3826	<--=NormSDist（d_1）
N（d_2）	0.1828	<--=NormSDist（d_2）
买权价值	171.15	<--=S*N（d_1）-K*exp（-r*T）*N（d_2）

【例 7-6】假设 TBT 公司正在考虑一个长达 10 年的项目。这个项目要求其与房地产开发商一同投资 5 亿元分期开发房地产项目，预期现金流量现值为 5.4 亿元。由于 4 000 万元

的净现值过小，TBT公司犹豫不决。为此，房地产开发商又提出：在未来5年内，TBT公司随时可以将股份作价3亿元回售给开发商而选择退出。通过对项目现金流量的模拟运算，得出联合开发所带来的现金流量现值标准差为30%。假设标的资产价值漏损=1÷项目所需时间=1÷10（假设项目的现值以每年大约1/n的速度下降），5年期的无风险利率为7%。放弃项目的期权定价类似于卖权或看跌期权，其计算过程见表7-7。

表7-7　　　　　　　　　　　　　　　　放弃期权价值　　　　　　　　　　　　金额单位：亿元

B-S模型参数	数额	说明
S	5.4	房地产项目现金净流量现值（标的资产价值）
K	3.0	回售成本（行权价格）
r	7%	无风险利率
T	5	期权的到期时间
Sigma	30%	房价的波动性
y^*	10%	标的资产价值漏损
d_1	0.98802	<--= （LN（S/K）+ （r+0.5*sigma^2）*T）/ （sigma*SQRT（T））
d_2	0.31720	<--=d_1-sigma*SQRT（T）
N（d_1）	0.83843	<--=NormSDist（d_1）
N（d_2）	0.62445	<--=NormSDist（d_2）
-d_1	-0.98802	<--=-d_1
-d_2	-0.31720	<--=-d_2
N（-d_1）	0.16157	<--=1-N（d_1）
N（-d_2）	0.37555	<--=1-N（d_2）
放弃期权价值	0.2648	<--= K*exp（-r*T）*N（-d_2）-S*exp（-y*T）*N（-d_1）

*根据资产价值漏损后的调整公式（4-8）和公式（4-9）计算。

根据表7-7的计算结果，考虑放弃期权价值后的项目净现值计算如下：

净现值=项目净现值+放弃期权价值=4 000+2 648=6 648（万元）

在上面的分析中，假设放弃项目期权的价值可以清楚地确定并且在项目期限内不发生变化，例如，合同中规定了放弃项目的选择权。在实务中，更常见的情况是公司拥有放弃项目的选择权，但残值收入不易确定。此外，放弃项目期权的价值在项目期限内会发生变化，这使得传统期权定价法的运用遇到困难。在某些情况下，放弃项目完全有可能产生，不但没有带来清偿价值反而发生成本的现象。例如，一家制造业公司不得不给工人们发放遣散费，在这种情况下，放弃项目并没有意义，除非项目所带来的负现金流量更大。

【例7-7】假设中海油公司拥有一项开采权，允许其5年内在北海某固定区域勘探和开采石油资源。勘探结束后，中海油公司探明1亿桶原油储量，但石油价格低于开采成本。中海油公司决定执行延期期权，其准备向政府申请延期3年，并愿意支付一笔费用。假设目前石油价格为每桶 60 美元，海上油田的开采成本为每桶 65 美元，石油价格波动率为 30%，同期无风险利率为 5%。那么，中海油应该向政府支付多少费用来获得这个 3 年期的延期开采权？采用 B-S 模型计算的不同开采期限的期权价值见表 7-8。

表 7-8   **不同开采期限的期权价值**   金额单位：万美元

B-S 模型参数	开采期限 5 年	开采期限 8 年
S	600 000	600 000
K	650 000	650 000
r	5%	5%
T	5	8
Sigma	30%	30%
d_1	0.58877	0.80134
d_2	−0.08205	−0.04719
N（d_1）	0.72199	0.78853
N（d_2）	0.46730	0.48118
买权价值	196 637	263 464

表 7-8 中，标的资产价值（S）为 600 000 万美元（10 000×60），期权行权价格（K）为 650 000 万美元；石油价格波动率（σ）为 30%；无风险利率（r）为 5%。

根据 B-S 模型，5 年内开采石油的期权价值为 196 637 万美元，8 年内开采全部原油的买方期权的价值为 263 464 万美元，两者相差 66 827 万美元。计算结果表明，中海油公司最多向政府支付 66 827 万美元来换取延期 3 年的开采权，以便继续观望市场价格，等待石油价格上升。

教材实物期权

期权概念及其定价方法在财务管理中已经得到了广泛的应用，许多问题在引入期权理论后变得更容易理解。随着期权的进一步创新和财务理论的持续发展，人们或许能够在期权的框架下解决更多的财务问题。

任何理论或模型的应用都有一定的局限性。20 世纪 90 年代，期权理论被迅速推广到公司投资决策中，许多公司根据由专家修正过的期权定价模型来确定某一具体投资项目的价值。在应用这一模型时，将预计可能获得的利润视为必然能够获得的利润，由此过高地估计了某项期权的价值。例如，那些本来没有盈利的 ".com" 公司的股票价格可以在公司没有任何收益的情况下迅速上升，其原因就是投资者普遍认为这是网络公司所具有的期权价值。

本章小结

1.在战略性投资决策中，公司可以根据自身的产品优势、技术优势、资本优势、成本优势等发现具有正净现值的投资机会。

2.DCF与ROA应视为具有互补性质的决策工具。DCF更适合分析确定环境中并不复杂的项目，其预测在相对稳定的环境中更为可靠。ROA更适合分析不确定环境中的复杂项目，管理者可以利用新信息，积极管理项目。

3.递增期权为公司提供获得有利可图的逐渐增加投资的机会。面对不确定的环境，公司首先做出小额试探性投资，当不确定性消除且呈现增长潜力时，公司利用先动优势全面投资。柔性期权是指公司多阶段投资后，根据不同情景选择不同行为的灵活性期权。

4.如果说扩大投资期权是一种看涨期权，旨在扩大上方投资收益，那么，放弃投资期权则是一种看跌期权，旨在规避下方投资风险。对于某些投资项目，有时存在着一个等待期权，也就是说，不必立即实行该项目，等待不但可以使公司获得更多的相关信息，而且在某些情况下等待（持有期权而不急于行使）具有更高的价值。

5.NPV法用于评估确定情况下战略规划的价值和项目现金流的价值，实物期权法用于评估不确定情况下未来机会的价值，博弈论方法则用于分析竞争性互动情况的价值。

基本训练

1.假设TOU是一家电子科技公司，目前正在准备收购一家私营性软件公司。根据折现现金流量法，对该软件公司的评估价值为9 200万元，但该软件公司所有者要求最低出价10 000万元。目前，该软件公司拥有一些具有潜在价值的专有技术可供未来新产品开发与生产。根据市场预测，新产品开发与投产将会从现在起的3年后投入成本12 000万元，新产品运营后的预期现金净流量现值（折现到第3年年末）为10 000万元，因此，TOU公司认为这一投资是不值得的。但是由于市场的不确定性，项目现金流量的波动率（标准差）约为60%，项目要求的最低收益率为20%。假设无风险利率为8%，那么，如何对TOU公司购买该软件公司的选择权进行估值？

2.假设某软件集团公司希望出售下属的一家分公司，采用折现现金流量法估计这家分公司的价值为5 000万元。该软件集团公司提出，分公司新的所有者（购买者）可以在1年后以4 000万元的价格回售给集团公司。估计未来1年，这家分公司收益的标准差为30%，无风险利率为8%。这一收购行为相当于标的资产为5 000万元、行权价格为4 000万元的资产的卖权。试估计这一卖权的价值为多少。

3.美国波音公司建造第一期厂房的时候，手头的飞机订单总数不足，并不需要一个大型厂房。但是，波音公司知道，航空业是一个起伏不定的产业，一旦经济形势转好，航空公司很快就会增加飞机订单数量。如果到时候再去建造厂房，就可能不得不放弃一部分飞机订单，或者拖延交货期，而造成损失。为此，波音公司在建造一期厂房的时候，就将二期厂房所需要的管道、地道、通信和电力等设施与一期厂房的设施一同建设。这样，波音公司将多花费5亿美元完成一期厂房。如果公司将二期厂房所需要的管道等设施在一期就进行投资，预计公司未来接到新订单时，会比原先提前2年完成二期厂房建设。假设二期厂房的生产能力是在这2年时间内制造的15架波音747飞机，总售价为40亿美元，公司制造这15架飞机的成本为30亿美元。假设无风险利率为6%，波音747飞机价格波动率为40%，那么，公司是否应该多支付5亿美元完成一期厂房建设？

4.ADD公司正在计划投资建立一座工厂，投资总额为1亿元，每年年末产生的现金流量见表7-9。ADD公司管理者有权决定是立刻投资1亿元，还是推迟1年，等到第2年年初再决定是否投资。由于项目所生产的产品的市场需求难以预测，其取决于是否会有竞争产品的生产。但是，这种不确定性可能在第1年年末变为确定。如果第1年产品需求量高，则项目现金净流量为1 000万元，第2年为1 500万元，以后各年均为1 500万元，假设其为永续的现金流。如果第1年产品需求量低，则项目现金净流量为1 000万元，第2年为250万元，以后各年均为250万元，假设其为永续的现金流。假设两种情况发生的概率均为50%，项目资本成本为10%，无风险利率为5%。请评估推迟1年投资的期权价值。

表7-9　　　　　　　　投资开发时间与现金流量（立即投资）　　　　　　　单位：万元

市场情况	第0年	第1年	第2年	第3年	…	第n年
市场有利	−10 000	1 000	1 500	1 500	1 500	1 500
市场不利	−10 000	1 000	250	250	250	250

5.ATT公司有机会以400万元购入一块拥有200万桶原油储藏量的土地。按照当前的原油价格计算，该原油储藏价值为5 300万元。为开采原油而建造厂房、购买设备，需要投资5 700万元。因此，目前对该原油储量进行开采是无利可图的。但是，如果将来原油价格上涨，那么开采可能是有利的。为简化，假设ATT公司只有1年的时间来决定是否进行开采，且一旦决定开采，所有的原油需要一次性开采完毕。该公司预测未来1年随着原油价格的上涨，原油储藏价值将上升为6 000万元。根据历史数据，原油价格波动率为30%，假设1年期无风险收益率为6%，此类项目的资本成本为13.8%。

案例分析

完美制药公司及其神秘配方[①]

萨姆·萨维奇认为，如果说马科维茨和夏普的投资组合理论像是牛顿物理学定律，那么，费雪·布莱克、罗伯特·默顿以及迈伦·斯科尔斯的期权理论则更像是爱因斯坦相对论，甚至比相对论还要复杂。虽然几乎没有人知道如何推导出爱因斯坦那个著名的方程式$E=MC^2$，但是每个人都能够理解原子弹所拥有的威力。萨姆·萨维奇在其专著中，介绍了期权定价模型的基本原理，并利用案例说明了期权定价理论在实务中的应用。

假设美国完美制药公司正在研制一种可能对治疗癌症非常有效的畅销药物。美国食品与药品管理局认为这种药品存在着50%的致癌概率，所以目前该药物还没有进入临床试验阶段。美国食品与药品管理局认为这种药物当中的一种活性剂既有可能抗癌，也有可能致癌，他们将在一个月之内就此问题公布最终的研究报告。而在此之前，完美制药公司将会对这种活性剂的成分严格保密。

① 萨维奇. 被平均的风险：如何应对未来的不确定性［M］. 刘伟，译. 北京：中信出版集团，2019.

市场上的许多投资者都在探测和分析新药的活性剂成分，某些活性剂，如甘草的市场价格也发生了较大的波动。与此同时，在地球另一侧的新加坡，有一位贸易商正在通过他的个人电脑密切关注着石油、航空股票和甘草的价格变动情况。到了晚上，他自言自语地说："哇，真不知道是什么原因让甘草市场如此神经过敏！"新加坡的期权交易屏幕，如图7-15所示。

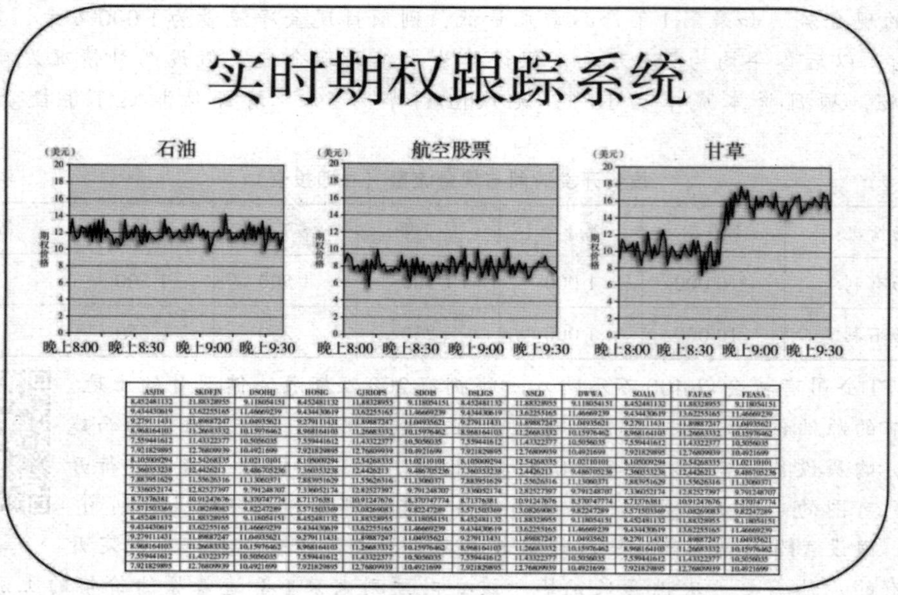

图7-15 新加坡的期权交易屏幕

当美国市场上的甘草未来价格的不确定性大幅增加时，在地球的另一侧，这一变化通过甘草期权价格的波动得到了同步反映。这就是所谓的"隐含波动"。由此可见，通过某种商品期权价格的变动，就可以意识到其未来价格的不确定性。正因如此，在看到甘草期权价格暴涨时，那位正在对美国完美制药公司的新药配方百思不得其解的贸易商会立即恍然大悟地说："我知道了，这种药物当中的神秘成分一定就是甘草！"

（1）假设在美国食品与药品管理局研究报告发布前，你意外地从内部得到一个消息：这种神秘的活性剂居然是甘草。你马上意识到，未来甘草的价格要么大幅上涨，要么大幅下跌。你会怎么做呢？假设在当前甘草期权市场上，1个月买权和卖权的执行价格均等于甘草当前的市场价格20美元，1个月甘草买权和卖权的价格均为1美元，你会采取什么措施，将甘草价格的不确定性变成获利的工具？

（2）假设你在CNN（美国有线电视新闻网）的新闻频道上看到了一个PPT——卫星转播车在报道其他新闻时恰好停在了完美制药公司的门口，因此拍到了这个画面。这时，你应该怎么做呢？

案例分析
参考答案

第8章

衍生工具与风险管理

宋鸿兵在《货币战争》（2007）一书中，将金融衍生工具描述为："它们的本质是债务。它们是债务的打包、债务的集合、债务的集装箱……这些债务被作为资产充斥着对冲基金的投资组合，被保险公司和退休基金当作资产放在账户上。这些债务被交易着、延期着、挤压着、拉伸着、填充着、掏出着，这是一个债务的盛宴，也是一个赌博的盛宴。在纷繁的数学公式背后，只有空和多两个选择，每一张合同都是一次赌博，每一次赌博都必见输赢。"由于衍生工具既可以用于规避风险，又具有杠杆操作及交易成本低的特点，各国企业对衍生工具的运用在过去20年迅速增长，全球期货、期权交易量持续大幅度增长。根据 BIS 统计，2012 年 6 月，按交易工具分类的 OTC 市场衍生品未偿付名义成交量为 6 389 280 亿美元，总市值为 253 920 亿美元。利用金融衍生工具进行风险防范，已经从"改变金融面貌的尖端技术"变成一个在一般商务讨论中频繁出现的名词。使用衍生产品（期货、远期、互换、期权）对冲利率、汇率、商品价格风险已经成为许多公司的经常性工作。在风险管理中，各种金融工具，如远期、期货、互换、期权，既可以单独进行交易，也可以被用来"构造"一个更为复杂的系统并根据需要进行调整或修改。无论是单一金融工具的使用，还是多种金融工具的组合，其设计的目的之一就是对冲风险。

通过本章的学习，你可以熟悉远期、期货、互换和期权合约的特点；掌握远期合约、期权合约在外汇风险管理中的作用；了解修正久期和凸度对债券价格的影响及分析方法；掌握远期外汇利率协议、利率互换、货币互换、利率期权在外汇风险、利率风险管理中的作用及运作方式。

8.1 衍生工具概览

8.1.1 衍生工具的作用

衍生工具（derivatives）是指那些从基础性交易标的物衍生出来的金融工具。基础性交易标的物主要包括商品、外汇、利率、股票及债券等。衍生工具主要表现为远期合约、期货合约、互换合约和期权合约四大类。

衍生工具的一个基本用途就是提供了一种有效的风险分配机制，使希望规避风险的人能够将风险转移给愿意承担风险的人（承担风险的愿望可能是由于觉察到潜在投机所得等）。根据衍生工具的用途，可以将避险工具大致分为两类：一是用确定性来代替风险，如远期、期货和互换合约；二是仅替换于己不利的风险，而将于己有利的风险留下，如期权合约。在风险管理中，既可以将远期、期货、互换、期权视为单一的工具，也可以将它们组合起来解决同一个问题。

8.1.2 远期合约

远期合约（forward contract）是指一个以固定价格（交割价格或远期价格）在未来的日期（交割日期）买入或卖出某种标的资产的协议。在合约中同意未来买入的一方被称为持有多头头寸（long position），在合约中同意未来卖出的一方被称为持有空头头寸（short position），合约双方都要承担对方不履约的风险。签订合约时没有货币的转移，此后，合约的价值将随着远期价格的变动而变动。买卖远期合约的损益，如图 8-1 所示。

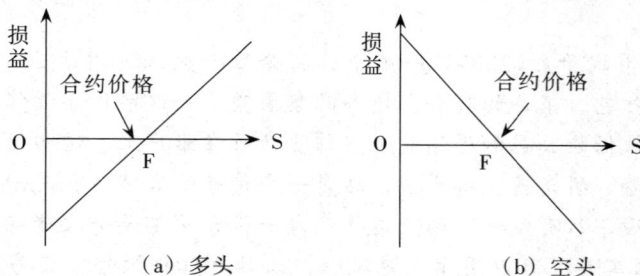

（a）多头　　　　　　　　　　（b）空头

图 8-1　远期合约头寸

图 8-1（a）中，合约到期时，买方要以合约价格 F 买入标的资产，如果到期时的现货价格（即期价格）S 大于合约价格，该合约的持有者就可以较低的合约价格买入该标的资产，再以较高的现货价格卖出该资产，获得每单位（S-F）的利润。对于空头头寸来说，如果到期时的现货价格低于合约价格，合约的出售者就会获利。其可以较低的现货价格买入该标的资产，然后再以较高的合约价格卖出，获得每单位（F-S）的利润，如图 8-1（b）所示。

资本市场远期合约中的标的资产通常是证券或一定数量的外汇或商品。如果标的资产为证券，则远期合约主要表现为利率的远期合约形式。如果标的资产是一定数量的外汇，则远期合约就是外汇远期合约。

8.1.3 期货合约

期货合约（futures contract）是标准化的远期合约，即双方签订的，在合约到期日以固定的价格买入或卖出某种标的资产的协议。因此，图 8-1 中表示的远期合约头寸同样可以用来表示期货合约买卖双方的损益情况。但与远期合约相比，期货市场可从以下两个方面消除信用风险：

第一，远期合约的损益只有在到期日才能表现出来，而期货合约的损益在每天交易结束时就会表现出来。期货交易采用盯市制（mark to market），也称每日清算制。期货交易者相当于每日开市时重新进入，闭市时结清退出。从技术的角度分析，期货合约是一份每天清算的远期合约，而且在清算时，一份新的远期合约又诞生了。

第二，期货合约的买卖双方都要开立一个保证金账户，按合约面值的一定比例向经纪人交纳保证金，每日根据市场价值进行重估。如果当天期货合约价值增加，那么这种收益会在每天收盘后打入合约持有者的保证金账户；反之，如果当天期货价值减少，那么这种损失将通过合约持有者的保证金账户抵扣；如果价格不利的变动使保证金账户的余额低于某个约定的最低水平，就需要追加保证金，否则合约持有者的头寸将被强制平仓。由于这种过程通常在保证金账户的保证金用完之前就要平仓，所以违约风险基本上消除了。

此外，期货合约是在有组织的证券交易所内交易的标准化的合约，多头期货头寸对应的签约方不是空头方，而是证券交易所建立的清算所，其具备足够的资本，从而使违约几乎不可能发生。

8.1.4　互换合约

互换合约（swap contract）是指合约双方达成的在未来规定的时间，按某种预先确定的规则互换现金流量的一种协议。其最常见的形式是利率互换和货币互换。[①]

一份互换合约在本质上可以视为一系列远期合约的组合。图 8-2 上半部分描述了一个标准型利率互换的现金流量情况，即接受一系列的固定利率（R）计算的利息，而支付的利息是根据浮动利率（r）（如 LIBOR，伦敦同业拆借利率）确定的。在这里，上述两种利息支付所依据的名义本金是相同的。因此，可以将这种合约安排分解为单一付款合约的组合，进而再分解为一系列远期合约。图 8-2 下半部分说明了利率互换可以表示成 T 个远期合约的组合。在利率互换合约中，固定利率（R）是不变的，远期利率合约中的利率和利率互换都是根据相同的指标浮动，因此它们将拥有相同的现值，为避免出现套利机会，互换合约中的固定利率（R）必须是这样的利率：其能够使这个互换合约的现值等于 T 个远期利率合约组合在一起的现值。所以，利率互换可以被组合的远期利率合约所复制。

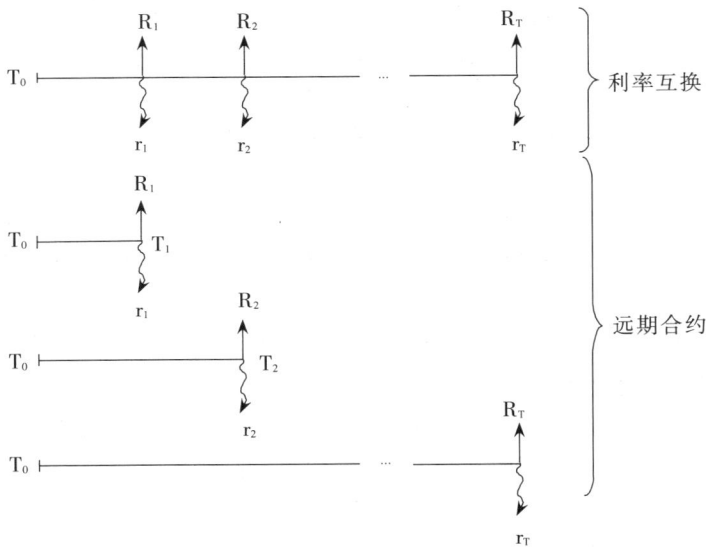

图 8-2　利率互换和作为远期组合的利率互换

将远期、期货和互换合约结合起来，我们可以发现它们之间的一些差别。通常，远期合

---

①　由于互换与掉期的英文都是 swap，从本质上说都是交换，但这里所说的"互换"与外汇银行同业市场上的"掉期"交易不同，主要表现在以下三个方面：第一，期限不同。互换交易是在互换市场上进行的，主要指一年以上的长期货币或利率的交换；而掉期交易是在外汇市场上进行的，通常指一年以内的货币交易。第二，形式不同。互换交易的基本形式是货币互换、利率互换和交叉互换，货币互换前后交割的汇率通常是一致的；而掉期交易是指在一个交割日卖出（或买入）货币的同时约定在另一个交割日做反向买入（或卖出）同一种货币，前后两个交易日的汇率是不一致的。第三，目的不同。互换交易用于降低长期资本成本，以及在资产、负债管理中防范利率或汇率风险；而掉期交易基本上用于资金头寸管理。

约的履约期限等于其期限，由于没有抵押担保，远期合约是一种纯粹的信用工具。期货合约实行逐日结算，再加上保证金要求，因此，期货合约大大降低了远期合约所固有的信用风险。互换合约是通过缩短履约期的方法来降低信用风险。图 8-2 中，尽管合约期限为 T，但履约期是短于 T 的一个个单一的期间。如果互换和远期期限大致相同，那么，互换合约中交易方承担的信用风险要远远低于远期合约。互换合约和远期合约之间的这种信用风险差异，类似于分期偿还贷款和零息债券之间的差异。

在互换合约中，随着利率的变化，合约的价值也在变化，这种价值变化传递给合约所有人的既不是在到期日（如远期合约），也不是在每天收盘后（如期货合约），而是在互换合约的每个结算日，交易双方交换价值的变化。如在第一个结算日，部分的价值变化是以"差额结算"的方式由一方付给了另一方。因此，期限相同的不同工具，互换合约的履约期要比远期合约短，但要比期货合约长。

综上所述，互换合约和期货合约一样，是远期合约的组合，因此，这三种工具管理风险的机制是一样的。远期、期货和互换三者的主要区别是合约的结算点以及这些合约交易方所承担的信用风险的大小。远期和期货代表了两种极端状态，而互换则是一种中间状态。

8.1.5　期权合约

期权合约（option contract）赋予买方购买或出售一项资产的权利，但不是义务。期权合约与远期、期货、互换合约的区别主要表现在两个方面：第一，期权买卖双方的权利与义务是不对等的，期权给予持有人一种权利而不是义务，其允许买方在于己有利时执行期权，在于己不利时放弃行权，因此，合约的损益表现为"折线"模式；远期、期货、互换合约买卖双方的权利与义务是相等的，合约持有人都有执行合约的义务，因此，这些合约的损益呈"直线"模式，如图 8-1 所示。第二，期权的买方为获得这一权利需要支付一笔期权费，而其他合约并不需要事先支付费用。

期权合约与远期、期货合约的联系至少表现在两个方面：第一，期权可以通过一个远期或期货与无风险证券的组合来复制。第二，期权的组合可以产生一个远期合约，或远期合约可以产生一组期权。假设有一个组合为：买入一个买权的同时卖出一个卖权，这两个期权的行权价格和期限均相同，如图 8-3 上半部分所示，这个组合的损益模式与购买资产的远期合约是一致的。同样地，图 8-3 下半部分显示的资产组合是卖出一个买权并买入一个卖权，这个组合等价于卖出一份远期合约。图 8-3 所示的这种关系被称为买-卖权平价关系。这一平价关系表明，两种期权可以"拼凑"在一起产生远期合约模式。

将图 8-2 和图 8-3 结合起来可以发现，利率互换可以分解为一系列远期合约，而远期合约又可以被期权合约所替代。也就是说，期权合约通过与远期或期货合约的作用，间接地对利率互换产生了类似的影响。

在风险管理中，期权合约的最大优点是可以为公司提供一种决策的弹性，即根据标的资产价格的变化方向与程度，选择执行期权或放弃行权。

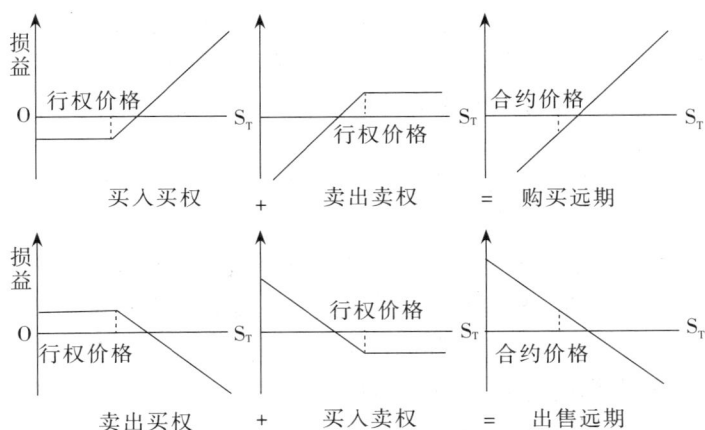

图 8-3　买-卖权平价关系

● 8.2　外汇风险对冲

8.2.1　外汇风险的概念

外汇风险（foreign exchange risk）有广义和狭义之分。广义的外汇风险是指由于汇率、利率变化以及交易者到期违约或外国政府实行外汇管制可能给外汇交易者带来的任何经济损失或经济收益；狭义的外汇风险是指国际债权债务中约定以外币支付时，因汇率变动为交易者（公司）持有的、以外币计价的资产、负债、收入和支出带来的不确定性。这种不确定性可能使本币发生损失，也可能形成收益。从规避风险的角度分析，通常将外汇风险视为外汇损失的可能性。本节所讨论的外汇风险，主要是指狭义的外汇风险。

外汇风险通常用外汇风险暴露或风险敞口（foreign exchange risk exposure）进行衡量。所谓外汇风险暴露，是指公司在各种业务活动中容易受到汇率变动影响的资产和负债的价值，或暴露在外汇风险中的头寸状况。例如，在外汇买卖中，风险头寸表现为外汇持有额中"超买"（overbought）或"超卖"（oversold）的部分，在公司经营中其表现为外币资产与外币负债不相匹配的部分，如外币资产大于或小于外币负债，或外币资产与外币负债在金额上相等，但在时间长短或期限上不一致。一般来说，汇率的不确定性变动是外汇风险的根源，如果公司能够通过风险管理使外汇风险暴露为零，那么，无论未来汇率如何变动，公司面临的外汇风险基本上可以相互抵消。

8.2.2　外汇风险的类型

外汇风险主要有经济风险、交易风险和折算风险。

经济风险主要是指宏观经济风险，如汇率变动、利率变动、通货膨胀、贸易条件变化等引起的风险。对公司而言，经济风险是指由于未能预料的汇率波动，所引起公司价值（未来现金流量的现值）的变动。

交易风险是指由汇率变化引起的、以外币表示的未履行合约价值的变化（合约带来的未来外币现金流量）。交易风险主要有：（1）以即期或延期付款为支付条件的商品或劳务的进出口，在货物装运和劳务提供后，而在货款或劳务费用尚未收付前，外汇汇率变化而产生的风险。（2）以外币计价的国际信贷活动，在债权债务未清偿前存在的汇率风险。（3）对外融资中的汇率风险。借入一种外币需要换成另一种外币加以使用，则融资人将承受借入货币与使用货币之间汇率变动的风险。（4）待履行的远期外汇合同，约定汇率和到期即期汇率变动而产生的风险。

折算风险又称会计风险，是指财务报表中的某些外汇项目，因汇率变动引起的转换为本币时价值变动的风险。

上述三类风险有一定的联系，从时间上看，折算风险是对过去会计资料计算时因汇率变动而造成的资产或负债的变异程度，是账面价值的变化。交易风险是基于过去发生的但在未来结算的现金流量的变化，是实际的经济损失或经济收益。在实务中，折算风险和交易风险是重叠的。交易风险的有些项目，如外币标价的应收账款和负债，属于折算风险，因为它们已经体现在公司的资产负债表中。而交易风险中的另一些项目，如那些已经签订但商品还未运出的用外币标价的销售合同，尚未出现在公司目前的财务报表中，属于公司的交易风险。经济风险引起的公司价值的变动是通过折算风险和交易风险表现出来的。在这三种风险中，按其影响的重要性不同排序，依次为经济风险、交易风险和折算风险。

8.2.3 外汇交易风险对冲

在外汇风险管理中，风险对冲的基本做法是：分析未来汇率的变动方向与幅度，确认以外币表示的预期净货币流入或流出量，明确公司面临的风险及风险的大小，合理选择避险工具，设计避险方案，让两种走势相反的风险相互制约，从而达到保值的目的。

【例8-1】假设我国ABC公司于20×3年1月16日向美国出口一批产品，应收款项为100万美元，约定于4月16日付款。ABC公司的资本成本为12%。为从事各种风险对冲交易所需要的其他有关资料如下：

（1）即期汇率：RMB6.789/USD；

（2）3个月远期汇率：RMB6.725/USD；

（3）美国3个月期借款利率：年率10.0%（季率2.5%）；

（4）美国3个月期投资利率：年率8.0%（季率2.0%）；

（5）我国3个月期借款利率：年率8.0%（季率2.0%）；

（6）我国3个月期投资利率：年率6.0%（季率1.5%）；

（7）在柜台交易（OTC）市场，3月份买入卖权的履约价格的汇率为：RMB6.700/USD，合约价格为100万美元，期权费为1.5%；

（8）据测3个月后的即期汇率将为：RMB6.745/USD。

对于这笔应收款项，可供ABC公司采用的交易风险管理策略有以下几种：（1）远期外汇市场风险对冲；（2）货币市场风险对冲；（3）外汇期权市场风险对冲。

根据以上资料，分析各种风险管理策略对公司的影响如下：

1）远期外汇市场风险对冲

远期外汇交易是指外汇买卖双方签订合同，约定在未来一定的期间内，按预先约定的汇率、币种、金额、日期进行交割的外汇业务活动。为避免外汇风险，ABC公司与银行签订了一份远期合约，按3个月远期汇率在远期市场上卖出100万美元的远期，3个月后公司将收到美国进口商汇来的100万美元，随即在远期市场上履约交割，得到672.5万元人民币。远期外汇市场风险对冲的实质是"锁定"汇率，以使公司的收入不再随着汇率的波动而波动。

假设 20×3 年 4 月 16 日，美元对人民币的汇率为 RMB6.745/USD，如果 ABC 公司未作远期外汇保值，则可以收到 674.5 万元人民币，风险对冲的结果使收益减少 2 万元人民币。如果 3 个月后美元贬值，汇率变为 RMB6.710/USD，风险对冲可使收益增加 1.5 万元人民币。不论未来即期汇率如何变动，ABC 公司都将收到 672.5 万元人民币，具体见表 8-1。远期合约的任何外汇利得与损失都将被现汇市场应收账款相应的损失或利得所抵销。

表 8-1　　　　远期外汇市场风险对冲的各种可能结果（20×3 年 4 月 16 日）　　　金额单位：元人民币

即期汇率（RMB/USD）	应收账款价值	远期合约利得（损失）	现金流量
6.745	6 745 000	−20 000	6 725 000
6.725	6 725 000	0	6 725 000
6.710	6 710 000	15 000	6 725 000

采用这种方法进行交易之前，必须对未来汇率的走势做出正确的判断或预期，否则出口商进行风险对冲的收入，可能低于不进行风险对冲的收入；同样地，对于进口商来说，进行风险对冲的成本支出，可能高于不进行风险对冲的成本支出。这对于进出口公司来说，存在一定的困难。为了避免这一弊端，可以利用择期外汇交易来规避汇率风险。

择期外汇交易是一种交割日期不固定的外汇买卖形式，是远期外汇的一种特殊形式，属于远期外汇交易的范畴。择期的含义是客户可以在将来的某一段时间内（通常是一个半月内）的任何一天按约定的汇率进行交易。起息日可以是这段时间内的任意一个工作日。择期外汇交易的程序与一般远期外汇交易的程序相同。择期外汇交易主要是为进出口商等客户提供买卖外汇的灵活性，保证即时收付汇，弥补了远期外汇交易交割日期固定不变的缺点。

在【例 8-1】中，ABC 公司也可以采用外汇期货交易进行风险对冲。外汇期货交易和外汇远期交易的差别在于前者合约是标准化的，但风险对冲的基本作用大体相同。因此，上述讨论的内容也适用于外汇期货市场的风险对冲。

2）货币市场风险对冲

货币市场风险对冲的合约是贷款协议，即同时借入和贷出两种不同的货币来锁定未来现金流量的本币价值，即将应收账款、应付账款兑换成本币，并在本国货币市场上投资，以消除外币风险。与远期外汇市场风险对冲不同的是，货币市场风险对冲主要与两国之间的利率之差有关。

假设 ABC 公司决定借入美元并按即期汇率将这一贷款转换成人民币，3 个月期满时，用收到的应收账款归还贷款。借入美元的数额应符合"匹配"的原则，即借款到期应偿还的本利和恰好等于 100 万美元的应收账款。如果借款季率为 2.5%，ABC 公司应借入 975 610 美元（1 000 000÷1.025），将这笔借款按现行即期汇率 RMB6.789/USD 转换成 6 623 415 元人民币。

ABC 公司可将该笔人民币款项投放于为期 3 个月的货币市场，其收益率为 1.5%；也可以投资于公司的经营活动，其收益率按资本成本 3.0% 计算。两种投资方向的终值为：

投资于货币市场 3 个月的终值=6 623 415×（1+1.5%）=6 722 766（元）

投资于公司经营 3 个月的终值=6 623 415×（1+3.0%）=6 822 117（元）

上述计算结果表明，投资于货币市场，该公司最终所得收入低于远期外汇市场的风险对冲；投资于公司经营活动，该公司最终所得收入高于远期外汇市场的风险对冲。

在其他条件不变的情况下，投资收益率上升到何种水平会使货币市场和远期外汇市场的保值收益没有差别。假设 r 为 3 个月的投资收益率，两种保值方法等值的条件是：

借款总额×（1+r）=远期保值总额

则有：6 623 415×（1+r）=6 725 000

解得：r=0.0153373

计算结果表明，当投资收益年率为 6.135%（0.0153373×4×100%）时，远期外汇市场风险对冲的收益与货币市场风险对冲的收益相等。如果投资收益率高于 6.135%，货币市场风险对冲有利；如果投资收益率低于 6.135%，远期外汇市场风险对冲有利。

3）外汇期权市场风险对冲

外汇期权是外汇期权合约的购买者在规定期限内按交易双方约定的价格购买或出售一定数量的某种外汇权利的外汇交易形式。外汇期权的期权费是以直接报价方式报出的。期权费实际上是期权买入者转移风险的成本，也是期权出售者承担汇率风险的收入，其性质类似于保险业务中的保险费。

以 ABC 公司为例，该公司可以通过买入卖权抵补外汇风险。根据前述的报价，ABC公司当日通过柜台交易市场购买了 100 万美元的 3 个月到期、行权价格的汇率为RMB6.700/USD 的卖出期权，期权费为 101 835 元人民币（1 000 000×1.5%×6.789）。若采用资本成本（12%）作为折现率或机会成本，则现在付出的期权费 101 835 元人民币，相当于 3 个月后的期权费 104 890 元人民币（101 835×1.03），每单位美元的期权费约为 0.105 元人民币。

3 个月后，ABC 公司收到 1 000 000 美元时，是否行使期权取决于届时的即期汇率。如果届时即期汇率高于 RMB6.700/USD，该公司将放弃行使期权，而到即期市场上出售美元，假设届时即期汇率同预测值相等，汇率为 RMB6.745/USD，则公司可以获得收入6 745 000 元人民币，扣除期权费 104 890 元人民币，净收入为 6 640 110 元人民币。人民币贬值幅度越大，公司获得的收益就越多。

如果届时人民币升值，则给公司带来的最大损失是固定不变的。假设届时即期汇率低于 RMB6.700/USD，该公司就会选择行使期权，即按行权价格卖出美元获得 6 700 000元人民币，扣除期权费后的净收入为 6 595 110 元人民币。这个数额是 ABC 公司可获得的最低值，虽然其低于远期外汇市场和货币市场的保值结果，但不同的是，其收益上限却是无限的。

将外汇期权市场风险对冲与远期外汇市场风险对冲相比较，其比较的等值条件是：届时即期汇率等于远期汇率加上单位期权费，即 6.725+0.105=6.830（元人民币）。如果届时即期汇率高于 RMB6.830/USD，那么，期权保值的净收入将大于远期保值所得；如果届时即期汇率低于 RMB6.830/USD，那么，远期外汇市场风险对冲所获收益较大，因为期权保值需要支付期权费，具体如图 8-4 所示。

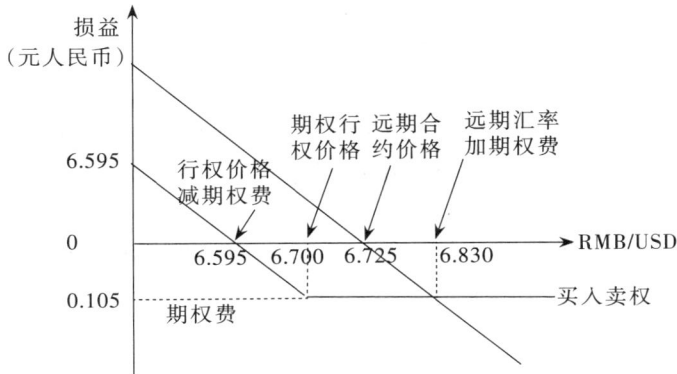

图 8-4　远期与期权风险对冲比较

将外汇期权市场风险对冲与不采取任何保值措施相比，其比较的等值条件是：届时即期汇率等于期权行权价格减去单位期权费，即 6.700-0.105=6.595（元人民币）。如果届时即期汇率高于 RMB6.595/USD，不采取任何保值方法就能获得较多收益；如果届时即期汇率低于 RMB6.595/USD，则期权保值可以获得较多收益。

在以上各种方法中，不采取任何保值措施的风险较大，3 个月后的收入期望值为 674.5 万元人民币，但也可能低于或高于这一期望值；远期外汇市场风险对冲在"锁定"风险的同时，也"锁定"了收益，3 个月后的确定收益为 672.5 万元人民币；货币市场风险对冲可以立即得到 6 623 415 元人民币，3 个月后的收益既取决于两地利率差异和汇率差异，也取决于公司的经营情况；外汇期权市场风险对冲可使公司拥有较大的灵活性，3 个月后的收益最低为 6 595 110 元人民币，而收益的上限是无限的。

【例 8-2】我国某公司向美国出口一批货物。双方于 20×1 年 3 月 1 日签订合同，约定以美元支付相应货款，货款总额为 1 000 万美元，结算日期为 20×1 年 6 月 1 日。目前的即期汇率为 RMB6.033/USD，3 个月远期汇率为 RMB5.962/USD。

为避免 3 个月后美元贬值造成结汇时人民币收入减少，可以采用远期交易锁定结汇汇率，即 3 个月后该公司可以按照 3 个月远期汇率兑换人民币为：

10 000 000×5.962=59 620 000（元人民币）

锁定未来结汇汇率的另一种方法是采用期权组合规避风险，即同时买入一笔卖权（看跌期权）、卖出一笔买权（看涨期权）。假设两者均为欧式期权，标的资产为美元对人民币，其他交易参数见表 8-2。

表 8-2　　　　　　　　　　　　　　　　　　期权交易参数

类型	行权价格 （汇率）	期限 （月）	名义本金（USD） （万美元）	期权费（USD） （万美元）
买入卖权	RMB5.980/USD	3	1 000	-6.386
卖出买权	RMB5.980/USD	3	1 000	6.855

这一期权组合的损益分析如下：

（1）交易期初，该公司期权费净收入为 4 690 美元（68 550-63 860），将这笔期权费净收入按即期汇率 RMB6.033/USD 结汇，可兑换人民币为：

4 690×6.033=28 295（元人民币）

（2）期权到期日，如果美元对人民币汇率 S_T<RMB5.980/USD，则执行看跌期权，看涨期权未被执行。此时，公司以 RMB5.980/USD 的汇率卖出 1 000 万美元，可兑换人民币为：

10 000 000×5.980=59 800 000（元人民币）

（3）期权到期日，如果美元对人民币汇率 S_T>RMB5.980/USD，则不执行看跌期权，看涨期权被执行。此时，公司仍以 RMB5.980/USD 的汇率卖出 1 000 万美元，可兑换人民币依然为：

10 000 000×5.980=59 800 000（元人民币）

期权组合的损益图，如图 8-5 所示。

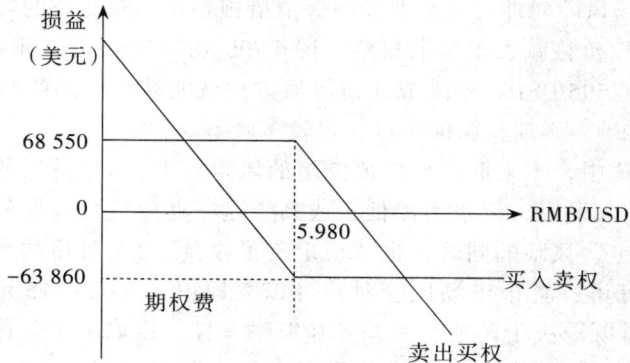

图 8-5　期权组合损益图

（4）假设不考虑期权费净收入的再投资收益，到期时，采用期权组合方案可兑换人民币约 5 983 万元（2.8295+5 980），较远期结汇交易多兑换人民币 21 万元（5 983-5 962）。也就是说，公司通过同时买入、卖出两笔行权价格、期限、标的资产、金额等要素相同的看跌和看涨期权，构造了一笔实际上的远期结汇，而不同的是，期权组合的避险优于一笔简单的远期交易，增加了换汇收入。

【例 8-3】A 公司是我国浙江省某沿海城市的一家从事外贸服装生产加工的民营企业，出口收入的币种主要为欧元。20×5 年 7 月月末，该公司与进口商签订一笔新的供货合同，如何规避风险成为当时公司管理层的当务之急。当时的即期汇率为 USD1.2115/EUR，A 公司希望：（1）避险成本为零；（2）汇率最低锁定水平在 USD1.2050/EUR 之上。上海浦东发展银行根据该公司的要求，设计了以"区间远期外汇买卖"（range forward）为主的汇率避险方案。区间远期外汇买卖的实质是通过买入、卖出各一个期限相同、行权价格（汇率）不同的看涨、看跌期权，将未来汇率锁定在一个区间内的避险品种。如果两种期权费相互抵销，则公司在承做此交易时，无期初的费用发生，从而实现了"零成本"避险。"区间远期外汇买卖"的有关条款见表 8-3。

有关汇率区间的说明：

（1）如果到期日的即期汇率（USD/EUR）低于（等于）汇率区间下限，甲方可选择按汇率区间下限、名义本金 1（EUR 200 万元）卖出欧元，买入美元。

表 8-3 区间远期外汇买卖相关条款

交易甲方	A公司
交易乙方	上海浦东发展银行
交易币种	美元/欧元，甲方要求卖出欧元，买入美元
交易金额	名义本金 1（EUR 200 万元）
	名义本金 2（EUR 300 万元）
汇率区间上限	USD/EUR 1.2350
汇率区间下限	USD/EUR 1.2050
交易日（trade day）	待定
到期日（expiry day）	交易日+3 个月（北京时间 14：00 截止）
交割日（delivery day）	到期日+2 个工作日

（2）如果到期日的即期汇率（USD/EUR）高于汇率区间下限且低于汇率区间上限，甲方可选择按相关即期汇率（USD/EUR）卖出欧元，买入美元。

（3）如果到期日的即期汇率（USD/EUR）高于（等于）汇率区间上限，甲方必须按汇率区间上限、名义本金 2（EUR 300 万元）卖出欧元，买入美元。

根据区间远期外汇买卖相关条款，对应构成的两种期权组合相关参数见表 8-4。

表 8-4 期权组合相关参数

期权	交易方向	期权类型	名义本金 （EUR）	期限 （月）	行权价格 （USD/EUR）
期权 1	甲方买入 EUR 卖权	EUR 看跌，USD 看涨	2 000 000	3	1.2050
期权 2	甲方卖出 EUR 买权	EUR 看涨，USD 看跌	3 000 000	3	1.2350

根据到期日的即期汇率（USD/EUR），可以确定 A 公司进行区间远期买卖的损益情况。假设到期日模拟损益分析见表 8-5 和如图 8-6 所示。

表 8-5 期权到期日美元损益分析表

到期日汇率 （USD/EUR） （1）	期权行权价格 （USD/EUR） （2）	卖出欧元 （EUR） （3）	收益/损失 （USD） （4）=（3）×（（2）-（1））
1.1950	1.2050	2 000 000	20 000
1.2000	1.2050	2 000 000	10 000
1.2050	1.2050		0
1.2150	1.2150	甲方可选择按即期汇率卖出	0
1.2250	1.2250	欧元，金额由甲方确定	0
1.2350	1.2350		0
1.2400	1.2350	3 000 000	−15 000
1.2450	1.2350	3 000 000	−30 000

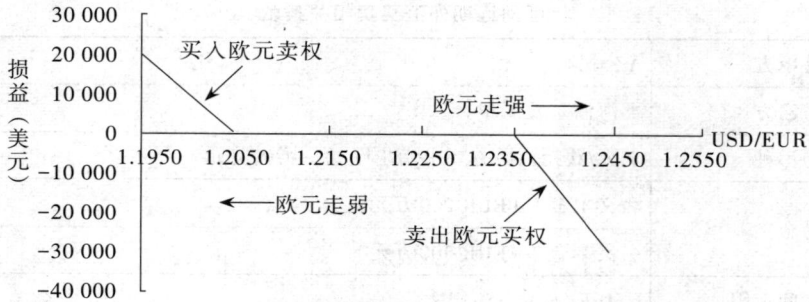

图 8-6 期权到期日美元损益图

在交易执行 3 个月期间，欧元在小幅反弹后又进入下跌的趋势，在交割日当天汇率跌至 USD1.1950/EUR。根据交易中的相关条款，A 公司可以按 USD1.2050/EUR 的汇率卖出 200 万欧元，避险净收益为 20 000 美元。

上海浦东发展银行设计的这一避险方案，其特点是将美元/欧元汇率锁定在一个区间之内，公司在获得一定的汇率保护水平之外，还可以保有一定的空间，获取欧元升值的好处，且公司无任何避险费用支出。这一产品无期权费，也满足了公司"零成本"的要求。但这一产品两端交易的名义本金不匹配，"卖出 EUR 买权"的风险敞口大于"买入 EUR 卖权"的风险敞口，一旦欧元走强，该公司届时将付出较大的机会成本。

● 8.3 利率风险管理

8.3.1 利率风险的衡量

利率风险是指未预见到的市场利率水平变化引起资产（债券）收益的不确定性。利率风险对资产价值的影响一般通过久期和凸度两个指标进行衡量。

1）久期

久期（duration）或持续期，是债券平均有效期的一个测度，其被定义为每一债券距离到期时间的加权平均值，其权重与支付的现值成比例。如果债券契约规定分期付息、到期一次还本，那么，投资者在债券到期之前就可以得到利息收益。债券久期是债券各期现金流量现值的加权平均年份，权数是每一现金流量的现值在总现金流量现值中的比例。债券久期（D）可按下式计算：

$$D = \frac{\sum_{t=1}^{n}\left[\frac{CF_t}{\left(1+r_d\right)^t} \times t\right]}{\sum_{t=1}^{n}\left[\frac{CF_t}{\left(1+r_d\right)^t}\right]} \tag{8-1}$$

式中：CF_t 表示债券未来第 t 期现金流量；r_d 表示债券投资者要求的收益率；t 表示债券的期限。

【例 8-4】假设有一张债券，期限为 5 年，债券投资者要求的收益率为 9%，债券面值与当前市场价格均为 1 000 元。根据债券各期现金流量计算的债券现值与久期见表 8-6。

表 8-6   债券现值及久期

年份 （1）	现金流量（元） （2）	现金流量现值（元） （3）	权数 （4）=（3）/1 000	久期（年） （5）=（1）×（4）
1	90	82.57	0.08257	0.08257
2	90	75.75	0.07575	0.15150
3	90	69.50	0.06950	0.20850
4	90	63.76	0.06376	0.25504
5	1 090	708.42	0.70842	3.54210
合计		1 000.00	1.00000	4.23971

债券久期也可根据公式（8-1）计算，则有：

$$D = \frac{\dfrac{90}{1+9\%} \times 1}{1\,000} + \frac{\dfrac{90}{(1+9\%)^2} \times 2}{1\,000} + \cdots + \frac{\dfrac{1\,090}{(1+9\%)^5} \times 5}{1\,000}$$

$$= \frac{4\,239.71}{1\,000} = 4.23971(年)$$

在实务中，久期一般是根据 Excel 函数或有关计算机软件计算的，限于篇幅，这里不作过多介绍。

久期是以未来收益的现值为权数计算的到期时间，主要用于衡量债券价值对利率变化的敏感性。债券久期越大，利率的变化对该债券价值的影响越大，风险也越大。在降息时，久期大的债券价值上升幅度较大；在升息时，久期大的债券价值下跌幅度也较大。久期的特征主要表现在以下几个方面：

第一，零息债券的久期或一次性还本付息债券的久期与债券期限相同。由于零息债券只在到期日支付一次，所以其到期日的权数等于 1。

第二，有息债券的久期小于其到期时间。例如，按照表 8-6 中计算的 5 年期债券的久期为 4.23971 年。理解这一问题的另一种方法是将某一付息债券看作一组零息债券。在上例中，这种债券可以看成 5 张零息债券：第一张的到期价值为 90 元，1 年后到期，现值为82.57 元，权数为 0.08257；第二张的到期价值为 90 元，2 年后到期，现值为 75.75 元，权数为 0.07575……最后一张的到期价值为 1 090 元，5 年后到期，权数为 0.70842。久期就是各现金流量支付时间的加权平均数。

第三，息票率与久期呈负相关关系。息票率高的债券久期比较短，因为更多的现金流以利息支付形式提前出现。假设上例中息票率由 9% 变为 5% 时，债券久期则由 4.23971 年上升为 4.4998 年。

第四，到期期限与债券久期正相关，但随着到期期限的延长，久期以减速度增长，所以，到期期限较长的债券久期通常较长。

第五，在其他条件相同的情况下，到期收益率与久期呈负相关关系。

第六，偿债基金和提前赎回条款对债券久期的影响很大。它们能够改变债券的全部现金流量，并由此极大地改变债券的久期。在这两个因素中，能够引起久期最大不确定性的是提前赎回条款。由于提前赎回条款是利率变化的函数，因此很难估计其执行日。

第七，债券组合的久期。由于久期具有可加性，所以，这种技术可以扩展到利率变动对整个公司价值的影响分析。资产（或负债）组合的久期就是组合中各资产（或负债）久期的加权平均数。其计算公式为：

$$D_{portfolio} = \frac{D_i V_i + D_{i+1} V_{i+1} + \cdots + D_n V_n}{V_i + V_{i+1} + \cdots + V_n} \tag{8-2}$$

债券久期在利率风险管理中被广泛应用的原因之一，就是其可用于度量债券价格相对于利率或收益率一定变动的百分比变动。久期与债券价值（P_d）的关系式可表述为：

$$\frac{dP_d}{P_d} = -\frac{1}{1+r_d} \times D \times dr_d \tag{8-3}$$

公式（8-3）说明了对于给定利率变化（dr_d），如何计算债券价值变化百分比。其中，$D/(1+r_d)$ 项称为修正久期，其可以近似地估计不可提前赎回债券的利率敏感度。例如，在上例中，债券的久期为4.23971年，则修正久期 D_m 为：

$$D_m = \frac{4.23971}{1.09} = 3.88964（年）$$

根据修正久期可以计算利率或收益率变化对债券价值的影响。其计算公式为：

债券价值百分比变化=修正久期×利率变化百分比 （8-4）

在上例中，债券现价为1 000元，如果债券收益率从9%上升到10%（上升1个百分点），则债券价值下降3.88964%（+1%×3.88964），即从1 000元下降到961.10元。

修正久期度量了收益率与债券价值的近似线性关系，即到期收益率变化时债券价值的稳定性。在同等要素条件下，修正久期小的债券较修正久期大的债券抗利率上升风险能力强，但抗利率下降风险能力弱。在计算债券久期时，通常假设债券现金流量并不随着市场收益率或利率的变动而变动。这一假设对于浮动利率债券、含有赎回或售回条款的债券是无效的。

2）凸度

利率和债券价格可以通过久期以一种线性关系联系起来。这种关系给出了一个债券价格变化精确的近似值，特别是在利率变化很小的条件下。然而，当利率变化较大时，这种关系将失去其精确性。根据前述分析，债券价格随着利率下降而上升的数额要大于债券价格随着利率上升（同样幅度）而下降的数额。这种价值反应的不对称性称为债券的凸度，债券价格随着利率变化而变化的关系接近于一条凸函数而不是直线函数。图8-7中，采用修正久期估计的价值为通过 y^* 点的切线。对于收益率的微小变化（从 y^* 点到 y_1 点或 y_2 点），这条切线可以准确地估计债券价格的变化。相反地，如果收益率变化很大（从 y^* 点到 y_3 点或 y_4 点），这条切线所估计的债券价格将低于价值-收益率曲线显示的真实价值。这种误差的产生是由于修正久期线是曲线关系的线性估计，债券价格随着利率变化的波动性越大，曲线越弯曲（越凸），这种误差就越大，衡量这种误差的方法就是计算债券的凸度。

凸度是计量债券价格-收益率曲线偏离切线的程度，对不可提前赎回债券而言，凸度总是一个正数，这表明价格-收益率曲线位于修正久期（相切）线的上方。总体来说，由收益率变化引起的债券价值变化可归结为两个因素：债券的修正久期和凸度。从数学上讲，久期是债券价值对收益率的一阶导数，凸度是其对收益率的二阶导数。严格地说，

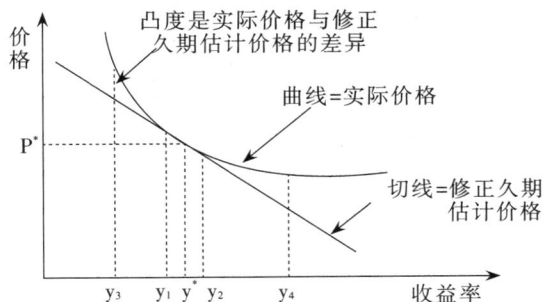

图 8-7　修正久期估计债券价格近似值

凸度是指在某一到期收益率下，到期收益率发生变动而引起的价值变动幅度的变动程度。从图 8-7 中可以看出，虽然久期是衡量利率风险的有用方法，但其在利率发生较大变化时是不准确的。通过考虑久期和凸度的影响，可以提高预测的准确性。在实务中，凸度的计算是通过计算机完成的。

8.3.2　远期利率协议

在举债融资时，公司可以通过债务互换（利率互换和货币互换）、远期合约、期权、负债币种多元化等保值工具防范与控制利率及汇率风险。

远期利率协议（forward rate agreement，FRA）是一种远期合约，买卖双方约定未来某一时间的协定利率和参考利率（通常为 LIBOR），在结算日根据约定的期限和名义本金，由交易的一方向另一方支付利息差额的现值。为了现在将未来借款的远期利率成本锁定，借款者可以买入远期利率协议（FRA）。

【例 8-5】假设现在是 20×5 年 1 月 1 日，ABC 公司预期在未来 3 个月内借款 100 万美元，期限为 6 个月。为简化处理，假设借款者能够以 LIBOR 的水平筹措这笔资本，现在的 LIBOR 为 5.75%。为锁定这笔贷款的利率，该公司从 XYZ 银行购买了一份 FRA，利率报价为 LIBOR＝6%，名义本金为 100 万美元。这一合约的交易日为 1 月 1 日，结算日（起息日）为 4 月 1 日，到期日为 10 月 1 日，协议期限为 6 个月。远期利率的时间关系，如图 8-8 所示。

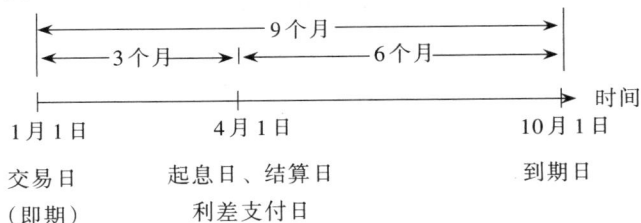

图 8-8　远期利率时间关系图

在远期利率协议的买卖中，买卖双方只是在形式上收支交易的本金，而实际上并没有任何本金的转移，双方交割的仅仅是利差部分。在【例 8-5】中，3 个月后（20×5 年 4 月 1 日），如果 LIBOR 大于 6%，XYZ 银行将向 ABC 公司支付利息差；如果 LIBOR 低于 6%，ABC 公司将向 XYZ 银行支付利息差。正是这一特征，使交易者的成本、风险大为降低，同时也增强了市场的流动性。尤其对于银行来说，由于在远期利率协议条件下没有本金的流动，所以可以成为资产负债表的表外金融工具。

远期利率协议的结算日通常选定为名义贷款或名义存款的起息日，FRA差额的支付是在协议期限的期初（利息起算日），而不是协议利率到期日的最后一日，因此，利息起算日所交付的差额要按照参考利率折现方式计算。其计算公式为：

$$交割金额 = \frac{NPA \times (r_r - r_c) \times \dfrac{D}{b}}{1 + r_r \times \dfrac{D}{b}} \tag{8-5}$$

式中：NPA表示合约的名义本金；r_r表示参考利率；r_c表示协议利率；D表示合约规定的存款或贷款的天数；b表示计算利率的基数，如360天或365天。

根据公式（8-5）计算的结果，可能为正数，也可能为负数。如果计算结果为正数，则由FRA的卖方将利息差的现值付给FRA的买方；如果计算结果为负数，则由FRA的买方将利息差的现值付给FRA的卖方。

在【例8-5】中，假设3个月后（20×5年4月1日），6个月期的LIBOR为7%，合约规定的天数为184天（从20×5年4月1日到10月1日），利率计算基数为365天。由于参考利率（7%）大于协议利率（6%），ABC公司将从XYZ银行收到由公式（8-5）确定的利息差的现值为：

$$交割金额 = \frac{1\,000\,000 \times (0.07 - 0.06) \times \dfrac{184}{365}}{1 + 0.07 \times \dfrac{184}{365}} = 4\,869(美元)$$

假设20×5年4月1日的参考利率LIBOR为5%，即6个月期的参考利率（5%）低于协议利率（6%）。在这种情况下，合约的买方要向卖方支付的补偿额为：

$$交割金额 = \frac{1\,000\,000 \times (0.05 - 0.06) \times \dfrac{184}{365}}{1 + 0.05 \times \dfrac{184}{365}} = -4\,917(美元)$$

在上述两种情况下，参考利率偏离协议利率的程度一样，都是1个百分点，但交割金额不同，当参考利率低于协议利率时，交割金额的绝对值较高，其原因是折现率较低。

FRA是防范将来利率变动风险的一种金融工具，其特点是预先锁定将来的利率。在FRA市场中，FRA的买方是为了防止利率上升而引起融资成本上升的风险，希望现在就锁定将来的融资成本。采用FRA防范未来利率变动的风险，实质上是用FRA市场的盈亏来抵补现货资本市场的风险。在结算日确定交割金额时，不论参考利率LIBOR是多少，买卖双方都接受6%的LIBOR。因此，FRA具有预先决定融资成本或预先决定投资收益的功能。

在【例8-5】中，如果在交割日，6个月期的LIBOR为7%，比买入远期利率协议时的隐含利率高出1个百分点，FRA的买方收到卖方支付的补偿额为4 869美元，ABC公司可将这笔款项按当时的LIBOR进行6个月的投资，收益率为7%，184天后获得的投资本息为5 041美元（4 869×（1+7%×184÷365）），利息成本净额为30 247美元，融资成本为6%。如果不购买FRA，融资成本为7%，具体见表8-7第二栏。若购买FRA，具体见表8-7第三栏、第五栏。其中，融资成本计算公式为：

$$实际融资成本 = \frac{30\,247}{1\,000\,000} \times \frac{365}{184} \times 100\% = 6\%$$

表 8-7　　　　　　　　　　　　　　不同参考利率下 FRA 的融资成本　　　　　　　　金额单位：美元

项目	方案 1（参考利率=7%）		方案 2（参考利率=5%）	
	未用 FRA	买入 FRA	未用 FRA	买入 FRA
（1）名义本金（借款）	1 000 000	1 000 000	1 000 000	1 000 000
（2）利息	35 288	35 288	25 206	25 206
（3）FRA 交割金额		4 869		−4 917
（4）FRA 交割金额的未来价值		5 041		−5 041
（5）利息成本净值=（2）−（4）	35 288	30 247	25 206	30 247
（6）融资净成本	0.07	0.06	0.05	0.06

如果利率没有上升反而下跌至 5%，公司需要支付银行 4 917 美元作为补偿额，同时也丧失了这笔补偿额再投资的机会。其相当于公司在结算日按 5% 的利率借入 4 917 美元，协议到期时支付本息 5 041 美元，加上按名义本金计算的利息，公司支付的利息费用总额为 30 247 美元，即融资成本为 6%。但如果不购买远期利率协议，融资成本为 5%，具体见表 8-7 第四栏。

以上两种情况下的实际融资成本都锁定在 6%。在第一种情况下，如果公司不买入远期利率协议，则会有损失；在第二种情况下，如果公司不买入远期利率协议，则会有收益。这是因为在第一种情况下，公司要按 7% 的利率支付 6 个月期的借款利息，而在第二种情况下只需按 5% 的利率支付利息。

在以上计算中，假设支付的交割额为正数时可以投资，交割额为负数时可以借入，投资和借入都以远期利率协议的参考利率计算利息，实际上，借入和借出的利率是不相同的。此外，在上述分析中，也没有考虑买入远期利率协议可能支付给经纪人的费用等。

8.3.3　利率互换

利率互换（interest rate swap）是双方达成的、在一定时间后进行支付的协定，支付的金额是根据一定的利率和名义本金计算的。一笔标准的利率互换交易由五个因素决定：名义本金、固定利率、浮动利率、固定利息和浮动利息支付频率与到期日。

名义本金是固定和浮动利息支付额的计算基数，相当于一张债券的票面价值，在互换交易中，不发生本金的交易，这个数额只是名义上的；固定利率水平是在互换条款设立之初就确定的，一般以年率或半年率来表示；对于主要货币来说，浮动利率一般是 LIBOR，固定利率报价通常对应 6 个月的 LIBOR，以每个计息区间开始时的 LIBOR 确定浮动利率方的利息支付水平，而实际支付则是在这一区间结束之时完成的；标准的利率互换安排大多为每间隔 6 个月进行一次；双方完成最后一次利息支付，即为互换交易的到期日。

利率互换一般指融资型利率互换，其存在的基本条件是：两个独立的融资者存在融资成本的差异，如有些融资者善于在固定利率资本市场上低成本融资，而另一些融资者则善于在浮动利率资本市场上低成本融资。他们利用各自在资本市场上的比较优势融资，然后进行利率互换，这一互换过程通常不涉及本金的转移。

【例8-6】假设A公司和B公司都需要在资本市场上筹措100万美元，两家公司在固定利率或浮动利率市场上借款的相关利率见表8-8。

表8-8 　　　　　　　　　　　A、B公司固定利率与浮动利率比较

利率	A公司	B公司	利差
固定利率	6个月利率11.25%	6个月利率10.25%	1.00%
浮动利率	6个月LIBOR+0.50%	6个月LIBOR	0.50%
两家公司利率差	1.00%-0.50%=0.50%		

根据表8-8可知，无论是在固定利率还是在浮动利率市场上，B公司的融资成本都低于A公司。也就是说，B公司在两个市场上拥有绝对优势。但通过仔细分析可以发现，两家公司在不同资本市场上的成本差异是不相同的。在固定利率资本市场上，A公司要比B公司多支付1个百分点的利差；但在浮动利率资本市场上，其差距只有0.5个百分点。或者说，B公司在两个资本市场上具有绝对优势，但B公司在固定利率资本市场上具有比较优势，而A公司在浮动利率资本市场上具有比较优势。注意，A公司在浮动利率贷款上的优势并不意味着其所支付的利率低于B公司，而是A公司比B公司多支付的部分相对比较小。

如果A公司需要的是固定利率，而B公司需要的是浮动利率，那么，A公司和B公司就可以达成一个有利可图的互换交易，即A公司和B公司分别进行浮动利率和固定利率借款，然后交换各自的利息负担。但在实务中，大多数的利率互换业务并不是由双方直接达成协议的，而是由金融机构代理这一业务。金融机构作为中介人，起着连接和担保的作用。利率互换具有多种设计方式，图8-9就是其中的一种可能的结果。

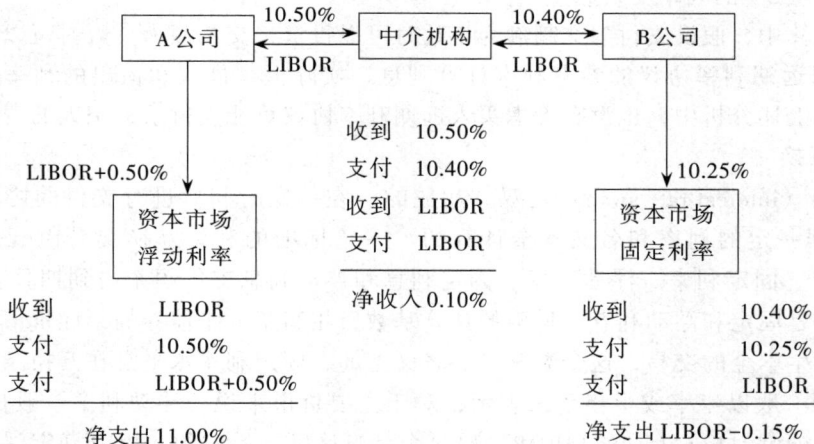

图8-9　浮动利率与固定利率互换（含中介）

根据图8-9可知，利率互换后，A公司付出的利率为11%，相对于互换前的固定利率11.25%，互换后节约了0.25%；B公司付出的利率为LIBOR-0.15%，相对于互换前的浮动利率LIBOR，互换后节约了0.15%；金融中介机构净收益为0.1%（10.5%-10.4%+LIBOR-LIBOR）。

上述结果表明，互换后三方的总收益仍为0.5%。通常，中介机构需要同时与A公司和B公司签订相互独立的互换协议，即使其中一家公司因中介机构违约而停止与其交换，

中介机构仍需对另一家公司继续进行互换。因此，对于一般公司来说，不需关心其最终的互换对手是谁，也不需考虑最终对手的信誉状况如何，只要银行的信誉值得信赖就可以了。

除融资型利率互换外，如果公司对现有的负债期限和币种结构不满意，可以通过债务型利率互换调整和改善资产负债结构，避免汇率和利率风险。融资型利率互换一般是在"初级市场"中进行的，而债务型利率互换一般是在"二级市场"中进行的。这类互换的特点是：在预测利率趋于下跌时，适时地将固定利率债务互换为浮动利率债务；在预测利率趋于上升时，适时地将浮动利率债务互换为固定利率债务，以便锁定利率成本。

8.3.4　货币互换

货币互换（currency swap）是由两个独立的融资者将各自筹集的等值的、期限相同但不同货币、不同计息方法的债务或不同货币、相同计息方法的债务进行货币和利率的调换，可由银行提供中介服务，也可以是一个融资者和一家银行进行互换，其目的是将一种货币的债务换成另一种货币的债务，以减少借款成本或防止由于远期汇率波动而造成的汇率风险。

从技术上讲，货币互换是将以一种货币标价的债务偿还责任转换为用另一种双方同意的货币标价的债务本金的偿还责任。通过互换未来的现金流量，各方都能将以某一种货币标价的现金流量转变为自身更需要的标价货币的现金流量。

货币互换的一般流程是：（1）互换双方在合约生效日以约定的汇率交换等值本金；（2）合约期内按预先约定的日期依照所换货币的利率，相应地支付利息给对方，这些利息的支付通常是在利率互换价格基础上商定的；（3）合约到期时，依照原汇率再换回本金。

【例 8-7】假设一家美国 A 公司需要为其在法国的子公司融资，而另一家法国 B 公司则希望为其在美国的子公司融资。双方都需要融资 1 000 万欧元。经市场询价，两家公司的债务币种及在欧元和美元资本市场上取得贷款的条件见表 8-9。

表 8-9　　　　　　　　　　两家公司 5 年期美元与欧元借款利率比较

项目	A 公司	B 公司	利差
美元借款利率	7.00%	9.00%	2.00%
欧元借款利率	10.60%	11.00%	0.40%
两家公司利率差	2.00%−0.40%=1.60%		

表 8-9 中，两家公司在美元市场上的利差为 2 个百分点，在欧元市场上的利差为 0.4 个百分点。这说明 A 公司在美元市场上有比较优势，而 B 公司在欧元市场上有相对比较优势。两家公司可分别在其有比较优势的市场上借款，假设当前的即期汇率为 USD1.20/EUR，A 公司以利率 7% 发行价值 1 200 万美元的债券，B 公司以利率 11% 发行价值 1 000 万欧元的债券，然后通过金融中介机构进行货币互换交易。其具体流程如下：

第一，期初交换以不同货币表示的本金。A 公司在支付了 1 200 万美元的同时收到了 1 000 万欧元；B 公司在支付了 1 000 万欧元的同时收到了 1 200 万美元，如图 8-10 所示。

第二，期内交换利息。双方按合约中约定的利率，以未偿本金金额为基础，进行互换交易的利息支付。与利率互换一样，货币互换各方的利差为 1.6%，至于这 1.6 个百分点的利益该如何分配，则有多种方法。图 8-11 就是其中的一种互换方法。

```
      ┌──────────┐                              ┌──────────┐
      │ 美元本金 │                              │ 欧元本金 │
      └────┬─────┘                              └────┬─────┘
           │ 1 200万美元                             │ 1 000万欧元
           ▼                                         ▼
   ┌────────┐  1 200万美元  ┌──────────┐ 1 200万美元 ┌────────┐
   │ A公司  │◀─────────────▶│ 金融机构 │◀───────────▶│ B公司  │
   └────────┘  1 000万欧元  └──────────┘ 1 000万欧元  └────────┘
```

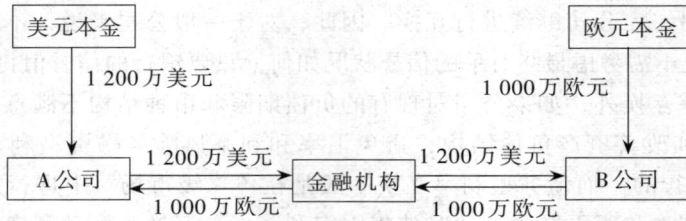

图8-10　A、B公司货币互换的基本结构——初始本金的互换

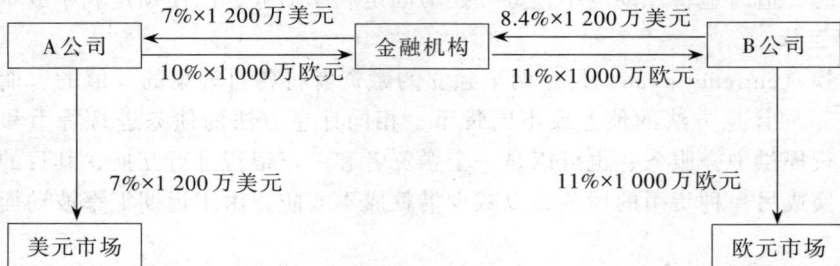

```
   ┌────────┐ 7%×1 200万美元 ┌──────────┐ 8.4%×1 200万美元 ┌────────┐
   │ A公司  │◀──────────────│ 金融机构 │◀────────────────│ B公司  │
   └────┬───┘ 10%×1 000万欧元└──────────┘11%×1 000万欧元  └───┬────┘
        │                                                     │
        │ 7%×1 200万美元                      11%×1 000万欧元  │
        ▼                                                     ▼
   ┌──────────┐                                          ┌──────────┐
   │ 美元市场 │                                          │ 欧元市场 │
   └──────────┘                                          └──────────┘
```

图8-11　A、B公司货币互换的基本结构——未来利息的定期支付

图8-11中，A公司将从中介机构收到的84万美元利息（按7%利率计算）付给自己的贷款者，同时将100万欧元利息（按10%利率计算）付给中介机构；B公司将从中介机构收到的110万欧元利息（按11%利率计算）付给自己的贷款者，同时将100.8万美元利息（按8.4%利率计算）付给中介机构。

根据图8-11可知，A公司实际上是以10%的利率获得了一笔欧元贷款，比直接从欧元市场上借款的成本节约了0.6个百分点；B公司实际上是以8.4%的利率获得了一笔美元贷款，比直接从美元市场上借款的成本节约了0.6个百分点；中介机构每年从美元付息中取得1.4%的净收益，在欧元付息中的净损失为1%，如果忽略两种货币的差别，中介机构的净收益为0.4%；三者获利之和为1.6%（0.6%+0.6%+0.4%），恰好为两家公司在两个市场上融资成本的差值1.6%（2%-0.4%）。

第三，期末换回本金。在互换合约到期时，双方换回交易日开始时各自的本金。本金的再次互换基本结构与图8-10所示的相同，只不过箭头方向相反。

在这个互换交易中，中介机构承担了汇率风险。A公司和B公司从中介机构收到的利息正好用来支付给贷款者，而自己支出的净利息是以自身需要的那种贷款的货币来支付的，不承担汇率风险。在每年的利息支出中，中介机构的利息收入为16.8万美元（1.4%×1 200），利息支出为10万欧元（1%×1 000），只有在欧元对美元的汇率维持在USD1.20/EUR以下时，中介机构才能得到不低于预期的0.4%的收益。如果欧元升值，中介机构的收益就相应地减少，当汇率为USD1.68/EUR（16.8÷10）时，中介机构的利息收入与支出相互抵销。当然，该金融机构为了防止欧元升值所带来的潜在损失，可以每年在远期外汇市场上买入10万欧元（1%×1 000）的远期合约，这足以锁定其在美元上的利益。如果该金融机构不希望独自承担欧元汇率的风险，也可以改变互换设计，让三方同时承担一定的外汇风险。

【课堂拓展】世界上第一笔货币互换交易

1981年8月，国际商业机器公司IBM和世界银行进行了世界上第一笔货币互换交易。当时，世界银行需要借入一笔长期的瑞士法郎和德国马克以资助不同的项目，但是市场上的利率报价很高。而IBM公司利用自身优势在德国和瑞士资本市场上分别筹集了固定利率的德国马克和瑞士法郎。1981年，美元对德国马克和瑞士法郎急剧升值。此时，IBM公司可以从其贬值的外汇负债中获得较大的资本收益（以美元计量），也就是说，IBM公司只需较少的美元支付外债的本息。例如，德国马克从1981年3月的DM1.93/USD跌至1981年8月的DM2.52/USD，IBM公司支付DM100利息的美元从$51.81减少到$36.69。此时，如果将以外币支付本息的债务转化为以美元支付的债务，IBM公司可以立即实现其资本收益。在预测利率变动方向后，IBM公司决定实现这种转换。而当时的世界银行恰好希望以较低的利率筹措固定利率的德国马克和瑞士法郎。世界银行与IBM公司融资成本见表8-10。

表8-10 世界银行与IBM公司融资成本

项目	IBM公司	世界银行	利差
5年期固定利率（美元）	16.80%	16.80%	0
5年期固定利率（德国马克）	10.90%	11.20%	0.30%

表8-10中的数据表明，美元的融资成本相同，但德国马克的融资成本不同，IBM公司的融资成本（10.90%）低于世界银行的融资成本（11.20%），这种差异是互换存在的基础。

请上网查询相关资料，了解世界银行与IBM公司货币互换的基本内容。

8.3.5 利率期权

利率期权是一项规避短期利率风险的有效工具。借款人通过买入一项利率期权，可以在利率水平朝着不利方向变化时得到保护，而在利率水平朝着有利方向变化时获得收益。目前，国际上比较流行的利率期权有利率上限期权（interest rate cap）、利率下限期权（interest rate floor）和利率双限期权（interest rate collar）。

1）利率上限期权

利率上限期权是指客户与银行达成一项协议，双方确定一个利率上限水平。在规定的期限内，如果市场基准利率高于协定的利率上限，则利率上限期权的卖方向买方支付市场利率高于协定利率上限的差额部分；如果市场利率低于或等于协定的利率上限，则卖方无任何支付义务。买方为了获得上述权利，必须向卖方支付一定数额的期权费。

设计利率上限是为了提供某种保险，使期权购买者避免利率上升的风险。利率上限期权一般适用于预计未来利率上升会给公司融资带来风险，在决定风险对冲但又不愿意放弃利率下跌带来的好处时可以选择的期权交易。

【例8-8】假设某公司当日以浮动利率筹措到100万美元，为了避免将来利率上升引起资本成本的增加，考虑购买利率上限期权，其有关的融资和期权合约条件见表8-11。

根据6个月LIBOR的逐期变化值，就可计算出该公司美元借款的实际成本见表8-12。

根据表8-12可知，如果该公司不购买利率上限期权，融资成本将在8.5%～13.5%之间波动；如果买入利率上限期权，当基准利率超过上限利率时，该公司可以收取利差，

表 8-11   利率上限期权合约条件

融资条件		利率上限期权合约	
借入金额	100万美元	合约本金	100万美元
借入期限	3年	合约期限	3年
借款利率	6个月 LIBOR+0.5%	基准利率	6个月 LIBOR
		上限利率	10%
		期权费	0.25%（年率）

表 8-12   美元借款成本

6个月 LIBOR（基准利率）	浮动利率（融资成本）	买入利率上限期权		实际融资成本
		期权费	利差	
8%	8.5%	0.25%	0	8.75%
9%	9.5%	0.25%	0	9.75%
10%	10.5%	0.25%	0	10.75%
11%	11.5%	0.25%	1%	10.75%
12%	12.5%	0.25%	2%	10.75%
13%	13.5%	0.25%	3%	10.75%

以抵补利率上升造成的成本增加，在扣除期权费后，不论基准利率上涨到多少，实际融资成本均为 10.75%，而当利率下跌时，该公司还可享受到成本降低的好处。

2）利率下限期权

利率下限期权是指客户与银行达成一个协议，双方规定一个利率下限，卖方向买方承诺：在规定的有效期内，如果市场基准利率低于协定的利率下限，则卖方向买方支付市场基准利率低于协定利率下限的差额部分；若市场基准利率大于或等于协定的利率下限，则卖方没有任何支付义务。作为补偿，卖方向买方收取一定数额的手续费。利率下限期权一般适用于预计未来利率下跌会给公司投资带来风险，在决定采取风险对冲的同时又不愿意放弃利率上升所带来的好处时可以选择的期权交易。

假设某公司准备将一笔闲置资本按浮动利率存入银行，为了避免将来利率下跌的风险，公司决定买入利率下限期权合约。存款条件和利率下限期权合约条件见表 8-13，利率变动和实际存款收益率见表 8-14。

表 8-13   利率下限期权合约条件

存款条件		利率下限期权合约	
存款金额	100万美元	合约本金	100万美元
存款期限	3年	合约期限	3年
存款利率	6个月 LIBOR-0.5%	基准利率	6个月 LIBOR
		下限利率	8%
		期权费	0.25%（年率）

表 8-14 美元存款收益

6个月 LIBOR（基准利率）	浮动利率（存款收益率）	买入利率下限期权		实际存款收益率
		期权费	利差	
11%	10.5%	0.25%	0	10.25%
10%	9.5%	0.25%	0	9.25%
9%	8.5%	0.25%	0	8.25%
8%	7.5%	0.25%	0	7.25%
7%	6.5%	0.25%	1%	7.25%
6%	5.5%	0.25%	2%	7.25%

根据表 8-14 可知，如果公司不购买利率下限期权，其存款收益率将在 5.5% ~ 10.5% 之间波动；如果买入利率下限期权，当利率低于基准利率时，公司可以获得期权卖方提供的利差，扣除期权费后，公司的收益率稳定在 7.25%，而当利率上升时，公司又可获得收益率上升的好处。

3）利率双限期权

利率双限期权是指将利率上限期权和利率下限期权两种金融工具结合使用。具体地说，购买一个利率双限期权，是指在买入一个利率上限期权的同时，卖出一个利率下限期权，以卖出"下限"期权的收入部分地抵销买入"上限"期权所付出的代价，从而达到防范风险和降低成本的目的。卖出一个利率双限期权，是指在卖出一个利率上限期权的同时，买入一个利率下限期权。

假设某公司计划借入一笔浮动利率借款，风险管理的目标是尽可能降低融资成本。该公司选择了双限期权交易，其融资条件及期权合约条件见表 8-15。

表 8-15 利率双限期权合约条件

融资条件		利率双限期权合约	
借款本金	100万美元	合约本金	100万美元
借款期限	3年	合约期限	3年
借款利率	6个月 LIBOR+0.5%	基准利率	6个月 LIBOR
		上限利率	10%
		下限利率	8%
		上限期权费	0.40%（年率）
		下限期权费	0.25%（年率）

如果该公司在买入利率上限期权的同时卖出利率下限期权，可使融资成本控制在 8.65% ~ 10.65%，具体见表 8-16。利率双限期权风险对冲，如图 8-12 所示。

表8-16 利率双限期权融资成本

6个月 LIBOR（基准利率）	浮动利率（融资成本）	利率双限期权		实际融资成本
		期权费	利差	
7%	7.5%	0.15%	-1%	8.65%
8%	8.5%	0.15%	0	8.65%
9%	9.5%	0.15%	0	9.65%
10%	10.5%	0.15%	0	10.65%
11%	11.5%	0.15%	1%	10.65%
12%	12.5%	0.15%	2%	10.65%

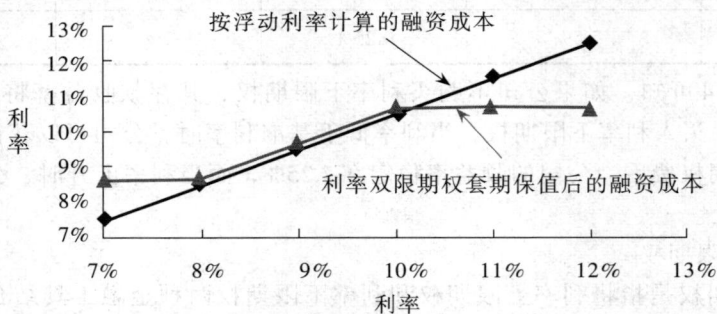

图8-12 利率双限期权风险对冲

以上各种保值策略，都是以两个相反的头寸互相制约的。如果有一个"多头头寸"，就设法产生一个"空头头寸"，反之亦然。在这里，"多头头寸"可以是一个应收账款，或是一个期货、期权的买入合约；而"空头头寸"可以是一个应付账款，或是一个期货、期权的卖出合约。公司在选择避险工具时，至少需要考虑成本和风险两个因素，只有在分析风险对冲成本和风险损失的基础上，才能做出是否进行保值、选择何种保值工具的决策。

本章小结

1.根据衍生工具的用途，可将避险工具大致分为两类：一是用确定性来代替风险，如远期、期货和互换合约；二是仅替换于己不利的风险，而将于己有利的风险留下，如期权合约。在风险管理中，既可以将远期、期货、互换、期权视为单一的工具，也可以将它们组合起来解决同一个问题。

2.广义的外汇风险是指汇率、利率变化以及交易者到期违约或外国政府实行外汇管制可能给外汇交易者带来的任何经济损失或经济收益；狭义的外汇风险是指国际债权债务中约定以外币支付时，因汇率变动为交易者（公司）持有的，以外币计价的资产、负债、收入和支出带来的不确定性。

3.久期是以未来收益的现值为权数计算的到期时间，主要用于衡量债券价值对利率变化的敏感性。债券久期越大，利率的变化对该债券价值的影响越大，风险也越大。在降息时，久期大的债券价值上升的幅度较大；在升息时，久期大的债券价值下跌的幅度也较大。

4.利率互换存在的基本条件是,两个独立的融资者存在融资成本的差异,他们利用各自在资本市场上的比较优势融资,然后进行债务互换,这一互换过程通常不涉及本金的转移。

5.远期利率协议是一种远期合约,买卖双方约定未来某一时间的协定利率和参考利率,在结算日根据约定的期限和名义本金,由交易的一方向另一方支付利息差额的现值。利率期权是一项规避短期利率风险的有效工具。借款人通过买入一项利率期权,可以在利率水平朝着不利方向变化时得到保护,而在利率水平朝着有利方向变化时获得收益。

基本训练

1.我国 DQ 进出口公司向美国出口一批货物,3 个月后将收到对方支付的货款 100 万美元。为避免 3 个月后汇率变动造成结汇时人民币收入减少,该公司拟采取一定的风险对冲措施。锁定未来结汇汇率的备选方案有两种:一是签订一份远期汇率为 RMB6.665/USD 的远期合约;二是采用期权组合规避风险,即买入行权价格为 RMB6.683/USD、期限为 3 个月、名义本金为 100 万美元、单位期权费为 RMB0.015/USD 的卖权合约,同时卖出行权价格为 RMB6.683/USD、期限为 3 个月、名义本金为 100 万美元、单位期权费为 RMB0.020/USD 的买权合约。假设你是 DQ 进出口公司的财务主管,请你对选择何种套保方案进行决策(不考虑期权费净收入的再投资收益)。

2.假设甲公司的投资组合中包括三种不同的债券,面值均为 1 000 元,其他有关资料见表 8-17。

表 8-17 债券基本数据

债券	数量	利率	支付次数(年)	期限(年)	到期收益率(年)	半年收益率
A	10	0	零息债券	5	6.00%	
B	5	8%	半年	3	6.60%	3.25%
C	8	7%	年	4	6.20%	

要求:

(1)计算每种债券的市场价值;

(2)计算每种债券的久期;

(3)计算投资组合的久期;

(4)计算投资组合的加权平均折现率;

(5)计算投资组合的修正久期;

(6)如果利率下降 1%,对投资组合价值有什么影响?

3.ABC 公司 4 个月后需要筹措一笔价值 1 000 万美元的 3 个月短期资金。该公司预计市场利率有可能上升,为避免 4 个月后融资成本增加,决定买入一项远期利率协议避免利率风险,交易对方为 XYZ 银行。假设协定利率为 5.1%,交易本金为 1 000 万美元,交易日为 3 月 5 日,起息日为 7 月 7 日,到期日为 10 月 7 日,协议期限为 92 天,参考利率为 LIBOR 3 个月利率。

(1)假设 4 个月后市场利率上升,LIBOR 3 个月利率为 5.75%,高于协定利率,那么

ABC公司的实际融资成本为多少？

（2）如果4个月后市场利率下跌，LIBOR 3个月利率为4.5%，低于协定利率，那么ABC公司的实际融资成本为多少？

（3）与融资不同，假设ABC公司3个月后收入一笔价值1 000万美元的资金，并打算利用这笔资金进行3个月的短期投资。该公司预期市场利率有可能下跌，为避免3个月后投资额减少，公司应采取何种方式规避利率下跌的风险？

4.假设甲、乙两家公司均需要筹措资金500 000美元，期限为7年，甲公司的信用等级为AAA，而乙公司的信用等级为BBB。两家公司可以按下列利率贷款，具体见表8-18。

表8-18   甲、乙公司贷款利率

项目	甲公司	乙公司	利率差异
浮动利率	LIBOR+0.25%	LIBOR+0.75%	0.50%
固定利率	10%	11%	1.00%

（1）根据相对优势的原则，甲、乙两家公司各应筹措何种利率的贷款？

（2）假设甲公司需要浮动利率，乙公司需要固定利率，甲公司请求银行作为该互换交易的中介机构，银行要求收取0.125%的费用。请设计一个利率互换协议，其中，甲公司节省0.25%的资本成本，银行收取0.125%的费用，其余归乙公司所有。

5.FH公司于20×5年1月1日借入一笔2年期浮动利率1 000万美元，1月15日正式生效，起息日为20×5年1月15日，按LIBOR计息。同时，该公司预期市场利率会有上升的趋势，便买入一笔利率上限期权，结算日为付息日，半年付息一次，为每年的1月15日和7月15日，上限期权费为0.25%（年率），协定利率上限为10%。在第一个结算付息日（20×5年7月15日），LIBOR为8.5%；在第二个结算付息日（20×6年1月15日），LIBOR为10.5%；在第三个结算付息日（20×6年7月15日），LIBOR为12.5%；在第四个结算付息日（20×7年1月15日），LIBOR为10%。

要求：

（1）计算FH公司采用利率上限期权后实际支付利息的金额及期权费；

（2）计算采取利率上限期权后，FH公司实际付息成本的节约额；

（3）假设FH公司确定利率有上升的趋势，不太可能会下降，便同时买入一个利率上限期权、卖出一个利率下限期权，如果利率下限期权协定利率为8%，费用为年率0.2%，计算FH公司实际付息成本的节约额（与买入利率上限期权比较）。

案例分析

宣钢与VIA POMINI项目风险对冲策略[①]

2003年5月，宣钢拟筹建一套75万吨棒材生产线。项目总投资额为2.5亿元人民币，其中进口设备由意大利VIA POMINI公司提供，交货时间为6个月，报价币种为欧元。为

---

① 张宏玲.企业外汇风险管理策略分析与研究［D］.天津：天津大学，2004.

规避欧元升值风险，签约时，宣钢即按签约日当天汇买、汇卖中间价，将欧元报价的设备兑换为 500 万美元，从而锁定了进口付款成本。

与宣钢简单的风险规避策略不同，VIA POMINI 公司首先根据风险管理要求，确定该项出口设备收入的目标值为 428 万欧元。根据欧元对美元汇率预期和避险成本的要求，公司先后考虑了三种风险对冲策略：

策略一：远期外汇合约套期保值。VIA POMINI 公司与银行签订了 6 个月的买欧元卖美元的远期合约，签约时 6 个月远期汇率的报价为 USD1.128/EUR。6 个月后公司将收到的 500 万美元货款，按远期合约交割，即收到 443.26 万欧元。

策略二：外汇期权合约套期保值。该公司认为在未来 6 个月内，由于经济的不确定性，欧元升值与贬值的可能性均存在。为此，公司考虑买入一个标准的欧式外汇期权：欧元买权和美元卖权，期限为 6 个月，执行价格为 USD1.15/EUR，期权费为 EUR0.01778/USD。这样既能锁定欧元上涨的风险，又能分享欧元下跌的好处。这一策略对公司的影响取决于期权到期时汇率的变化情况。如果 6 个月后欧元对美元的汇率高于 USD1.15/EUR，该公司执行期权，按 USD1.15/EUR 的汇率买欧元卖美元，收到 434.78 万欧元，扣除期权费 8.89 万欧元（假设不考虑期权费的时间价值），该项出口的净收入为 425.89 万欧元。采用标准的外汇期权套期保值，期权费较高，使最终得到的收入低于该公司套期保值的目标值（428 万欧元），因此，这一方案在经济上是不可行的。

策略三：敲出期权[①]与远期组合套期保值。为了解决期权费过高的问题，VIA POMINI 公司选择了一个执行价格为 USD1.15/EUR 的敲出期权，即在原先标准期权的基础上增加障碍汇率：USD1.10/EUR。如果在期权到期日前市场即期汇率从未到达该障碍汇率，期权合约得以履约；否则，期权合约自动取消。这一敲出期权的期权费为 EUR0.01260/USD，比标准的期权费低了 29%，从而降低了避险成本。与此同时，VIA POMINI 公司与银行签订了一份远期合约，当欧元的即期汇率跌至 USD1.10/EUR 时，要求卖出远期美元，从而保证在期权失效时公司能够对其风险暴露进行抵补。敲出期权与远期组合套期保值，如图 8-13 所示。

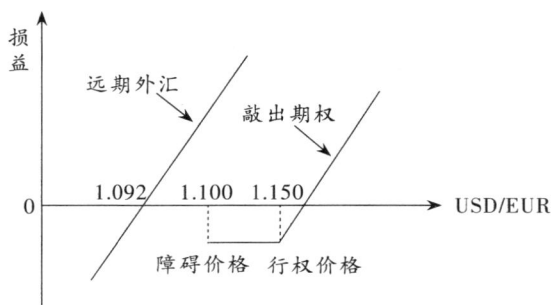

图 8-13　敲出期权与远期组合套期保值

根据上述资料回答下列问题：

---

① 敲出期权是障碍期权（barrier option）的一种，其与标准期权在其他方面都相同，只是当标的资产价格达到一个特定障碍价格 H 时，该期权自动失效，期权买方和卖方的权利与义务关系不复存在，即该期权在到期日前就已失效。敲出看涨期权的障碍价格 H 一般低于执行价格 X，当标的资产价格下降触碰 H 时，该期权自动失效。如果在期权有效期内市场汇率从未达到约定的障碍价格 H，该期权就可以被看作一项标准欧式外汇期权。由于该期权有可能在到期日前就已失效，自动解除卖方义务，因此，这种期权的费用通常低于相应的标准欧式外汇期权。

（1）结合宣钢与 VIA POMINI 项目风险对冲策略一，说明远期外汇合约套期保值的特点。

（2）比较 VIA POMINI 项目风险对冲策略二与策略三的联系与区别。

（3）分析 VIA POMINI 项目风险对冲策略三对公司的影响：

①假设在 6 个月内，欧元对美元汇率始终在 USD1.15/EUR 以上，期权到期时，公司最低可以收到多少欧元？

②假设在 6 个月内，欧元对美元汇率在 USD1.10/EUR 至 USD1.15/EUR 之间，期权到期时，公司最低可以收到多少欧元？

③假设在 6 个月内，欧元对美元汇率降至 USD1.10/EUR，期权将发生什么变化，公司最低可以收到多少欧元？

④在策略三中，VIA POMINI 公司为什么还要与银行签订一份远期合约？

基本训练与案例
分析参考答案

第 9 章

公司并购与资产剥离

公司作为诸多生产要素的组合体，是一种最具开发价值的商品。当一个公司的经营者确认某种资源已经不适合生产的发展，不能为其带来收益，并需要承担一定风险时，其就会将公司及其产权（或股权）以商品的形式出让，以实现新的合理的资源配置；当一家公司用其货币资本购买企业比其自身直接投资建厂的收益更大时，购买就显得十分必要且经济可行。在市场竞争中，公司的兴衰成败相伴发生，社会资源的闲置与不足同时并存，优胜劣汰的竞争机制迫使经营困难的公司将其闲置生产要素转移给那些发展迅速、急需扩大生产规模的公司，而完成这一转移的最有效途径就是并购。并购作为社会资源优化配置的基本方式，已经成为公司扩大规模、提高核心竞争力的重要途径。但是，20世纪80年代的并购浪潮又表现出一个主要特点，即许多公司将无关业务剥离出去，同时相应地并购同类业务公司，使生产经营范围更加集中。

通过本章的学习，你可以熟悉并购的类型、并购协同效应与价值来源，掌握并购价格对价方式对并购双方股东价值的影响；熟悉反收购的管理策略和抗拒策略；熟悉资产出售、股权分割等重组对公司价值的影响。

● 9.1 并购与价值创造

9.1.1 相关概念界定

合并（combination）是指两家以上的公司依照契约及法令归并为一个公司的行为。公司合并包括吸收合并和创新合并两种形式：吸收合并是指两个以上的公司合并，其中一个公司因吸收了其他公司而成为存续公司的合并形式；创新合并是指两个或两个以上的公司通过合并创建一个新的公司。

兼并（merger）是指一个公司采取各种形式有偿接受其他公司的产权，使被兼并公司丧失法人资格或改变法人实体的经济活动。

收购（acquisition）是指一家公司（收购方）通过现金、股票等方式购买另一家公司（被收购公司或目标公司）部分或全部股票或资产，从而获得对该公司的控制权的经济活动。与收购相近的两个概念是接管和要约收购。

接管（take over），通常指一家公司由一个股东集团控制转为由另一个股东集团控制的情形。接管可通过要约收购、委托投票权①得以实现。

要约收购（tender off）或标购，通常指一家公司直接向目标公司股东提出购买其手中持有的该公司股份的要约，以达到控制该公司目的的行为。

公司兼并和收购，从本质上都是公司所有权或产权的有偿转让；从经营理念上都是通过外部扩张型战略谋求自身的发展；其目的都是提高公司竞争能力，扩充经济实力，形成规模经济，实现资产一体化和经营一体化。因此，我们通常将公司兼并和收购统称为并购。

9.1.2　并购的基本类型

根据并购的产业组织特征和行业特点，并购分为横向并购、纵向并购和混合并购三种类型。

横向并购是指处于相同市场层次上的公司并购，即两个或两个以上生产和销售相同或相似产品公司之间的并购行为。通过横向并购，资本向同一生产、销售领域集中，公司可以扩大并购后的市场份额，增强垄断势力；也可以扩大生产经营规模，取得规模收益。

纵向并购是指发生在同一产业的上下游之间的并购，即生产经营同一产品相继的不同生产阶段，在工艺上具有投入产出关系公司之间的并购行为。纵向并购的公司之间不是直接的竞争关系，而是供应商和需求商的关系。通过纵向并购，位于同一产业链上游、中游和下游的公司相互整合，构成一个同一集团内部的产业价值链，上游公司为下游公司节省各种成本，形成从原材料供应到制造加工，再到销售终端的整个产业链。

混合并购是指两个或两个以上没有直接投入产出关系公司之间的并购行为，是跨行业、跨部门之间的并购。混合并购是实现多元化的一个重要手段，其目的是通过生产经营范围广度的扩大分散整体运营风险。

除以上最基本的分类外，按实现方式的不同，并购可分为现金支付型、品牌特许型、换股并购型、以股换资型、托管型、租赁型、合作型、合资型、无偿划拨型、债权债务承担型、杠杆收购型、管理层收购型以及联合收购型等。

9.1.3　内涵式扩张与外延式扩张

内涵式扩张是通过建立新的产品线、市场和流程以实现自我发展。外延式扩张是通过并购获得社会上现存的生产能力以实现发展。相对而言，并购可以迅速获得所需要的资源或生产能力，缩短从投资到投产所需要的时间；并购可以直接获得原有公司的经营经验，减少竞争压力和经营风险②；并购可以通过换股的方式获得公司扩张的资本来源，降低公司的财务风险。

公司究竟采取内涵式扩张还是外延式扩张，取决于其对优势、劣势、机会和威胁（SWOT）的分析。这种自我分析可以使潜在的收购者明确自身具有的竞争优势，明确不同扩张方式对公司价值的影响，以便决定采用何种方式实现扩张。

【例9-1】假设XYZ公司预期下一年度销售收入为20 000万元，投入资本为6 000万元，投入资本收益率（ROIC）为20%，折旧等非现金费用为投入资本的10%，经营性营运资本追加额为销售收入的0.6%，资本支出净额为投资额的4%。假设不考虑最低现金持

---

① 即一个股东集团欲通过投票选举新的董事会而在董事会中获得大多数席位。
② 如果市场的竞争水平已经很高，并且出现剩余生产能力，如果再建立新的生产能力，必然会遭到现有市场参与者的反击，在这种情况下，对现有公司的收购会降低这种反击的风险。

有量，公司自由现金流量为 1 440 万元。假设资本成本为 10%，预期增长率为 4%，采用稳定增长模型计算的公司价值如下：

$$公司价值 = \frac{1\,440}{10\% - 4\%} = 24\,000(万元)$$

为扩大资产规模、增加公司价值，不同投资方式对收购公司价值的影响分析如下：

第一，内涵式扩张。公司自我投资 300 万元建设一条产品生产线，预计销售收入为 1 000 万元，假设 ROIC、折旧占投资比例、经营性营运资本追加投资比例、资本支出净额比例、增长率、资本成本等指标保持不变。公司自我投资的自由现金流量现值为 1 200 万元，扣除投资额（300 万元），公司价值将增加 900 万元，即公司价值提高了 3.8%（900÷24 000×100%），见表 9-1 第三栏。

第二，外延式扩张。公司拟收购一家公司而不是自我建立新的产品线，收购后出现两种情况：（1）收购后无协同效应。假设目标公司价值增长模式与收购公司内部增长模式相同，则目标公司未来现金流量的现值为 1 200 万元。假设收购溢价为 30%，则收购价格为 1 560 万元（1 200×1.3），大于目标公司未来现金流量的现值，收购行为没有为公司创造价值，反而使收购方的价值下降了 1.5%（-360÷24 000×100%），见表 9-1 第四栏。（2）假设收购后可使目标公司的 ROIC 由 20% 提高到 30%，其他变量保持不变，目标公司的价值为 1 700 万元，扣除收购价格 1 560 万元，收购方价值增加了 0.58%，见表 9-1 第五栏。

表 9-1　　　　　　　　　不同扩张方式对公司价值的影响　　　　　　　金额单位：万元

项目	公司价值（收购方）	内涵式（自我投资）	外延式（收购后目标公司价值）	
			无协同效应	ROIC=30%
销售收入	20 000	1 000	1 000	1 000
预期增长率	4%	4%	4%	4%
投入资本	6 000	300	300	300
净利润	1 200	60	60	90
加：折旧等非现金费用	600	30	30	30
减：经营性营运资本追加额	120	6	6	6
资本支出净额	240	12	12	12
公司自由现金流量	1 440	72	72	102
市场价值（FCFF现值）	24 000	1 200	1 200	1 700
收购溢价（30%）		300*	360	360
购买价格（1 200+360）		300*	1 560	1 560
价值创造		900	-360	140
价值创造/收购方价值		3.80%	-1.50%	0.58%

*初始投资额。

表 9-1 的计算结果表明，收购一家公司创造的价值（即使在 ROIC 为 30% 时）低于公司自我投资建立产品生产线创造的价值。由于支付了 30% 的并购溢价，新创造的价值大部分转移给了目标公司的股东。内涵式扩张使公司价值增长了 3.80%，而外延式（并购）扩张使公司价值增长了 0.58%（在 ROIC 为 30% 时）。

表 9-1 是假设内涵式扩张是外延式（并购）扩张的一种潜在替代方式，并假设收购方新产品的生产能力、技术能力和营销能力等与目标公司相同。事实上，收购方进入一个新的领域可能面临高于目标公司的竞争压力，而且收购时支付过高的溢价也会降低收购创造的价值。

教材例题
相关计算

9.1.4 并购协同效应与价值创造

寻求资本增值、增加公司价值是并购行为的基本动因。假设 A 公司拟收购 B 公司，公司价值分别为 V_A 和 V_B（对于上市公司，一般是指两家公司独立存在时的市场价值，且假设等于其独立状态下的内在价值），两家公司合并价值为 V_{AB}，如果 V_{AB} 大于（V_A+V_B），则其差额称为协同效应。在【例 9-1】的假想并购交易中，假设目标公司的内在价值为 1 200 万元，协同效应价值为 500 万元，并购支付价格为 1 560 万元，因此，这一交易创造的价值为 140 万元。并购协同效应引起的价值增值主要表现在收入、成本、税负和财务等方面。

1）收入协同效应

收入协同效应主要来自：（1）通过并购可以重新整合并购双方的战略资源或能力，最大限度地发挥未被充分利用的经济资源的使用价值，扩大并购后的市场份额，增强垄断势力。（2）通过并购可以快速进入某一垄断行业、某一地域、某一新兴市场，获得某一关键技术、某一品牌等，从而创造新的收入增长点。（3）通过并购可以获得因竞争减少、价格上升引起的收入增加。不过，如果并购旨在减少竞争而对社会无益，则可能会受到反垄断法的阻止。

2）成本协同效应

成本协同效应主要表现在：（1）通过并购可以充分利用规模效应，增加产量，降低单位成本和费用；通过并购可以合理布局专业化生产和销售流程，降低运输费用和仓储费用。（2）通过并购可以有效规划、整合市场销售网络，合理布局售后服务网点，科学设计广告策略，以一个品牌支撑系列产品，可以扩大市场占有率、节约营销费用。（3）通过并购可以集中人力、物力、财力用于新产品、新技术的开发，加快技术商品化进程，可以节约科研开发支出等。

3）税负协同效应

税负协同效应主要表现在：（1）利用税法中的税收递延条款合理避税，如一家获利高并因此归于最高课税等级的公司并购一家有累积纳税亏损的公司，并购后即可利用税收中的亏损递延规定，获得减缴或免缴所得税的益处。（2）利用尚未动用的举债能力，可以获得抵税效应。（3）利用支付工具合理避税，当目标公司股东不是将其自身的股票直接转换为并购公司的股票，而是首先购买并购公司发行的可转换债券，然后通过一定的程序和条件转换为并购公司的普通股股票时，对并购公司而言，由于可转换债券的利息是在税前列支的，因此在转换为普通股之前可以少缴所得税；对于目标公司股东来说，由于资本收益（可转换债券）延期偿付，可以延迟缴纳资本利得税。

4）财务协同效应

财务协同效应主要表现在：（1）当并购一方的产品生命周期处于成熟期、拥有充足的财务资源（如充足的现金流量、大量未被抵押的优质资产等）而未被充分利用，并购另一方的产品生命周期处于成长期、拥有较多投资机会而急需现金的情况下，可以通过并购的财务互补和协同效应，充分利用并购双方现有的财务资源，避免资本的闲置和浪费，节约融资成本。此外，当并购一方产品的生产销售周期与并购另一方不同时，通过并购可以充分利用不同产品生产销售周期的差异，相互调剂资本余缺，同样可以减少资本闲置，节约融资成本。（2）公司并购一般伴随着公司规模的扩大、实力的增强、知名度的提高，不但增强了公司抵抗风险的能力，而且提高了公司的信用等级和融资能力，可以使并购后的公司取得更加有利的信用条件和融资便利。（3）非上市公司通过并购上市公司，可以获得上市公司宝贵的"壳"资源。"借壳上市"不但可以迅速取得上市资格，提高公司知名度，而且通过向上市公司注入优质资产以获取配股以及发行新股的资格，较为便利地通过证券市场募集资本，并节约上市费用。

9.1.5 并购与财富再分配

并购的协同效应一般是通过横向并购或纵向并购实现的，由于混合并购的动机是实现经营多元化，旨在降低经营风险，因此，混合并购不会增加股东财富。从本质上说，两家公司合并可以视为一个投资组合。根据投资组合理论，投资多个公司比投资单一公司的风险要低，或者说，并购后公司的总风险比并购前单一公司的风险要低。

根据期权定价模型，在公司价值给定的情况下，由于公司股票的市场价值相当于公司价值的一个买权，而公司债务价值相当于公司价值减去这一买权。风险增加会增加股票（买权）价值，同时降低债券价值；反之，风险降低会降低股票价值，同时增加债券价值。由于并购后公司的总风险比并购前单一公司的风险要低，因此，股票价值相对于债券价值会有所下降。在现实中，并购后公司的总价值恰好等于原来各自价值的情况并不多见，因此，并购后公司股票价值绝对下降的情况也很少。但无论如何，公司并购所带来的风险降低更有利于公司的债权人而不是股东。

【例9-2】假设 A、B 公司从事不同的经营业务，两家公司希望通过合并进行多元化经营，合并前两家公司的有关数据见表9-2，根据相关数据计算合并后公司的价值标准差为39.24%。

表9-2　　　　　　　　　　　**A、B公司合并前价值评估数据**　　　　　　　　金额单位：万元

项目	A公司	B公司
公司价值	10 000	15 000
债券面值（零息债券）	8 000	5 000
债券期限（年）	10	10
公司价值标准差	40%	50%
权数	0.4	0.6
公司价值相关系数	0.4	
合并后公司价值标准差	39.24%←=根据公式（2-14）计算方差，然后调整为标准差	

假设 10 年期国债利率为 8%，根据 B-S 期权估价模型分别计算 A、B 公司的期权价值、合并前后价值，分别见表 9-3 和表 9-4。

表 9-3　　　　　　　　　　　A 公司和 B 公司及合并后期权价值　　　　　　　　金额单位：万元

参数	A公司	B公司	合并后	说明
S	10 000.00	15 000.00	25 000.00	标的资产价值：公司价值
K	8 000.00	5 000.00	13 000.00	执行价格：零息债券面值
r	8.00%	8.00%	8.00%	年度无风险利率
T	10.00	10.00	10.00	到期时间（年）：债券到期时间
Sigma	40.00%	50.00%	39.24%	标的资产价值波动率：公司价值标准差
d_1	1.4413	1.9914	1.7921	<-- （LN（S/K）+（r+0.5*sigma^2）*T）/（sigma*SQRT（T））
d_2	0.1764	0.4102	0.5511	<--d_1-sigma*SQRT（T）
N（d_1）	0.9253	0.9768	0.9634	<--使用公式 NormSDist（d_1）
N（d_2）	0.5700	0.6592	0.7092	<--使用公式 NormSDist（d_2）
c	7 203.54	13 170.75	19 943.24	<--S*N（d_1）-K*exp（-r*T）*N（d_2）
p	798.17	417.40	784.51	<--K*exp（-r*T）*N（-d_2）-S*N（-d_1）
股票价值	7 203.54	13 170.75	19 943.24	<--看涨期权价格：公司资产买权价格
	7 203.54	13 170.75	19 943.24	<--公司价值=预期债券现值+看跌期权价格
债券价值	2 796.46	1 829.25	5 056.76	<--债券价值=公司价值-看涨期权价格
	2 796.46	1 829.25	5 056.76	<--债券价值=预期债券现值-看跌期权价格

表 9-4　　　　　　　　　　　A、B 公司合并前后价值　　　　　　　　　　　单位：万元

项目	A公司	B公司	合并前公司	合并后公司	价值变化
股权价值	7 204	13 171	20 374	19 943	-431
债权价值	2 796	1 829	4 626	5 057	431
公司价值	10 000	15 000	25 000	25 000	0

根据表 9-4 可知，合并前两家公司股权价值之和为 20 374 万元，合并后股权价值为 19 943 万元，下降了 431 万元；而债权价值却增加了相同的数量。因此，合并的结果使财富从股东转移给了债权人。也就是说，如果合并后没有提高财务杠杆比率，很可能会发生公司财富重新分配的现象。

合并前后价值变化也可以根据期权理论来解释，即并购增加了债权人的价值，是因为降低了股东卖权（违约）的价值。或者说，合并前 A 公司和 B 公司各自发行的债券对应两份卖权或违约期权，合并后公司债券（13 000 万元）的卖权价值低于两份期权的价值总和。也就是说，如果两家公司在合并前各自发行了债券，那么合并后，他们所持有的债券

原本只是一家公司的资产担保，现在却由两家公司提供资产担保。这种保证称为并购的共同保险效应（coinsurance effect），如果两家公司都有负债，则他们可以互为保证。或者说，并购的共同保险效应将财富从股东转移给了债权人。

【课堂拓展】并购价值创造的经验证据

为检验并购对并购双方股东财富或公司价值的影响，许多学者进行了大量的实证研究，Berkovitch and Narayanan（1993）将其大致归结为三类，具体见表9-5。

表9-5　　　　　　　　　　　　　并购动机及其对并购双方价值的影响

动机	总收益	目标公司收益	收购公司收益
Ⅰ 效率性和协同性	+	+	+
Ⅱ 自负（赢者诅咒和过度支付）	0	+	−
Ⅲ 代理问题或错误	−	+	−

资料来源：BERKOVITCH，NARAYANAN. Motives for takeovers：An empirical investigation［J］. Journal Financial and Quantitative Analysis，1993（28）：347-362.

表9-5中，目标公司股东是并购活动的绝对赢家，并购事件为目标公司股东带来的收益总是正的；并购事件对收购公司股东收益的影响表现为正、负两种情况；并购事件对并购双方总价值的影响表现为正、零和负三种情况。

将并购动机与并购收益联系起来可以发现：

（1）如果并购的动机是提高效率和协同性，并购收益总是为正值，如果增加的价值由并购双方共同分享，并购双方的收益也为正值；但是，即使总收益为正值，如果收购公司支付的溢价高于总收益，那么收购公司的收益也为负值。

（2）Roll[1]于1986提出了自负理论，认为收购竞价者之间的竞争容易导致最终胜出者支付的溢价超过所能获得的协同效应，收购公司竞价超过目标公司真实价值的原因是收购公司管理者的过分自信和傲慢，他们的自大导致在评估并购机会时犯了过分乐观的错误，实际上，并购收益并不能弥补收购时所支付的溢价。在有效市场上，目标公司现行的市场价格已经反映了其全部价值，收购公司支付过高价格造成了财富向目标公司股东的转移。因此，并购并没有增加社会总收益。由于并购总收益为零，所以，当目标公司的收益为正值时，收购公司的收益必然为负值。

（3）当存在代理问题和错误时，经营者会根据自身的利益而不是股东的利益采取行动。Mueller[2]于1969年提出的经理主义假说认为，经理人有动机扩大公司规模，经理人的报酬是公司规模的函数，因此，经理人可能为扩大公司规模进行低效率的并购活动，从而降低了公司价值。

Bradley 等（1988）[3]以美国1963—1984年发生的并购交易为样本，计算了并购前后并购双方股东财富的变化，发现并购总收益在每个时期均为正值，位于7%~8%区间内。他

① ROLL R. The hubris hypothesis of corporate takeovers［J］. Journal of Business，1986，59（2）：197-216.
② MUELLER D C. A theory of conglomerate mergers［J］. Quarterly Journal of Economics，1969，83（4）：643-659.
③ BRADLEY M，DESAI A，KIM E H. Synergistic gains from corporate acquisitions and their division between the stockholders of target and acquiring firms［J］. Journal of Financial Economics，1988，21（1）：3-40.

们得出的结论是并购产生了协同效应收益，但协同效应的分配不同，目标公司股东获得了大部分收益，而收购公司得不到或得到很少的收益。

此外，许多学者对过去百年间公司并购结果的考察表明，将近70%的并购没有收效，或者赔本，只有近1/3的并购达到了预期效果。他们的研究认为，并购方过于乐观地估计了并购带来的协同效应而在交易价格中支付了过高的溢价，而实施并购后预期的协同效应无法实现是并购失败的主要原因。[①]

在并购的长期绩效研究中，Geoffrey（1977）[②]研究了1964—1971年英国233个合并交易的收益，其结果表明交易后收购公司的总资产收益率呈递减趋势，并在交易后第5年达到最低点。同时，有将近2/3的收购公司的业绩低于行业平均水平。总体来说，合并使收购公司的盈利水平轻度下降。

Healy等（1992）[③]提出了相反的观点，他们研究了1979—1984年这段时期内美国最大的50宗合并交易后的会计数据，并使用行业业绩作为基准来检验收购方的业绩。并购后收购公司的资产生产效率显著提高，导致其比非收购的同类公司获得了更高的营运现金流入。收购公司维持了与行业水平大体相当的资本性支出与研发开支的比率，这表明业绩的改善不是以削减基础投资为代价换来的。最主要的是公司合并股票的宣告收益与合并后营运业绩的改善显著相关，这表明合并宣告时的股价运动是由预期的业绩改善所驱动的。

张新（2003）[④]在《并购重组是否创造价值——中国证券市场的理论与实证研究》一文中，选取了1993年1月至2002年12月我国A股非金融类上市公司的并购重组事件，总计1 216个样本（其中还包含了22例吸收合并的案例）。研究结果显示，并购事件对目标公司的二级市场表现起到了提前推动的作用，使二级市场价格在披露前逐步上升，从这个意义来说，并购为目标公司的股东创造了价值。

周小春和李善民（2008）[⑤]以问卷调查收集的2000—2003年63家我国上市公司所从事的并购交易为样本，对我国上市公司的并购价值创造的影响因素进行了实证研究。结果显示，现金对价收购、较高的收购比例、较好的并购整合程度和并购双方密切的行业相关度都有利于我国上市公司并购的价值创造。

● 9.2 并购价格与对价方式

9.2.1 并购价格的影响因素

一个公司的买卖价格（值）与一件商品的买卖价格（值）不同，后者的价值判断取决于个人对商品消费的效用，而公司的价值判断取决于其未来的获利能力。公司价值的评估方法详见第3章和第4章内容，但在并购估价中，不同的购买者出于不同的动机和目的，可采用不同的评估方法。如果并购是为了利用目标公司现有的资源持续经营，则采用现金

---

① 杨华. 上市公司并购重组和价值创造 [M]. 北京：中国金融出版社，2007：26-27.
② GEOFFREY M. Disappointing marriage: A study of the gains from merger [M]. London: Cambridge University Press, 1977.
③ HEALY P M, PALEPU K G, RUBACK R S. Does corporate performance improve after mergers? [J]. Journal of Financial Economics, 1992, 31 (2): 135-175.
④ 张新. 并购重组是否创造价值——中国证券市场的理论与实证研究 [J]. 经济研究，2003 (6): 20-29.
⑤ 周小春，李善民. 并购价值创造的影响因素研究 [J]. 管理世界，2008 (5): 134-143.

流量折现法较为合理；如果并购是为了将目标公司分拆出售，则采用清算价格法较为合理；如果目标公司为上市公司，且股价较为适宜，则可采取乘数法。一般来说，现金流量折现法以目标公司未来现金流量为估价基础，可以客观地反映目标公司现有资源的盈利潜力，易于为并购双方所接受，理论上较为合理，但操作难度较大，争论较多，因为未来现金流量的预测受主观判断和未来不确定因素的影响较大。乘数法较为直观、操作简便，但需要以发达、成熟和有效的证券市场和并购市场的存在为前提。

与一般价值评估相比，并购价值评估的风险比较大。这种风险的程度依次取决于：收购方所获信息的质量；目标公司是公开招股公司还是私人公司；收购行动是敌意还是善意；筹备收购所花费的时间和收购前对目标公司的审核等。

如果股票市场是充分有效的，上市公司的股票价格能够反映市场对该公司的经营业绩、未来成长性和可能存在风险的预期，那么，并购方可以根据现行市价加上一定比例的溢价确定其购买价格。解释溢价并购的原因主要有三种：

第一，控制权溢价论。如果并购公司通过收购股票而取得目标公司的相对控股权，就必须为此支付溢价。这里的"控制权"，事实上是一种无形资产，只要并购公司取得了目标公司的相对控股地位，对目标公司的资产就具有了相对的处置权、经营权和收益分配权。因此，并购溢价反映了获得目标公司控制权的价值。

第二，诱饵论。为了诱使目标公司股东尽快放弃公司控制权，并购公司通常以高于市价的出价作为诱饵，促使目标公司股东尽快脱手其持有的股票，而不论支付的市场溢价能否得到补偿。尤其是近年来愈演愈烈的并购大战，使竞争激烈的并购市场逐步脱离其本身应有的经济意义。

第三，价值增值分配论。在并购活动中，并购双方通过重组和整合产生的协同效应和价值增值，是利用并购双方的资源共同创造和贡献的，因此应将并购后的预期增量收益拿出一部分作为市场溢价支付给目标公司的股东。事实上，并购行为本身就向市场投资者以及潜在投资者传递了一个利好消息，即目标公司的股票被低估了。因此，在并购宣布后（或在并购消息泄露后），目标公司的股票价格通常会有所上升，并购宣布日前后股票价格的差额基本上反映了投资者对并购行为可能带来价值增值的合理预期。

此外，并购价格的协商或确定还应考虑各种并购条件。一般来说，买卖双方在协商收购交易时，买方争取的不仅是尽可能低的价格，还包括有利的付款条件及交易上的保护，相对来说，卖方除了争取最高的价格外，也要尽量避免承诺不利于卖方的交易条件等。如果目标公司是亏损公司，卖方过去的亏损，可因在未来抵减所得税而降低税负。因此，此项税负节余，可作为一种价值，加在原已计算的价值中。这是卖方在价格谈判上可以争取加价的理由，但买方是否接受，则是谈判力量的问题。

事实上，按照各种方法确定的目标公司支付价格仅仅是并购交易的底价，最终交易价值的确定是各种因素综合的结果。在其他因素一定的情况下，并购双方的谈判技巧及分析影响因素的能力在这里非常重要。底价→谈判价→成交价，谈判既是一项技术性极强的工作，也是一项技巧性极强的工作。在并购价格的形成过程中，不仅要讲究定价策略和方法，更要讲究定价的各种技巧。从一定意义上讲，公司价值是一回事，成交价格又是另外一回事，双方合意价格的达成，受双方谈判力量的影响最大。

9.2.2 现金对价方式分析

并购作为一种战略投资，可以采用并购净现值作为决策标准。假设A公司拟收购B公司，公司价值分别为V_A和V_B，两家公司合并价值为V_{AB}，并购后的净现值可按下式计算：

$$NPV = V_{AB} - (V_B + P_B) - V_A$$
$$= V_{AB} - (V_A + V_B) - P_B \tag{9-1}$$

式中：$V_{AB} - (V_A + V_B)$为并购的协同效应；P_B为并购溢价，即并购公司付给目标公司的价格高于V_B的差额部分，在双向交易原则下，溢价P_B既代表目标公司的收益，也代表并购公司的成本；$V_B + P_B$为并购支付价格。公式（9-1）表明，只有当并购协同效应大于并购溢价时，才能为并购方创造价值。[①]

以现金支付并购价格是一种单纯的并购行为，其是由并购方支付一定数量的现金，从而取得了被并购公司的所有权。由于现金具有较强的流动性，因而对被并购方而言，特别是对那些因举债过多而被迫出售的公司，即时获取现金，无疑是比较受欢迎的付款方式。在现金支付方式下，如果并购引起的价值增值大于其并购成本，即并购后的净现值大于零，这种并购活动就是可行的。

【例9-3】假设A公司拟采用现金支付方式并购B公司，有关分析资料如下：（1）A公司股票市价为1 000 000元，B公司股票市价为500 000元；（2）A、B两家公司资本均为股权资本，预计两家公司合并后由于经营效率提高，公司价值将达到1 750 000元，即并购协同效应为250 000元；（3）经并购双方协商，B公司股东愿意以650 000元出售该公司；（4）为简化，假设不考虑并购的交易成本。

根据上述资料，B公司股东在这次并购活动中获得了150 000元的溢价收益，即他们得到了并购协同效应250 000元中的150 000元。B公司的收益就是A公司支付的成本，并购后持续经营的A公司价值为1 100 000元（1 750 000-650 000），A公司原股东获得的净现值为100 000元（1 100 000-1 000 000）。换句话说，在这次并购活动中，相当于A公司股东持有的价值变为1 100 000元，B公司股东持有的价值变为650 000元。如果投资者得知A公司将并购B公司，并对并购收益的估计与管理者相同，那么这一消息将会使B公司股票价值从500 000元上升到650 000元，使A公司股票价值从1 000 000元上升到1 100 000元。

9.2.3 股票对价方式

通过交换股票方式实现并购是实务中经常采用的并购方式。在吸收合并方式下，并购公司通过向目标公司股东增发本公司股票，以换取目标公司股东合并前持有的本公司股票，目标公司宣告终止，进而实现对目标公司的合并。在新设合并方式下，新设公司通过向拟解散公司股东发行新设立公司的股票，以换取拟解散公司股东合并前持有的各自公司股票，拟解散公司宣告终止，进而实现新设合并。在换股合并过程中，股票如何交换、交换比例如何确定是合并双方能否合并成功的关键。

假设在【例9-3】中，A公司流通在外的普通股为10 000股，每股市价为100元；B公司流通在外的普通股为8 000股，每股市价为62.5元。那么，如何确定股票互换比率呢？

假设A公司发行6 500股本公司普通股交换B公司股东原持有的8 000股股票，转换

---

① 为简化，假设不考虑并购时发生的各种交易成本，如并购过程中所发生的搜寻、策划、谈判、文本拟定、资产评估、法律鉴定、公证等中介费用；发行股票时所支付的申请费、承销费等。

比率为 0.8125 : 1。并购前 A 公司股票每股价值为 100 元，由于 6 500×100=650 000（元），刚好等于用现金 650 000 元购买 B 公司的 8 000 股股票。从表面上看，并购支付价为 650 000 元，但实际支付价大于 650 000 元。

如果并购前的市场价值反映了两个独立公司的真实价值，并购协同效应为 250 000 元，那么，换股并购后 A 公司市场价值为 1 750 000 元。如果 A 公司发行 6 500 股并购 B 公司，则并购后 A 公司股票数量达到 16 500 股，B 公司原来的股东拥有并购后 A 公司 39.39%（6 500÷16 500×100%）的股权，该股权价值为 689 325 元（0.3939×1 750 000），而不是 650 000 元。因此，并购溢价为 189 325 元（689 325-500 000）。也就是说，在这次并购中，B 公司原股东获得的净利润为 189 325 元，而 A 公司原股东获得的净利润为 60 675 元（250 000-189 325）。或者说，并购协同效应中的收益（250 000 元），大部分归原 B 公司的股东所有，只有 60 675 元归原 A 公司的股东所有。

表 9-6 中，股票互换后 A 公司股票价格由 100 元上升为 106.06 元（1 750 000÷16 500）；而在现金支付方式下，并购后 A 公司股票价格为 110 元（1 100 000÷10 000）。这之间的差额说明股票互换交易使 A 公司付出了更高的成本。

那么，转换比率为多少才能使 B 公司股东仅得到价值 650 000 元的 A 公司股票呢？假设 B 公司股东拥有并购后 A 公司的股权比例为 α，换股并购后公司价值为 1 750 000 元，则并购后 B 公司股东价值为 1 750 000α。如果 B 公司股东愿意以 650 000 元的价格出售其公司，则有：

$$1\,750\,000\alpha = 650\,000$$

解上式得，α=0.3714286，也就是说，B 公司股东得到并购后 A 公司 37.14286% 的股权，其股票价值为 650 000 元。据此，可以根据下式计算 B 公司股东得到的股票数量：

$$0.3714286 = \frac{增发的股票数量}{10\,000 + 增发的股票数量}$$

解上式得，增发的股票数量为 5 909 股，这样，并购后 A 公司的股票数量增至 15 909 股，用 5 909 股交换 B 公司的 8 000 股股票，转换比率为 0.7386 : 1。采用这一转换比率的结果见表 9-6。普通股的每股价值为 110 元（1 750 000÷15 909），正好等于现金购买方式下的价值。因此，如果 B 公司股东愿意以 650 000 元出售公司，那么，转换比率应为 0.7386 : 1，而不是 0.8125 : 1。

在换股支付中，换股比例的高低，将直接影响参与并购各方股东在并购后的主体中所拥有的股权份额。因此，通过换股方式实现并购，与其说是参与并购公司之间的行为，不如说是参与并购各方股东之间的行为。公司并购虽然一般是由参与并购的公司管理者发起的，但并购的最终决定权则主要属于公司的股东。换股比例的确定对并购各方股东权益的影响主要体现在以下几个方面：

第一，稀释主要股东的持股比例。换股并购方式是在存续公司或新设公司，通过向拟解散公司增发或新发存续公司或新设公司股票的方式进行的，无论是增发股票还是新发股票都会改变并购双方股东的持股比例，有可能稀释主要股东对并购公司的控制能力（如由绝对控股转为相对控股）。当主要股东的股权稀释到不能有效控制并购后的公司而主要股东又不愿放弃这种控制权时，主要股东可能会反对并购。

表9-6   **不同对价方式下的并购溢价**   金额单位：元

项目	并购前公司价值		并购后A公司价值		
	A公司（并购公司）	B公司（目标公司）	现金对价转换比率（0.8125：1）	股票对价转换比率（0.7386：1）	
市场价值	1 000 000	500 000	1 100 000	1 750 000	1 750 000
普通股股数（股）	10 000	8 000	10 000	10 000	10 000
发行股数（股）				6 500	5 909
并购后股数（股）				16 500	15 909
每股价格	100.00	62.50	110.00	106.06	110.00
并购支付价值			650 000	689 394	650 000
并购溢价			150 000	189 394	150 000

第二，可能摊薄公司的每股收益。如果目标公司收益能力较差，并购后每股收益达不到按换股比例折算的并购公司每股收益水平，那么，采取换股并购方式将摊薄并购公司的每股收益。这不但可能导致并购公司股东抵制这种并购行为，而且并购公司管理者也不希望每股收益被摊薄，因为每股收益是衡量经理人经营业绩的一个重要尺度。反之，目标公司股东可能会抵制公司并购。

第三，可能降低公司的每股净资产。在目标公司一方实际每股净资产较低的情况下，如果确定的换股比例不合理，则有可能降低并购公司的每股净资产。由于每股净资产反映了公司股东持有的每股股票的实际价值，减少每股净资产就是对并购公司股东权益的侵害。反之，有可能降低目标公司的每股净资产。

因此，公司并购必须首先正确选择目标公司，合理确定目标公司价值，综合考虑目标公司的成长性、发展机会以及并购双方的互补性、协同性等因素，全面评估并购双方的资产，正确确定换股比例。现简要说明不同对价方式对公司价值的影响。

如果并购对价不受并购方资金限制，那么，现金对价和股票对价对并购双方股东的影响，直接表现为并购双方股东承担风险和分享收益的不同情况。采用现金对价，并购方股东承担了并购的风险。假设在上例中，预计并购后的协同效应为250 000元，并购方支付价格为650 000元。假设并购后的协同效应比预计降低或提高了100 000元，不同对价方式对并购双方股东价值的影响见表9-7。

如果采用现金对价，不论协同效应是否达到250 000元，目标公司股东价值均增加了150 000元；与此不同，如果并购方股东价值与协同效应呈同方向变化，当协同效应为350 000元时，股东价值增加了200 000元，当协同效应为150 000元时，并购活动并没有为并购方创造价值。

表9-7　　　　　　　　　不同对价方式对并购双方股东价值的影响　　　　金额单位：元

项目	预计	实际	
	协同效应 =250 000元	协同效应 =150 000元	协同效应 =350 000元
并购后公司价值	1 750 000	1 650 000	1 850 000
现金对价			
并购方股东价值	1 100 000	1 000 000	1 200 000
目标公司股东价值	650 000	650 000	650 000
并购后价值创造			
归属于并购方股东价值	100 000	0	200 000
归属于目标公司股东价值	150 000	150 000	150 000
股票对价			
并购后股数（股）	15 909	15 909	15 909
原A公司股东持股数（股）	10 000	10 000	10 000
原B公司股东换股数（股）	5 909	5 909	5 909
并购后股价	110.000	103.714	116.286
并购方股东持股价值	1 100 000	1 037 143	1 162 857
原目标公司股东持股价值	650 000	612 857	687 143
并购后价值创造			
并购方股东价值	100 000	37 143	162 857
目标公司股东价值	150 000	112 857	187 143

　　如果采用股票对价，目标公司股东成为并购后合并公司的股东，他们与并购方的股东
一同承担风险和获得收益。如果协同效应增加，原目标公司股东所持股票价值比并购前价
值增加了187 143元，与现金对价方式相比，价值增加了37 143元；如果协同效应下降，
原目标公司股东所持股票价值为612 857元，比并购前价值增加了112 857元，比现金对价
方式减少了37 143元。对于并购方股东来说，如果协同效应增加，股东价值比并购前增加了
162 857元，与现金对价方式相比，价值减少了37 143元（200 000-162 857）；如果协同效应
减少，股东价值比并购前增加了37 143元，比现金对价方式相比，价值也增加了37 143元。

　　从表9-7中的数据可以发现，采用现金对价方式对并购方股东价值的影响比较大。如
果并购方相信并购后可以获得更多的协同效应，则应采用现金对价，反之则采用股票对
价。采用股票对价方式时，无论并购双方价值被高估还是被低估，并购双方都将分担市场
修正的结果。

采用何种对价方式还应考虑资本结构的影响，现金对价虽然不会引起股权稀释，但会造成并购方公司现金流量恶化，特别是通过发行债券实现现金对价，如果并购后没有达到预期的协同效应，公司可能因为债台高筑而进行债务重组。采用部分或全部股票对价，可以由并购双方共同承担风险。

虽然不同的对价方式对并购双方的影响不同，但是决定并购的关键因素在于并购活动是否创造了价值，只要有一方认为不能增加财富，就无法达成并购协议。对于目标公司来说，只有当并购价格大于其独立经营时的内在价值和所需要的溢价时，其才愿意出让该公司。对于并购方来说，只有当并购后创造的价值能够增加普通股每股收益或公司价值时，其才愿意进行这种并购活动。当然，并购协议的签订只是获得经营另一家公司的权利，要想实现并购协同效应，还需要进行大量的组织整合、资源整合、业务流程整合以及文化整合等工作。

● 9.3　资产剥离与价值分析

9.3.1　资产剥离的形式

剥离（divestiture）是投资或收购的反向操作，即公司将其子公司、部门、产品生产线、固定资产等出售给其他公司的一种交易。资产剥离主要包括资产出售与分立两种形式。资产出售（sell-off）是指将不符合公司战略的资产、无利可图的资产或已经达到预定目标的资产转卖给其他公司，旨在优化资产结构，提高公司资产整体质量；或者筹集新的资本，用于公司核心经营业务。

分立可以被看作一种特殊形式的剥离，是指在法律上和组织上将一个公司划分为两个或两个以上独立实体的行为。分立有股权分割和持股分立两种形式。

股权分割（spin-off）是指公司创设一个子公司，并将其股份按比例分配给公司的股东（一种对股东的非现金支付方式）。股权分割后，该子公司通过上市成为一家公众公司，母公司不再对子公司的资产拥有控制权。这种完全分离使子公司战略具有更大的灵活性，从更具有竞争力的公司（而不是从前的母公司）中寻求资源，从而改善经营，提高经营业绩。

持股分立（equity carve-out）是指公司公开出售子公司的部分股票，从而将子公司的股权从母公司的联合实体中分离出来。与股权分割不同的是，在持股分立中，母公司一般只售出其在子公司权益中的一小部分，因而仍保留其对子公司资产和经营的控制权。持股分立的原因可能是希望维持母公司与子公司之间的协同效应，或者保护子公司免受并购等市场影响。通过公开出售子公司的股票，公司可以获得支持公司增长所需要的资金。由于母公司保留在子公司中的控股权，不仅使公司治理结构更加复杂，而且在公司战略和利益分配上母子公司可能会发生一些冲突，从而影响分立后子公司的经营业绩。

9.3.2　资产剥离的分析

从理论上说，两家公司的价值应该与分离前单个公司的价值没有差别，但剥离后的实证研究表明，积极性的资产剥离具备价值创造的潜力。与此相比，有些公司的高层管理者往往回避使用资产剥离。很多剥离交易都是迫于某种压力的被动行为，如母公司经营不善、业务单元经营不善，或两者兼具。另外，在这些被动交易中，大多数都是在公司绩效不佳且持续多年之后才进行剥离。管理者之所以不愿意进行资产剥离，是因为这些交易稀释了公司的收益。

【例9-4】假设某公司资产剥离前的公司价值、息税前利润、每股收益等数据见表9-8第二栏。该公司拟出售其下属的子公司，出售价格为1 000万元。如果该子公司在母公司的经营下，息税前利润为110万元，预期价值为800万元。由于其出售价值大于母公司自己经营时的价值，因此出售将会创造价值。假设出售子公司所获得的现金有三种用途：（1）短期投资（利率为2%）；（2）偿还债务；（3）股票回购（50万股）。不同使用方式对公司收益的影响见表9-8后三栏。

表9-8　　　　　　　　　　　　出售子公司对母公司收益的影响　　　　　　　　　　金额单位：万元

项目	剥离前业务	剥离的业务	剥离后		
			短期投资	偿还债务	股票回购
经营价值	5 000.00	800.00	4 200.00	4 200.00	4 200.00
现金			1 000.00		
公司价值	5 000.00		5 200.00	4 200.00	4 200.00
其中：债权价值	1 200.00		1 200.00	200.00	1 200.00
股权价值	3 800.00		4 000.00	4 000.00	3 000.00
流通普通股股数（万股）	200.00		200.00	200.00	150.00
股票价格	19.00		20.00	20.00	20.00
息税前利润	533.60	110.00	423.60	423.60	423.60
利息收入（2%）			20.00		
利息费用（6%）	72.00		72.00	12.00	72.00
税前利润	461.60	110.00	371.60	411.60	351.60
所得税（30%）	138.48	33.00	111.48	123.48	105.48
净利润	323.12	77.00	260.12	288.12	246.12
每股收益（元/股）	1.62		1.30	1.44	1.64
市盈率（倍）	11.76		15.38	13.88	12.19

表9-8中，如果出售子公司获得的现金用于短期投资，则每股收益由1.62元降至1.30元，其原因是短期投资利息收入（20万元）低于被出售子公司所创造的收益110万元，或者说，短期投资收益低于该子公司继续经营所获得的息税前利润。但是，股权价值的提高使市盈率由11.76倍提高到15.38倍。

如果将出售子公司获得的现金用于偿还债务，则利息费用减少了60万元，低于拟出售子公司创造的息税前利润110万元，考虑所得税因素，出售后净利润减少了35万元，从而每股收益由子公司出售前的1.62元降至1.44元。与短期投资相比，在偿还债务的情况下，其对每股收益稀释的影响较低，其原因是债务利率高于短期投资利率，利息费用的降低增加了每股收益。

如果母公司将出售子公司获得的现金用于回购股票，则流通在外的普通股股数减少了50万股，从而使每股收益从1.62元增至1.64元，市盈率提高到12.19倍。

9.3.3 资产剥离与价值创造

与并购相同，作为公司战略的一部分，资产剥离旨在对公司业务组合进行重新定位。资产剥离的价值来源可以从以下几个方面解释：

1）核心竞争力效应

资产出售是两个独立公司之间的交易，双方都可以获得益处。对于资产剥离者来说，他可以将出售获得的现金投资在其他更有效益的业务上，释放被剥离业务此前吸纳的冗余资源管理方式，从而加强资产剥离者的核心能力，为资产剥离者增加效益。2005年5月，美的电器将所持有的从事小家电生产的子公司日电集团85%的股权以24 886.92万元的价格转让给美的集团。这样，美的电器就可以从微波炉、热水器等小家电业务中脱身，将精力集中于美的集团旗下的空调、压缩机、冰箱等大家电业务。

对于买方来说，被剥离的业务可能与其在战略上配合得更好，产生更多的协同效应。这意味着被剥离的业务对买方比对卖方更有价值，这种增加的效益可由买方独享，或由买卖双方分享。增加值的分享比例则依赖于双方讨价还价的相对实力、卖方的财务状况、资产剥离的市场供应状况、两家公司的相对大小，以及资产剥离者需要现金的迫切程度。

2）信息效应

一般认为，股市对公司的透明度有偏好。分立后的子公司作为一个独立的经济实体，要定期公布财务报表、披露相关信息，使投资者和证券分析师更容易评估子公司的价值，这种持续的公开信息可能对子公司的业绩产生正面影响。例如，美国IU公司是在纽约证券交易所挂牌的一家拥有数亿美元资产的上市公司，该公司为了实现多元化经营，相继并购了远洋运输、金矿开发等业务，以便分散风险、稳定收入。从经营战略的角度看，公司的这一举措是合理的，但在资本市场上却不尽如人意。IU公司高度分散的经营很难使其归于某个特定产业，所以，证券分析师不愿对其证券做出定性分析，也很少向投资者推荐这家公司（证券分析师一般都倾向于集中研究某个产业，他们不愿意推荐，投资者也不会投资于一个其知之甚少的产业），结果是IU公司的股价很低。鉴于此，公司决定将其分立为三个公司——从事石油运输的远洋公司、电子设备公司和金矿开采公司。分立后，该公司股票价格从10美元上升到75美元，大大超过了股票市场的平均收益。

3）消除负协同效应

如果公司的某些业务对实现公司整体战略目标是不重要的，或者这些业务不适合公司的其他业务发展，或者这些业务目前处于竞争的劣势地位，保留这些业务不但无法创造价值，反而会毁灭价值，即所谓的负协同效应（1+1<2）。在这种情况下，剥离这些不适宜的业务是消除负协同效应的最好手段。例如，国际收割机公司在一些产品的市场上遇到了强大的竞争对手，就当时该公司的生产率水平、研究开发能力而言，很难在竞争中取胜。因此，该公司决定从这些市场上退出，并将这些业务部门出售给一家较大的、有较强融资能力的公司，从而避免了公司在竞争中可能造成的损失。

4) 市场形象效应

公司出售资产可能改变了公司的市场形象,提高了公司股票的市场价值。例如,美国埃斯马克 (Esmark) 公司是一个拥有快餐、消费品生产和石油生产等业务的集团公司,但在投资者的印象中其却仅仅是一个快餐和消费品生产公司,而忽视了该公司拥有的大量有价值的石油储量。这些石油储量在公司资产负债表上仅以较低的价值反映出来,该公司的股票价格因此被市场低估了。公司管理层认为目前的公司状况可能会造成被其他公司收购的风险,因此决定将其拥有的包括石油生产在内的非消费品生产部门出售给美孚石油公司,由此获得了 11 亿美元的现金收入,公司股票的市场价格也从 19 美元上升到 45 美元。在这一案例中,资产剥离不仅增加了公司的股票价格,而且打消了并购方的并购意图。

9.3.4　剥离价值影响的实证数据

一项对 370 家私人公司和上市公司的研究发现,各种类型的剥离在其公告期前后存在着较大的超额收益,具体见表 9-9。

表 9-9　　　　　　　　　　公告前一天与后一天之间的累计超额收益

项目	全部	股权分割	持股分立	资产出售
均值	3.00%	4.50%	2.30%	2.60%
中值	1.80%	3.60%	0.90%	1.60%
交易数量 (公司家数)	370	106	125	139

资料来源:MULHERIN J H, BOONE A L. Comparing acquisitions and divestitures [J]. Journal of Corporate Finance, 2000, 6 (2): 117-139.

Rosenfield (1984)[①] 的研究样本为 1969—1981 年发生在美国的 62 家出售资产的公司,运用均值调整法发现,资产剥离宣告当天,股东能够获得显著为正的异常收益,而且资产剥离宣告前 30 天至前 1 天,累计异常收益率为正。

Jain (1985)[②] 选取了 1976—1978 年在美国发生的超过 1 000 个的剥离事件,对于出售方股东获得的超额收益为 0.7%,而且在统计上是显著的。但是,在剥离事件宣告之前,其股东在 -360 天到 -n 天存在负的额外收益,为 -10.8%。

Cho 与 Cohen (1997)[③] 通过对 1983—1987 年发生在美国的 50 起最大资产剥离事件进行研究,发现企业在剥离之后的经营现金流回报 (operating cash flow returns) 一般会比剥离前有较轻微的提高,但在 5% 的显著性水平上并不显著。

Brown (1994) 等[④] 选取了 1979—1988 年 49 家陷入财务困境的公司作为样本,发现如果出售资产所得收入用于偿还债权人,市场将会做出消极的反应 (异常收益率为 -1.63%);如果继续由企业所持有,市场的反应则是积极的 (异常收益率为 1.87%)。

　　① ROSENFIELD J D. Additional evidence on the relation between divestiture announcements and shareholder wealth [J]. Journal of Finance, 1984, 39 (5): 1437-1448.
　　② JAIN P C. The effect of voluntary sell-off announcements on shareholder wealth [J]. Journal of Finance, 1985, 40 (1): 209-224.
　　③ CHO M H, COHEN M A. The economic causes and consequences of corporate divestiture [J]. Managerial and Decision Economics, 1997, 18 (5): 367-374.
　　④ BROWN D T, JAMES C M, MOORADIAN R M. Asset sales by financially distressed firms [J]. Journal of Corporate Finance, 1994, 1 (2): 233-257.

　　国内学者陈信元和张田余（1999）[1]以1997年在上海证券交易所上市的有资产重组活动的所有公司为研究样本，其中资产剥离类的样本为14家。通过选取资产重组前后20天的累计非正常报酬率（CAR）作为研究指标，并运用市场模型法进行检验，发现资产剥离在公告日后的CAR值有几天显著地大于零，其他大部分时间的CAR值与零没有显著差异，资产剥离甚至在公告日后15天和18天的CAR值显著小于零。

　　陆国庆（2000）[2]对1999年沪市上市公司不同类型的资产重组进行了绩效比较，选取的指标为"托宾Q"。结果显示，资产重组能够显著改善上市公司业绩，对绩效差的公司而言尤其如此，但不同的重组类型绩效相差较大。采用股权收益率进行评价，以资产剥离+收购兼并、第一大股东变更的股权转让+资产剥离+收购兼并、资产剥离的绩效最好，单纯的收购兼并次之，资产置换和没有实质性重组的股权转让不但没有改善企业业绩，反而恶化了企业的财务状况。

本章小结

　　1.吸收合并是指两个以上的公司合并中，其中一个公司因吸收了其他公司而成为存续公司的合并形式；创新合并是指两个或两个以上的公司通过合并创建一个新的公司。

　　2.公司扩张形式一般分为内涵式和外延式两种，前者是通过建立新的产品线、市场和流程实现自我发展；后者是通过并购获得社会上现存的生产能力实现发展。

　　3.目标公司股东是并购活动的绝对赢家，并购事件为目标公司股东带来的总是正的收益；并购事件对收购公司股东收益的影响表现为正、负两种情况；并购事件对并购双方总价值的影响表现为正、零和负三种情况。

　　4.现金对价和股票对价对并购双方股东的影响，直接表现为并购双方股东承担风险和分享收益的情况不同。

　　5.剥离是投资或收购的反向操作，即公司将其子公司、部门、产品生产线、固定资产等出售给其他公司的一种交易。资产剥离主要包括资产出售与分立两种形式。资产剥离价值创造主要来源于核心竞争力效应、信息效应、消除负协同效应和市场形象效应。

案例分析

　　1.10月23日晚，美的集团发布公告称，将发行股份换股吸收合并小天鹅除美的集团及TITONI外所有股东的股票，交易作价合计143.83亿元，对应的小天鹅市值303.85亿元。交易完成后，小天鹅全部股票将被注销，进而退市。这意味着美的集团、小天鹅双上市平台的现状即将结束，美的集团将仅保留一个A股上市平台，集团内部业务将得到进一步的整合。

　　美的集团发布重组预案后，深交所随后发布问询，要求美的集团论证：交易定价是否

---

①　陈信元，张田余.资产重组的市场反应——1997年沪市资产重组实证分析[J].经济研究，1999（9）：47-55.
②　陆国庆.中国上市公司不同资产重组类型的绩效比较：对1999年度沪市的实证分析[J].财经科学，2000（6）：20-24.

符合美的集团和小天鹅双方股东利益；本次换股吸收合并的合理性以及对两家公司的生产经营、品牌延续、上下游关系维护等的影响。

A股上市平台一直是比较宝贵的资源，A股上市公司吸收合并其他上市公司，进而使对方退市的情况非常罕见，以前虽然有这种情况，但仅局限于国企之间的整合。请通过上网查询，说明美的集团为何弃壳换股吸收合并小天鹅？

2.2014年12月31日，中国南车股份有限公司（以下简称"中国南车"，A股证券代码"601766"）发布公告称，将与中国北车股份有限公司（以下简称"中国北车"）合并。2015年5月28日，交易顺利完成。请登录巨潮资讯网（http：//www.cninfo.com.cn/）查找相关公告，回答以下问题：

（1）中国南车与中国北车的合并属于吸收合并还是创新合并？属于什么类型的并购？

（2）本次并购交易是否构成重大资产重组？是否构成关联交易？

（3）本次并购交易是如何定价的？采取什么对价方式？

（4）本次并购对交易双方产生了什么影响？

3.2014年8月5日，云南锡业股份有限公司（以下简称"锡业股份"，A股证券代码"000960"）发布公告称，本公司将铅业分公司资产转让出售给云南锡业集团（控股）有限责任公司（以下简称"云锡控股"）。请登录巨潮资讯网（http：//www.cninfo.com.cn/）查找相关公告和其他媒体信息，回答以下问题：

（1）锡业股份为何要将资产剥离给云锡控股？

（2）说明锡业股份转让资产的价款、支付期限和方式。

（3）简要分析锡业股份资产剥离的影响。

4.2009年7月10日，中国东方航空股份有限公司（以下简称"东方航空"）发布《换股吸收合并上海航空股份有限公司预案》。本次换股吸收合并完成后，上海航空股份有限公司（以下简称"上海航空"）将终止上市并注销法人资格，东方航空作为合并完成后的存续公司，将依照《换股吸收合并协议》的约定接收上海航空的所有资产、负债、业务、人员及其他一切权利与义务。2009年12月30日，中国证监会核准东方航空吸收合并上海航空，2010年1月25日上海航空终止上市，2010年1月28日完成换股。在本次吸收合并中，换股对象为换股日登记在册的上海航空的全体股东。本次吸收合并的对价系由东方航空和上海航空以双方的A股股票在定价基准日的二级市场价格为基础协商确定。东方航空的换股价格为定价基准日前20个交易日东方航空A股股票的交易均价，即为5.28元/股；上海航空的换股价格为定价基准日前20个交易日上海航空A股股票的交易均价，即为5.50元/股。东方航空同意，作为对参与换股的上海航空股东的风险补偿，在实施换股时将给予上海航空约25%的风险溢价，由此确定上海航空与东方航空的换股比例为1：1.3，即每1股上海航空的股份可换取1.3股东方航空的股份。

请登录上海证券交易所网站（http：//www.sse.com.cn），查找并下载东方航空和上海航空2008年年报和2009年半年报，分析2008年至2009年上半年东方航空和上海航空的财务状况，并思考东方航空吸收合并上海航空为何采取股票对价方式。此次并购交易价格合理吗？

5.吉利控股集团于2010年8月2日宣布以13亿美元现金和2亿美元票据完成了对沃尔沃汽车公司的并购案。对于当时只有13年造车历史的吉利来说，并购超过有80年历史的沃尔沃，成为我国汽车制造业最大的一宗海外并购案。沃尔沃汽车公司是北欧最大的汽车企业，也是瑞典最大的工业企业集团。1999年，福特以64亿美元并购了沃尔沃，使豪华乘用车品牌成为福特旗下的一个全资子公司。2008年，全球金融危机爆发，福特出现巨额亏损。根据福特的年度财务报告，福特2004—2009年累计亏损275亿美元；沃尔沃在此期间的销售收入由2004年的161亿美元下降到2009年的124亿美元，税前利润由2004年的-2.56亿美元下降到2009年的-9.34亿美元。为了减少亏损，改善财务状况，在出售路虎、捷豹之后，沃尔沃也成为福特剥离的目标。福特于2008年12月1日宣布出售沃尔沃汽车公司，并且标出了60亿美元的售价，约合人民币412.4亿元。吉利控股集团聘请的财务顾问——英国投资银行洛希尔公司（NM Rothschild），采用现金流量法和乘数法对沃尔沃资产进行价值评估，确定合理的价位为20亿～30亿美元，其中并购价格为15亿～20亿美元，后期运营资本为5亿～10亿美元。根据洛希尔公司的这一估值，吉利控股集团提出了并购沃尔沃的竞标价。事实上，洛希尔公司的估值仅仅是并购交易的底价，真正的成交价是各种因素综合的结果，如经济周期、股市预期、行业壁垒、卖方的市场份额、收入和利润的增长能力，以及并购交易对价方式、并购方式、融资能力、并购双方谈判能力等。在吉利并购案中，从并购宣告日（2010年3月28日）到并购交割日（2010年8月2日），并购交易价格从18亿美元降为13亿美元现金和2亿美元票据。交易价格调整的原因之一是受到欧元贬值的影响。自并购宣告日至并购交割日前一天，欧元对人民币价格从9.1719元跌至8.8441元，跌幅达3.574%，其中最低价为2010年6月7日的8.1301元。并购谈判期间，以欧元计价的资产大幅走低，从而使吉利并购团队在谈判中取得了强势地位，使交割日价格比宣告日价格降低了3亿美元。这一并购案的最终交易价格需要根据养老金义务和营运资本等因素确定的并购协议做出最终调整，为此，吉利控股集团为这部分"其他因素"准备了3亿美元。除现金对价外，根据协议吉利控股集团还需承担沃尔沃的部分债务。

请登录上海证券交易所网站（http://www.sse.com.cn），查找并下载有关吉利并购沃尔沃的其他详细资料，分析吉利为何采取单一的现金对价方式完成并购沃尔沃的交易。现金对价会对吉利未来的发展产生怎样的影响？

案例分析（2～5）
参考答案

主要参考文献

Introduction and Overview of Corporate Finance

[1] BRENNAN M J. Corporate finance over the past 25 years [J]. Financial Management, 1995 (24): 9-22.

[2] GRAHAM J R, HARVEY C R. The theory and practice of corporate finance: Evidence from the field [J]. Journal of Financial Economics, 2001 (60): 187-243.

[3] JENSEN M C, CLIFFORD W S. The theory of corporate finance: A historical overview [J]. Modern Theory of Corporate Finance, 1989: 3-26.

[4] BROUNEN D, JONG A D, KOEDIJK K. Corporate finance in Europe: Confronting theory with practice [J]. Financial Management, 2004 (33): 71-101.

Part I　Asset Pricing, Long-term Performance and Market Efficiency

[1] FAMA E, FRENCH K. The cross-section of expected stock returns [J]. Journal of Finance, 1992 (47): 427-465.

[2] FAMA E, FRENCH K. Common risk factors in the returns on stocks and bonds [J]. Journal of Financial Economics, 1993 (33): 3-56.

[3] FAMA E, MAC B J. Risk, return, and equilibrium: Empirical tests [J]. Journal of Political Economy, 1973 (91): 607-636.

[4] FAMA E F. Efficient capital markets: A review of theory and empirical work [J]. Journal of Finance, 1970 (25): 383-417.

[5] FAMA E F, French K R. Multifactor explanations of asset pricing anomalies [J]. Journal of Finance, 1996 (51): 55-84.

[6] FAMA E F, French K R. The capital asset pricing model: Theory and evidence [J]. Journal of Economic Perspectives, 2004 (18): 25-46.

[7] KOTHARI S P. Capital markets research in accounting [J]. Journal of Accounting and Economics, 2001 (31): 105-231.

[8] DHALIWAL D, LEE K, et al. The association between unexpected earnings and abnormal security returns in the presence of financial leverage [J]. Contemporary Accounting Research, 1991 (8): 20-41.

Part II   Information, Investors and Corporate Policy

［1］ AKERLOF G. The market for "lemons": Qualitative uncertainty and market mechanism ［J］. Quarterly Journal of Economics, 1970 (84): 488–500.

［2］ GROSSMAN S J, STIGLITZ J E. On the impossibility of informationally efficient markets ［J］. American Economic Review, 1980 (70): 393–408.

［3］ HART O. Financial contracting ［J］. Journal of Economic Literature, 2001 (39): 1079–1100.

［4］ MERTON R C. A simple model of capital market equilibrium with incomplete information ［J］. Journal of Finance, 1987 (42): 483–510.

［5］ MYERS S C, MAJLUF N S. Corporate financing and investment decisions when firms have information that investors do not have ［J］. Social Science Electronic Publishing, 2001 (13): 187–221.

［6］ ROSS S A. The determination of financial structure: The incentive‐signalling approach ［J］. Bell Journal of Economics, 1977 (8): 23–40.

［7］ ROTHSCHILD M, STIGLITZ J. Equilibrium in competitive insurance markets: An essay on the economics of imperfect information ［J］. Quarterly Journal of Economics, 1976 (90): 629–649.

［8］ THAKOR A V. Strategic issues in financial contracting: An overview ［J］. Financial Management, 1989 (18): 39–58.

Part III   Capital Structure, Financing Decisions, Investment and Taxes

［1］ CHANG C, LEE A C, LEE C F. Determinants of capital structure choice: A structural equation modeling approach ［J］. Quarterly Review of Economics & Finance, 2009 (49): 197–213.

［2］ FAMA E F, FRENCH K R. Testing trade‐off and pecking order predictions about dividends and debt ［J］. Review of Financial Studies, 2002, 15 (1): 1–33.

［3］ FRANK M Z, GOYAL V K. Testing the pecking order theory of capital structure ［J］. Journal of Financial Economics, 2003 (67): 217–248.

［4］ GRAHAM J R. How big are the tax benefits of debt ［J］. Journal of Finance, 2000 (55): 1901–1941.

［5］ GRAHAM J R. Taxes and corporate finance: A review ［J］. Social Science Electronic Publishing, 2003 (16): 1075–1129.

［6］ HARRIS M, RAVIV A. The theory of capital structure ［J］. Journal of Finance, 2012 (46): 297–355.

［7］ JALILVAND A, HARRIS R S. Corporate behavior in adjusting to capital structure and dividend targets: An econometric study ［J］. Journal of Finance, 2012 (39): 127–145.

［8］ PHILLIPS G M. Increased debt and industry product markets: An empirical analysis ［J］. Journal of Financial Economics, 1995 (37): 189–238.

[9] RITTER J R, WELCH I. A review of IPO activity, pricing, and allocations [J]. Journal of Finance, 2002 (57): 1795-1828.

[10] TITMAN S, WESSELS R. The determinants of capital structure choice [J]. Journal of Finance, 1988 (43): 19.

Part Ⅳ　Agency Theory and Ownership

[1] FAMA E F, JENSEN M C. Agency problems and residual claims [J]. Journal of Law & Economics, 1983 (26): 327-349.

[2] FAMA E F, JENSEN M C. Separation of ownership and control [J]. Journal of Law & Economics, 26 (26): 301-325.

[3] FAMA E F. The effects of a firm's investment and financing decisions on the welfare of its security holders [J]. American Economic Review, 1978 (68): 272-284.

[4] JENSEN M C, MECKLING W H. Theory of the firm: Managerial behavior, agency costs and ownership structure [J]. Social Science Electronic Publishing, 1976 (3): 305-360.

[5] DEMSETZ H. The structure of ownership and the theory of the firm [J]. Journal of Law & Economics, 1983 (26): 375-390.

[6] JENSEN M C. Agency costs of free cash flow, corporate finance, and takeovers [J]. American Economic Review, 1999 (76): 323-329.

[7] MYERS S. The determinants of corporate borrowing [J]. Journal of Financial Economics, 1977 (5): 146-175.

[8] PARRINO R, WEISBACH M S. Measuring investment distortions arising from stockholder-bondholder conflicts [J]. Journal of Financial Economics, 2016 (53): 3-42.

[9] HARFORD J. Corporate cash reserves and acquisitions [J]. Social Science Electronic Publishing, 1999 (54): 1969-1997.

[10] OPLER T, PINKOWITZ L, STULZ R, et al. The determinants and implications of corporate cash holdings [J]. NBER Working Papers, 1999 (52): 3-46.

[11] LIE E. Excess funds and agency problems: An empirical study of incremental cash disbursements [J]. Review of Financial Studies, 2000 (13): 219-247.

[12] MORCK R, SHLEIFER A, VISHNY R W. Management ownership and market valuation: An empirical analysis [J]. Social Science Electronic Publishing, 1988 (20): 293-315.

Part Ⅴ　Corporate Governance

[1] FAROOQUE O A, ZIJL T V, DUNSTAN K, et al. Co-deterministic relationship between ownership concentration and corporate performance [J]. Accounting Research Journal, 2010 (23): 172-189.

[2] BUSHMAN R, QI C, ENGEL E, et al. Financial accounting information,

organizational complexity and corporate governance systems [J]. Journal of Accounting & Economics, 2004 (37): 167-201.

[3] CHANG J C, SUN H L. Does the disclosure of corporate governance structures affect firms' earnings quality [J]. Review of Accounting and Finance, 2010 (9): 212-243.

[4] GILLAN S L. Recent development in corporate governance: An overview [J]. Journal of Corporate Finance, 2006 (12): 381-402.

[5] PORTA R L, LOPEZ-DE-SILANES F, SHLEIFER A. Corporate ownership around the world [J]. Journal of Finance, 1999 (54): 471-517.

[6] PORTA R L, LOPEZ-DE-SILANES F, SHLEIFER A, et al. Agency problems and dividend policies around the world [J]. Journal of Finance, 2000 (55): 1-33.

[7] MURPHY K J, JENSEN M C. Performance pay and top management incentives [J]. Journal of Political Economy, 1990 (98): 225-264.

[8] MCCONNELL J J. Additional evidence on equity ownership and corporate value [J]. Journal of Financial Economics, 1990 (27): 595-612.

[9] SHLEIFER A, VISHNY R W. A survey of corporate governance [J]. Journal of Finance, 1997 (52): 737-783.

[10] YERMACK D. Higher market valuation of companies with a small board of directors [J]. Journal of Financial Economics, 1996 (40): 185-211.

Part VI Payout Policy

[1] BAKER M P, WURGLER J. A catering theory of dividends [J]. Journal of Finance, 2004 (59): 1125-1165.

[2] BAKER M, WURGLER J. Appearing and disappearing dividends: The link to catering incentives [J]. Journal of Financial Economics, 2003 (73): 271-288.

[3] BRAV A, GRAHAM J R, HARVEY C R, et al. Payout policy in the 21st century [J]. Journal of Financial Economics, 2005 (77): 483-527.

[4] FENN G W, LIANG N. Corporate payout policy and managerial stock incentives [J]. Social Science Electronic Publishing, 2000 (60): 45-72.

[5] FARINHA J. Dividend policy, corporate governance and the managerial entrenchment hypothesis: An empirical analysis [J]. Journal of Business Finance & Accounting, 2003 (30): 1173-1209.

[6] MICHIELS A, VOORDECKERS W, LYBAERT N, et al. Dividends and family governance practices in private family firms [J]. Small Business Economics, 2015 (44): 299-314.

Part VII Option

[1] BLACK F, SCHOLES M. The Pricing of options and corporate liabilities [J]. Journal of Political Economy, 1973 (81): 637-654.

[2] BRENNAN M J, SCHWARTZ E S. Savings bonds, retractable bonds and callable bonds [J]. Journal of Financial Economics, 1977 (5): 67-88.

[3] COX J C, ROSS S A, RUBINSTEIN M. Option pricing: A simplified approach [J]. Journal of Financial Economics, 1979 (7): 229-263.

[4] DAN W, MAHER M W. Operational hedging against adverse circumstance [J]. Journal of Operations Management, 2009 (27): 362-373.

[5] KOVALOV P, LINETSKY V. Valuing convertible bonds with stock price, volatility, interest rate, and default risk [J]. SSRN Electronic Journal, 2008.

[6] LAI T L, LIM T W. Option hedging theory under transaction costs [J]. Journal of Economic Dynamics & Control, 2009 (33): 1945-1961.

[7] MERTON R C. Thoughts on the future: Theory and practice in investment management [J]. Financial Analysts Journal, 2003 (59): 17-23.

[8] MOEL A, TUFANO P. When are real options exercised? An empirical study of mine closings [J]. Review of Financial Studies, 2002 (15): 35-64.

[9] PADDOCK J L, SIEGEL D R, SMITH J L. Option valuation of claims on physical assets: The case of offshore petroleum leases [J]. Quarterly Journal of Economics, 1988 (103): 479-508.

[10] QUIGG L. Empirical testing of real option-pricing models [J]. Journal of Finance, 2012 (48): 621-640.

[11] TRIGEORGIS L. Real options: Managerial flexibility and strategy in resource allocation [M]. The MIT Press, 1996.

[12] ZABOLOTNYUK Y. The optimal call policy for convertible bonds: Is there a market memory effect [J]. Applied Economics Letters, 2012 (19): 661-664.

Part VIII Mergers and Acquisitions

[1] AMES K. Management buyouts and firm level productivity: Evidence from a panel of UK Manufacturing Firms [J]. Scottish Journal of Political Economy, 2010 (493): 304-317.

[2] FULLER K, NETTER J, STEGEMOLLER M. What do returns to acquiring firms tell us? Evidence from firms that make many acquisitions [J]. Journal of Finance, 2010 (57): 1763-1793.

[3] HEALY P M, PALEPU K G, RUBACK R S. Does corporate performance improve after mergers [J]. Social Science Electronic Publishing, 1990 (31): 135-175.

[4] MARTYNOVA M, RENNEBOOG L. What determines the financing decision in corporate takeovers: Cost of capital, agency problems, or the means of payment [J]. Journal of Corporate Finance, 2009 (15): 290-315.

[5] MARTYNOVA M, RENNEBOOG L. A century of corporate takeovers: What have we learned and where do we stand [J]. Journal of Banking & Finance, 2008 (32):

2148-2177.

[6] MARTIN K J. The method of payment in corporate acquisitions, investment opportunities, and management ownership [J]. The Journal of Finance, 1996 (51): 1227-1246.

[7] NETTER J M, POULSEN A B, STEGEMOLLER M A. The rise of corporate governance in corporate control research [M]. SSRN eLibrary, 2008.

[8] SHLEIFER A, VISHNY R W. Stock market driven acquisitions [J]. Journal of Financial Economics, 2003 (70): 295-311.

[9] STRÁSKA M, WALLER G. Do anti-takeover provisions harm shareholders [J]. Journal of Corporate Finance, 2010 (16): 487-497.

[10] SLOVIN M B, SUSHKA M E, POLONCHEK J A. Methods of payment in asset sales: Contracting with equity versus cash [J]. Journal of Finance, 2010 (60): 2385-2407.

Part IX   Capital Budgeting

[1] BERGER P G, OFEK E. Causes and effects of corporate refocusing programs [J]. Review of Financial Studies, 1999 (12): 311-345.

[2] CAMPA J M, KEDIA S. Explaining the diversification discount [J]. Journal of Finance, 2002 (57): 1731-1762.

[3] CHIRINKO R S, SCHALLER H. Business fixed investment and "Bubbles": The Japanese case [J]. American Economic Review, 1996 (91): 663-680.

[4] DURNEV A, MORCK R, YEUNG B. Value-enhancing capital budgeting and firm-specific stock return variation [J]. Journal of Finance, 2010 (59): 65-105.

[5] FAVARA G. Agency problems and endogenous investment fluctuations [J]. Review of Financial Studies, 2012 (25): 2301-2342.

[6] MOYEN N. Investment-cash flow sensitivities: Constrained versus unconstrained firms [J]. Journal of Finance, 2004 (59): 2061-2092.

[7] MYERS S C, TURNBULL S M. Capital budgeting and the capital asset pricing model: Good news and bad news [J]. Journal of Finance, 2012 (32): 321-333.

[8] RUBACK R S. Calculating the market value of riskless cash flows [J]. Journal of Financial Economics, 1986 (15): 323-339.

[9] SCHOAR A. Effects of corporate diversification on productivity [J]. Journal of Finance, 2010 (57): 2379-2403.

[10] VILLALONGA B. Diversification discount or premium? New evidence from BITS establishment-level data [J]. Working Papers, 2001.

Part X   Valuation

[1] BRUGNI T V, SARLO NETO A, BORTOLON P M, et al. Different levels of corporate governance and the Ohlson valuation framework: The case of Brazil [J]. Social

Science Electronic Publishing, 2013 (9): 486-497.

[2] DECHOW, PATRICIA M, HUTTON A P, et al. An empirical assessment of the residual income valuation model [J]. Journal of Accounting and Economics, 1999 (26): 1-34.

[3] D'MELLO R, SHROFF P K. Equity undervaluation and decisions related to repurchase tender offers: An empirical investigation [J]. Journal of Finance, 2010 (55): 2399-2424.

[4] FRANCIS J, OLSSON P, OSWALD D R. Comparing the accuracy and explainability of dividend, free cash flow, and abnormal earnings equity value estimates [J]. Journal of Accounting Research, 2000 (381): 45-70.

[5] FRANKEL R, LEE C. Accounting valuation, market expectation, and cross-sectional stock returns [J]. Journal of Accounting and Economics, 1998 (25): 283-319.

[6] KWON Y K. Book value, residual earnings, and equilibrium firm value with asymmetric information [J]. Review of Accounting Studies, 2001 (6): 387-395.

[7] MYERS J N. Implementing residual income valuation with linear information dynamics [J]. Accounting Review, 1999 (74): 1-28.

Part XI　Derivatives, Risk Management

[1] ADAM T R, FERNANDO C S. Hedging, speculation, and shareholder value [J]. Journal of Financial Economics, 2006 (81): 283-309.

[2] ALLAYANNIS G, LEL U, MILLER D P. Corporate governance and the hedging premium around the world [J]. SSRN Electronic Journal, 2009.

[3] CLARK E, JUDGE A. The Determinants of foreign currency hedging: Does foreign currency debt induce a bias [J]. European Financial Management, 2010 (14): 445-469.

[4] GASTINEAU G L. The currency hedging decision: A search for synthesis in asset allocation [J]. Financial Analysts Journal, 1995 (51): 8-17.

[5] GLAUM M. The determinants of selective exchange risk management: Evidence from german non-financial firms [J]. Journal of Applied Corporate Finance, 2010 (14): 108-121.

[6] HAGELIN N, HOLMÉN M, KNOPF J D, et al. Managerial stock options and the hedging premium [J]. European Financial Management, 2007 (13): 721-741.

[7] HENTSCHEL L, KOTHARI S P. Are corporations reducing or taking risks with derivatives [J]. Journal of Financial & Quantitative Analysis, 2001 (36): 93-118.

[8] NOCCO B W, STULZ R M. Enterprise risk management: Theory and practice [J]. Journal of Applied Corporate Finance, 2006 (18): 8-20.